D0932511

Grammaire pédagogique

du français d'aujourd'hui

Suzanne-G. Chartrand

Denis Aubin

Raymond Blain

Claude Simard

avec la collaboration de
François Morin

GRAFICOR

CHENELIÈRE ÉDUCATION

Grammaire pédagogique du français d'aujourd'hui

Suzanne-G. Chartrand, Denis Aubin, Raymond Blain
  et Claude Simard

© 1999 Les publications Graficor (1989) inc.

Supervision du projet: Mireille Côté et Myriam Laporte
Révision linguistique: Myriam Laporte
Correction d'épreuves: Marielle Chicoine et Dolène Schmidt
Conception graphique: Design Copilote

**Catalogage avant publication
de Bibliothèque et Archives Canada**

Vedette principale au titre:

  Grammaire pédagogique du français d'aujourd'hui

  Comprend des réf. bibliogr. et un index

  ISBN 2-89105-560-3

  1. Français (Langue) – Grammaire.   2. Français (Langue) –
Phrase.   3. Lexicologie.   4. Français (Langue) – Français écrit.
I. Chartrand, Suzanne-Geneviève, 1948-   . II. Titre.

PC2112.G727 1999   448.2   C99-940142-4

GRAFICOR

CHENELIÈRE ÉDUCATION

7001, boul. Saint-Laurent
Montréal (Québec)
Canada H2S 3E3
Téléphone: (514) 273-1066
Télécopieur: (514) 276-0324
info@cheneliere-education.ca

ISBN 2-89242-560-3

Dépôt légal: 1er trimestre 1999
Bibliothèque nationale du Québec
Bibliothèque nationale du Canada

Imprimé au Canada

7 8 9 ITIB 09 08 07

Nous reconnaissons l'aide financière du gouvernement du Canada
par l'entremise du Programme d'aide au développement de l'industrie
de l'édition (PADIÉ) pour nos activités d'édition.

Avant-propos

La *Grammaire pédagogique du français d'aujourd'hui* s'inscrit dans la foulée des recherches menées au cours des dernières décennies dans les différents domaines des sciences du langage et de la didactique des langues. Conçu pour soutenir la mise en œuvre des programmes ministériels d'études de français du primaire et du secondaire, cet ouvrage propose une description simple et intégrée des grandes composantes du français. Il fournit des informations de base sur la communication langagière, sur l'organisation textuelle, sur les structures syntaxiques de la phrase, sur les principales règles d'orthographe et de ponctuation, ainsi que sur le fonctionnement du lexique. La langue décrite est le français standard écrit contemporain, ce qui n'empêche nullement de faire référence aux autres variétés du français de même qu'à la langue parlée.

La *Grammaire pédagogique du français d'aujourd'hui* est destinée d'abord aux élèves du secondaire et aux étudiants du collégial. Elle répond également aux besoins de tous ceux et celles qui désirent comprendre les grandes régularités du système du français. Cette grammaire n'est donc pas un ouvrage pour spécialistes, mais un instrument pédagogique dont l'objectif est de faciliter l'étude et l'usage du français.

Chaque chapitre est organisé selon un parcours propre à guider les lectrices et lecteurs dans leur apprentissage de la grammaire.

En premier lieu, on trouve une vue d'ensemble du contenu du chapitre : y sont précisés les objectifs poursuivis, le plan général du chapitre ainsi que le niveau de connaissances touché, le premier niveau relevant de connaissances de base et correspondant au premier cycle du secondaire québécois, le deuxième niveau touchant des notions plus avancées et correspondant au second cycle et au collégial. Un texte d'observation — souvent un extrait littéraire — illustre le ou les faits de langue analysés, ce qui clôt l'entrée en matière.

La suite du chapitre présente l'exposé proprement dit. Celui-ci comprend la définition des termes clés, des explications et des tableaux. Le texte de l'exposé peut être entrecoupé de commentaires de différents ordres : 1) le symbole **!** indique une difficulté particulière ou une mise en garde ; 2) l'abréviation **REM.** annonce un renseignement secondaire utile ; 3) la mention **DE PLUS** signale des connaissances de deuxième niveau uniquement ; 4) les textes tramés constituent de brèves notes reliant les notions grammaticales décrites aux activités de lecture et d'écriture. La plupart des chapitres comportent à la fin un résumé ou un tableau synthèse rassemblant les points essentiels de l'exposé.

Au fil des chapitres, le lecteur est amené à observer les faits de langue et à utiliser les outils que sont le modèle de la phrase de base et les manipulations pour mieux en saisir le fonctionnement.

Fondement de la pensée, de l'expression et de la communication, la langue ne peut être maîtrisée que grâce à une solide compréhension de son fonctionnement. La *Grammaire pédagogique du français d'aujourd'hui* aura rempli sa mission si elle contribue à mieux faire connaître la langue française aux jeunes et aux adultes, aux francophones comme aux non-francophones, ainsi qu'à toutes les personnes qui s'intéressent au français, à son apprentissage et à son rayonnement.

Remerciements

Un tel ouvrage n'est pas le fruit du travail de ses seuls auteurs.

Nous désirons adresser de vifs remerciements à notre éditeur, Monsieur Raymond Vézina, à nos experts-conseils : Mesdames Hélène Huot, professeure de linguistique à l'Université de Paris V, et Marie-Christine Paret, professeure de didactique du français à l'Université de Montréal, et Monsieur Claude Verreault, professeur de linguistique à l'Université Laval ; de même qu'aux spécialistes de la grammaire ou de son enseignement : André Bougaïeff (UQTR), Pierre Cardinal (UQAH), Gisèle Chevalier (U. de Moncton), Jocelyne Cyr (U. de Montréal), Éric Genevay, Roger Gobbe, Carole Fisher (UQAC), Marie Labelle (UQAM), Christine Tellier (U. de Montréal) et Christian Vandendorpe (U. d'Ottawa), qui nous ont fait part de leurs conseils et commentaires. Nous remercions également les nombreuses personnes, notamment les enseignantes, enseignants et élèves du secondaire, qui ont participé à l'expérimentation ou à la critique du manuscrit; enfin, le personnel de la maison GRAFICOR, en particulier Mesdames Mireille Côté, chargée de projet, et Myriam Laporte, réviseure du manuscrit, qui nous ont fait bénéficier de leurs compétences, ainsi que nos proches qui nous ont affectueusement et constamment appuyés.

Les auteurs

Table des matières

PAGE

SYMBOLES, ABRÉVIATIONS ET SIGNES XVI

LA COMMUNICATION ORALE ET ÉCRITE 1

1 LA COMMUNICATION LANGAGIÈRE 2
1 La langue, la communication langagière et la situation de communication 3
2 La communication orale et écrite 5
    2.1 Les conditions de la communication 5
    2.2 Les personnes participant à la communication 6
    2.3 Les signes de la langue orale et écrite 6
    2.4 Les genres oraux et écrits 6
3 L'énonciation 7
    3.1 Les notions d'énonciation et d'énoncé 7
    3.2 La distinction entre énoncé et phrase 7
    3.3 L'énonciateur 7

2 LES PHONÈMES ET LES GRAPHÈMES 9
1 Les phonèmes 9
    1.1 La notion de phonème 9
    1.2 L'Alphabet phonétique international (API) 9
    1.3 Les voyelles 10
    1.4 Les consonnes 11
2 Les graphèmes 11
    2.1 La notion de graphème 12
    2.2 Les fonctions des graphèmes 12
3 Les signes auxiliaires 13
    3.1 Les accents 13
    3.2 La cédille (,) 14
    3.3 Le tréma (¨) 14
    3.4 L'apostrophe (') 14
    3.5 Le trait d'union (-) 15
4 Les principaux graphèmes du français 15

LA GRAMMAIRE DU TEXTE 17

3 INTRODUCTION À LA GRAMMAIRE DU TEXTE 18
1 Les notions de texte et de contexte 19
2 Les principes à la base de la grammaire du texte 20
    2.1 L'unité du sujet 20
    2.2 La reprise de l'information 20
    2.3 L'organisation et la progression de l'information 21
    2.4 L'absence de contradiction 22
    2.5 La constance du point de vue 22

4 LA REPRISE DE L'INFORMATION **23**

  1 La reprise par un pronom **24**

    1.1 La reprise partielle par un pronom 24

    1.2 La reprise totale par un pronom 25

  2 La reprise par un GN **28**

    2.1 La reprise par un GN contenant le même nom introduit par
        un déterminant différent 28

    2.2 La reprise par un GN contenant un synonyme 28

    2.3 La reprise par un GN contenant un générique 29

    2.4 La reprise par un GN contenant un synthétique 29

    2.5 La reprise d'un GN par association 30

    2.6 La reprise d'un GN par une périphrase 31

    2.7 La reprise par nominalisation 31

    2.8 La reprise partielle par un GN 32

  3 La reprise par un GAdv **33**

    3.1 La reprise par *alors, ici, là* et *là-bas* 33

    3.2 La reprise par *ainsi* et *également* 33

  4 La reprise par simple répétition **34**

    4.1 La reprise par la répétition du pronom *je* 34

    4.2 La reprise par la répétition d'un GN 34

  5 La combinaison des divers procédés de reprise **35**

  6 Tableau synthèse **37**

5 LE DISCOURS RAPPORTÉ **39**

  1 La notion de discours rapporté **40**

  2 Les principales formes de discours rapportés **40**

    2.1 Le discours direct 40

    2.2 Le discours indirect 41

    2.3 Le discours indirect libre 41

6 LA MODALISATION **42**

  1 La notion de modalisation **43**

  2 Les marques de modalité **43**

    2.1 Le vocabulaire connotatif 43

    2.2 Les marques énonciatives 43

    2.3 Les auxiliaires de modalité 44

    2.4 Des temps et des modes verbaux 44

    2.5 Les phrases de types transformées 44

    2.6 Des structures verbales, nominales ou impersonnelles ... 45

    2.7 Des GAdv et des GPrép 45

    2.8 La modalisation en discours second 45

7 LES MARQUES D'ORGANISATION DU TEXTE **46**

  1 Les titres et les intertitres **47**

  2 Le paragraphe [§] **48**

  3 Les marques typographiques **48**

8 L'ORGANISATION TEXTUELLE **49**

   1 Les éléments organisateurs du texte **50**

      1.1 La séquence textuelle 50

      1.2 Le paragraphe 51

      1.3 L'organisateur textuel 51

   2 L'organisation d'un texte en séquence narrative **52**

   3 L'organisation d'un texte en séquence descriptive **52**

   4 L'organisation d'un texte en séquence explicative **54**

   5 L'organisation d'un texte en séquence argumentative **56**

LA GRAMMAIRE DE LA PHRASE **59**

9 LES OUTILS D'ANALYSE EN GRAMMAIRE DE LA PHRASE **60**

   1 La grammaire de la phrase : syntaxe et orthographe grammaticale **60**

   2 Le MODÈLE DE BASE : un outil d'analyse des phrases **63**

      2.1 Les constituants du MODÈLE DE BASE 63

      2.2 Le type et les formes d'une P conforme au MODÈLE DE BASE 65

   3 Les cinq manipulations **66**

      3.1 L'effacement ✄ 66

      3.2 Le déplacement ⇆ 67

      3.3 Le remplacement ⬇ 68

      3.4 L'addition ✚ 70

      3.5 L'encadrement ⌊⌋ 70

10 LA PHRASE **71**

   1 La P : une unité syntaxique autonome **71**

   2 La P : une construction faite de groupes **72**

      2.1 Le groupe : une unité syntaxique organisée à partir d'un noyau 73

      2.2 Le groupe : une unité syntaxique qui forme un tout 73

      2.3 Le groupe : une unité non autonome remplissant une fonction

          syntaxique 74

      2.4 Les différentes sortes de groupes 74

   3 La représentation schématique d'une P **75**

   4 Les trois sortes de phrases **76**

      4.1 Les phrases de base 76

      4.2 Les phrases transformées 76

      4.3 Les phrases à construction particulière 77

  EN RÉSUMÉ 77

11 LES TRANSFORMATIONS DE TYPE ET DE FORME **78**

   1 La notion de transformation de type et de forme **80**

   2 Les phrases de types interrogatif, impératif et exclamatif **81**

   3 Les phrases de formes négative, passive, emphatique et impersonnelle **89**

12 LES PHRASES À CONSTRUCTION PARTICULIÈRE 99

   1 La notion de phrase à construction particulière 99

   2 La phrase infinitive 99

   3 La phrase à présentatif 100

      3.1 Les présentatifs *voici* et *voilà* 100

      3.2 Le présentatif *il y a* 100

      3.3 Le présentatif *c'est* 100

   4 La phrase non verbale 101

13 LES FONCTIONS SYNTAXIQUES 102

   1 La notion de fonction syntaxique 102

   2 Les fonctions syntaxiques des groupes dans la phrase 103

      2.1 Le sujet de P 103

      2.2 Le complément de P 104

      2.3 Le prédicat de P 106

      2.4 Le complément direct du verbe 107

      2.5 Le complément indirect du verbe 109

      2.6 L'attribut du sujet 112

      2.7 L'attribut du complément direct du verbe 114

      2.8 Le complément du nom 115

      2.9 Le complément du pronom 117

      2.10 Le complément de l'adjectif 119

      2.11 Le modificateur 120

      2.12 Autres fonctions syntaxiques 121

   3 Tableau synthèse 122

14 LE NOM 123

   1 Les caractéristiques sémantiques du nom 123

      1.1 Les principaux traits sémantiques du nom 124

      1.2 Les principaux cas de noms propres 125

   2 Les caractéristiques morphologiques du nom 126

      2.1 Le nom : une classe variable 126

      2.2 Le nom simple et le nom complexe 129

   3 Les caractéristiques syntaxiques du nom 130

      3.1 Le nom : noyau du GN 130

      3.2 Le nom : avec ou sans déterminant 130

      3.3 Le nom : donneur de genre, de nombre et de personne 131

   EN RÉSUMÉ 131

15 LE GROUPE NOMINAL 132

   1 Les constructions du GN 133

      1.1 Le noyau du GN 133

      1.2 Les expansions dans le GN 134

   2 Les fonctions du GN 137

16 LE DÉTERMINANT 139

   1 Les caractéristiques sémantiques du déterminant 140

      1.1 Les sens du déterminant 140

      1.2 La valeur de reprise de certains déterminants 140

2 Les caractéristiques morphologiques du déterminant 140
   2.1 Le déterminant : une classe variable 140
   2.2 Le déterminant simple et le déterminant complexe 141
3 Les caractéristiques syntaxiques du déterminant 141
   3.1 Le rôle syntaxique et la place du déterminant 141
   3.2 Le déterminant : receveur de genre et de nombre 142
4 Les sortes de déterminants 142
   4.1 Le déterminant défini 142
   4.2 Le déterminant indéfini 143
   4.3 Le déterminant démonstratif 143
   4.4 Le déterminant possessif 144
   4.5 Le déterminant interrogatif 144
   4.6 Le déterminant exclamatif 145
   4.7 Le déterminant partitif 145
   4.8 Le déterminant numéral 146
   4.9 Le déterminant quantitatif 146
   4.10 Le déterminant relatif 147
EN RÉSUMÉ 147

17 LE PRONOM 148
  1 Les caractéristiques sémantiques du pronom 148
   1.1 Le pronom de reprise 149
   1.2 Le pronom nominal 149
  2 Les caractéristiques morphologiques du pronom 150
   2.1 Le pronom : une classe variable 150
   2.2 Le pronom simple et le pronom complexe 150
  3 Les caractéristiques syntaxiques du pronom 150
   3.1 La pronominalisation 150
   3.2 Les expansions du pronom 151
   3.3 Le pronom : donneur de genre, de nombre et de personne 151
  4 Les sortes de pronoms 151
   4.1 Le pronom personnel 151
   4.2 Le pronom possessif 154
   4.3 Le pronom démonstratif 155
   4.4 Le pronom relatif 156
   4.5 Le pronom interrogatif 159
   4.6 Le pronom indéfini 160
   4.7 Le pronom numéral 162
EN RÉSUMÉ 162

18 L'ADJECTIF ET LE GROUPE ADJECTIVAL 163
  1 Les caractéristiques de l'adjectif 163
   1.1 Les caractéristiques sémantiques de l'adjectif 163
   1.2 Les caractéristiques morphologiques de l'adjectif 164
   1.3 Les caractéristiques syntaxiques de l'adjectif 168
  2 Le GAdj : constructions, place et fonctions 170
EN RÉSUMÉ 172

19 LE VERBE ET LE GROUPE VERBAL **173**

   1 Les caractéristiques du verbe **174**

      1.1 Les caractéristiques sémantiques du verbe 174

      1.2 Les caractéristiques morphologiques du verbe 174

      1.3 Les caractéristiques syntaxiques du verbe 176

   2 Le GV : constructions et fonction **179**

      2.1 Les constructions du GV avec ou sans complément 179

      2.2 Les constructions du GV avec attribut 182

      2.3 La fonction du GV 186

   3 Le GInf : constructions et fonctions **186**

   4 Le GPart : constructions et fonctions **188**

   EN RÉSUMÉ **191**

20 LE SYSTÈME VERBAL **192**

   1 Les catégories grammaticales liées au verbe **193**

      1.1 La personne grammaticale et le nombre 193

      1.2 Le mode 194

      1.3 Le temps 194

      1.4 L'aspect 195

      1.5 La modalité 195

   2 La conjugaison **196**

      2.1 L'écart entre la conjugaison orale et la conjugaison écrite 196

      2.2 Le classement des formes verbales 197

      2.3 Les éléments constitutifs des temps simples 198

      2.4 Les éléments constitutifs des temps composés 201

      2.5 Le choix de l'auxiliaire dans les temps composés 202

      2.6 Les deux grands types de conjugaisons écrites 202

   3 Les valeurs et l'emploi des modes et des temps verbaux **203**

      3.1 Les modes impersonnels 203

      3.2 Le subjonctif 204

      3.3 L'impératif 206

      3.4 L'indicatif 207

21 LA PRÉPOSITION ET LE GROUPE PRÉPOSITIONNEL **213**

   1 Les caractéristiques de la préposition **213**

      1.1 Les caractéristiques sémantiques de la préposition 213

      1.2 Les caractéristiques morphologiques de la préposition 214

      1.3 Les caractéristiques syntaxiques de la préposition 215

   2 Le GPrép : constructions et fonctions **216**

      2.1 Les constructions du GPrép 217

      2.2 Les fonctions syntaxiques du GPrép 218

   EN RÉSUMÉ **219**

22 L'ADVERBE ET LE GROUPE ADVERBIAL **220**

   1 Les caractéristiques de l'adverbe **221**

      1.1 Les caractéristiques sémantiques de l'adverbe 221

      1.2 Les caractéristiques morphologiques de l'adverbe 222

      1.3 Les caractéristiques syntaxiques de l'adverbe 223

2 Le GAdv : construction, fonctions et rôles 224

    2.1 La construction du GAdv 224

    2.2 Les fonctions syntaxiques du GAdv 224

    2.3 Le rôle syntaxique de certains adverbes 225

    2.4 Le rôle textuel de certains adverbes 226

EN RÉSUMÉ 227

23 LA JONCTION DE PHRASES, DE GROUPES ET DE PHRASES SUBORDONNÉES 228

  1 La coordination et la juxtaposition de P, de groupes et de phrases subordonnées 229

    1.1 La coordination et la juxtaposition de P 230

    1.2 La coordination et la juxtaposition de groupes et de phrases subordonnées 230

    1.3 Le coordonnant 231

    1.4 L'effacement d'éléments dans la coordination et dans la juxtaposition 234

  2 La subordination de phrases 235

    2.1 La notion de subordonnant 235

    2.2 La notion de phrase matrice 236

    2.3 La notion de verbe principal 236

    2.4 La subordonnée enchâssée comme constituant de P 236

    2.5 La subordonnée enchâssée dans un groupe de P 237

  3 L'insertion de phrases 238

    3.1 La phrase incise 238

    3.2 La phrase incidente 238

24 LA SUBORDONNÉE RELATIVE 239

  1 Les caractéristiques syntaxiques de la subordonnée relative 240

    1.1 La subordonnée relative : un complément du nom 240

    1.2 La subordonnée relative : une phrase enchâssée dans un GN 240

  2 Les valeurs sémantiques de la subordonnée relative 241

  3 La construction de la subordonnée relative 241

  4 Le choix du pronom relatif 243

25 LA SUBORDONNÉE COMPLÉTIVE 246

  1 La notion de subordonnée complétive 246

  2 La subordonnée complétive complément 247

    2.1 La subordonnée complétive complément du verbe 247

    2.2 La subordonnée complétive complément de l'adjectif 249

    2.3 La subordonnée complétive complément du nom 250

  3 La subordonnée complétive sujet 250

26 LES « CIRCONSTANCIELLES » : DES SUBORDONNÉES COMPLÉMENTS DE P ET DES CORRÉLATIVES 251

1 La subordonnée complément de P 252
    1.1 Les caractéristiques syntaxiques de la subordonnée complément de P 252
    1.2 Les différentes valeurs de la subordonnée complément de P 253

2 La subordonnée corrélative 259
    2.1 Les caractéristiques syntaxiques de la subordonnée corrélative 260
    2.2 Les différentes valeurs des subordonnées corrélatives 260

27 LE SYSTÈME DES ACCORDS 262

1 Les classes invariables et les classes variables 262
    1.1 Les classes invariables 262
    1.2 Les classes variables 263
    1.3 Les traits grammaticaux et les marques grammaticales 263

2 Le donneur et le receveur 263
    2.1 Les notions de donneur et de receveur 263
    2.2 Le donneur 264
    2.3 Le receveur 264

3 Les principales règles d'accord 265
    3.1 Les accords dans le GN 265
    3.2 Les accords régis par le sujet 267
    3.3 Les accords régis par le complément direct du verbe 270

4 Tableau synthèse 273

LA PONCTUATION 275

28 LA PONCTUATION : FONCTIONS ET SIGNES 276

1 Les fonctions de la ponctuation 277
    1.1 La fonction sémantique de la ponctuation 277
    1.2 La fonction syntaxique de la ponctuation 277

2 La ponctuation de la phrase 277
    2.1 La ponctuation marquant la fin de la phrase graphique 278
    2.2 La ponctuation à l'intérieur de la phrase graphique 280

3 La ponctuation du texte et du mot 285
    3.1 La ponctuation du texte 285
    3.2 La ponctuation du mot 286

4 Tableau synthèse 287

LE LEXIQUE 289

29 L'ORIGINE ET L'ÉVOLUTION DES MOTS FRANÇAIS 290

1 L'histoire des mots et l'étymologie 291
    1.1 L'étymologie 291
    1.2 Les familles étymologiques 291

2 Les principales sources du lexique français **292**
    2.1 Le fonds primitif 292
    2.2 Les apports étrangers 293
    2.3 Les créations proprement françaises 295
3 Les mots disparus et les archaïsmes **296**
4 Les néologismes **296**

30 LA VARIATION GÉOGRAPHIQUE ET SOCIALE DES MOTS **298**
  1 La variation géographique **299**
  2 La variation sociale **301**
    2.1 Les variétés de langue 301
    2.2 La prise en compte de la valeur sociale des mots 302

31 LES PARTICULARITÉS DU VOCABULAIRE QUÉBÉCOIS **304**
  1 Petit historique **305**
  2 Les sources des québécismes **305**
    2.1 Le fonds hérité de France 305
    2.2 L'apport amérindien 306
    2.3 L'apport anglo-saxon 307
    2.4 Les créations québécoises proprement dites 307
  3 Les catégories de québécismes **308**
    3.1 Les québécismes de forme 308
    3.2 Les québécismes de sens 308
    3.3 Les québécismes phraséologiques 309
  4 La variation sociale dans le vocabulaire québécois **309**

32 LA FORMATION DES MOTS PAR DÉRIVATION **310**
  1 La dérivation **311**
  2 Les préfixes **312**
    2.1 Les caractéristiques des préfixes 312
    2.2 L'orthographe des préfixes 313
  3 Tableau des principaux préfixes **313**
  4 Les suffixes **315**
    4.1 Les caractéristiques des suffixes 315
    4.2 Le sens des suffixes 316
  5 Tableau des principaux suffixes **317**

33 LA FORMATION DES MOTS PAR COMPOSITION **320**
  1 La composition **321**
    1.1 L'union de plusieurs mots 321
    1.2 Les diverses formes écrites des mots composés 321
  2 La construction des mots composés **322**
  3 Comment reconnaître les mots composés **323**
    3.1 Une unité de sens 323
    3.2 Un ensemble inséparable 323
    3.3 La substitution en bloc 324
  4 Le pluriel des noms et des adjectifs composés **324**

34 LA FORMATION DES MOTS PAR COMPOSITION SAVANTE 326

   1 Les caractéristiques de la composition savante 327

      1.1 L'emprunt d'éléments au latin et au grec 327

      1.2 Les différences entre la composition savante, la composition proprement
dite et la dérivation 327

   2 Tableau des principaux éléments d'origine latine et grecque 328

35 LA FORMATION DES MOTS PAR TÉLESCOPAGE, ABRÈGEMENT ET EMPRUNT 333

   1 Le télescopage 334

   2 L'abrègement 335

      2.1 La troncation 335

      2.2 Les sigles et les acronymes 335

   3 L'emprunt 337

      3.1 Le phénomène de l'emprunt 337

      3.2 Le pluriel des mots empruntés 338

      3.3 Les anglicismes 338

36 LES FAMILLES DE MOTS 340

   1 La notion de famille de mots 341

   2 La notion de famille étymologique 342

   3 Des formulations variées grâce aux familles de mots 342

   4 Les liens de sens entre les mots d'une famille 344

   5 Les mots suppléants de sens voisin 345

37 LE SENS DES MOTS 347

   1 De quoi dépend le sens des mots ? 348

      1.1 La manière de voir le monde à travers la langue 348

      1.2 Les relations entre les mots 348

      1.3 Le contexte 348

      1.4 La situation de communication 348

   2 L'analyse du sens en traits sémantiques 349

      2.1 Les traits sémantiques 349

      2.2 Les traits sémantiques communs ou distinctifs 349

   3 La polysémie 350

      3.1 Les caractéristiques générales de la polysémie 350

      3.2 Comment décrire un sens 351

      3.3 Les sources de la polysémie 352

      3.4 La polysémie et l'humour 353

   4 L'homonymie 353

   5 La paronymie 355

   6 Les moyens pour découvrir le sens d'un mot nouveau à partir du contexte 356

      6.1 Le recours à la construction grammaticale 356

      6.2 Le recours à une définition explicite 356

      6.3 Le recours aux indices sémantiques fournis par les mots environnants 356

38 LE LANGAGE FIGURÉ 358

   1 Qu'est-ce qu'une figure de style ? 359

2 Les principales figures de style **359**
    2.1 La métonymie 359
    2.2 La comparaison 360
    2.3 La métaphore 361
    2.4 L'antithèse 363
    2.5 L'ironie 364
    2.6 La litote 364
    2.7 L'euphémisme 364
    2.8 L'hyperbole 365

39 LES RELATIONS DE SENS **366**
  1 L'inclusion : les mots génériques et les mots spécifiques **367**
    1.1 Aperçu général 367
    1.2 Les génériques comme moyens de définition et de reprise 368
  2 La synonymie **368**
    2.1 Aperçu général 368
    2.2 L'influence du contexte sur la synonymie 369
    2.3 Les différences entre les synonymes 369
    2.4 Les rôles des synonymes dans un texte 370
  3 L'antonymie **371**
    3.1 Aperçu général 371
    3.2 Les sortes d'antonymes 371
    3.3 L'influence du contexte sur l'antonymie 373
    3.4 Les différentes formes d'expression de l'antonymie 374
    3.5 Les rôles des antonymes dans un texte 375
  4 L'analogie et les champs lexicaux **375**
    4.1 L'analogie 375
    4.2 Les champs lexicaux 376
    4.3 Le rôle de l'analogie : contribuer à la cohérence du texte 377

40 LA COMBINATOIRE LEXICALE **378**
  1 La compatibilité sémantique entre les mots **378**
    1.1 Une notion variable 378
    1.2 Compatibilité sémantique et syntaxe 379
    1.3 L'impropriété 379
  2 Les constructions d'un mot **380**
    2.1 La présence ou non d'un complément 381
    2.2 Le type de complément 381
    2.3 Le choix de la préposition 383
  3 Les suites lexicales **384**
  4 Les expressions figées **385**
    4.1 Les suites libres et les suites figées 385
    4.2 Les proverbes et les périphrases 386

BIBLIOGRAPHIE 387

INDEX 388

Symboles, abréviations et signes

SYMBOLES

Adj	adjectif		**GPrép**	groupe prépositionnel
Adv	adverbe		**GV**	groupe verbal
Dét	déterminant		**N**	nom
GAdj	groupe adjectival		**P**	phrase : unité syntaxique
GAdv	groupe adverbial		**Prép**	préposition
GInf	groupe infinitif		**Pron**	pronom
GN	groupe nominal		**V**	verbe
GPart	groupe participial			

ABRÉVIATIONS

Attr.	attribut		**Marq.**	marqueur
Auxil.	auxiliaire		**Modif.**	modificateur
Compl.	complément		**Part. p.**	participe passé
Compl. dir.	complément direct du verbe		**Part. pr.**	participe présent
Compl. indir.	complément indirect du verbe		**pers.**	personne grammaticale
Complét.	complétive		**pl.**	pluriel
Coord.	coordonnant		**s.**	singulier
Corr.	corrélative		**S.**	sujet de P
f.	féminin		**Sub.**	subordonnée
Inf.	infinitif		**Sub. rel.**	subordonnée relative
Juxt.	juxtaposition		**Sub. compl.**	subordonnée complétive
m.	masculin		**Subord.**	subordonnant

Grammaire pédagogique du français d'aujourd'hui

SIGNES CONVENTIONNELS

/	éléments d'un ensemble : *le / la / les* ; *cheval / chevaux*
→	*se transforme en…*
=	*a le même sens que…* ; *est synonyme de…*
≠	*est antonyme de…*
<	*vient de…*
>	*a donné…*
°	mot supposé, jamais trouvé à l'écrit
ø	élément effacé
⊗	forme incorrecte ou emploi non approprié
*	énoncé asyntaxique
in-, -tion	éléments entrant dans la formation des mots
[14]	renvoi au chapitre 14
REM.	remarque
	constituant sujet de P
	constituant prédicat de P
	constituant complément de P
	consultation d'un dictionnaire
!	attention ! difficulté particulière ou mise en garde

PICTOGRAMMES

	effacement		non-effacement
	déplacement		non-déplacement
	remplacement		non-remplacement
	addition		non-addition
	encadrement		non-encadrement

La communication orale et écrite

CHAPITRE 1   La communication langagière

CHAPITRE 2   Les phonèmes et les graphèmes

La communication langagière

Objectifs du chapitre

- Comprendre les notions de langue, de communication langagière et de situation de communication.
- Savoir ce qui distingue la communication orale de la communication écrite.
- Comprendre les notions d'énonciation, d'énoncé et d'énonciateur.

Plan du chapitre

1 La langue, la communication langagière et la situation de communication

2 La communication orale et écrite

3 L'énonciation

Observons le texte qui suit.

Le premier soir je me suis donc endormi sur le sable à mille milles de toute terre habitée. J'étais bien plus isolé qu'un naufragé sur un radeau au milieu de l'océan. Alors vous imaginez ma surprise, au lever du jour, quand une drôle de petite voix m'a réveillé. Elle disait :

— **S'il vous plaît... dessine-moi un mouton !**

— **Hein !**

— **Dessine-moi un mouton...** [1]

J'ai sauté sur mes pieds comme si j'avais été frappé par la foudre. J'ai bien frotté mes yeux. J'ai bien regardé. Et j'ai vu un petit bonhomme tout à fait extraordinaire qui me considérait gravement.

Antoine de SAINT-EXUPÉRY, *Le Petit Prince*, New York, Harcourt, Brace and Company, 1943, p. 9-10.

Cet extrait du *Petit Prince* rapporte la rencontre inattendue de deux personnages dans le désert : un aviateur et un petit garçon. Dans le passage mis en gras, l'enfant interpelle l'aviateur et engage une conversation avec lui ; c'est parce qu'ils parlent la même langue qu'une communication langagière peut s'établir entre eux. Dans ce chapitre, nous étudions l'ensemble des éléments qui font partie de la communication langagière.

---

1. Le dialogue est mis en gras par nous.

1 LA LANGUE, LA COMMUNICATION LANGAGIÈRE ET LA SITUATION DE COMMUNICATION

1.1 La langue

DÉFINITION : La **langue** est un système de signes conventionnels constitué d'unités porteuses de sens qui sont elles-mêmes composées d'unités non significatives, soit les sons et les lettres.

Précisons le sens des principaux éléments de cette définition.

– *La langue est un **système**…*

La langue est un système, c'est-à-dire un ensemble structuré de sous-systèmes qui sont en relation les uns avec les autres.

La **syntaxe**, la **morphologie** et le **lexique** sont les trois sous-systèmes communs à l'oral et à l'écrit. La syntaxe concerne la construction des phrases ; la morphologie a trait à la forme des mots, comme leur variation en genre et en nombre ; le lexique porte sur le sens et la formation des mots.

À l'oral s'ajoutent deux autres sous-systèmes : la **phonologie**, qui porte sur les sons de la langue, et la **prosodie**, qui a trait au rythme et à la mélodie des énoncés. L'**orthographe**, qui règle la manière d'écrire les mots, et la **ponctuation**, qui segmente un texte en unités, sont les deux sous-systèmes spécifiques à l'écrit.

> Pour établir une communication langagière efficace à l'écrit, savoir orthographier et ponctuer ne suffit pas. Il faut aussi savoir appliquer les autres règles de la grammaire de la phrase (syntaxe, morphologie, lexique) et celles de la grammaire du texte.

– *La langue est un système de **signes conventionnels**…*

Les signes dont une langue est formée sont fixés par convention. C'est ce qui explique que, d'une langue à l'autre, la même réalité est désignée par des mots différents : l'animal nommé *chien* en français est appelé *dog* en anglais.

– *un système [...] constitué d'**unités porteuses de sens**…*

Les phrases, les groupes, les mots et les parties de mots (préfixe, suffixe, base, terminaison) servent à exprimer le sens. Ainsi, si on décompose le mot *gravement*, on trouve une base, le mot *grave*, qui exprime l'idée de sérieux, et le suffixe *-ment*, qui sert à former un adverbe et qui renvoie à l'idée de manière. Le mot *gravement* signifie « de manière grave ».

– *unités porteuses de sens [...] composées d'**unités non significatives**…*

Les unités non significatives sont les sons, les lettres et les autres signes graphiques qui donnent une forme concrète aux mots, mais qui n'ont pas de signification par eux-mêmes.

Isolément, aucun des quatre sons qui forment le mot [d r o l] *drôle* n'a de signification. Il en va de même, à l'écrit, pour les cinq lettres et l'accent circonflexe qui forment ce mot.

1.2 La communication langagière

La langue est l'outil privilégié que l'être humain utilise pour penser et communiquer avec ses semblables.

DÉFINITION : La **communication langagière** est une activité sociale dans laquelle des personnes entrent en relation :
– par l'intermédiaire d'une langue ;
– dans un lieu et dans un temps particuliers ;
– selon certaines modalités déterminées par les caractéristiques psychologiques, sociales et culturelles des interlocuteurs.

1.3 La situation de communication

Une situation de communication comprend plusieurs éléments :

ÉLÉMENTS D'UNE SITUATION DE COMMUNICATION

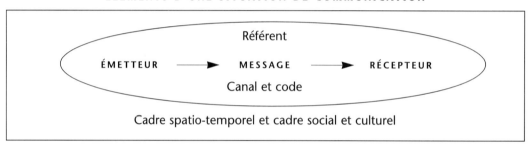

Définissons chacun des termes du schéma et illustrons-les à partir du dialogue dans le texte d'observation.

1. L'**émetteur** est celui qui produit un message.

   Dans le dialogue du texte d'observation, l'enfant qui engage la conversation en demandant : *S'il vous plaît... dessine-moi un mouton !* est l'émetteur de ce message.

2. Le **récepteur** est celui qui reçoit et interprète le message de l'émetteur.

   L'aviateur qui entend le message de l'enfant et essaie de lui donner un sens est le récepteur de ce message.

3. Le **message** est constitué de l'ensemble des énoncés échangés entre l'émetteur et le récepteur. Il est formulé à l'aide d'un code, est véhiculé par un canal et renvoie à un référent.

   Dans le dialogue entre le pilote et l'enfant, le message correspond au passage en gras.

   3.1 Le **code** est le système de signes destiné à représenter et à transmettre un message.

   Dans la communication langagière, le code utilisé est la langue, qui est toujours associée à d'autres codes culturels, tels que les gestes, les mimiques, les rituels de prise de contact, de politesse, etc. Le code utilisé dans la conversation entre le pilote et l'enfant est la langue française. Cependant on constate que le rituel de politesse relatif au vouvoiement n'est pas suivi par l'enfant.

3.2 Le **canal** est le moyen matériel employé pour transmettre le message.

Le canal employé dans la conversation entre les deux personnages est la parole, notée à l'écrit par l'auteur.

3.3 Le **référent** correspond aux réalités du monde réel ou fictif auxquelles le message renvoie.

Le référent de la conversation concerne le souhait de l'enfant d'avoir le dessin d'un mouton. Ce désir est incompréhensible pour le pilote. La compréhension d'un message suppose en effet que les interlocuteurs aient en commun un minimum de connaissances à propos du référent, ce qui n'est pas le cas dans le dialogue observé, comme en témoigne la réaction de surprise de l'aviateur : *Hein !*

4. Le **cadre spatio-temporel** est constitué par le lieu et le temps de la communication.

La conversation se tient *à mille milles de toute terre habitée* et *au lever du jour.*

5. Le **cadre social et culturel** correspond au milieu humain dans lequel la communication se déroule ainsi qu'aux rapports qui existent entre les interlocuteurs.

La rencontre d'un pilote en panne dans le désert et d'un étrange enfant réclamant le dessin d'un mouton crée un cadre social et culturel inattendu, qui est particulier à l'univers de fiction inventé par l'auteur. Ce cadre résulte de la rencontre de deux mondes différents : celui du pilote dont les préoccupations sont concrètes et fort compréhensibles pour le lecteur, et celui de l'enfant qui demande qu'on lui dessine un mouton. Cette étrange requête prendra tout son sens pour le lecteur lorsqu'il saura que l'enfant, venu d'une autre planète, cherche un moyen de protéger une rose.

2 LA COMMUNICATION ORALE ET ÉCRITE

La communication langagière est le plus souvent orale. Elle est écrite notamment lorsqu'on veut lui donner un caractère permanent. Voici les principaux éléments qui distinguent la communication orale de la communication écrite.

2.1 Les conditions de la communication

À l'oral, l'émetteur et le récepteur communiquent toujours à un même moment et souvent dans un même lieu. La communication est directe. Les interlocuteurs ont la possibilité de reprendre ou de préciser leurs propos s'ils constatent que la communication s'établit mal.

À l'écrit, l'émetteur et le récepteur communiquent généralement à un moment et dans des lieux différents. La communication est différée. Par conséquent, l'auteur doit écrire un message qui soit le plus explicite possible afin de réduire les sources d'incompréhension chez le lecteur.

2.2   Les personnes participant à la communication

Dans une communication orale, l'émetteur est le **locuteur** et le récepteur est l'**auditeur**. Les deux sont des **interlocuteurs**, car ils peuvent changer de rôle, chacun étant tantôt l'émetteur, tantôt le récepteur.

À l'écrit, l'émetteur est l'**auteur** et le récepteur est le **lecteur**. Le moment et le lieu de la réception du message ne sont pas toujours connus de l'auteur, pas plus que l'identité du lecteur. Cette situation oblige l'auteur à se faire une image globale de l'ensemble des lecteurs potentiels de son message. Ce récepteur imaginé est appelé **destinataire**.

Dans le dialogue observé, l'enfant et le pilote sont des interlocuteurs. Le petit garçon est successivement locuteur, puis auditeur, puis de nouveau locuteur. Le pilote tient ces rôles dans une séquence inverse.

Le Petit Prince, dont l'auteur est Antoine de Saint-Exupéry, a eu à travers le monde des millions de lecteurs. Saint-Exupéry ne pouvait pas connaître tous ces lecteurs ; il a donc dû imaginer un destinataire.

2.3   Les signes de la langue orale et écrite

Le français oral compte 36 sons prononcés avec une intonation et un rythme particuliers. Les mimiques et les gestes sont d'autres signes qui appuient la production d'un message oral.

Le français écrit compte 26 lettres et d'autres signes graphiques incluant principalement les signes de ponctuation. Des éléments visuels tels les illustrations, les schémas, la typographie, la mise en pages sont d'autres moyens qui favorisent l'interprétation d'un message écrit.

2.4   Les genres oraux et écrits

Selon les époques et les sociétés, on rencontre différents genres de messages oraux ou écrits.

DÉFINITION : Les **genres** sont des formes conventionnelles de messages définies selon un certain nombre de facteurs, dont voici les principaux :
– la situation de communication ;
– le monde représenté : fictif ou réel ;
– le sujet abordé ;
– la structure générale : narration, description, explication, argumentation, etc. ;
– le support de la communication : livre, affiche, revue, courriel, film, etc.

Parmi les genres oraux, il y a la conversation, la conférence, le débat, l'interview, la chanson.

Parmi les genres écrits, mentionnons, d'une part, le roman, la fable, le conte, la nouvelle, le poème, qui sont des écrits de fiction ; d'autre part, l'article de dictionnaire et d'encyclopédie, la lettre ouverte, la recette, l'affiche publicitaire, le contrat, qui sont des textes courants.

DE PLUS

3 L'ÉNONCIATION

3.1 Les notions d'énonciation et d'énoncé

DÉFINITIONS : L'**énonciation** est l'acte de production d'un message oral ou écrit, à un moment donné et dans un cadre particulier. L'**énoncé** est le message produit lors de l'énonciation.

Les formes que peut prendre un énoncé sont multiples ; en voici quelques exemples :

    (1) *Défense de fumer.* (texte sur un écriteau, dans un endroit public)

    (2) *Délicieux, ce gâteau !* (paroles entendues dans une conversation autour d'une table)

    (3) *Quand j'arriverai, je t'appellerai. Je t'aime, maman.* (message laissé sur un répondeur téléphonique)

3.2 La distinction entre énoncé et phrase

L'énoncé et la phrase sont des réalités langagières analysées sous des angles différents.

Je t'aime peut être analysé du point de vue de la communication langagière : c'est un **énoncé** produit dans une situation de communication particulière par un émetteur qui s'adresse à un récepteur.

Je t'aime peut aussi être analysé d'un point de vue grammatical : c'est une **phrase**. Dans cet ouvrage, la phrase est symbolisée par P [10, p. 72].

3.3 L'énonciateur

DÉFINITION : L'**énonciateur** est la personne qui produit un énoncé et prend la responsabilité de son contenu.

L'énonciateur peut être une personne réelle ou fictive.

Dans l'extrait du *Petit Prince*, l'énonciateur est fictif, car l'histoire est racontée non par l'auteur, Saint-Exupéry, mais par un **narrateur**, qui est un personnage inventé par l'auteur.

Par contre, dans cet extrait d'une lettre écrite par le poète Arthur Rimbaud à sa sœur, l'énonciateur est réel.

> *Pour moi, je ne fais que pleurer jour et nuit, je suis un homme mort, je suis estropié pour toute ma vie. Dans la quinzaine, je serai guéri, je pense ; mais je ne pourrai marcher qu'avec des béquilles.*

Michel CONTAT, *Arthur Rimbaud, Un poète*, Paris, Gallimard, collection Folio junior, 1982, p. 140.

Il arrive cependant qu'un texte puisse comprendre plus d'un énonciateur. C'est le cas lorsqu'un auteur utilise le discours rapporté. Dans le texte d'observation, le narrateur, qui est le pilote, est l'énonciateur principal. Il fait intervenir un autre énonciateur, le petit garçon.

Les phonèmes et les graphèmes

Objectifs du chapitre

- Reconnaître les phonèmes et les graphèmes du français.
- Connaître le rôle des signes auxiliaires que sont les accents, la cédille, le tréma, l'apostrophe et le trait d'union.

Plan du chapitre

- **1** Les phonèmes
- **2** Les graphèmes
- **3** Les signes auxiliaires
- **4** Les principaux graphèmes du français

1 LES PHONÈMES

1.1 La notion de phonème

DÉFINITION : On appelle **phonème** un son produit par les organes de la parole.

Dans le mot *sol*, il y a trois phonèmes : [s], [ɔ], [l] [1]. Aucun de ces sons n'est décomposable en unités plus petites. De plus, ces sons sont distinctifs, car ils s'opposent à d'autres sons. Par exemple, la distinction entre les mots *sol* et *vol* repose sur la différence entre les phonèmes [s] et [v].

Le français compte 36 phonèmes répartis en 16 voyelles et 20 consonnes.

1.2 L'Alphabet phonétique international (API)

Les phonèmes d'une langue peuvent être transcrits à l'aide de l'Alphabet phonétique international (API). L'API donne une image plus fidèle de la prononciation des mots que

---

1. Dans cet ouvrage, la transcription phonologique est mise entre crochets.

ne le fait l'orthographe. Par exemple, l'orthographe du mot *maisonnette* compte onze lettres, mais sa forme orale compte seulement sept phonèmes, comme le montre sa transcription en API : [mɛzɔnɛt].

 Dans la plupart des dictionnaires de langue, la prononciation de chaque entrée est présentée en API. Cette transcription des phonèmes est placée entre crochets à la droite du mot.

> **OISILLON** [wazijɔ̄] n. m. — v. 1200 ; dimin. de *oiseau* ♦ Petit oiseau ; jeune oiseau (surtout en parlant des espèces de petite taille). « *Trois oisillons déjà emplumés* » (Colette).
>
> *Nouveau Petit Robert de la langue française*, Paris, Le Robert, 1996.

1.3 Les voyelles

DÉFINITION : Une **voyelle** correspond à un son émis avec un écoulement libre de l'air.

La voyelle est l'élément essentiel de la **syllabe** orale en français. On ne peut pas avoir de syllabe sans voyelle. Par exemple, la suite de consonnes [bstr] est imprononçable. Il faut y ajouter les voyelles [i] et [o] pour composer les deux syllabes qui forment le mot *bistro*. Une voyelle peut constituer à elle seule une syllabe : dans le mot *ami*, la voyelle [a] est une syllabe.

 La syllabe orale se distingue de la syllabe graphique. Dans les deux cas, la voyelle constitue l'élément fondamental de la syllabe, mais la division d'un mot en syllabes se fait différemment à l'oral et à l'écrit. Par exemple, le nom *polissage* se divise de cette façon à l'oral : [pɔ-li-saʒ], mais de cette autre façon à l'écrit : *po-lis-sa-ge*.

LES 16 VOYELLES DU FRANÇAIS

[i] *fil, type*	[y] *mur, flûte*	[u] *sourd, ragoût*	[ɛ̃] *timbre, sein*
[e] *thé, pied*	[ø] *jeudi, vœu*	[o] *grosse, saule*	[œ̃] *embrun, parfum*
[ɛ] *règle, maison*	[œ] *fleur, œuf*	[ɔ] *port, austère*	[ɔ̃] *éponge, bombe*
[a] *lac, à*	[ə] *premier, le*	[ɑ] *âme, tas*	[ɑ̃] *planche, repentir*

REM. 1. Les voyelles sont classées selon la manière dont elles sont articulées. Les voyelles comprises dans les deux colonnes de gauche ainsi que les voyelles nasales [ɛ̃] et [œ̃] sont dites « antérieures » parce que la langue se place vers l'avant de la cavité buccale lorsqu'on les prononce ; les voyelles de la troisième colonne ainsi que les voyelles nasales [ɔ̃] et [ɑ̃] sont dites « postérieures » parce que la langue se place vers l'arrière de la cavité buccale lorsqu'on les prononce.

2. La voyelle [ə] disparaît souvent dans la prononciation. Ainsi, le mot *enseignement* est généralement prononcé [ɑ̃sɛɲmɑ̃], rarement [ɑ̃sɛɲəmɑ̃]. Le caractère instable de la voyelle [ə] fait qu'on la qualifie de **caduque**. En API, on place cette voyelle entre parenthèses pour indiquer qu'elle peut ou non être prononcée : [ɑ̃sɛɲ(ə)mɑ̃]. Quand la lettre *e* n'est pas prononcée, on parle de *e* **muet** ; c'est le cas du *e* final dans *élève* [elɛv].

1.4 **Les consonnes**

DÉFINITION : Une **consonne** est un bruit qui s'entend lorsqu'il y a obstruction totale ou partielle du passage de l'air dans le conduit vocal.

Si l'obstruction du passage de l'air est totale, les consonnes sont appelées **occlusives**. Ainsi, pour émettre la consonne [p], les lèvres obstruent le passage de l'air en se fermant, puis elles s'ouvrent brusquement, ce qui provoque un léger bruit d'explosion.

Si l'obstruction du passage de l'air est partielle, les consonnes sont appelées **constrictives**. Ainsi, pour émettre la consonne [f], la lèvre inférieure, en s'appuyant sur les incisives supérieures, obstrue partiellement le passage de l'air, ce qui produit un léger bruit de friction.

Contrairement à la voyelle, la consonne ne peut pas constituer une syllabe orale. Ainsi, dans le mot *pupitre* [pypitʀ(ə)], la prononciation de la consonne [p] doit s'appuyer sur la voyelle [y] dans la première syllabe et sur la voyelle [i] dans la seconde.

LES 20 CONSONNES DU FRANÇAIS

OCCLUSIVES		CONSTRICTIVES	
[p] *pomme, appui*	[k] *carré, attaque*	[f] *soif, photo*	[ʀ] *roi, barre*
[b] *boule, abbé*	[g] *grand, guêpe*	[v] *vous, wagonnet*	[l] *lune, aller*
[m] *marée, somme*	[ɲ] *bagne, oignon*	[s] *sac, cil*	[j] *bien, maillon*
[t] *tasse, bottine*		[z] *rusé, zéro*	[ɥ] *nuit, lui*
[d] *drôle, reddition*		[ʃ] *chaton, short*	[w] *mouette,*
[n] *natation, bonnet*		[ʒ] *joue, gilet*	*droit* [wɑ]

REM. Les constrictives [j], [ɥ] et [w] sont appelées **semi-consonnes** ou **semi-voyelles**, car elles correspondent respectivement aux voyelles [i], [y] et [u]. Dans le mot *mou* [mu], on entend la voyelle [u] ; mais dans le mot *mouette* [mwɛt], on entend la semi-consonne [w].

2 **LES GRAPHÈMES**

Le français et la plupart des langues européennes sont des langues alphabétiques dont l'alphabet est issu du latin. L'écriture alphabétique consiste en la transcription des phonèmes formant un mot par les graphèmes correspondants.

L'écriture française recourt à un alphabet comptant 26 lettres :

  a, b, c, d, e, f, g, h, i, j, k, l, m, n, o, p, q, r, s, t, u, v, w, x, y, z

Parmi ces lettres, six sont des lettres-voyelles : *a, e, i, o, u, y*, toutes les autres étant des lettres-consonnes.

2.1 La notion de graphème

DÉFINITION : On appelle **graphème** toute lettre ou toute suite de lettres ayant une fonction dans la chaîne écrite.

Un graphème peut être constitué d'une ou de plusieurs lettres : *é* dans *blé* ; *ch* dans *chef* ; *eau* dans *beau*.

2.2 Les fonctions des graphèmes

En français, les graphèmes ont quatre fonctions : phonique, morphologique, distinctive et étymologique.

1. Dans une écriture alphabétique, les graphèmes ont principalement une fonction **phonique**, car ils servent à transcrire les phonèmes. Idéalement, un graphème devrait toujours transcrire un seul et même phonème. Ce n'est pas toujours le cas en français, ce qui rend son orthographe difficile.

   En effet, un phonème peut être transcrit par plusieurs graphèmes. Le phonème [ɑ̃] peut être noté par les graphèmes suivants : *an* (*blanche*), *am* (*ample*), *en* (*sentir*), *em* (*rempli*).

   Inversement, un graphème peut correspondre à divers phonèmes. Par exemple, le graphème *c* peut noter deux phonèmes différents : [k] *carré*, [s] *cire*.

   On trouvera à la fin de ce chapitre un tableau qui présente les principaux graphèmes utilisés pour transcrire les phonèmes du français.

2. En français, la fonction **morphologique** des graphèmes consiste à servir de marques grammaticales ; en voici quelques exemples :
   – pour le genre : *-e* du féminin (*ami* / *amie*) ;
   – pour le nombre : *-s* du pluriel (*ami* / *amis*) ;
   – pour la conjugaison du verbe : *-s* de la 2e personne (*tu finis*), *-t* de la 3e personne (*il finit*), *-r* du mode infinitif (*danser*).

   Les graphèmes servent également de marques lexicales pour les familles de mots [36, p. 340]. Par exemple, la présence de la consonne *d* dans le mot *grand* permet de relier cet adjectif à ses dérivés : *grandeur*, *grandir*, *grandement*, etc.

3. Accessoirement, les graphèmes ont une fonction **distinctive**, car ils permettent de distinguer des homophones [37, p. 354]. Par exemple, la différence entre les noms *mère* et *maire* est indiquée par l'opposition entre les graphèmes *è* et *ai*.

4. Certains graphèmes ont une fonction **étymologique** ou historique en rappelant l'origine ou la forme ancienne d'un mot. Ainsi, le *p* muet de *loup* indique que ce mot vient du latin *lupus*.

3 **LES SIGNES AUXILIAIRES**

En français écrit, les signes auxiliaires sont les accents, la cédille, le tréma, l'apostrophe et le trait d'union.

3.1 Les accents

Les **accents** sont des signes placés sur certaines voyelles pour indiquer leur prononciation. Ils servent également à distinguer certains homophones. Il y a trois accents en français : l'accent aigu, l'accent grave et l'accent circonflexe.

1. L'accent **aigu** (´) se place uniquement sur la voyelle *e* pour indiquer qu'elle doit être prononcée [e] : *réfléchir, témoin*.

   ! La voyelle *e* sans accent aigu se prononce [e] devant les lettres-consonnes finales muettes *d, f, r, z* : *pied, clef, mémoriser, nez*.

2. L'accent **grave** (`) se place sur la voyelle *e* pour indiquer qu'elle doit se prononcer [ɛ] : *crèche, père*.

   ! La voyelle *e* sans accent grave se prononce [ɛ] dans une syllabe graphique terminée par une lettre-consonne ou devant la lettre *x* : *appelle, jette, perdre, poucet, veste, vexer*.

   L'accent grave se place sur les voyelles *a* et *u* pour distinguer des homophones :
   - *a* (verbe) et *à* (préposition) ;
   - *la* (déterminant ou pronom) et *là* (adverbe) ;
   - *ou* (conjonction) et *où* (adverbe ou pronom relatif).

3. L'accent **circonflexe** (^) se place sur les voyelles *a, e, i, o, u*, et joue trois rôles.
   - Il indique le timbre de la voyelle. Le timbre de [ɑ] est grave dans *mâle* et *pâte*, par opposition à celui de [a] qui est clair dans *mal* et *patte*.
   - Il distingue des mots qui sont des homophones :
     - *crû* (participe passé de *croître*) et *cru* (participe passé de *croire*) ;
     - *dû* (participe passé de *devoir*) et *du* (déterminant contracté ou partitif).
   - Il rappelle l'état ancien d'un mot. Par exemple, la présence de l'accent circonflexe rappelle la disparition de la consonne *s* de certains mots de l'ancien français, tels que :
     - *fête* (*feste*), dont dérivent *festin, festival, festoyer* ;
     - *hôpital* (*hospital*), dont dérivent *hospitaliser, hospitalité*.

   REM. Il y a des incohérences dans l'emploi de l'accent circonflexe : *fantôme / fantomatique, jeûner / déjeuner*, etc.

À cause de ces irrégularités, les *Rectifications de l'orthographe* proposées en 1990 permettent d'éliminer l'accent circonflexe sur les lettres *i* et *u*, sauf dans les cas qui suivent :

- les homophones *dû, mûr, sûr, jeûne* et les formes *crû* et *croît* du verbe *croître* ;
- le passé simple aux 1re et 2e personnes du pluriel de tous les verbes (*nous finîmes, vous reçûtes*).

3.2 La cédille (˛)

La **cédille** se place uniquement sous la lettre *c* devant les voyelles *a, o, u*, pour indiquer que cette lettre-consonne se prononce [s]. Comparons : *déçu / écu, façon / flacon, grimaçant / provocant*.

3.3 Le tréma (¨)

Le **tréma**, placé au-dessus des voyelles *e, i*, et plus rarement *u*, indique que deux lettres-voyelles voisines se prononcent séparément. Sa présence permet de distinguer notamment :

- *oë / œ* (*Noël / nœud*) ;
- *aë / œ* (*Israël / curriculum vitæ*) ;
- *aï / ai* (*maïs / mai*) ;
- *aü / au* (*capharnaüm / nautique*) ;
- *guï / gui* (*ambiguïté / languir*) ;
- *oï / oi* (*astéroïde / froide*).

REM.   1. Le tréma joue un rôle identique à celui de la lettre *h* qui sépare deux voyelles dans *chahuter, cohue, prohiber, trahir*.

2. À la suite des *Rectifications de l'orthographe* proposées en 1990, on peut maintenant placer le tréma sur la voyelle prononcée dans des mots comme *aigüe, ambigüité, contigüité*, etc.

3.4 L'apostrophe (')

Lorsqu'un mot se termine par la voyelle *a, e* ou *i*, et que le mot suivant commence par une voyelle ou un *h* dit muet, la voyelle finale du premier mot est souvent remplacée par une **apostrophe**. Ce remplacement de la voyelle par l'apostrophe est appelé **élision**.

A. La voyelle *e* est la plus fréquemment élidée.

- L'élision est généralisée :

ce : **c'***était*	*te* : *tu* **t'***entends*
de : **d'***un jour*	*que* : *je dis* **qu'***il viendra*
je : **j'***entends*	*jusque* : **jusqu'***au matin*
le : **l'***enfant, je* **l'***entends*	*lorsque* : **lorsqu'***il entend*
me : *je* **m'***encourage*	*parce que* : **parce qu'***on le veut*
ne : *il* **n'***entend rien*	*puisque* : **puisqu'***aucun n'a accepté*
se : *elle* **s'***entend*	*quoique* : **quoiqu'***un peu fatiguée*

REM.   Traditionnellement, *lorsque, puisque* et *quoique* s'élidaient seulement devant *il / elle / ils / elles, un / une, on, ainsi* et *en*.

– L'élision est limitée à un seul cas pour les deux mots suivants :

      presque : **presqu'**île

      quelque : **quelqu'**un / une

B. La voyelle *a* est élidée dans le déterminant *la* : **l'**habitation, et dans le pronom *la* : *tu* **l'**as vue.

C. La voyelle *i* est élidée dans la conjonction *si* devant le pronom *il / ils* : **s'**il parle.

3.5   Le trait d'union   (-)

Le **trait d'union** sert à marquer :

– la coupure d'un mot en fin de ligne ;

– les éléments d'un mot composé [33, p. 322] ;

– certaines structures :

   • entre un pronom personnel et *même* : **moi-même** ;

   • avant ou après les particules *ci* et *là* : *celle-**ci**, cette femme-**là**, **ci**-dessus, **là**-bas* ;

   • entre le verbe et le pronom personnel qui le suit : **dit-il**, **finit-il ?**, **parle-t-il ?**, **regarde-le**.

4   LES PRINCIPAUX GRAPHÈMES DU FRANÇAIS

Le tableau qui suit présente les principaux graphèmes utilisés pour transcrire les phonèmes du français. Les graphèmes y sont distingués selon la fréquence : les caractères en gras signalent un emploi très fréquent ; les caractères en couleur, un emploi assez fréquent ; les caractères ordinaires, un emploi peu fréquent.

• La lettre *h* ne correspond pas à un phonème, car elle n'est jamais prononcée en français. Elle joue trois rôles.

   – Placée en début de mot, elle empêche l'élision ; la lettre *h* est alors dite **aspirée** : *la halte*. Si elle n'empêche pas l'élision, la lettre *h* est dite **muette** : *l'habitude*.

   – Elle se substitue au tréma pour séparer deux voyelles qui constitueraient autrement un seul graphème : *trahir, cahier*.

   – Combinée aux lettres *c* ou *sc*, elle représente le phonème [ʃ] : *chouette, schématique*.

• La lettre *x* correspond généralement à deux phonèmes, soit [k] + [s] : [taksi] *taxi*, soit [g] + [z] : [ɛgzamɛ̃] *examen*.

REM.   Dans les dictionnaires, le *h* dit aspiré est indiqué par le signe * ou ' au début du mot.

LES PRINCIPAUX GRAPHÈMES DU FRANÇAIS

PHONÈMES	GRAPHÈMES		PHONÈMES	GRAPHÈMES		PHONÈMES	GRAPHÈMES	

VOYELLES

PHONÈMES	GRAPHÈMES		PHONÈMES	GRAPHÈMES		PHONÈMES	GRAPHÈMES	
[i]	i	partir	[y]	u	unité	[ɔ]	o	porter
	y	cygne		hu	huron		ho	hockey
	hi	hiver		û	mûr		u (+m)	album
	hy	hygiène		eu	j'ai eu			
	ï	maïs				[ɑ]	â	pâte
	î	île	[ø]	eu	jeu		hâ	hâte
[e]	é	prédire		œu	vœu		a	bas
	e (+cons.)	pied		eû	jeûne			
	hé	héron				[ɛ̃]	in	pinte
	ai	quai	[œ]	eu	peur		im	imposer
	œ	fœtus		œu	cœur		en	rien
	æ	et cætera		heu	heure		ain	main
[ɛ]	è	grève	[ə]	e	venir		ein	frein
	e	mer		on	monsieur		yn	synthèse
	ai	maire		ai	faisons		ym	sympathique
	ê	fête	[u]	ou	fou	[œ̃]	un	brun
	ei	peine		oû	goût		hum	humble
	he	herbe		où	où	[ɔ̃]	on	songe
	ë	Noël		hou	houblon		hon	honte
	aî	naître		aoû	août		om	tomber
[a]	a	papa	[o]	o	rose	[ɑ̃]	an	blanche
	à	à		au	paume		am	ample
	ha	habit		eau	château		en	sentir
	e+m	femme		ô	côte		em	remplir
				hau	hauteur		han	hanche

CONSONNES

PHONÈMES	GRAPHÈMES		PHONÈMES	GRAPHÈMES		PHONÈMES	GRAPHÈMES	
[p]	p	page	[g]	g	goût	[ʃ]	ch	chat
	pp	appel		gg	aggraver		sch	schéma
[b]	b	boule		gu	baguette	[ʒ]	j	jamais
	bb	abbé		c	seconder		g	gerbe
[m]	m	mer		gh	ghetto		ge	pigeon
	mm	sommeil	[ɲ]	gn	agneau	[ʀ]	r	rue
[t]	t	table		ign	oignon		rr	arrêt
	tt	sottise	[f]	f	fusion	[l]	l	lagune
	th	théorie		ff	effusion		ll	allure
[d]	d	droit		ph	phare	[j]	i	lien
	dd	addition	[v]	v	venin		ll	billet
[n]	n	neige		w	wagon		ill	feuillu
	nn	sonner	[s]	s	sachet		y	yoga
[k]	qu	quand		ss	laisse		ï	aïeul
	c	corde		c	ciller		hi	hiérarchie
	cc	accord		ç	rançon	[ɥ]	u	bruit
	k	kilo		t	attention		hu	cacahuète
	cqu	acquitter		sc	science	[w]	oi [w]+[a]	roi
	ch	technologie		x	six		ou (+ voy.)	ouate
	ck	ticket	[z]	s	ruse		oin [w]+[ɛ̃]	loin
				z	zéro		oê [w]+[a]	poêle
				x	dixième			

La grammaire du texte

CHAPITRE 3   Introduction à la grammaire du texte

CHAPITRE 4   La reprise de l'information

CHAPITRE 5   Le discours rapporté

CHAPITRE 6   La modalisation

CHAPITRE 7   Les marques d'organisation du texte

CHAPITRE 8   L'organisation textuelle

Introduction à la grammaire du texte

Objectifs du chapitre

- Comprendre les notions de texte et de contexte.
- Se familiariser avec les principes de la grammaire du texte.

Plan du chapitre

1 Les notions de texte et de contexte

2 Les principes à la base de la grammaire du texte

Observons les deux écrits suivants.

(1) *Martin Carpentier se dirigea vers le parc. L'eau bout à 100 °C. Le maire de mon village a été défait aux dernières élections. Mexico est une des villes les plus polluées du monde.*

(2) **Comment fabrique-t-on un bijou plaqué argent ?**

Un bijou plaqué argent, c'est en fait un bijou fait d'un métal peu coûteux (comme le cuivre) et recouvert d'une mince couche d'argent.

Pour plaquer une bague, par exemple, on place un anneau de cuivre dans une solution qui conduit l'électricité (un électrolyte). Dans cette solution, on dissout une substance faite en partie d'atomes d'argent (un sel d'argent). Puis, on met dans la solution un petit morceau d'argent pur (solide). On relie ensuite l'anneau de cuivre et le bloc d'argent pur à une source de courant.

En passant dans ces deux objets et dans la solution, le courant électrique arrache des atomes du bloc d'argent. Les atomes d'argent présents dans la solution viennent ensuite se déposer sur l'anneau de cuivre (ces atomes proviennent du sel d'argent et du bloc d'argent pur). Ce procédé porte le joli nom de galvanoplastie.

Professeur SCIENTIFIX, « Cher prof », dans *Les Débrouillards*, n° 172, mars 1998, p. 16.

Tout comme il existe des règles qui permettent d'affirmer que les phrases des écrits (1) et (2) sont bien construites, il en existe d'autres qui permettent de dire que (2) est un texte cohérent et que (1) ne l'est pas.

Comment peut-on dire qu'un texte est cohérent? Cette question relève de la grammaire du texte.

1 — LES NOTIONS DE TEXTE ET DE CONTEXTE

Voyons pourquoi l'écrit (2) est spontanément reconnu comme un texte.

1.1 — Le texte

Un texte comprend nécessairement les éléments qui suivent.

1. Un **but** : agir sur les émotions, sur les attitudes, sur les comportements ou sur les connaissances du destinataire ;

   L'intention de l'auteur de la chronique «Cher Prof» est de fournir de l'information scientifique à la suite de questions posées par des lecteurs. Le professeur Scientifix répond à la question *Comment fabrique-t-on un bijou plaqué argent?* en expliquant le procédé de galvanoplastie. Son but est de faire comprendre ce procédé.

2. Un **sujet** traité selon les conventions d'un genre [1, p.6].

   Le genre utilisé pour traiter le sujet est l'article de vulgarisation scientifique.

3. Un **destinataire** imaginé par l'auteur.

   Le destinataire correspond à des lecteurs de la revue *Les Débrouillards*, qui sont âgés de 9 à 15 ans et qui s'intéressent aux sciences.

4. Une suite de phrases intelligibles qui forment un tout cohérent.

   C'est le cas de l'écrit (2). Après avoir lu l'article, le lecteur comprend le procédé de galvanoplastie.

L'écrit (2) est un **texte** puisqu'on y retrouve tous les éléments présentés ci-dessus.

1.2 — Le contexte

DÉFINITION : Le **contexte** est l'ensemble du texte qui entoure un mot, un groupe de mots, une phrase ou une suite de phrases.

Dans une phrase isolée, il peut être difficile de savoir ce que certains mots désignent. Prenons cette phrase extraite du texte (2) :

> En passant dans **ces deux objets** et dans **la solution**, le courant électrique arrache des atomes du bloc d'argent.

On ne peut savoir ce que désignent les GN *ces deux objets* et *la solution* sans se référer au texte entourant ces GN, c'est-à-dire au contexte[1]. Le GN *ces deux objets* fait référence à *l'anneau de cuivre* et au *bloc d'argent pur*, déjà mentionnés dans le texte. Le GN *la solution* fait aussi référence à un élément déjà mentionné : *une solution qui conduit l'électricité.*

2 LES PRINCIPES À LA BASE DE LA GRAMMAIRE DU TEXTE

DÉFINITIONS : La **grammaire du texte** repose sur un ensemble de principes qui assurent la **cohérence** d'un texte.

Un texte cohérent est un texte qui met en application les principes suivants :
- l'unité du sujet ;
- la reprise de l'information ;
- l'organisation et la progression de l'information ;
- l'absence de contradiction ;
- la constance du point de vue.

Observons comment l'auteur du texte (2) a mis en œuvre ces cinq principes.

2.1 L'unité du sujet

Un texte doit être centré sur un même sujet traité au fil des phrases et des paragraphes.

Si le sujet d'un texte ne se dégage pas clairement, comme c'est le cas dans l'écrit (1), il n'y a pas d'unité du sujet.

Dans le texte (2), le titre *Comment fabrique-t-on un bijou plaqué argent ?* annonce le sujet, et tout le contenu du texte répond à la question posée dans ce titre. Il y a donc unité du sujet.

2.2 La reprise de l'information

Au fil d'un texte, des mots et des groupes de mots forment des chaînes de reprise pour des éléments déjà mentionnés dans le texte. Ces mots et ces groupes de mots sont appelés substituts. Ils contribuent à maintenir l'unité du sujet.

Pour assurer la reprise de l'information dans le texte (2), l'auteur a eu recours à des mots et à des groupes de mots qui désignent une même réalité. Dans l'extrait qui suit, les

---

1. Il faut distinguer le contexte restreint, qui renvoie au texte lui-même, et le contexte général. Un texte fait souvent partie d'un ensemble plus grand de textes : un article dans un journal, un chapitre dans un manuel. On dira alors du journal ou du manuel qu'il constitue le contexte général du texte. Ainsi, la revue *Les Débrouillards* constitue le contexte général du courrier du professeur Scientifix.

expressions désignant une même réalité sont signalées par le même chiffre placé en exposant. On a souligné les mots ou groupes de mots à l'origine de chaque chaîne de reprise.

> [...] on[1] place un <u>anneau de cuivre</u>[2] dans <u>une solution qui conduit l'électricité (un élec-trolyte)</u>[3]. Dans **cette solution**[3], **on**[1] dissout <u>une substance faite en partie d'atomes d'argent (un sel d'argent)</u>[4]. Puis, **on**[1] met dans **la solution**[3+4] <u>un petit morceau d'argent pur (solide)</u>[5]. **On**[1] relie ensuite **l'anneau de cuivre**[2] et **le bloc d'argent pur**[5] à une source de courant.

Le GN *cette solution*[3] sert à reprendre *une solution qui conduit l'électricité (un électrolyte)*[3]. Le GN *la solution*[3+4] constitue un cas de reprise plus complexe. Il reprend *cette solution*[3] et *une substance faite en partie d'atomes d'argent (un sel d'argent)*[4]. En effet, le GN *la solution* ne désigne pas un électrolyte seulement, mais une solution composée d'un électro-lyte dans laquelle on a dissous un sel d'argent.

2.3 L'organisation et la progression de l'information

Pour qu'un texte soit cohérent, il ne suffit pas qu'il présente une unité du sujet. Il faut que le contenu du texte soit organisé de telle sorte qu'il assure un apport constant d'in-formations nouvelles, donc qu'il y ait **progression de l'information**.

L'organisation d'un texte se fait à partir d'une ou de plusieurs structures appelées **séquences textuelles**. Le texte (2) comprend deux séquences : une séquence descriptive correspondant aux deux premiers paragraphes et une séquence explicative, plus courte, dans le dernier paragraphe.

Chaque paragraphe sert à développer un aspect du sujet : dans le premier paragraphe, on décrit ce qu'est un bijou plaqué argent ; dans le deuxième, on décrit les étapes préparatoires au placage ; enfin, dans le troisième, on explique comment s'effectue la galvanoplastie.

Chaque phrase apporte une information nouvelle qui contribue à la progression de l'information. Le lecteur peut facilement se représenter les étapes du procédé de placage, car les phrases sont placées dans l'ordre correspondant à la marche à suivre. Les coordon-nants temporels *puis* et *ensuite* soulignent la succession des phases du procédé.

DE PLUS

On peut analyser une phrase du point de vue de l'information qu'elle porte. Vue sous cet angle, la phrase comprend deux parties. La partie qui reprend une information connue est appelée **thème** de la phrase ; celle qui contient une information nouvelle est appelée **propos**.

Le thème se trouve généralement dans le sujet de P (en bleu) et le propos, dans le prédicat de P (en jaune) :

Thème	Propos
Les atomes d'argent présents dans la solution	*viennent ensuite se déposer sur*
l'anneau de cuivre .	

2.4 L'absence de contradiction

Dans un texte, aucune partie ne doit être en contradiction avec une autre partie, ni avec l'univers, c'est-à-dire le milieu réel ou fictif évoqué par l'auteur. Dans l'univers du conte, on accepte, par exemple, que les animaux parlent ; cependant, cela serait tout à fait irrecevable dans un texte scientifique traitant des animaux.

Dans le texte (2), aucune information n'en contredit une autre. Chaque information est pertinente pour comprendre le procédé de placage et est compatible avec l'univers physique tel que nous le connaissons.

La cohésion temporelle est également essentielle à la non-contradiction textuelle. La cohésion temporelle découle d'un emploi judicieux des indices de temps, notamment des temps verbaux.

Dans le texte (2), l'emploi constant du présent de l'indicatif suggère que l'expérience se déroule sous nos yeux. L'auteur indique ainsi que la description qu'il donne du procédé de galvanoplastie a une valeur permanente, c'est-à-dire qu'elle est valable à n'importe quelle époque, actuellement ou plus tard.

2.5 La constance du point de vue

Dans un texte, le **point de vue** est constitué de l'ensemble des éléments qui suivent.

1. La manière dont l'auteur ou le narrateur se présente dans le texte.

   Certains termes montrent la présence d'un auteur (*je* ; *selon moi* ; *nous, les élèves de 3e secondaire*), alors que d'autres signalent son effacement (*on* et les autres pronoms de la 3e personne).

2. La façon dont l'auteur ou le narrateur entre en relation avec son destinataire.

   L'auteur ou le narrateur peut interpeller son destinataire en employant les pronoms *tu* ou *vous*, ou ne pas l'interpeller.

3. L'attitude que prend l'auteur ou le narrateur par rapport à ses propos.

   L'auteur ou le narrateur peut adopter une attitude neutre ou, au contraire, il peut s'engager dans son texte en employant des marques de modalité (*heureusement, il est vrai que*).

Le point de vue de l'auteur ou du narrateur doit être constant. Si le point de vue change à l'intérieur du texte, ce changement doit être justifié par le contexte.

Dans l'ensemble du texte (2), l'auteur adopte un ton neutre qui convient à ce genre de texte. L'auteur s'efface en utilisant le pronom *on* et n'interpelle pas son destinataire. Le vocabulaire technique utilisé traduit le caractère scientifique du texte. La seule marque de modalité est l'adjectif *joli*, qui qualifie le nom scientifique de *galvanoplastie* et permet de clore l'article sur une note plaisante.

La reprise de l'information

Objectifs du chapitre

- Comprendre le phénomène de la reprise de l'information.
- Se familiariser avec les différents types de substituts afin de les utiliser adéquatement.

Plan du chapitre

1 La reprise par un pronom

2 La reprise par un GN

3 La reprise par un GAdv

4 La reprise par simple répétition

5 La combinaison des divers procédés de reprise

6 Tableau synthèse

Observons l'extrait qui suit.

> Née dans le tumulte et le feu, <u>la Terre</u> attendra 400 millions d'années avant de s'apaiser.
>
> Abreuvée par le déluge, *elle* donnera naissance aux océans. ***La planète bleue*** *trouvera alors **sa** plénitude, riche d'une vie géologique et animale complexe. De **son** origine volcanique, **elle** a gardé un élément précieux : le sel de la mer.*

Frédéric GUÉRIN, « À la découverte de la planète océan », dans *Science & Vie*,
Paris, collection XXe siècle, 1996, p. 7.

Dans un texte, il y a généralement des mots ou des groupes de mots qui désignent une même personne, un même objet, un même lieu, un même évènement, etc. Ces mots ou ces groupes de mots reprennent un élément déjà mentionné dans le texte et forment ainsi des chaînes qui contribuent à assurer l'unité du sujet. Ce phénomène se nomme la **reprise de l'information**.

Dans l'extrait, on trouve une chaîne de mots qui reprennent, sous une forme différente, le GN *la Terre*. Ces mots sont appelés **substituts**. Le GN *la Terre* a comme substituts le pronom *elle* et le GN *La planète bleue*.

Il existe différents **types de substituts** dont le pronom, le GN et le GAdv.

1   LA REPRISE PAR UN PRONOM

La reprise par un pronom est sûrement le procédé le plus utilisé pour reprendre un élément déjà mentionné dans un texte. Un pronom qui reprend un élément du texte est appelé **pronom de reprise** [17, p.149].

1.1   La reprise partielle par un pronom

Il y a **reprise partielle** quand un pronom reprend seulement une partie d'une réalité déjà désignée.

1. Les pronoms *certains, d'autres, en, plusieurs*, par exemple, servent à la reprise partielle.

> *La cassette, qui était de type longue durée, contenait <u>mes chansons préférées</u>[1], celles que j'avais le plus aimées dans ma vie. Il y avait des chansons connues, **d'autres** qui l'étaient moins, et **certaines** étaient si vieilles que personne à part moi ne pouvait les connaître.*
>
> Jacques POULIN, Chat sauvage, Montréal,
Leméac / Actes Sud, 1998, p. 102.

Les pronoms *d'autres* et *certaines* ne reprennent qu'en partie ce que désigne le GN *mes chansons préférées*. En effet, c'est seulement un certain nombre des chansons préférées du narrateur qui étaient moins connues ou qui étaient vieilles.

2. Les pronoms numéraux servent aussi à la reprise partielle.

> *Sur <u>les 354 espèces connues de requins</u>, **35** ont attaqué au moins une fois l'homme, **12** constituent vraiment un danger.*
>
> Isabelle BOURDIAL, « À la découverte de la planète océan », dans Science & Vie,
Paris, collection XXe siècle, 1996, p. 65.

---

1. Dans ce chapitre, l'élément repris est souligné et le substitut est en gras.

Dans l'extrait précédent, les pronoms numéraux *35* et *12* ne reprennent qu'en partie ce que désigne le GN *les 354 espèces connues de requins*.

1.2 La reprise totale par un pronom

Il y a **reprise totale** quand un pronom reprend en entier la réalité désignée par un GN déjà présent dans le texte. Le pronom est du même genre, du même nombre et de la même personne que le noyau du GN qu'il reprend.

1.2.1 La reprise par un pronom personnel de la 3ᵉ personne

Observons les pronoms mis en gras dans l'extrait qui suit.

> *Le vieil Angus a été surpris à sa sortie du métro, à la station Atwater... en pantoufles. On **l'**a ensuite vu se diriger vers la Place Alexis Nihon et traverser en sifflotant le long corridor qui mène au Westmount Square. Rendu là, **il** a pris l'ascenseur jusqu'au onzième étage où **il** habite avec son chien Nabuchodonosor qu'**il** surnomme, pour des raisons pratiques, Nabu [...].*

> Raymonde LAMOTHE, *À propos du métro*, Montréal, Éditions Hurtubise HMH, 1993, p. 60.

Les pronoms *l'* et *il* reprennent en totalité le GN *Le vieil Angus*. Ils sont de la 3ᵉ personne du singulier et du masculin comme le noyau du GN repris, le nom propre *Angus*.

REM. Dans certains récits, il arrive qu'un personnage soit désigné d'abord par un pronom personnel de la 3ᵉ personne ; on apprend seulement ensuite de qui il s'agit, comme dans ce début de roman :

> *Une enveloppe cachetée est une énigme qui en renferme d'autres. Celle-ci, une grande et grosse enveloppe de papier kraft, était marquée du sigle du laboratoire en son angle inférieur gauche. Et tandis qu'**elle** s'apprêtait à l'ouvrir, qu'**elle** la soupesait tout en cherchant un coupe-papier parmi les pinceaux, les flacons de peinture et de vernis, Julia n'imaginait nullement à quel point ce geste allait changer sa vie.*

> Arturo PÉREZ-REVERTE, *Le Tableau du Maître flamand*, Paris, Éditions J.-C. Lattès, 1993, p. 7.

! Lorsqu'on rédige, il faut s'assurer que chaque pronom personnel de la 3ᵉ personne reprend bien un élément du contexte (un mot, un groupe, une phrase ou une suite de phrases qui précède ou qui suit) ; sinon il y aura un problème de compréhension, comme c'est le cas dans le texte suivant :

> ⊗ *Ce matin-là, à l'école, **elle** a demandé si les élèves étaient prêts à commencer la préparation des décors pour la pièce de théâtre. Tous les élèves étaient d'accord.*

Le pronom *elle* ne reprend aucun élément du contexte. L'auteur avait sûrement en tête le référent du pronom, mais il a omis de le mentionner.

Une autre erreur consiste à reprendre un nom collectif par un pronom pluriel :

> À la fin du concert, *l'assistance* est restée silencieuse, l'espace de quelques secondes. ⊗ Puis **ils** se levèrent et applaudirent le pianiste invité.

Le pronom *ils* reprend le GN *l'assistance*, mais il n'est pas du même genre ni du même nombre que le noyau du GN, soit le nom *assistance*.

Dans l'exemple suivant, le pronom de reprise cause un problème d'interprétation :

> *Le vieil Angus et son chien* étaient au métro Atwater. ⊗ **Il** se dirigea vers l'appartement.

On ne sait pas si le pronom *il* reprend *Le vieil Angus* ou *son chien*. L'ambiguïté serait levée si, au lieu du pronom *il*, on écrivait : *Angus se dirigea* ou *Le chien se dirigea*, selon le sens désiré.

Certains pronoms personnels de la 3ᵉ personne peuvent reprendre autre chose qu'un GN, notamment :

– un GAdj : *Le vieil Angus est un être <u>extravagant</u>. Je crois qu'il **le** restera toute sa vie.*

– une P : *<u>Le vieil Angus habite un appartement relié au réseau souterrain</u>. J'**en** suis certain.*

1.2.2 La reprise par un pronom démonstratif

1. Les pronoms *cela*, *ça*, *ceci* et *ce*

Les pronoms *cela*, *ça*, *ceci* et *ce* (*c'*) servent à reprendre en totalité un élément du contexte (mot, groupe, phrase, suite de phrases) sans répéter ce qui a été dit :

> *Il faudrait multiplier <u>les petits bois</u>. **Ce** sont des haltes et des abris pour les animaux ; pour les humains, des îlots de santé, des écoles naturelles et des lieux de recueillement.*
>
> <div align="right">Pierre MORENCY, <i>Lumière des oiseaux</i>,
Montréal, Boréal, 1992, p. 69.</div>

Le pronom démonstratif *Ce* reprend tout le GN *les petits bois*.

> *[…] <u>Élisabeth était penchée sur son violoncelle près d'une fenêtre donnant sur le jardin</u>. **Cela** n'avait rien d'inhabituel.*
>
> <div align="right">Jacques SAVOIE, <i>Une histoire de cœur</i>,
Montréal, Boréal, 1988, p. 25.</div>

Le pronom démonstratif *Cela* reprend toute la phrase qui le précède.

REM. Le pronom *cela* renvoie généralement à une réalité qui a déjà été désignée dans le texte, alors que le pronom *ceci* annonce le plus souvent ce qui suit, comme c'est le cas dans le texte suivant :

> *Mais je me suis aussi rendu compte qu'il est plus important encore de se demander **ceci** : <u>réussir sa vie</u>, qu'est-ce que **cela** veut dire ?*
>
> <div align="right">Albert JACQUARD, <i>C'est quoi l'intelligence ?</i> Paris, Seuil, collection Petit Point, 1989, p. 49.</div>

Le pronom *ceci* annonce ce qui suit : *réussir sa vie, qu'est-ce que cela veut dire ?*, alors que le pronom *cela* reprend *réussir sa vie*.

Les pronoms démonstratifs *cela, ça, ceci* et *ce* (*c'*) servent aussi à reprendre un élément (mot, groupe, phrase, suite de phrases) qui désigne une réalité qu'on ne veut pas préciser ou que l'on précisera plus loin :

> *Soudain, Simon prit <u>quelque chose</u> par terre. **C'**était gris. **Cela** ressemblait à une poupée de chiffon. En fait, **ce** n'était qu'un pauvre animal mort.*

Le pronom indéfini *quelque chose*, qui désigne une réalité indéterminée, est repris en totalité par les pronoms *C', Cela* et *ce*. Dans cet exemple, la réalité est précisée plus loin : il s'agit d'*un pauvre animal mort*.

2. Les pronoms démonstratifs complexes

Les pronoms démonstratifs *celui-ci / celle-ci / ceux-ci / celles-ci, celui-là / celle-là / ceux-là / celles-là* servent à reprendre la totalité d'un ou de plusieurs GN :

> *S'aidant d'un bâton qui lui servait de gaffe, il disposa <u>la voile</u>. **Celle-ci** s'enfla ; le bateau s'ébranla ; [...].*

Ernest HEMINGWAY, *Le vieil homme et la mer*, Paris, Gallimard, collection Folio junior, 1952, p. 98.

Le pronom démonstratif *Celle-ci* reprend en totalité le GN *la voile*.

1.2.3 Autres reprises pronominales

Certains pronoms ne reprennent ni totalement ni partiellement la réalité désignée par un GN déjà présent dans le texte. Ils ne reprennent que l'idée exprimée par le nom antécédent.

1. Le pronom possessif reprend uniquement le sens du nom antécédent et, éventuellement, de son expansion :

> *<u>Sa conférence</u> était bonne. Par contre, de toutes celles que j'ai entendues, **la tienne** était la meilleure.*

Le GN *Sa conférence* et le pronom *la tienne* ne désignent pas la même conférence. Le pronom possessif *la tienne* reprend seulement le sens du nom antécédent *conférence* en indiquant la personne grammaticale : *la tienne* signifie « ta conférence ».

2. Les pronoms *celui / celle / ceux / celles*, suivis d'un GPrép en *de* ou d'une subordonnée relative, reprennent uniquement le sens du nom antécédent et, éventuellement, de son expansion :

> *<u>Ton jardin de fleurs</u> est très beau, mais je préfère **celui de Danielle**.*

Le GN *Ton jardin de fleurs* et le pronom *celui*, suivi du complément *de Danielle*, ne désignent pas le même jardin de fleurs. Le pronom *celui* ne reprend que le sens du nom antécédent *jardin* et de son expansion *de fleurs* : *celui de Danielle* signifie « le jardin de fleurs de Danielle ».

2 LA REPRISE PAR UN GN

La reprise par un GN est un autre procédé très courant dans les textes.

2.1 La reprise par un GN contenant le même nom introduit par un déterminant différent

Observons les deux textes suivants.

> *Il était une fois un vieux colporteur qui avait* <u>*une fille*</u>*.* **Cette fille** *était jeune et jolie, mais son regard était toujours brumeux, et ses joues un peu trop pâles [...].*
>
> Henri GOUGAUD, *L'arbre à soleils*, Paris, Seuil, collection Points, 1979, p. 124.

Le GN *une fille* est repris par un GN dont le noyau est également le nom *fille*. Cependant, le noyau de ce deuxième GN est introduit par le déterminant démonstratif *Cette*.

> <u>*Le dauphin*</u> *vit dans les océans mais s'approche régulièrement des côtes. On peut le trouver surtout dans la Méditerranée et dans l'Atlantique. [...]* **Les dauphins** *sont des animaux très intelligents. Ils communiquent beaucoup entre eux en soufflant et en poussant des cris.*
>
> http://myweb.vector.ch./photos/dauphin.htm

Dans ce texte, le GN *Le dauphin* est repris par le GN *Les dauphins*. Les GN ont le même noyau, mais les déterminants sont différents. Le déterminant défini *Le* introduit le nom *dauphin*, au singulier, en tant que terme désignant l'espèce entière (sens général). Le déterminant défini *Les* introduit le même nom, repris au pluriel cette fois, pour désigner tous les membres de l'espèce.

Le nom noyau d'un GN est souvent repris sans expansion. Ce nom est le plus souvent introduit par un déterminant défini ou démonstratif :

> *Je te propose d'oublier un moment ta classe, car j'ai envie de te présenter* <u>*une école idéale, qui n'existe pour l'instant encore que dans ma tête*</u>*.*
> *Dans* **cette école***, les professeurs ne connaissent pas l'âge des élèves.*
>
> Albert JACQUARD, *C'est quoi l'intelligence ?*, Paris, Seuil, collection Petit Point, 1989, p. 45.

Pour éviter de répéter le GN *une école idéale, qui n'existe pour l'instant encore que dans ma tête*, l'auteur a repris uniquement le noyau du GN. Ainsi, le GN réduit a pour noyau le nom *école*, introduit par le déterminant démonstratif *cette*.

2.2 La reprise par un GN contenant un synonyme

Pour éviter de répéter un nom, on peut utiliser un GN contenant un **synonyme**. Le noyau de ce GN est le plus souvent introduit par un déterminant défini ou par un déterminant démonstratif :

> *La lumière grisâtre qui pénétrait dans la verrière du toit tombait directement sur* <u>*le tableau*</u> *posé sur le chevalet. [...] Elle s'arrêta devant* **la peinture***, l'observa longuement.*
>
> Arturo PÉREZ-REVERTE, *Le Tableau du Maître flamand*, Paris, Éditions J.-C. Lattès, 1993, p. 9.

Au lieu de répéter le nom *tableau*, l'auteur a utilisé un synonyme, *peinture*, qui dans le contexte a un sens très proche de *tableau*. Le nom *peinture* est introduit par le déterminant défini *la*.

2.3 La reprise par un GN contenant un générique

On peut reprendre un GN par un GN contenant un nom ou une expression générique, c'est-à-dire un terme qui en englobe plusieurs autres. Par exemple, le nom *animal* est le générique du nom *porc-épic*. Celui-ci est un terme spécifique par rapport à *animal*. Dans un texte, le nom spécifique précède généralement le générique qui le reprend. Ce dernier est le plus souvent introduit par un déterminant défini :

> *[…] Chantal s'est approchée du quai pour saluer le pilote et libérer l'hydravion dont les moteurs l'un après l'autre mugissent.*
>
> **L'appareil** *flotte lentement vers la Baie des Huarts où il va prendre son élan.*

> Pierre MORENCY, Lumière des oiseaux, Montréal,
Boréal, 1992, p. 39.

Pour éviter de répéter le nom *hydravion*, l'auteur a utilisé un GN dont le noyau est un nom générique : *appareil*. Ce nom est introduit par le déterminant défini *L'*. Le GN contenant le nom spécifique *hydravion* précède le GN contenant le générique *appareil*.

Il arrive aussi qu'on utilise un GN contenant un terme générique introduit par un déterminant démonstratif, pour reprendre une suite de GN :

> *Dans cette école, l'enfant peut s'intéresser à toutes sortes de choses, très différentes les unes des autres : il a tout le temps, avant de devoir choisir lui-même une formation professionnelle. Pour l'instant, il peut continuer à « grandir dans sa tête ». Car on lui apprend non seulement des mathématiques ou de la grammaire, mais aussi la liberté, la curiosité, la justice, la camaraderie.* **Ces qualités** *ne s'enseignent pas avec des mots. On doit les ressentir en classe, et en voir des exemples.*

> Albert JACQUARD, C'est quoi l'intelligence ?, Paris, Seuil,
collection Petit Point, 1989, p. 46.

L'auteur n'a pas répété les GN *la liberté, la curiosité, la justice, la camaraderie* ; il a utilisé un GN contenant un nom générique, *qualités*, introduit par le déterminant démonstratif *Ces*.

2.4 La reprise par un GN contenant un synthétique

Pour résumer une partie de texte, on peut la reprendre par un GN contenant un terme ou une expression synthétique. Le terme, ou l'expression, est le plus souvent introduit par un déterminant défini ou démonstratif :

> *Il y a 4,1 milliards d'années, la vapeur d'eau entourant la planète se transforme en déluge.* **Cet évènement** *donnera naissance aux océans, qui réguleront le climat et permettront l'éclosion de la vie.*

> Frédéric GUÉRIN, « À la découverte de la planète océan », dans Science & Vie,
Paris, collection XXe siècle, 1996, p. 10.

Le nom *évènement* est un terme synthétique qui résume la première phrase de cet extrait. Le terme est introduit par le déterminant démonstratif *Cet*.

On peut aussi utiliser l'adjectif *tel* précédé du déterminant indéfini *un / une / de* et suivi d'un terme synthétique, pour résumer une phrase ou une partie de texte qui précède :

> *Certains disaient <u>que les prisonniers étaient amenés au-delà du désert et que les Maures les faisaient travailler</u> [...]. Personne n'avait jamais pu confirmer **de telles histoires**.*

Andrée-Paule MIGNOT, *Lygaya*, Montréal,
Éditions Hurtubise HMH, 1996, p. 14-15.

L'auteure a utilisé un GN contenant un terme synthétique, *histoires*, pour résumer les propos qui précèdent. Le nom *histoires* est introduit par le déterminant indéfini *de* suivi de l'adjectif *telles*.

! L'adjectif *tel* précédé d'un déterminant indéfini ne s'emploie pas uniquement avec un terme synthétique dans les procédés de reprise. On l'emploie aussi avec un générique pour reprendre un spécifique qui le précède :

> <u>Les Mille et Une Nuits</u> nous ont enchantés. ***De telles histoires*** nous faisaient rêver.

2.5 La reprise d'un GN par association

Quand un passage est organisé à partir d'une association, par exemple la relation du tout à la partie, la reprise se fait généralement par un GN désignant la partie, complété par un GPrép contenant le nom qui désigne le tout.

> *Comme si la nature avait voulu camoufler son piège, <u>Cathy</u> offrait le visage de l'innocence ; [...] **la voix de Cathy** pouvait couper comme une arme.*

John STEINBECK, *À l'est d'Éden*, Paris,
Le Livre de poche, 1954, p. 89.

Dans cet extrait, le nom *Cathy* désigne le tout. Il est repris dans le GPrép complément du nom *voix*. Le nom *voix*, qui désigne une partie du tout, est introduit par un déterminant défini.

Il existe quelques variantes de ce procédé de reprise.

1. Quand le nom désignant le tout a le trait animé, on utilise le plus souvent un déterminant possessif de la 3e personne, suivi du nom qui désigne la partie. Par exemple, au lieu d'écrire *les pieds de Cathy*, on écrira *ses pieds*.

   Cette variante du procédé de reprise est employée dans l'extrait suivant :

> *Comme si la nature avait voulu camoufler son piège, <u>Cathy</u> offrait le visage de l'innocence ; [...] **Son nez** était fin et délicat ; **ses pommettes** étaient hautes et espacées ; **sa bouche** bien formée aux lèvres bien dessinées était anormalement petite.*

John STEINBECK, *À l'est d'Éden*, Paris,
Le Livre de poche, 1954, p. 89.

Ainsi, le GN *Son nez* a le même sens que « le nez de Cathy ».

2. Quand le nom désignant le tout a le trait non animé, le GPrép contenant le nom désignant le tout est généralement effacé, car la relation du tout à la partie est évidente. Les noms désignant les parties sont le plus souvent introduits par des déterminants définis.

Observons cette autre variante du procédé dans le texte qui suit :

> *Après avoir roulé sur un chemin de terre battue, j'arrivai devant* <u>*la villa*</u>*. Image désolante !* **La pelouse** *était envahie par les mauvaises herbes.* **La porte** *battait au vent.* **Les fenêtres** *n'avaient pas résisté aux intempéries.* **La galerie** *était ravagée par la vermine. Derrière, unique souvenir intact de mon enfance, se dressait* **le chêne** *sous lequel j'allais m'asseoir pour rêver.*

Dans les GN en gras, les noms *pelouse, porte, fenêtres, galerie* et *chêne* désignent des parties du tout *la villa*. Chaque nom est introduit par un déterminant défini. Le GPrép *de la villa* est effacé, car la relation du tout aux parties décrites est évidente dans le contexte.

2.6 La reprise d'un GN par une périphrase

La **périphrase** est une suite de mots utilisés pour désigner une réalité qu'un seul mot pourrait nommer. La périphrase apporte souvent un supplément d'information sur la réalité désignée. Le noyau du GN contenant la périphrase est généralement introduit par un déterminant défini ou démonstratif :

> *C'était la première fois qu'il voyait* <u>*la mer*</u> *! Jamais il n'aurait pu imaginer qu'une telle merveille pût exister... Il s'arrêta pour contempler* **l'immense étendue d'eau** *devant lui. Émerveillé, il demeura un instant interdit devant* **ce désert bleu qui s'étalait à perte de vue***.*
>
> Andrée-Paule MIGNOT, Lygaya, Montréal,
Éditions Hurtubise HMH, 1996, p. 17.

L'auteure, pour éviter de répéter le GN *la mer*, a utilisé la périphrase *l'immense étendue d'eau*. Le nom *étendue*, précédé du GAdj *immense*, est introduit par le déterminant défini *l'*.

Elle a aussi repris le GN *la mer* en utilisant une métaphore [38, p. 361] : *ce désert bleu qui s'étalait à perte de vue*, sorte de périphrase poétique. Le nom *désert* est introduit par le déterminant démonstratif *ce*.

2.7 La reprise par nominalisation

La reprise par **nominalisation** consiste à transformer un verbe ou un adjectif en un nom de même famille [36, p. 340]. Ce nom de reprise est généralement introduit par un déterminant défini ou démonstratif :

> *Certains végétaux associés les uns aux autres sont* <u>*plantés*</u> *pour être offerts lors du nouvel an. C'est une tradition ancienne qui a encore cours au Japon aujourd'hui.* **Cette**

plantation n'est pas destinée à durer, mais elle a une signification spécifique et procure un grand bonheur à ceux à qui on l'offre.

Isabelle et Rémy SAMSON, Comment créer et entretenir vos bonsaï,
Paris, Bordas, 1986, p. 11.

L'adjectif participe *plantés* est repris par le GN *Cette plantation*. Il s'agit d'une nominalisation, puisque le nom *plantation* est de la même famille que *planter*. Le nom est introduit par le déterminant démonstratif *Cette*.

REM. Il existe une variante de la nominalisation qui consiste à utiliser un nom qui se rapproche du verbe ou de l'adjectif par le sens, mais non par la forme. Ce nom intégré dans un GN sert alors de reprise et est le plus souvent introduit par un déterminant défini ou démonstratif :

> Je <u>regardais</u> l'autre soir s'exécuter un Moqueur chat sur la branche inférieure de l'épinette blanche qui pousse à deux pas de mon perron. [...] **Cette simple observation** m'a confirmé un peu plus dans la certitude que l'oiseau, quand il chante, exprime un trop-plein de vie.

Pierre MORENCY, Lumière des oiseaux, Montréal,
Boréal, 1992, p. 111.

L'auteur ne pouvait pas nominaliser le verbe *regarder* par le nom de même famille *regard*, car le sens de ce nom ne convenait pas au contexte. Il a utilisé le nom *observation* qui, malgré sa différence de forme, possède un sens approprié au contexte. Le nom *observation* est introduit par le déterminant *Cette*, suivi de l'adjectif *simple*.

2.8 La reprise partielle par un GN

La réalité désignée par un GN peut être reprise partiellement par le même nom introduit par un déterminant numéral ou par un déterminant indéfini, tels *certains*, *plusieurs*, etc. :

> <u>Les parasites</u> et les maladies peuvent s'installer aussi bien au niveau des racines que du tronc, des branches et des feuilles. [...] **Certains parasites** reviennent régulièrement, tels les cochenilles, les pucerons, les araignées.

Isabelle et Rémy SAMSON, Comment créer et entretenir vos bonsaï,
Paris, Bordas, 1986, p. 28.

La réalité désignée par le GN *Les parasites* n'est reprise qu'en partie par le nom *parasites*, introduit par le déterminant *Certains*. Ce ne sont pas tous les parasites qui reviennent régulièrement, mais un certain nombre d'entre eux.

La réalité désignée par un GN peut aussi être reprise partiellement par un nom générique (*espèce, catégorie, classe*, etc.), introduit par un déterminant numéral ou indéfini :

> <u>Les bonsaï d'extérieur</u> [...] poussent naturellement chez nous. **Certaines espèces**, plus proches des arbres d'orangerie, sont plus délicates.

Isabelle et Rémy SAMSON, Comment créer et entretenir vos bonsaï,
Paris, Bordas, 1986, p. 23.

La réalité désignée par le GN *Les bonsaï d'extérieur* n'est reprise qu'en partie par le nom générique *espèces*, introduit par le déterminant *Certaines*. Ce ne sont pas tous les bonsaï qui sont délicats, mais certaines espèces seulement.

3 LA REPRISE PAR UN GAdv

Certains GAdv servent à la reprise de l'information dans un texte. Les GAdv *ainsi*, *alors*, *également*, *ici*, *là*, *là-bas*, *pareillement*, etc., peuvent reprendre un élément (mot, groupe, phrase, etc.) qui précède.

3.1 La reprise par *alors*, *ici*, *là* et *là-bas*

Les GAdv *ici*, *là* et *là-bas* servent souvent à reprendre un lieu déjà mentionné :

> *Après avoir monté l'allée qui menait à la rue Saint-Denis, je grimpai le talus herbeux jusqu'<u>aux murs de la Citadelle</u>. De* **là***, en me retournant, je vis qu'il y avait de la lumière à l'étage supérieur de la maison de briques rousses que nous habitions, Kim et moi, au bout de l'avenue Sainte-Geneviève.*

Jacques POULIN, *Chat sauvage*, Leméac / Actes Sud, Montréal, 1998, p. 16.

Le GAdv *là* sert à reprendre le GPrép *aux murs de la Citadelle*.

Les GAdv *alors* et *là* peuvent reprendre une expression de temps :

> *Il démonta le mât, amena la voile et la plia. Ensuite, il mit le mât sur son épaule et <u>commença à monter la côte</u>. C'est* **alors** *qu'il éprouva l'immensité de sa fatigue.*

Ernest HEMINGWAY, *Le vieil homme et la mer*, Paris, Gallimard, collection Folio junior, 1952, p. 121.

Ici, le GAdv *alors* sert à reprendre une expression qui indique un temps. C'est au moment où l'homme commença à monter la côte qu'il éprouva l'immensité de sa fatigue.

3.2 La reprise par *ainsi* et *également*

Le GAdv *ainsi* sert à reprendre une ou plusieurs phrases d'un texte :

> <u>*Alors Solki s'en alla, tristement. Il reprit la route du monde. Il retrouva son corps pesant, la neige, le froid, les hommes, la douleur et l'espoir. Et quand le temps fut venu, il reprit le chemin du pays des âmes où Taïra l'attendait sur le rivage de l'île verte et bleue.*</u> **Ainsi** *finit l'histoire.*

Henri GOUGAUD, *L'arbre à soleils*, Paris, Seuil, collection Points, 1979, p. 223.

Le GAdv *Ainsi* reprend et résume toute la partie de texte qui précède.

4 LA REPRISE PAR SIMPLE RÉPÉTITION

4.1 La reprise par la répétition du pronom *je*

Dans un texte, il n'est pas toujours possible ni pertinent d'éviter les répétitions. C'est particulièrement le cas avec le pronom de la 1re personne *je*.

Le pronom *je* n'a pas d'antécédent. C'est soit l'auteur, dans un texte courant, soit le narrateur, dans un récit de fiction. Lorsqu'il est répété, le pronom *je* ne reprend que la référence au locuteur, exprimée par le premier *je* utilisé dans un texte :

> *Faute d'une meilleure idée, je pris à gauche et fis le tour du pâté de maisons, revenant par la rue des Grisons. Ensuite, j'allai voir si elle ne se trouvait pas en haut de la rue St-Denis. Je la cherchai en vain, elle s'était évaporée. Je repris le chemin de mon appartement en me demandant pourquoi j'étais si nul.*
>
> Jacques POULIN, *Chat sauvage*, Montréal, Leméac / Actes Sud, 1998, p. 86.

Le pronom *je*, répété quatre fois, fait toujours référence au narrateur du roman.

! Il faut s'assurer de donner au lecteur toutes les informations nécessaires pour qu'il puisse comprendre le changement de pronom dans un texte écrit en *je / nous*. Dans l'extrait qui suit :

> *Ce jour-là, je suis allé me promener à la montagne. Le soleil était chaud, les sons de la forêt, reposants.* ⊗ *Après quelques kilomètres de marche, **nous** nous sommes arrêtés pour le dîner.*

on ne peut interpréter le pronom *nous*, car il ne fait référence à aucun élément déjà mentionné. On pourrait résoudre ce problème de la façon suivante :

> *Ce jour-là, je suis allé me promener à la montagne avec Sarah. Le soleil était chaud, les sons de la forêt, reposants. Après quelques kilomètres de marche, **nous** nous sommes arrêtés pour le dîner.*

La mention du personnage *Sarah* dans l'histoire permet d'interpréter facilement le pronom *nous*, qui renvoie à la fois au narrateur et à *Sarah*.

4.2 La reprise par la répétition d'un GN

Dans certains cas, il est difficile de trouver divers substituts à un nom propre ou à un nom commun ; souvent, le seul substitut possible est un pronom de la 3e personne. Il est donc parfois nécessaire de répéter le GN :

> *Lorsque Mit-sah ordonnait de courir, Croc-Blanc courait. Lorsqu'il commandait de s'arrêter, **Croc-Blanc** s'arrêtait […]. Après plusieurs expériences malheureuses, la meute avait fini par comprendre que **Croc-Blanc** était intouchable lorsqu'il obéissait à un ordre […]. De son côté, **Croc-Blanc** avait compris que la loi le protégeait tant qu'il ne la transgressait pas, et préférait ne pas courir de risques inutiles.*
>
> Jack LONDON, *Croc-Blanc*, Paris, Gallimard Jeunesse, collection Folio junior, 1997, p. 181.

Dans cet extrait, l'auteur a repris tel quel le GN *Croc-Blanc*, sauf là où il a employé le pronom *il*.

Dans le texte qui suit, on a repris intégralement les GN *Le bonsaï* et *la ligature*, pour plus de clarté.

> *Le bonsaï est une vraie sculpture dont la forme s'obtient non seulement par la taille de ses rameaux, mais aussi par la ligature [...].* **La ligature** *consiste à entourer tronc et branches avec du fil de cuivre ou de laiton pour tuteurer* **le bonsaï.**
>
> Isabelle et Rémy SAMSON, *Comment créer et entretenir vos bonsaï*,
> Paris, Bordas, 1986, p. 25.

! La reprise intégrale d'un GN est nécessaire quand on veut indiquer de qui ou de quoi on parle :

> *Éloi et Samuel se rendaient, comme tous les matins, en voiture au studio où ils travaillaient. En traversant une intersection,* **Samuel** *freina brusquement. Une vieille dame s'était aventurée au milieu de la rue.*

La reprise par le pronom *il* n'aurait pas permis de savoir s'il s'agissait d'Éloi ou de Samuel.

5 LA COMBINAISON DES DIVERS PROCÉDÉS DE REPRISE

Nous avons présenté séparément les divers procédés de reprise ; mais un texte combine généralement plusieurs formes de substituts.

Le texte qui suit est un extrait de roman. On peut y observer différents procédés de reprise.

> *Quand le jeune garçon[1] revint, le vieux[2] dormait dans* **son fauteuil**[2(a)] *et le soleil était couché.* **Le jeune garçon**[1] *enleva du lit la vieille couverture militaire[3] et la[3] disposa par-dessus* **le dossier du fauteuil**[2(a1)] *sur* **les épaules du vieux**[2(b)]*. C'*[2(b)] *étaient de curieuses épaules puissantes en dépit de la vieillesse ;* **le cou**[2(c)] *aussi conservait de la force [...].* **La chemise du vieux**[2(d)] *avait tellement de pièces[4] qu'elle*[2(d)] *ressemblait à la voile de* **sa barque**[2(e)] *;* **ces pièces**[4] *avaient pris en se fanant mille teintes variées.* **La tête**[2(f)] *[...] était très vieille.* **Ce visage aux yeux fermés**[2(f1)] *n'avait plus l'air vivant. Le journal[5] était étalé sur* **les genoux du vieux**[2(g)] *; le poids de* **son bras**[2(h)] **le**[5] *défendait contre la brise du soir.* **Le vieux**[2] *était pieds nus.*
>
> **Le gamin**[1] **le**[2] *laissa à* **son somme**[2(i)] *et s'absenta de nouveau. Quand* **il**[1] *revint,* **le vieux**[2] *dormait toujours.*
>
> Ernest HEMINGWAY, *Le vieil homme et la mer*, Paris, Gallimard,
> collection Folio junior, 1952, p. 20.

Dans le texte précédent, on peut observer plusieurs chaînes désignant la même réalité. Chaque début de chaîne est souligné et suivi d'un chiffre placé en exposant : *le jeune garçon, le vieux, la vieille couverture militaire, de pièces* et *Le journal.* Quand ce chiffre est suivi d'une lettre entre parenthèses, c'est qu'il y a reprise par association ; la lettre *a* indique une première relation par association, la lettre *b*, une deuxième, etc. Dans *le dossier du fauteuil*[2(a1)], le chiffre 1 indique que *le dossier* est une reprise par association d'un élément (*du fauteuil*), lui-même partie d'un tout (*son fauteuil*, soit celui du *vieux*). Tous les autres procédés de reprise sont marqués en gras.

ENCHAÎNEMENT DES REPRISES

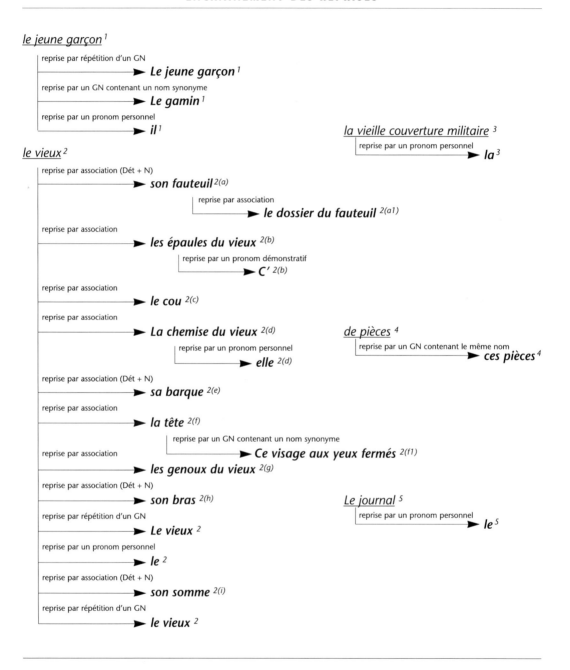

le jeune garçon[1]

reprise par répétition d'un GN
→ **Le jeune garçon**[1]

reprise par un GN contenant un nom synonyme
→ **Le gamin**[1]

reprise par un pronom personnel
→ **il**[1]

la vieille couverture militaire[3]

reprise par un pronom personnel
→ **la**[3]

le vieux[2]

reprise par association (Dét + N)
→ **son fauteuil**[2(a)]

reprise par association
→ **le dossier du fauteuil**[2(a1)]

reprise par association
→ **les épaules du vieux**[2(b)]

reprise par un pronom démonstratif
→ **C'**[2(b)]

reprise par association
→ **le cou**[2(c)]

reprise par association
→ **La chemise du vieux**[2(d)]

de pièces[4]

reprise par un pronom personnel
→ **elle**[2(d)]

reprise par un GN contenant le même nom
→ **ces pièces**[4]

reprise par association (Dét + N)
→ **sa barque**[2(e)]

reprise par association
→ **la tête**[2(f)]

reprise par un GN contenant un nom synonyme
→ **Ce visage aux yeux fermés**[2(f1)]

reprise par association
→ **les genoux du vieux**[2(g)]

reprise par association (Dét + N)
→ **son bras**[2(h)]

Le journal[5]

reprise par répétition d'un GN
→ **Le vieux**[2]

reprise par un pronom personnel
→ **le**[5]

reprise par un pronom personnel
→ **le**[2]

reprise par association (Dét + N)
→ **son somme**[2(i)]

reprise par répétition d'un GN
→ **le vieux**[2]

6 TABLEAU SYNTHÈSE

LES DIVERS PROCÉDÉS DE REPRISE

PROCÉDÉS	EXEMPLES
1. LA REPRISE PAR UN PRONOM	
La reprise partielle	
• **par un pronom indéfini**	_Tous les invités étaient arrivés._ **_Certains_** _étaient déguisés,_ **_d'autres_** _non._
• **par un pronom numéral**	_Sur_ _les 35 candidats_ _à cette course,_ **_six_** _ont été retenus pour la finale._
La reprise totale	
• **par un pronom personnel de la 3ᵉ personne**	_L'homme_ _entra dans le salon._ **_Il_** _s'assit devant le foyer._
• **par un pronom démonstratif**	
– _cela, ça, ceci, ce (c')_	_Je n'aime pas_ _les serpents._ **_Ce_** _sont des animaux répugnants._
– _celui-ci / celle-ci / ceux-ci / celles-ci, celui-là / celle-là / ceux-là / celles-là_	_Le jeune avocat laissa entrer_ _son client._ **_Celui-ci_** _se laissa choir sur le divan._
Autres types de reprise pronominale	
• **par un pronom possessif**	_Ton bonsaï_ _est très réussi. Par contre, je trouve que_ **_le mien_** _est plus stylisé._
• **par un pronom démonstratif** _celui / celle / ceux / celles_ + GPrép en _de_ ou subordonnée relative	_J'aime beaucoup_ _ton jardin._ _Je préfère quand même_ **_celui de Danielle_**_._
2. LA REPRISE PAR UN GN	
La reprise par un GN	
• **contenant le même nom introduit par un déterminant différent**	_Il était une fois un marin qui avait_ _une fille._ **_Cette fille_** _était jeune et étrange._
• **contenant un synonyme**	_Julien prit_ _un livre_ _sur un rayon de la bibliothèque. Il avait toujours rêvé de lire_ **_ce volume_**_._
• **contenant un générique**	_Marie vit_ _l'antilope._ _Quand_ **_la bête_** _sentit une présence humaine, elle s'enfuit._
• **contenant un synthétique**	_En 1998, une tempête de verglas a plongé dans le noir plusieurs villes de la Montérégie._ _Les citoyens de ces villes se souviendront longtemps de_ **_cette catastrophe_**_._

PROCÉDÉS	EXEMPLES
2. LA REPRISE PAR UN GN (suite)	
La reprise d'un GN	
• par association	*Une vieille dame s'approcha.* ***Sa robe*** *était rapiécée. Dans* ***ses yeux***, *on lisait la tristesse.*
• par une périphrase	*Je suis allé à Québec. Quel plaisir de se promener dans les rues de* ***la Vieille Capitale*** *!*
La reprise par nominalisation	*Depuis une vingtaine de jours, le temps était sec.* ***La sécheresse*** *menaçait les récoltes.*
La reprise partielle par un GN	*Ma mère adore les rosiers. Comme elle habite le Nord, elle ne cultive que* ***certaines variétés rustiques.***
3. LA REPRISE PAR UN GAdv	
• *alors, ici, là* et *là-bas*	*J'arrivai sur la Terrasse Dufferin. C'est* ***là*** *que je devais rencontrer mon amie.*
• *ainsi* et *également*	*J'aime la musique, toi* ***également***.
4. LA REPRISE PAR SIMPLE RÉPÉTITION	
• **du pronom** *je*	*Je rentrai vers 22 heures.* ***Je*** *bus un verre de lait et* ***j'****allai me coucher.*
• **d'un GN**	*Les sociologues expliquent le chômage de différentes façons.* ***Le chômage*** *est, en effet, un phénomène extrêmement complexe.*

Le discours rapporté

Objectifs du chapitre

- Comprendre la notion de discours rapporté.
- Connaître les principales formes de discours rapportés dans les textes : le discours direct, le discours indirect et le discours indirect libre.

Plan du chapitre

1 La notion de discours rapporté

2 Les principales formes de discours rapportés

Observons dans ces extraits les passages mis en gras.

EXTRAIT 1 *L'entrée brusque dans un tunnel les obligea à parler, parce qu'elle ôtait à leur silence le prétexte du paysage.*
*— **À quoi pensiez-vous, Georges ? dit-elle.***
*Il se ressaisit d'une secousse et **répondit avec une douceur qui le satisfit lui-même :***
*— **Mais à vous, mon amie…***

Marguerite YOURCENAR, *Le premier soir*, Paris, Gallimard, 1993, p. 48.

EXTRAIT 2 *Ces dernières années, la population de grandes oies des neiges augmente à une rapidité inquiétante. « **Lorsque la réserve nationale faunique du Cap-Tourmente a été créée en 1969, on en dénombrait 20 000. Aujourd'hui, elles seraient plus d'un million », affirme Réal Bisson**, responsable des activités éducatives à Environnement Canada.*

Anne–Marie SIMARD http://www.cybersciences.com/Cyber/0.0/0_0_0.asp, 02/10/1998.

EXTRAIT 3 *Bouleversée par la détresse de leurs voisins, Aloka réveilla son mari.* **Hasari proposa aussitôt au père de Maya de partir avec lui à la recherche de la jeune fille.**

Dominique LAPIERRE, La cité de la joie, Paris, Éditions Robert Laffont, 1985, p. 49.

EXTRAIT 4 *Et Patrick continuait à planifier notre avenir.* **On habiterait chez son père, on repeindrait la véranda en vert, on ferait un plafond duplex.**

Katherine PANCOL, Moi d'abord, Paris, Seuil, 1978, p. 44.

Dans ces textes, tous les passages mis en gras sont des discours rapportés.

① LA NOTION DE DISCOURS RAPPORTÉ

DÉFINITION : Il y a **discours rapporté** lorsqu'on reprend des propos qui ont été énoncés dans une situation de communication autre que celle du texte où ils sont insérés. Les propos sont ou bien rapportés intégralement ou bien reformulés.

Le discours rapporté comprend souvent la mention de l'émetteur et du récepteur des propos, ainsi que des informations concernant la situation de communication dans laquelle ils ont été émis.

Dans le deuxième extrait, la journaliste A.-M. Simard cite les paroles que R. Bisson a prononcées au cours d'une entrevue. Ces paroles sont rapportées dans une situation de communication différente de l'entrevue, puisque la journaliste s'adresse au public par l'intermédiaire d'un site Internet.

② LES PRINCIPALES FORMES DE DISCOURS RAPPORTÉS

Il y a trois principales façons de rapporter des propos dans un texte : le discours direct, le discours indirect et le discours indirect libre.

2.1 Le discours direct

Il y a **discours direct** quand les paroles de quelqu'un sont rapportées intégralement. Ces paroles sont isolées du texte par des guillemets ou par le tiret de dialogue [28, p. 285]. Elles sont introduites par un verbe de parole :

	émetteur	verbe de parole	paroles rapportées	récepteur
EXTRAIT 1	*Elle*	*dit :*	*— À quoi pensiez-vous,*	*Georges ?*
	Il [Georges]	*répondit :*	*— Mais à vous,*	*mon amie…*
EXTRAIT 2	*R. Bisson*	*affirme :*	*« Lorsque la réserve… »*	[A.-M. Simard]

Le dialogue (extrait 1) et la citation (extrait 2) sont les principales manières de rapporter des paroles en discours direct.

2.2 Le discours indirect

Il y a **discours indirect** quand les paroles de quelqu'un ne sont pas rapportées telles quelles, mais qu'elles sont reformulées. Les propos ainsi rapportés sont accompagnés d'un verbe de parole et, souvent, d'informations sur leur émetteur et leur récepteur :

	émetteur	verbe de parole	récepteur	propos rapportés
EXTRAIT 3	*Hasari*	*proposa*	*au père de Maya*	*de partir avec lui…*

C'est le verbe de parole qui permet de repérer le discours indirect. Ce verbe est souvent suivi d'une subordonnée complétive :

> *Il lui avait dit **qu'il arriverait de nuit**.*

ou d'un GPrép contenant un infinitif, comme dans l'extrait 3 :

> *Hasari proposa aussitôt au père de Maya **de partir avec lui à la recherche de la jeune fille**.*

Un discours indirect n'est jamais tout à fait équivalent à un discours direct. En effet, un même énoncé en discours indirect peut être traduit par plusieurs énoncés en discours direct. Dans l'extrait 3, le narrateur rapporte la proposition d'Hasari, mais il ne nous informe pas sur les mots prononcés par le personnage. En discours direct, la proposition aurait pu prendre plusieurs formes, dont celles-ci :

> *Hasari dit : « Partons à la recherche de Maya ! »*

> *Hasari dit : « Voudrais-tu venir avec moi chercher Maya ? »*

> *Hasari dit : « Je pars à la recherche de Maya ; viens avec moi. »*

On constate que le discours direct donne exactement les mots prononcés et le ton employé par la personne ou le personnage dont on rapporte les propos.

DE PLUS

....

2.3 Le discours indirect libre

Le **discours indirect libre** ne possède pas les marques distinctives du discours direct ni celles du discours indirect. Dans l'extrait 4, les propos en gras sont attribués à Patrick, mais ils sont rapportés par le narrateur sans indications particulières (signes de ponctuation, verbe de parole, etc.).

Puisque le discours indirect libre n'est pas signalé par des marques évidentes, il revient au lecteur d'interpréter ce genre de passage comme des paroles rapportées. Le discours indirect libre crée un effet de connivence, comme si on entrait dans la pensée du personnage.

REM. Il existe d'autres formes de discours rapportés, dont les expressions ou les mots attribués à un autre émetteur [28, p. 285] et la modalisation en discours second [6, p. 45].

....

La modalisation

Objectifs du chapitre

- Comprendre la notion de modalisation.
- Reconnaître les principales marques de modalité dans les textes.

Plan du chapitre

1 La notion de modalisation

2 Les marques de modalité

Observons ces trois textes.

(1) **linguistique** [lɛ̃gɥistik] n. f. Étude scientifique du langage humain : *La linguistique décrit les langues du monde, leur histoire et leur fonctionnement, et étudie le langage comme activité humaine.*

Dictionnaire du français contemporain, Larousse, Paris, 1971, p. 683.

(2) *Il y a bien longtemps, sur Terre, les hommes étaient tristes, et seuls les dieux connaissaient le bonheur. Itzamna […] était bon et, comme il voulait venir en aide aux hommes, il inventa l'écriture et les livres, afin que les habitants de la Terre soient aussi heureux que lui.*

X. LÓPEZ DOMÍNGUEZ, « Comment Ah Kin Xooc changea de nom »,
dans *Le grand livre de contes de l'Unicef*, Paris, Gallimard Jeunesse, 1996, p. 26.

(3) *J'ai souvent réfléchi à ce que pourrait être l'éducation de l'enfant. Je pense qu'il faudrait des études de base, très simples, où l'enfant apprendrait qu'il existe au sein de l'univers, sur une planète dont il devra plus tard ménager les ressources, qu'il dépend de l'air, de l'eau, de tous les êtres vivants et que la moindre erreur ou la moindre violence risque de tout détruire. Il apprendrait que les hommes se sont entre-tués dans des guerres qui n'ont jamais fait que produire d'autres guerres, et que chaque pays arrange son histoire, mensongèrement, de façon à flatter son orgueil. On lui apprendrait assez du passé pour qu'il se sente relié aux hommes qui l'ont précédé, pour qu'il les admire là où ils méritent de l'être, sans s'en faire des idoles […].*

Marguerite YOURCENAR, *Les yeux ouverts*, Paris, Le Centurion, 1980, p. 254.

Dans un texte, la présence de l'auteur ou du narrateur se fait plus ou moins sentir.

1 LA NOTION DE MODALISATION

DÉFINITION : La **modalisation** est une opération langagière par laquelle un énonciateur manifeste son point de vue en utilisant des marques de modalité.

La modalisation concerne principalement trois aspects du texte :
– la façon dont l'énonciateur se présente dans son texte ;
– la façon dont l'énonciateur entre en relation avec son destinataire ;
– l'attitude de l'énonciateur par rapport aux propos contenus dans son texte.

Il existe peu de textes où le point de vue [3, p. 22] de l'énonciateur ne se manifeste pas. Le texte (1) en est un exemple.

Dans la plupart des textes, on trouve des marques du point de vue de l'énonciateur ; ce sont des **marques de modalité**. Dans un écrit de fiction, l'auteur peut se manifester par l'intermédiaire du narrateur, qui est sa création, et porter des jugements sur les personnages ou les évènements du récit. En (2), le narrateur affirme qu'Itzamna *était bon* ; voilà une manifestation de subjectivité.

Le texte (3) présente plusieurs marques de modalité que nous analysons ci-dessous.

2 LES MARQUES DE MODALITÉ

La langue offre plusieurs façons de modaliser un énoncé. Voici les principales.

2.1 Le vocabulaire connotatif

Outre qu'ils désignent une réalité, les mots peuvent prendre une valeur méliorative ou péjorative ; on dit alors qu'ils ont un **sens connoté** [37, p. 351]. Les interjections (*Hélas !*) et bon nombre de noms, d'adjectifs, d'adverbes et de verbes peuvent être connotés. Leur valeur connotative permet de manifester la subjectivité de l'énonciateur.

Le texte (3) comprend plusieurs mots ou expressions qui sont connotés péjorativement : *violence, entre-tués, arrange son histoire, mensongèrement, flatter son orgueil, idoles*. Deux énoncés ont une valeur méliorative : *très simples* et *il les admire là où ils méritent de l'être*.

2.2 Les marques énonciatives

DÉFINITION : Dans un texte, les **marques énonciatives** sont des indices de la présence de l'énonciateur et de son destinataire.

Les pronoms personnels et des expressions équivalentes aux phrases incidentes [23, p. 238], comme *à mon avis, selon plusieurs observateurs, d'après nous*, constituent des marques énonciatives.

Dans le texte (3), il n'y a qu'une marque énonciative, le pronom *je*. L'écrivaine ne s'adresse pas directement à son interlocuteur et elle n'interpelle pas ses lecteurs. De même, dans l'exemple qui suit, le *vous* est une marque énonciative : *Que pensez-**vous** de l'opinion de Marguerite Yourcenar ?*

2.3 Les auxiliaires de modalité

Les auxiliaires *devoir, falloir, pouvoir*, suivis d'un infinitif, ainsi que *paraître* et *sembler* expriment la subjectivité de l'énonciateur ; ce sont des **auxiliaires de modalité** [19, p. 178].

Dans l'extrait (3), Marguerite Yourcenar emploie deux auxiliaires de modalité : *J'ai souvent réfléchi à ce que **pourrait** être l'éducation* (c'est du domaine du possible, selon elle) ; *il **devra** plus tard ménager les ressources* (c'est du domaine de la nécessité, toujours selon elle).

2.4 Des temps et des modes verbaux

Certains temps et modes verbaux servent particulièrement à la modalisation, par exemple :

– Le conditionnel et le futur antérieur peuvent montrer comme incertain ou hypothétique l'évènement désigné par le verbe :

> *Elle **serait venue**.* (conditionnel passé)
>
> *Elle **aura eu** un empêchement.* (futur antérieur)

– Le futur simple peut atténuer un ordre :

> *« Paul-André, tu **tondras** le gazon aujourd'hui. »*

– Le subjonctif mis à la place de l'indicatif marque le caractère éventuel de l'évènement :

> *Je ne doute pas qu'il **réussira**.* (la réussite est envisagée comme un fait futur)
>
> *Je ne doute pas qu'il **réussisse**.* (la réussite est envisagée seulement comme une possibilité)

Plusieurs verbes du texte (3) sont au conditionnel, car ils présentent comme hypothétique une telle pédagogie pour l'éducation des enfants :

> *J'ai souvent réfléchi à ce que **pourrait** être l'éducation de l'enfant.*
>
> *Je pense qu'il **faudrait** des études de base, très simples,...*

2.5 Les phrases de types transformées

Les phrases de types interrogatif, impératif et exclamatif ainsi que les tournures correspondantes sont modalisées, car elles marquent nécessairement l'intervention de l'énonciateur qui pose une question, donne un ordre, exprime un jugement, une émotion, un sentiment [11, p. 81] :

> *Quelle éducation reçoivent-ils ?*

REM. On peut utiliser une phrase interrogative non pas pour poser une question comme telle, mais pour affirmer une opinion, émettre un jugement : *Peut-on laisser tant de violence envahir nos écrans ?* Ce genre d'interrogation est appelé **interrogation rhétorique**.

2.6 Des structures verbales, nominales ou impersonnelles

Certaines structures expriment des modalités. Il s'agit de subordonnées complétives, de GPrép, de GInf ou de GN précédés :

– de verbes de connaissance (*apprendre, douter*), d'opinion (*croire, penser*), de sentiment (*déplorer, se réjouir*) : *Elle **espère** qu'elle gagnera / gagner / la victoire* ;

– de noms abstraits exprimant un sentiment ou une possibilité (*la crainte, l'espoir, l'hypothèse*) : *La **crainte** qu'elle parte / de partir / de son départ* ;

– d'adjectifs connotés insérés dans des structures attributives : *Je suis **contente** d'avoir réussi / de ma réussite* ;

– de structures impersonnelles (*il est évident que, il est certain, il est notoire, il faut*) : ***Il est certain** qu'il viendra.*

On rencontre plusieurs de ces structures dans le texte (3). Par exemple, dans la phrase *Je pense qu'il faudrait des études de base, très simples*, la structure impersonnelle *il faudrait* est incluse dans une complétive dépendant elle-même d'un verbe d'opinion conjugué à la 1re personne : *Je pense.* L'ensemble indique que l'opinion exprimée doit être considérée comme l'avis personnel de Marguerite Yourcenar, et non comme un avis général.

2.7 Des GAdv et des GPrép

Plusieurs GAdv [22, p. 226] et plusieurs GPrép modalisent des énoncés :

– en exprimant une évaluation : *bêtement, malheureusement, à peine, par bonheur* ;

– en exprimant une certitude ou une probabilité : *certainement, nécessairement, peut-être, probablement, sûrement, à coup sûr, sans doute.*

Dans le texte (3), l'auteur exprime son appréciation en utilisant un GAdv à valeur péjorative : *chaque pays arrange son histoire, **mensongèrement**.*

2.8 La modalisation en discours second

Dans un texte, un énonciateur peut faire intervenir d'autres énonciateurs sans vouloir nécessairement assumer la responsabilité des propos exprimés par ces énonciateurs seconds ; c'est ce qu'on appelle la **modalisation en discours second** :

> ***D'après les médias**, ce film est génial.*

> *Ce film est génial, **à ce que l'on dit**.*

Les marques d'organisation du texte

Objectif du chapitre

- Reconnaître les marques d'organisation du texte.

Plan du chapitre

1 Les titres et les intertitres

2 Le paragraphe

3 Les marques typographiques

Observons le texte suivant.

Définitions du désert

D'origine latine, le terme «désert» signifie «abandonné». Il désigne un espace vide, parce qu'hostile à toute manifestation de vie. La cause première de cette hostilité est l'aridité ou manque d'eau.

Il suffit qu'un obstacle empêche l'arrivée des nuages porteurs de pluie pour que se forme un désert. On recense quatre causes principales à l'aridité :

– **les hautes pressions atmosphériques** centrées sur les tropiques forment un bourrelet d'air chaud et sec qui repousse les pluies. Ce qui entraîne l'apparition, à ces latitudes, de *ceintures désertiques tropicales* qui traversent tous les continents ;

– **des courants froids**, le long des côtes occidentales, refroidissent les vents marins qui, de ce fait, recueillent peu d'humidité. Le brouillard et la brume qu'ils apportent se condensent rarement en pluie. Ce sont les *déserts côtiers* d'Atacama, au Chili, ou du Namib, en Afrique australe ;

© Corel

Un désert côtier: le Namib

– **l'éloignement de la mer** de régions situées à l'intérieur de vastes masses continentales, telles que l'Asie ou l'Australie, oblige les vents marins à parcourir de longues distances. Durant ce trajet, ils perdent peu à peu leur humidité. Ainsi se sont créés les *déserts d'éloignement* du Turkestan et de Gobi ;

– **des barrières montagneuses** font obstacle au vent marin chargé d'humidité. Celui-ci doit s'élever le long de la montagne, et se refroidit ; la vapeur d'eau se condense alors et tombe en pluie ou en neige. Mais l'autre versant reste sec. Ainsi se forme un *désert d'abri* comme le Takla-Makan, en Chine.

Des déserts chauds, des déserts froids

Le climat d'un désert dépend de sa situation par rapport au niveau de la mer — altitude — et de sa distance de l'équateur — latitude. Le Sahara, en Afrique du Nord, et le désert de l'Atacama, au Chili, sont très chauds, car de faible altitude et proches de l'équateur. Par contre, le désert de Gobi, en Mongolie, situé plus au nord et plus élevé (1200 m), connaît des hivers très rudes atteignant −50 °C.

Des températures extrêmes

L'atmosphère, en régions désertiques, contient très peu de vapeur d'eau, de sorte que rien ne fait écran au rayonnement solaire. L'insolation est donc intense le jour, et la chaleur très forte ; le sol, mauvais conducteur thermique, accumule l'énergie solaire et peut atteindre 70 °C (54 °C à l'ombre !). La nuit, elle, est glaciale : la chaleur du sol se dissipe rapidement et la température peut même descendre au-dessous de 0 °C. C'est cette fraîcheur qui permet aux plantes et aux animaux de survivre.

Geneviève DUMAINE et Sylviane PEROLS, *Le livre des déserts*,
Paris, Gallimard, collection Découverte Cadet, 1988, p. 10.

Ce texte documentaire comporte de nombreuses marques graphiques qui signalent son organisation.

 LES TITRES ET LES INTERTITRES

Les textes courants tels que l'article de revue, d'encyclopédie ou de journal et le chapitre de manuel scolaire sont coiffés d'un **titre** qui en annonce le sujet. De plus, des **intertitres** découpent généralement le texte en parties. Les titres et les intertitres donnent au lecteur des indications sur son contenu.

Les titres et intertitres se présentent sous différentes structures :
– groupe nominal (GN) : *Les enjeux moraux de l'euthanasie ; L'euthanasie : un débat de société* ;
– groupe prépositionnel (GPrép) : *Pour ou contre l'euthanasie* ;
– phrase : *Des médecins pratiqueraient l'euthanasie* ;
– subordonnée : *Quand des proches de personnes euthanasiées se confient.*

Le titre et les intertitres du texte observé sont des GN : *Définitions du désert ; Des déserts chauds, des déserts froids ; Des températures extrêmes.*

2 LE PARAGRAPHE [§]

Le **paragraphe** est une unité graphique qui se présente comme un bloc de texte séparé par des blancs. Le début du paragraphe est souvent signalé par un alinéa, soit un retrait de quelques espaces à la première ligne. La fin du paragraphe est toujours marquée par un retour à la ligne.

3 LES MARQUES TYPOGRAPHIQUES

Les **marques typographiques** servent à découper le texte, mais elles permettent aussi de mettre en évidence d'autres éléments sur lesquels on veut attirer l'attention du lecteur.

Les principales ressources typographiques sont les suivantes :
- les différentes polices de caractères (leur type et grosseur) : Police (Times New Roman, 10,5 points), Police (Arial, 10 points) ;
- l'emploi de l'italique, du gras, du souligné ;
- les subdivisions du texte au moyen de :
  - lettres : A, B, C, *a*), *b*), *c*), etc. ;
  - chiffres : 1, 1.1, 1.2, 1), 2), etc. ;
  - divers signes : tiret [–], pastille [•], etc. ;
- la mise en pages du texte :
  - la disposition : marges, alinéas, espacements, alignements, etc. ;
  - l'illustration avec ou sans légende : dessins, photos, schémas, graphiques, etc.

Dans le texte documentaire observé, on note les éléments typographiques suivants :
- un titre en gras dans une police de caractères plus grosse que celle du texte courant : **Définitions du désert** ;
- des intertitres en gras dans une police de caractères de la même grosseur que le texte courant : **Des déserts chauds, des déserts froids** ;
- des groupes en gras précédés d'un tiret : **– les hautes pressions atmosphériques**, qui résument le contenu de la partie ;
- des groupes de mots en italique pour attirer l'attention du lecteur sur des termes techniques : *déserts d'éloignement*, *désert d'abri*, etc. ;
- une illustration de l'un des déserts mentionnés, le Namib, accompagnée d'une légende.

L'organisation textuelle

Objectifs du chapitre

- Comprendre la notion de séquence textuelle.
- Reconnaître la séquence textuelle dominante dans un texte.
- Se familiariser avec les principales parties d'une séquence textuelle narrative, descriptive, explicative et argumentative.

Plan du chapitre

1 Les éléments organisateurs du texte

2 L'organisation d'un texte en séquence narrative

3 L'organisation d'un texte en séquence descriptive

4 L'organisation d'un texte en séquence explicative

5 L'organisation d'un texte en séquence argumentative

Observons le texte suivant dans lequel on a surligné les indications qui signalent ses différentes parties[1].

Le peintre Touo Lan

[début S. Narr.]   [début S. Descr.]

[a] §1   *Au pays des Taï vécut autrefois un peintre nommé Touo Lan. C'était un vieil homme maigre, aux longs cheveux lisses et blancs, au regard vif. Il habitait une cabane de bambou, au bout d'un sentier tracé dans l'herbe haute, à la lisière de son village. Il sortait rarement de chez lui. De temps en temps, il allait au marché, il y faisait quelques provisions, puis il s'asseyait à l'ombre sur un banc et, les yeux plissés, il observait les gens. Il restait ainsi une heure ou deux, immobile, puis il rentrait chez lui. Alors il disposait sur la table ses pinceaux et ses encres, et il se mettait à peindre, sur une feuille de papier, de soie ou de bois. Il peignait chaque jour sept visages. Son travail l'absorbait tant qu'il n'entendait ni le vent, ni la pluie, ni les oiseaux. À la fin de*

---

1. Dans ce chapitre, les paragraphes sont signalés par le symbole § suivi du numéro du paragraphe. Les séquences textuelles sont notées ainsi : [S. Narr.] pour séquence narrative ; [S. Descr.], séquence descriptive ; [S. Expl.], séquence explicative ; [S. Arg.], séquence argumentative ; [S. Dial.], séquence dialogale. Les lettres entre crochets signalent les parties de la séquence.

la semaine, il accrochait sept fois sept visages aux murs de sa maison. Il les contem-
plait longuement, la tête penchée de côté, les mains derrière le dos et secrètement se
réjouissait. [fin S. Descr.]

[b] §2 *Or, une nuit, il entend frapper à sa porte. Il est tard mais il travaille encore,*
penché sur son labeur à la lueur d'une bougie. Dehors l'orage gronde, les éclairs
déchirent le ciel noir, la bourrasque hurle.

[début S. Dial.]
— Qui est là? dit Touo Lan, sans même lever le front.
— Je suis la Mort, répond une voix forte, derrière la porte. Je viens te chercher.

[c] §3 *Le vieil homme se lève en ronchonnant, il va ouvrir. Une nuée de feuilles*
mortes, une bouffée de pluie s'engouffrent dans la pièce. Sur le seuil se tient un per-
sonnage vêtu de noir, au visage d'ombre.
— Entre, dit Touo Lan. Assieds-toi.
Il désigne une chaise dans un coin.
— Il faut que j'achève de peindre le visage de cette fillette que j'ai rencontrée
hier au marché du village. [fin S. Dial.]

§4 *Il tourne le dos à la Mort et se remet au travail.* [d] *La Mort, sa longue faux*
rouillée dans sa main gauche, s'approche de Touo Lan. Sous le pinceau du vieillard
apparaît une jeune fille radieuse, qui sourit. La Mort regarde, bouleversée: elle connaît
toutes les grimaces du monde mais n'a jamais vu un sourire humain. Elle n'ose plus,
tout à coup, abattre sa main squelettique sur la nuque de Touo Lan. [e] *Elle s'éloigne,*
confuse, à pas discrets et dans la nuit noire, traversant la tempête, elle remonte au ciel.
[fin S. Narr.]

Henri GOUGAUD, *L'arbre à soleils*, Paris, Seuil, collection Points, 1979, p. 121.

En lisant ce conte, on comprend facilement ce qui est raconté parce que son contenu
est bien organisé. L'élément principal de l'organisation de ce texte est la séquence
textuelle narrative.

① LES ÉLÉMENTS ORGANISATEURS DU TEXTE

Trois éléments principaux concourent à l'**organisation textuelle**: 1) la séquence
textuelle; 2) le paragraphe; 3) l'organisateur textuel.

1.1 La séquence textuelle

DÉFINITION: On appelle **séquence textuelle** une structure textuelle composée d'un certain
nombre de parties, constituant chacune une unité de sens, reliées entre elles par un
même mode d'organisation du texte: narration, description, explication, argumentation.

Un texte est généralement organisé d'après une séquence textuelle dominante.

REM. On distingue aussi la séquence **dialogale**, qui rapporte en discours direct les propos d'interlocuteurs. Utilisée principalement dans les pièces de théâtre, les scénarios de film et les entre-
vues, on la retrouve aussi très souvent dans les récits.

Le conte *Le peintre Touo Lan*, observé au début de ce chapitre, est structuré selon une séquence narrative qui comprend les parties suivantes : 1) la situation initiale ; 2) l'élément déclencheur ; 3) le nœud ; 4) le dénouement ; 5) la situation finale.

Dans un texte organisé d'après une séquence textuelle dominante, on peut trouver une ou plusieurs séquences textuelles d'une autre sorte. Ainsi, dans le conte observé, une séquence dialogale est insérée dans les deuxième et troisième paragraphes.

1.2 Le paragraphe

Le **paragraphe** est une marque graphique [7, p. 48]. C'est aussi une unité textuelle. En effet, le paragraphe regroupe un certain nombre de phrases portant sur un même sujet.

Le découpage en paragraphes facilite la compréhension d'un texte en informant le lecteur que chaque bloc de texte, ainsi délimité, correspond à une unité de sens.

1.3 L'organisateur textuel

DÉFINITION : L'**organisateur textuel** est une phrase, un groupe ou un mot qui sert à marquer une transition entre certaines parties d'un texte, tout en indiquant la valeur de cette transition.

Le tableau ci-dessous regroupe les principaux organisateurs textuels selon leur valeur.

LES PRINCIPAUX ORGANISATEURS TEXTUELS ET LEUR VALEUR

VALEUR	ORGANISATEURS
• de temps	*au début du siècle, aujourd'hui, au moment où, chaque fois, depuis ce temps, en l'an 2000, ensuite, il était une fois, la veille, le lendemain, les années passèrent, lorsque, puis,* etc.
• de lieu	*à gauche, à l'opposé, au-dessous, au loin, au milieu, au nord, de l'autre côté, en face, en haut, plus loin, tout au fond,* etc.
• de succession	*au premier abord, dans un premier temps, d'emblée, en premier lieu, le premier aspect, pour commencer,* primo, *de plus, d'une part… d'autre part, enfin, en terminant,* etc.
• d'explication	*ainsi, autrement dit, car, c'est pourquoi, de ce fait découle, en d'autres termes, en effet, en fait, en un mot, on comprend alors que, pour tout dire,* etc.
• d'argumentation	*à l'opposé, à plus forte raison, au contraire, cependant, c'est ainsi que, d'ailleurs, donc, en revanche, il est faux de dire que, mais, nonobstant, or, par ailleurs, par contre, plusieurs arguments peuvent être invoqués, pourtant, quand bien même,* etc.

Dans les sections qui suivent, nous décrivons l'organisation de la séquence textuelle dominante de quatre textes, leur découpage en paragraphes et le balisage de leurs transitions par l'emploi d'organisateurs textuels.

② L'ORGANISATION D'UN TEXTE EN SÉQUENCE NARRATIVE

Le conte *Le peintre Touo Lan* est structuré d'après une séquence narrative.

LA SÉQUENCE NARRATIVE

LES PARTIES D'UNE SÉQUENCE NARRATIVE	ANALYSE DE LA SÉQUENCE NARRATIVE DU TEXTE
La **situation initiale** [a] présente le personnage principal et la situation dans laquelle il se trouve au début de l'histoire.	Le peintre Touo Lan peint des visages, ce qui le rend heureux. §1
L'**élément déclencheur** [b] est l'évènement qui bouleverse la situation initiale.	Une nuit, on cogne à sa porte pendant qu'il est en train de peindre. C'est la Mort qui vient le chercher. §2
Le **nœud** [c] est la suite d'actions entreprises par le personnage principal pour résoudre le problème posé par l'élément déclencheur.	Le peintre ne s'énerve pas et continue de peindre le visage d'une fillette. §3 et début du §4
Le **dénouement** [d] est l'évènement ultime qui mène à une amélioration ou à une dégradation de l'état du personnage principal.	La Mort s'approche du peintre. Bouleversée par le sourire humain, elle décide de laisser la vie au peintre. suite du §4
La **situation finale** [e] est ce qui arrive après le dénouement. **REM.** Cette partie peut être absente.	Le peintre est libéré, et la Mort remonte au ciel. fin du §4

Dans ce conte, l'élément déclencheur est signalé par un alinéa et marqué par un organisateur textuel, *Or*. L'emploi des temps verbaux est aussi un facteur d'organisation textuelle dans un récit. Dans le conte, les verbes de la situation initiale sont presque tous à l'imparfait, car ils servent à décrire le décor du récit, alors que le présent de narration domine dans les autres parties.

Comme dans bon nombre de récits, le conte renferme une séquence dialogale.

③ L'ORGANISATION D'UN TEXTE EN SÉQUENCE DESCRIPTIVE

Le texte suivant, un prospectus touristique, est structuré d'après une séquence descriptive.

Réserve de parc national de l'Archipel-de-Mingan

[début S. Descr.]

[a] §1 [a1] *Au-delà du 50ᵉ parallèle, frôlant la côte nord du golfe du Saint-Laurent se trouvent* [a2] *une quarantaine d'îles ainsi que plus de deux milliers d'îlots et de récifs disposés en un chapelet d'une rare beauté.* [a3] *On nomme « archipel de Mingan » ce territoire devenu réserve de parc national en 1984.*

[b] §2 *Dans ce joyau sculpté à même le socle de pierre calcaire,* [b1] *on découvre de spectaculaires monuments naturels, témoins du travail incessant de la mer et du temps.* [b2] *Dans ce décor insolite et quasi irréel, la vie abonde. Des plantes aux teintes et aux formes diverses, des oiseaux marins rassemblés en colonie ainsi que des phoques, des dauphins et des baleines qui viennent peupler l'immensité bleue enveloppant les îles.* [fin S. Descr.]

[début S. Arg.]

§3 *Bien sûr, un séjour dans ces îles exceptionnelles se prépare d'abord en visitant un des centres d'accueil de Parcs Canada. Toute l'information nécessaire à l'exploration grandeur nature de l'archipel de Mingan s'y trouve.* [fin S. Arg.]

Parcs Canada, http://parcscanada.risq.qc.ca/archipel-de-mingan/

Voyons comment ce prospectus touristique est organisé.

LA SÉQUENCE DESCRIPTIVE

LES PARTIES D'UNE SÉQUENCE DESCRIPTIVE		ANALYSE DE LA SÉQUENCE DESCRIPTIVE DU TEXTE
La **mention du sujet de la description**		Le titre : *Réserve de parc national de l'Archipel-de-Mingan*
Les **propriétés du sujet** pris comme un tout [a] :	[a1]	Sa situation dans l'espace : *Au-delà du 50e parallèle...* §1
	[a2]	Sa composition : *une quarantaine d'îles... plus de deux milliers d'îlots...* §1
	[a3]	Sa dénomination : *On nomme « archipel de Mingan »... parc national en 1984.* §1
Les **aspects du sujet** (les parties du tout) et leurs propriétés [b] :	[b1]	Les aspects géologiques : *de spectaculaires monuments naturels...* §2
	[b2]	Les aspects biologiques : *Des plantes..., des oiseaux marins...* §2

Le texte est divisé en trois paragraphes. Les deux premiers correspondent chacun à une partie essentielle d'une séquence descriptive organisée autour d'une relation analogique du tout à ses parties. Le dernier paragraphe renferme une séquence argumentative.

La première phrase du 2e paragraphe commence par un complément de P : *Dans ce joyau sculpté…*, qui reprend de façon métaphorique la désignation de l'archipel. La phrase suivante commence par une autre métaphore de même construction : *Dans ce décor insolite et quasi irréel*. Ces deux métaphores sont des organisateurs textuels, car chacune introduit un aspect du lieu décrit.

Cette description utilise un vocabulaire mélioratif : *d'une rare beauté, ce joyau, spectaculaires monuments, îles exceptionnelles*, parce que le but du texte est de faire la promotion de ce site touristique. La photo sert justement à illustrer l'un des *spectaculaires monuments naturels*.

Le 3e paragraphe contient une séquence argumentative qui insiste sur l'avantage de se documenter dans un des centres d'accueil de Parcs Canada. Cette séquence renforce la thèse implicite de l'ensemble du texte : il faut visiter *ces îles exceptionnelles*.

4   L'ORGANISATION D'UN TEXTE EN SÉQUENCE EXPLICATIVE

Le texte qui suit est un article de vulgarisation scientifique. Il est structuré d'après une séquence explicative.

L'origine des tsunamis

[début S. Expl.]

[a] §1   *D'où proviennent les tsunamis ?*

[b] §2 [b1] *On sait aujourd'hui que les tsunamis, ce n'est pas une affaire de raz-de-marée,* **[b2]** *mais plutôt de glissements de terrain, d'éruptions volcaniques sous-marines et, surtout, de tremblements de terre.* **[b3]** *Comme tous les phénomènes telluriques, les tsunamis sont d'une puissance redoutable.* **[b4]** *Depuis 1946, on estime à 50 000 les morts qu'ils ont causées dans la région du Pacifique.*

[c] §3   *Le Pacifique est l'endroit rêvé pour les tsunamis, car l'écorce terrestre y est très active. À l'endroit où les plaques tectoniques se rencontrent, le plancher océanique glisse sous le plateau continental, plus léger et plus flexible.*

§4   *Au point de rencontre, une tension s'installe qui peut se relâcher de façon très soudaine. Résultat : des tremblements de terre.*

§5   *Lorsqu'un gros tremblement de terre se produit, il arrive que des milliers de kilomètres carrés de plancher océanique se soulèvent. Ce mouvement de la croûte terrestre déplace à son tour une large masse d'eau. L'eau soulevée fait une montagne à la surface. Puis, elle se sépare en deux et se dirige à toute vitesse vers les côtes.* **[fin S. Expl.]**

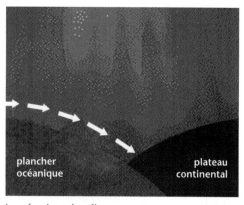

plancher océanique

plateau continental

La mécanique des séismes

§6   *Géologiquement parlant, trois zones du Pacifique sont particulièrement actives : la fosse océanique Chili-Pérou au sud, la fosse Alaska-Îles Aléoutiennes au nord, et la fosse Kamtchatka-Kouriles-Japon à l'ouest. Année après année, ces trois zones sont les principales sources de tsunamis.* [fin S. Descr.]

Émission *Découverte*, Radio-Canada, http://radio-canada.ca/tv/decouverte/

Voyons comment cet article de vulgarisation scientifique est organisé.

LA SÉQUENCE EXPLICATIVE

LES PARTIES D'UNE SÉQUENCE EXPLICATIVE	ANALYSE DE LA SÉQUENCE EXPLICATIVE DU TEXTE
Le **sujet de l'explication** [a]	*D'où proviennent les tsunamis ?* §1
La **justification du besoin d'explication** [b] :	
[b1]	La réfutation : on réfute une croyance populaire qui associe à tort les tsunamis aux raz-de-marée. §2
[b2]	L'indication des causes : les glissements de terrain, les éruptions volcaniques sous-marines et les tremblements de terre. §2
[b3]	La comparaison avec d'autres phénomènes : les tsunamis sont comparés à d'autres phénomènes telluriques. §2
[b4]	Les conséquences du phénomène : de nombreuses victimes. §2
L'**explication du phénomène** [c] Explication causale : l'explication procède par l'identification d'une série de causes (CA) et de leurs conséquences (CO). Chaque conséquence devient elle-même la cause d'un autre phénomène.	CA1 : dans le Pacifique, l'écorce terrestre est très active → CO1 : le plancher océanique glisse sous le plateau continental. §3 CA2 : ce glissement provoque → CO2 : une tension. §4 CA3 : cette tension, issue du mouvement de l'écorce terrestre, produit → CO3 : des tremblements de terre. §4 CA4 : les tremblements de terre entraînent → CO4 : le déplacement de grandes masses d'eau = des tsunamis. §5

Le texte est divisé en six paragraphes, les cinq premiers correspondant à des articulations importantes de l'explication. Le 1er pose le sujet de l'explication. Le 2e justifie la pertinence de la question à résoudre. Les 3e, 4e et 5e paragraphes expliquent le phénomène. Chaque partie de l'explication [c] est marquée par un organisateur textuel : *À l'endroit où les plaques tectoniques se rencontrent*, *Au point de rencontre*, *Résultat*, *Lorsqu'un gros tremblement de terre se produit*. Enfin, le dernier paragraphe contient une brève séquence descriptive qui situe les zones du Pacifique les plus touchées par ce phénomène.

Une illustration facilite la compréhension de ce phénomène géologique.

5 L'ORGANISATION D'UN TEXTE EN SÉQUENCE ARGUMENTATIVE

Le texte qui suit est une lettre de sollicitation. Il est structuré d'après une séquence argumentative.

AMNISTIE INTERNATIONALE

CAMPAGNE 1997

Perdre jusqu'au droit d'exister...

Le 21 février 1997

Madame Claire Girard,

[début S. Arg.]

[a] **[début S. Narr. 1]**

§1   Un jour comme tous les autres, ils ont quitté leur domicile pour vaquer à leurs occupations quotidiennes. On ne les a jamais revus.

§2   Leur famille, leurs proches les ont d'abord attendus. Longtemps.

§3   Puis, dévorés d'angoisse, ils se sont adressés à la police, aux autorités locales. Mais leurs appels se sont heurtés au mur de l'indifférence et des mensonges. **[fin S. Narr. 1]**

[début S. Narr. 2]

§4   Fehmi Tosun est l'un de ces « disparus ».

§5   Le 19 octobre 1995, cet ouvrier turc de 36 ans a été enlevé devant son domicile, à Istanbul.

§6   *« Sous les yeux de sa femme et de ses filles, trois policiers en civil l'ont fait monter dans une voiture blanche. Fehmi se débattait de toutes ses forces en hurlant : "Au secours, ils vont me tuer !" La voiture a démarré en trombe, sans que l'on puisse intervenir. »*

§7   Toutes les démarches entreprises par sa femme se sont avérées vaines. Ce vendredi-là, il y a maintenant seize mois, Fehmi Tosun a perdu **jusqu'au droit d'exister**; le droit de vivre et celui de mourir dans le cœur de ses proches.

§8   Pour eux commençait alors la pire des souffrances : <u>ne pas savoir</u>. *« Souffre-t-il ? Peut-il voir la lumière ? Est-il vivant ? »*. **[fin S. Narr. 2]**

[b] **§9**   Madame, c'est là l'une des violations des droits humains auxquelles les gouvernements recourent de plus en plus. De la Colombie à la Turquie, en passant par le Mexique et le Sri Lanka, chaque année, des centaines de «disparitions», comme celle de Fehmi Tosun, sont rapportées à Amnistie internationale.

[c] **§10**   Face à cette pratique qui n'inspire que dégoût, nous devons réagir. Les auteurs de ces violations doivent partout savoir que leurs actes ne resteront pas impunis. Pour mettre fin aux «disparitions», il y a beaucoup à faire. C'est pourquoi le renouvellement de votre contribution annuelle en 1997 est indispensable.

[d] **§11** **[d1]** Au cours des dernières années, Amnistie internationale est intervenue en dénonçant les agissements de la police et de l'armée dans les pays où les autorités gardent le silence sur les disparitions; en adressant aux gouvernements des recommandations concrètes pouvant mettre un terme à ces violations; et, en militant vigoureusement pour l'instauration d'une Cour criminelle internationale permanente.

§12 **[d2]**   Votre appui est important. D'une part, pour <u>poursuivre les recherches</u> sur les cas qui sont signalés. Ainsi, près du quart des sommes recueillies par notre section d'Amnistie retourne au secrétariat international à cette fin. Les familles des «disparus» ont le droit de connaître la vérité.

§13 **[d3]**   D'autre part, pour <u>accroître la pression</u> sur les autorités gouvernementales en soutenant le travail extraordinaire accompli par nos milliers de bénévoles. Les familles des «disparus» ont aussi le droit d'obtenir justice.

§14 **[d4]**   Hanim, l'épouse de Fehmi Tosun, manifeste chaque samedi sur la principale artère commerciale d'Istanbul avec une centaine de mères ou de femmes de «disparus».

§15   Sans relâche, bénévoles et permanents d'Amnistie poursuivent leurs interventions en faveur de Fehmi Tosun et de tant d'autres victimes d'enlèvements, de détention arbitraire ou de torture dans de nombreux pays!

§16   S'il est encore vivant, Fehmi Tosun compte sur vous. Sa femme Hanim aussi, de même que tous ceux et celles qui prennent leur défense.

[e] **§17**   Vous pouvez les aider en versant sans délai votre contribution pour l'année 1997. **[fin S. Arg.]**

En leur nom, je vous remercie pour votre soutien généreux.

Michel Frenette
Directeur général

Amnistie internationale, section canadienne francophone

En plus de caractéristiques propres à la lettre: en-tête, appel, salutation, signature, ce texte contient les parties essentielles d'une séquence argumentative. Voyons comment cette lettre de sollicitation est organisée.

LES PARTIES D'UNE SÉQUENCE ARGUMENTATIVE	ANALYSE DE LA SÉQUENCE ARGUMENTATIVE DU TEXTE
Le **sujet de l'argumentation** [a] :	Le sujet est le phénomène appelé « disparitions », qui est l'enlèvement d'opposants politiques par les forces de l'ordre d'un pays. Il est présenté par deux séquences narratives : l'une racontant les circonstances générales entourant le phénomène des personnes disparues [S. Narr. 1] ; l'autre, la disparition particulière de Fehmi Tosun [S. Narr. 2] . §1 à §8
La prémisse sur laquelle repose la thèse [b] : **REM.** Cette partie peut être implicite.	L'auteur énonce un jugement qu'il considère comme admis par tous ses lecteurs : ces « disparitions » constituent l'une des violations des droits humains ; en conséquence, il faut les combattre. §9
La **thèse** [c] :	Madame Girard doit agir de concert avec Amnistie internationale en renouvelant sa contribution pour combattre cette violation des droits humains. §10
Les **arguments** qui appuient la thèse [d] : [d1]	Les dénonciations et les recommandations d'Amnistie internationale. §11
[d2]	Les recherches d'Amnistie pour connaître le sort des « disparus ». §12
[d3]	Les pressions exercées par Amnistie sur les autorités gouvernementales. §13
[d4]	La lutte sans relâche des proches des victimes et de membres d'AI. §14 et §15
La reformulation de la thèse [e] **REM.** Cette partie peut être absente.	F. Tosun et ses proches comptent sur l'appui des sympathisants à leur cause. §16 Il faut verser sa contribution sans délai. §17

Chaque partie de la séquence argumentative est marquée par un changement de paragraphe. Des organisateurs textuels de temps : *Un jour, Puis, Le 19 octobre 1995, Au cours des dernières années,* marquent la chronologie des faits exposés. De plus, de nombreuses marques typographiques (souligné, italique, gras) mettent en relief les passages du texte jugés importants.

Le découpage d'un texte en parties selon le type de séquence et en unités de sens que sont les paragraphes, de même qu'un emploi judicieux des organisateurs textuels pour marquer les articulations du texte, voilà des moyens essentiels pour organiser le contenu d'un texte et en faciliter la compréhension.

P a r t i e III

La grammaire de la phrase

CHAPITRE 9   Les outils d'analyse en grammaire de la phrase

CHAPITRE 10   La phrase

CHAPITRE 11   Les transformations de type et de forme

CHAPITRE 12   Les phrases à construction particulière

CHAPITRE 13   Les fonctions syntaxiques

CHAPITRE 14   Le nom

CHAPITRE 15   Le groupe nominal

CHAPITRE 16   Le déterminant

CHAPITRE 17   Le pronom

CHAPITRE 18   L'adjectif et le groupe adjectival

CHAPITRE 19   Le verbe et le groupe verbal

CHAPITRE 20   Le système verbal

CHAPITRE 21   La préposition et le groupe prépositionnel

CHAPITRE 22   L'adverbe et le groupe adverbial

CHAPITRE 23   La jonction de phrases, de groupes et de phrases subordonnées

CHAPITRE 24   La subordonnée relative

CHAPITRE 25   La subordonnée complétive

CHAPITRE 26   Les « circonstancielles » : des subordonnées compléments de P et des corrélatives

CHAPITRE 27   Le système des accords

Les outils d'analyse en grammaire de la phrase

Objectifs du chapitre

- Connaître le sens des termes *grammaire de la phrase*, *syntaxe* et *orthographe grammaticale*.
- Se familiariser avec les outils d'analyse utilisés en grammaire de la phrase.

Plan du chapitre

1 La grammaire de la phrase : syntaxe et orthographe grammaticale

2 Le MODÈLE DE BASE : un outil d'analyse des phrases

3 Les cinq manipulations

1 LA GRAMMAIRE DE LA PHRASE : SYNTAXE ET ORTHOGRAPHE GRAMMATICALE

La grammaire de la phrase comprend la syntaxe et l'orthographe grammaticale.

1.1 La syntaxe

DÉFINITION : La **syntaxe** est la partie de la grammaire qui traite des règles de construction des phrases. En syntaxe, la phrase, symbolisée par P, se définit comme une unité syntaxique autonome [10, p. 72].

Les règles de la syntaxe concernent :

– l'organisation de la phrase ;
– la construction des groupes et des phrases subordonnées ;
– la fonction syntaxique des groupes et des phrases subordonnées dans une phrase.

Voyons l'application de quelques règles de la syntaxe.

1.1.1 L'organisation de la phrase

Les règles de la syntaxe décrivent les constituants qui forment une phrase et précisent leur place respective.

On peut écrire :

> (1)   *Les élèves composent un poème* [1].

Mais on ne peut pas écrire :

> (2) *   ø   *Composent un poème* [2].

La P (1) est bien formée, car elle obéit à la règle syntaxique selon laquelle une P doit comporter un sujet de P. Par contre, la P (2) contrevient à cette règle ; elle est par conséquent asyntaxique.

L'énoncé :

> (3) * *Composent un poème les élèves* .

est aussi asyntaxique, car il contrevient à la règle de la syntaxe selon laquelle le sujet de P précède le prédicat de P. Cette règle est respectée dans la P (1). En effet, le GN sujet *Les élèves* précède le GV prédicat *composent un poème*.

! Le groupe qui remplit la fonction de sujet de P est souvent symbolisé par GNs. Ce symbole désigne alors tout élément — groupe(s), pronom(s), subordonnée(s) — qui peut remplir la fonction de sujet de P et pas seulement un GN.

1.1.2 La construction des groupes

Certaines règles de la syntaxe décrivent la construction des groupes en précisant quels sont les éléments qui peuvent y entrer et dans quel ordre ceux-ci doivent être placés.

REM. Dans ce chapitre, ce qui est dit pour les groupes vaut aussi pour les phrases subordonnées, qui sont des phrases non autonomes fonctionnant comme des groupes.

---

1. Dans cet ouvrage, lorsque les constituants de P sont surlignés, le sujet de P est en bleu, le prédicat de P, en jaune et le complément de P, en magenta.

2. Selon une convention dans les ouvrages sur la langue, l'astérisque (*) placé en exposant devant un énoncé indique que celui-ci est asyntaxique, c'est-à-dire qu'il n'est pas construit selon les règles de la syntaxe.

L'énoncé :

(4) * *Les élèves* ø *un poème* .

est asyntaxique, car le GV prédicat est mal construit puisqu'il ne comporte pas de verbe. Pour former un GV, une règle de la syntaxe exige en effet la présence d'un verbe, ainsi que l'illustre la P (1), où on trouve le verbe *composent* suivi du GN *un poème*.

L'énoncé :

(5) * *Élèves les composent un poème* .

est aussi asyntaxique, car le GN *Élèves les* contrevient à la règle syntaxique selon laquelle le déterminant doit précéder le nom. Pour que le GN soit bien formé, il faut, comme dans la P (1), placer le déterminant *les* devant le nom *élèves* : *Les élèves*.

1.1.3 La fonction syntaxique des groupes dans une phrase

Certaines règles de la syntaxe décrivent la fonction syntaxique de chaque groupe dans une phrase. Pour faire partie de la structure d'une phrase, un groupe doit y exercer une fonction syntaxique, c'est-à-dire entrer en relation avec les autres groupes ou les phrases subordonnées.

La P :

Le soleil luit .

suit les règles de la syntaxe, car on peut attribuer une fonction syntaxique à chacun de ses groupes : le GN *le soleil* remplit la fonction de sujet de P et le GV *luit*, la fonction de prédicat de P.

Par contre, l'énoncé :

* *Le soleil luit le chat.*

est asyntaxique, car le verbe *luire* ne peut avoir de complément direct ; donc le GN *le chat* n'a pas de fonction puisqu'il ne se rattache à rien dans la P.

La fonction syntaxique d'un groupe est en relation avec sa place dans la phrase. En effet, la place qu'occupe un groupe dans une phrase dépend généralement de sa fonction. Dans les deux P qui suivent, les GN *le dompteur* et *le lion* sont placés avant ou après le verbe, selon qu'ils remplissent la fonction de sujet de P ou la fonction de complément direct du verbe :

Le dompteur regarde le lion .

Le lion regarde le dompteur .

1.2 L'orthographe grammaticale

DÉFINITION : L'**orthographe grammaticale** décrit les règles d'accord des mots de classes variables dans une phrase écrite.

Dans la P *Les élèves composent un poème*, les mots sont accordés selon les règles de l'orthographe grammaticale. Par exemple, le verbe *composent* prend la personne et le nombre du nom *élèves*, qui est le noyau du GN sujet de P. On ne peut pas écrire :

> ⊗ *Les élèves compose un poème*[3].

En grammaire de la phrase, on utilise les outils d'analyse que sont le MODÈLE DE BASE et les manipulations syntaxiques, comme nous le verrons dans les sections qui suivent.

2 LE MODÈLE DE BASE : UN OUTIL D'ANALYSE DES PHRASES

La très grande majorité des phrases produites en français peuvent être analysées à l'aide d'un outil appelé MODÈLE DE BASE.

DÉFINITION : Le **MODÈLE DE BASE** est un modèle de structure de phrase auquel on se réfère pour analyser la très grande majorité des phrases françaises.

REM. Un petit nombre de phrases ne sont pas analysées à l'aide du MODÈLE DE BASE : *Ralentir* ; *Baignade interdite* ; *Voici l'hiver*. Ces phrases sont dites **à construction particulière** [12].

2.1 Les constituants du MODÈLE DE BASE

Selon le MODÈLE DE BASE, une P est composée de deux **constituants obligatoires** : le sujet de P [13, p. 103] et le prédicat de P [13, p. 106], ainsi que d'un ou de plusieurs **constituants facultatifs et mobiles** dont la fonction est complément de P.

Sur le plan syntaxique, le sujet de P, le prédicat de P et le complément de P désignent la fonction de chacun des constituants de P.

Sur le plan sémantique, le sujet de P désigne ce dont on parle, le prédicat de P désigne ce qu'on dit du sujet de P et le complément de P désigne le cadre (le temps, le lieu, la cause, le but, etc.) de ce qui est exprimé dans la P.

Le sujet de P précède le prédicat de P. Si la P contient un complément de P, il peut être placé avant le sujet, entre le sujet et le prédicat, dans le prédicat ou après le prédicat.

Le tableau qui suit présente les caractéristiques des **constituants** du MODÈLE DE BASE.

---

3. Le signe ⊗ indique une forme incorrecte ou un emploi non approprié.

LES CARACTÉRISTIQUES DES CONSTITUANTS DU MODÈLE DE BASE

CARACTÉRISTIQUES DES CONSTITUANTS	CONSTITUANTS DE P		
	Sujet de P	Prédicat de P	Complément de P
Structures qui peuvent remplir la fonction	GN[4] Pron GInf Subordonnée	GV[5]	GPrép GAdv GN Subordonnée
Présence	Obligatoire		Facultative
Place	Précède le prédicat	Suit le sujet	Mobile
Manipulation d'identification			
✂	Non	Non	Oui
⇆	Non	Non	Oui
⬇ par un pronom	Oui	Non	Non

> **!** Le complément de P désignant un lieu peut être remplacé par *y*, qui est un pronom adverbial :
>
> > **Au parc**, *la Ville offre plusieurs activités pour les jeunes.*
> > *La Ville* **y** *offre plusieurs activités pour les jeunes.*

Analysons les cinq P suivantes à l'aide du MODÈLE DE BASE :

      GN   GV
(1) *Luc patine* .

     Pron   GV   GN
(2) *Il s'entraîne chaque matin* .

      GN   GV
(3) *Karine espère que vous l'encouragerez* .

        GPrép   GN   GV
(4) *Depuis un mois, son équipe s'entraîne pour le championnat* .

                    GN
(5) *La nouvelle animatrice de l'émission* Sport matin, *qui est une passionnée de hockey,*

                      GV
a annoncé qu'elle recevra les meilleurs compteurs de la Ligue nationale

                 Sub.
afin que ses auditeurs connaissent mieux leurs vedettes .

---

4. Le GN est la réalisation la plus courante de la fonction de sujet de P ; c'est pourquoi le groupe dont la fonction est sujet de P est souvent noté GNs dans les ouvrages scolaires.

5. Le GV est le seul groupe qui peut remplir la fonction de prédicat de P ; c'est pourquoi on nomme rarement cette fonction du GV dans les ouvrages scolaires.

Toutes ces P possèdent les deux constituants obligatoires et ceux-ci sont placés dans le bon ordre. Les P (2), (4) et (5) ont, en plus, un constituant facultatif et mobile ; ce constituant occupe la première place dans la P (4). Sur le plan de leurs constituants, ces P sont conformes au MODÈLE DE BASE.

La fonction des constituants peut être identifiée grâce aux manipulations représentées par des symboles dans le tableau de la page précédente. Ces symboles sont présentés dans la section 3.

2.2 Le type et les formes d'une P conforme au MODÈLE DE BASE

Le MODÈLE DE BASE correspond à une P :
- de type déclaratif (par opposition à une P de type interrogatif, impératif ou exclamatif) ;
- de forme positive (par opposition à une P de forme négative) ;
- de forme active (par opposition à une P de forme passive) ;
- de forme neutre (par opposition à une P de forme emphatique) ;
- de forme personnelle (par opposition à une P de forme impersonnelle).

Les cinq P analysées plus haut sont conformes au MODÈLE DE BASE, car elles sont toutes déclaratives, positives, actives, neutres et personnelles.

En résumé, le MODÈLE DE BASE correspond à une phrase déclarative, positive, active, neutre et personnelle, qui est composée d'un sujet de P suivi d'un prédicat de P et, facultativement, d'un complément de P qui est mobile.

	déclarative positive	
P	active =	**sujet de P** + **prédicat de P** + **(complément de P)** [6]
	neutre personnelle	

Donc, les cinq P analysées sont conformes en tous points au MODÈLE DE BASE, même si certaines contiennent des phrases subordonnées, car elles possèdent les deux constituants obligatoires placés dans le bon ordre et elles ont le type et les formes prévus dans le MODÈLE DE BASE. De telles phrases sont appelées phrases de base [10, p. 76].

---

6. Les parenthèses signalent que le constituant qui remplit la fonction de complément de P est facultatif.

3 LES CINQ MANIPULATIONS

DÉFINITION : Les **manipulations** sont des interventions effectuées sur des mots, des groupes, des phrases subordonnées et sur des P afin de les analyser. Ces manipulations sont l'effacement, le déplacement, le remplacement, l'addition et l'encadrement.

Les manipulations servent à mettre en évidence certaines caractéristiques des mots, des groupes, des phrases subordonnées et des P.

3.1 L'effacement ✂

DÉFINITION : L'**effacement** est une manipulation qui sert à supprimer un mot ou un groupe dans une P.

Voici trois utilisations de l'effacement.

1. Repérer les constituants obligatoires ou facultatifs dans une P

– Quels sont les groupes dont la présence est obligatoire dans la P suivante ?

> *L'équipe a remporté le championnat cette année.*

Si on efface le GN *L'équipe* ou le GV *a remporté le championnat*, la P devient asyntaxique :

	L'équipe	*a remporté le championnat*	*cette année.*
✂	* ø	*a remporté le championnat*	*cette année.*
✂	* *L'équipe*	ø	*cette année.*

Les deux groupes qu'on ne peut pas effacer sont donc les deux constituants obligatoires de P. En se référant au MODÈLE DE BASE, on conclut que le GN *L'équipe* est sujet de P et que le GV *a remporté le championnat* est prédicat de P.

– Y a-t-il un groupe dont la présence est facultative dans cette P ?

	L'équipe	*a remporté le championnat*	*cette année.*
✂	*L'équipe*	*a remporté le championnat*	ø .

Le GN *cette année* est un groupe facultatif. C'est le seul groupe qui peut être effacé sans rendre la phrase asyntaxique. Ce groupe facultatif a la fonction de complément de P.

2. Repérer les groupes facultatifs dans un groupe pour identifier leur fonction

	L'équipe	*nationale*	*de hockey*	*a remporté le match.*
✂	*L'équipe*	*nationale*	ø	*a remporté le match.*
✂	*L'équipe*	ø	ø	*a remporté le match.*

Dans le GN *L'équipe nationale de hockey*, le déterminant *L'* et le nom *équipe* sont obligatoires. Le GAdj *nationale* et le GPrép *de hockey* sont facultatifs, car ils peuvent être effacés. L'effacement de ces deux groupes facultatifs confirme leur fonction de complément du nom, car les groupes qui remplissent la fonction de complément du nom sont facultatifs [15, p. 136].

3. Repérer le noyau du GN sujet de P pour faciliter l'accord du verbe

> **L'équipe**   *des Alouettes de Montréal*   *remporte le match.*
>
> ✂ **L'équipe**   ø   *remporte le match.*

L'effacement du groupe facultatif *des Alouettes de Montréal* facilite l'identification du noyau du GN sujet de P, soit le nom *équipe*, qui commande l'accord du verbe.

3.2 Le déplacement ⇆

DÉFINITION : Le **déplacement** est une manipulation qui consiste à changer la place d'un mot ou d'un groupe dans une P.

Voici deux utilisations du déplacement.

1. Faciliter l'identification de la fonction d'un groupe

Vérifier si un groupe peut être déplacé ou non dans une P donne une bonne indication de la fonction de ce groupe, car la place d'un groupe dans une P dépend généralement de sa fonction [13].

Dans la P *Les enfants construisent un fort*, essayons d'identifier la fonction du GN *un fort* en le déplaçant :

> *Les enfants construisent **un fort**.*
>
> ✻ * ***Un fort** les enfants construisent.*
>
> ✻ * *Les enfants **un fort** construisent.*

Le déplacement de ce GN avant le verbe rend la phrase asyntaxique. Ce GN doit donc obligatoirement être placé après le verbe ; cela indique qu'il s'agit d'un complément du verbe.

2. Délimiter les frontières d'un groupe

> *Fatima téléphonera **dans trois jours**.*
>
> ⇆ ***Dans trois jours**, Fatima téléphonera.*
>
> ✻ * ***Trois jours**, Fatima téléphonera **dans**.*
>
> ✻ * ***Dans** Fatima téléphonera **trois jours**.*

Dans la 2ᵉ P, le GPrép *dans trois jours* a été déplacé au début de la P. Ce déplacement est possible, car ce groupe a la fonction de complément de P, dont l'une des caractéristiques est d'être mobile. Dans les 3ᵉ et 4ᵉ P, une partie seulement du GPrép a été déplacée, ce qui rend les phrases asyntaxiques. La manipulation de déplacement montre que le GPrép *dans trois jours* constitue un groupe et qu'il ne peut être déplacé qu'en entier.

3.3 Le remplacement

DÉFINITION : Le **remplacement** est une manipulation qui consiste à remplacer un mot ou un groupe dans une P.

Voici quatre utilisations du remplacement.

1. Repérer les groupes et les subordonnées qui ont la fonction de complément du nom

Dans la P *La skieuse **intrépide** est une Autrichienne*, le groupe en gras peut être remplacé par d'autres groupes :

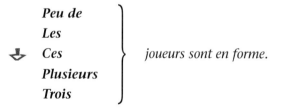

La skieuse
- *intrépide*
- *à la chevelure rousse*
- *qui descend à toute vitesse*   *est une Autrichienne.*
- *applaudie par le public*
- *dont le costume est violet*

Tous les groupes en gras peuvent être remplacés les uns par les autres. Cette manipulation montre qu'ils sont interchangeables sur le plan syntaxique et qu'ils ont tous la même fonction, celle de complément du nom *skieuse*.

2. Repérer les mots ou les ensembles de mots de la classe du déterminant

Dans la P ***Peu de** joueurs sont en forme*, on peut remplacer *peu de* par divers déterminants :

- *Peu de*
- *Les*
- *Ces*   *joueurs sont en forme.*
- *Plusieurs*
- *Trois*

Tous les mots en gras peuvent être remplacés les uns par les autres. Cette manipulation montre qu'ils sont interchangeables sur le plan syntaxique et qu'ils sont tous des déterminants du nom *joueurs*.

3. Délimiter un groupe en le remplaçant par un pronom

Le remplacement par un pronom s'appelle la **pronominalisation**. Voici deux exemples de pronominalisation :

GPrép
*Raymond va **à la montagne**.*

Raymond y va.

Tout le GPrép *à la montagne* peut être remplacé par le pronom adverbial *y*. Cette manipulation montre que le groupe constitue une seule et même unité.

GAdj

*La journée sera **propice à une grande balade en forêt**.*

⬇   *La journée **le** sera.*

Tout le GAdj *propice à une grande balade en forêt* peut être remplacé par le pronom *le*. Cette manipulation montre que le groupe constitue une seule et même unité.

4. Identifier les principales fonctions

Le remplacement par un pronom est très utile pour identifier les fonctions suivantes :

– Sujet de P pronominalisé par *il/elle/ils/elles*, *cela*, *ça*, *ce (c')* :

Les supporters du club *conteste la décision de l'arbitre* .

⬇   ***Ils*** *contestent la décision de l'arbitre* .

Le GN *Les supporters du club* peut être remplacé par le pronom personnel *ils*. Or, le pronom *ils* ne peut remplir que la fonction de sujet de P. Cette manipulation montre donc que ce GN a la fonction de sujet de P.

– Complément direct du verbe pronominalisé par *le (l')/la (l')/les*, *en*, *cela*, *ça* :

Le public *conteste **la décision de l'arbitre*** .

⬇   *Le public* ***la*** *conteste* .

Le GN *la décision de l'arbitre*, dans la 1re P, peut être remplacé par le pronom *la*. Or, devant un verbe, *la* est toujours un pronom complément direct. Cette manipulation montre donc que ce GN a la fonction de complément direct du verbe *conteste*.

– Complément indirect du verbe (pronominalisation par *lui/leur*, *en*, *y*) :

L'entraîneur *parle **à ses joueurs*** .

⬇   *L'entraîneur* ***leur*** *parle* .

Le GPrép *à ses joueurs*, dans la 1re P, peut être remplacé par le pronom *leur*. Or, placé devant un verbe, *leur* est toujours un pronom complément indirect. Cette manipulation montre donc que ce GPrép a la fonction de complément indirect du verbe *parle*.

– Attribut du sujet pronominalisé par *le (l')* :

L'équipe féminine de natation *est **excellente*** .

⬇   *L'équipe féminine de natation* ***l'***est .

Le GAdj *excellente*, dans la 1re P, peut être remplacé par le pronom *l'*. Or, le pronom *l'* peut reprendre un groupe dont la fonction est attribut du sujet, peu importe son genre et son nombre. Cette manipulation montre que ce GAdj a la fonction d'attribut du sujet.

3.4 L'addition ✚

DÉFINITION : **L'addition** est une manipulation qui consiste à ajouter un mot ou un groupe à une P.

Voici une utilisation possible de l'addition.

Distinguer un adjectif qualifiant d'un adjectif classifiant

> *L'équipe **nationale** de tennis est **redoutable**.*

✚ *L'équipe nationale de tennis est **très redoutable**.*

✳ * *L'équipe **très nationale** de tennis est redoutable.*

On peut ajouter un adverbe d'intensité, comme *très*, devant l'adjectif qualifiant *redoutable*, mais on ne peut pas le faire devant l'adjectif classifiant *nationale*. L'addition d'un GAdv dont le noyau est un adverbe d'intensité est un bon moyen pour distinguer un GAdj dont le noyau est un adjectif qualifiant d'un autre GAdj dont le noyau est un adjectif classifiant [18, p.164].

3.5 L'encadrement []

DÉFINITION : **L'encadrement** est une manipulation qui consiste à encadrer un groupe par *c'est... qui* ou par *c'est... que*.

Voici deux utilisations de l'encadrement.

1. Repérer un groupe dont la fonction est sujet de P

> *Mon voisin qui adore les fleurs a réalisé ce jardin magnifique.*

[] *C'est mon voisin qui adore les fleurs **qui** a réalisé ce jardin magnifique .*

Un groupe qui peut être encadré par *c'est...qui* est un groupe dont la fonction est sujet de P. Le GN *Mon voisin qui adore les fleurs* a donc la fonction de sujet de P.

2. Repérer un groupe complément

> *Thomas fait ses devoirs à l'école.*

[] *C'est ses devoirs **que** Thomas fait à l'école .*

Un groupe qui peut être encadré par *c'est...que* est un groupe dont la fonction est complément. Le GN *ses devoirs* remplit donc la fonction de complément.

Le MODÈLE DE BASE et les manipulations syntaxiques constituent les outils pour étudier la grammaire de la phrase. On choisit l'un ou l'autre de ces outils selon le problème grammatical à résoudre. C'est par la pratique qu'on devient habile à faire les choix les plus judicieux.

La phrase

Objectifs du chapitre

- Comprendre la notion syntaxique de phrase.
- Se familiariser avec la notion de groupe.
- Distinguer les différentes sortes de phrases à l'aide du MODÈLE DE BASE.

Plan du chapitre

1 La P : une unité syntaxique autonome

2 La P : une construction faite de groupes

3 La représentation schématique d'une P

4 Les trois sortes de P

Observons cet extrait de récit.

Au-dessus de la plaine du fond de la mer, le ciel bleu était très grand, il brillait d'une lumière exceptionnelle. Daniel sentait la chaleur sur sa tête et sur ses épaules, il fermait les yeux pour ne pas être aveuglé par le miroitement terrible.

J. M. G. LE CLÉZIO, *Celui qui n'avait jamais vu la mer*, Paris, Gallimard, 1978, p. 28.

Selon le nombre de points utilisés dans cet extrait, on dira que celui-ci compte deux phrases. Cependant, en grammaire de la phrase, la notion de phrase n'est pas reliée uniquement à la ponctuation. Aussi est-il nécessaire de définir ce qu'on entend par *phrase*.

1 LA P : UNE UNITÉ SYNTAXIQUE AUTONOME

Le MODÈLE DE BASE [9, p. 63] correspond à une phrase déclarative, positive, active, neutre et personnelle, qui est composée d'un sujet de P suivi d'un prédicat de P et, facultativement, d'un complément de P qui est mobile.

À l'aide de ce MODÈLE, analysons l'énoncé qui suit, extrait du texte observé :

Au-dessus de la plaine du fond de la mer,   le ciel bleu   était très grand,

Cet énoncé est composé des deux constituants obligatoires et d'un constituant facultatif de P. Sur le plan syntaxique, aucun de ces constituants ne se suffit à lui-même : aucun ne pourrait être employé seul. Cependant, l'ensemble de l'énoncé se suffit à lui-même, car il ne dépend de rien ; c'est pourquoi on dit qu'il est autonome.

Analysons maintenant cet autre énoncé :

il   brillait   d'une lumière exceptionnelle .

Ce deuxième énoncé est composé des deux constituants obligatoires de P. Sur le plan syntaxique, aucun de ces constituants ne se suffit à lui-même : aucun ne pourrait être employé seul. Cependant, l'ensemble de l'énoncé se suffit à lui-même, car il ne dépend de rien ; il est, lui aussi, autonome.

Ces deux énoncés constituent chacun une unité syntaxique autonome, c'est ce qu'on appelle une phrase en grammaire.

DÉFINITION : La **phrase** est une unité syntaxique autonome, c'est-à-dire qu'elle ne dépend de rien d'autre sur le plan syntaxique.

Cette unité est symbolisée par P.

Une P ne commence pas nécessairement par une majuscule et ne se termine pas toujours par un point, comme nous venons de le voir. Une P ne coïncide donc pas toujours avec ce qu'on appelle communément une *phrase*, c'est-à-dire une « unité de sens qui commence par une majuscule et se termine par un point ». En fait, ce qu'on appelle communément une *phrase* est une **phrase graphique**.

Une phrase graphique peut contenir une ou plusieurs P. La première phrase graphique du texte observé contient deux P [1].

LA P : UNE CONSTRUCTION FAITE DE GROUPES

Une P est une construction faite de groupes. Mais qu'est-ce qu'un groupe ?

DÉFINITIONS : Un **groupe** est une unité syntaxique non autonome organisée à partir d'un noyau. Le **noyau** d'un groupe est le mot qui donne au groupe le nom de sa classe et qui commande, sur le plan syntaxique, les autres éléments du groupe appelés **expansions**.

---

1. Dans le présent ouvrage, lorsque nous désignons une unité graphique, nous employons le terme *phrase graphique* ; lorsque nous désignons une unité syntaxique, nous utilisons le symbole P ; si la phrase graphique coïncide avec la P, nous employons alors le terme *phrase* ou le symbole P.

2.1 Le groupe : une unité syntaxique organisée à partir d'un noyau

Un groupe est une unité syntaxique organisée à partir d'un noyau.

Prenons la P *Stéphane est content de son voyage*. Dans cette P, le groupe *content de son voyage* est composé d'un noyau, soit l'adjectif *content*, et de l'expansion de cet adjectif, soit le GPrép *de son voyage*.

GAdj

Noyau	Expansion
content	*de son voyage*

Stéphane est content de son voyage [2] .

Le GAdj est attribut du sujet. Ce groupe est donc en relation avec un autre groupe, le GN *Stéphane*. Un groupe est toujours en relation avec une autre unité syntaxique de la P.

2.2 Le groupe : une unité syntaxique qui forme un tout

Un groupe peut être formé d'un ou de plusieurs mots, tout comme un ensemble en mathématiques peut être formé d'un ou de plusieurs éléments. Dans la P qui suit, le premier groupe contient un seul mot, *Daniel* ; le deuxième groupe, trois mots ; et le troisième, neuf mots :

Daniel fermait les yeux pour ne pas être aveuglé par le miroitement terrible .

Un groupe est un tout, c'est-à-dire qu'il constitue une seule et même unité. On manipule un groupe comme une pièce d'un jeu de construction.

Ainsi, un groupe peut être pronominalisé, déplacé ou effacé dans son entier.

1. Quand on remplace un groupe par un pronom, c'est généralement le groupe en entier qu'on remplace :

Mon petit frère *a peur* **de l'orage**.

Il en a peur.

Le pronom *Il* remplace tous les mots du GN *Mon petit frère*, ce qui montre que ce groupe est une unité. De même, le pronom *en* remplace tout le GPrép *de l'orage*, ce qui montre que ce groupe est aussi une unité.

2. Quand un groupe peut être déplacé, c'est le groupe en entier qui est déplacé :

Le temps était doux **au bord de la mer**.

Au bord de la mer, *le temps était doux*.

---

2. Dans cet ouvrage, on représente la construction d'un groupe à l'aide d'un schéma par emboîtement.

3. Quand un groupe peut être effacé, c'est le groupe en entier qui est effacé :

> *Le temps était doux **au bord de la mer**.*

> ✂ *Le temps était doux* ø .

2.3 Le groupe : une unité non autonome remplissant une fonction syntaxique

Contrairement à une P, un groupe est une unité qui n'est pas autonome. Un groupe est toujours en relation avec un autre groupe à l'intérieur d'une P :

> *Le ciel était bleu azur* .

Dans cette P, les deux groupes surlignés dépendent l'un de l'autre. Chacun est en relation avec l'autre ; chacun remplit une fonction syntaxique. Ce sont les groupes, et non les mots, qui ont une **fonction syntaxique** dans une P.

2.4 Les différentes sortes de groupes

Un nom, un verbe, un adjectif, un adverbe ou une préposition forme le noyau d'un groupe qui porte son nom.

Dans la P *Les enfants construisent un château sur la plage* :

– les noms *enfants*, *château* et *plage* forment chacun le noyau de l'un des GN *les enfants*, *un château* et *la plage* ;
– le verbe *construisent* forme le noyau du GV *construisent un château* ;
– la préposition *sur* forme le noyau du GPrép *sur la plage*.

Il existe cinq sortes de groupes correspondant à cinq classes de mots (nom, verbe, adjectif, adverbe et préposition) et deux sortes de groupes construits à partir de formes verbales, à savoir le groupe infinitif (GInf) et le groupe participe présent (GPart).

LES DIFFÉRENTS GROUPES

NOM DU GROUPE	SYMBOLE	EXEMPLE
Groupe nominal	GN	***La mer** est calme.*
Groupe verbal	GV	*La mer **est calme**.*
Groupe adjectival	GAdj	*Le ciel est **bleu**.*
Groupe adverbial	GAdv	*Le bateau vogue **calmement**.*
Groupe prépositionnel	GPrép	*Les bateaux sont **à la rade**.*
Groupe infinitif	GInf	***Nager dans la mer** est un immense plaisir.*
Groupe participe présent	GPart	*Nous admirons l'eau **miroitant sous le soleil**.*

! Des huit classes de mots du français, seuls le déterminant, la conjonction et le pronom ne forment pas le noyau d'un groupe :

– Le déterminant sert à introduire un nom dans un GN.

– La conjonction sert à joindre des unités syntaxiques : des groupes, des subordonnées ou des P.

– Le pronom fonctionne dans la P comme un groupe, mais puisqu'il remplace généralement un groupe, on ne l'analyse pas comme le noyau d'un groupe, mais plutôt comme un substitut du groupe qu'il remplace.

3 LA REPRÉSENTATION SCHÉMATIQUE D'UNE P

Au premier regard, une phrase est une suite de mots. Mais une analyse approfondie permet de constater que toute P est une structure hiérarchique.

Pour représenter la structure hiérarchique d'une P, on utilise un schéma appelé « arbre ».

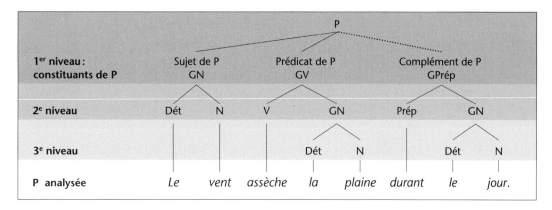

Ce schéma montre qu'une P est une **structure hiérarchique** parce que les mots et les groupes, telles les pièces de la charpente d'un édifice, sont placés à différents niveaux de la structure.

Dans un tel schéma, le premier niveau est celui des constituants de P. Cette P possède un sujet de P, qui est un GN, un prédicat de P, qui est un GV, et un complément de P, qui est un GPrép. Ce dernier est rattaché à la P par une ligne pointillée pour indiquer qu'il s'agit d'un constituant facultatif de P.

Ainsi, le GN *le vent* apparaît au premier niveau parce qu'il forme un des constituants obligatoires de P, le constituant sujet. Par contre, le GN *la plaine* apparaît au deuxième niveau du schéma parce qu'il se rattache à la P par l'intermédiaire du GV.

Les niveaux inférieurs 2 et 3 décrivent la structure des groupes GN, GV et GPrép.

L'analyse se termine lorsqu'on est arrivé aux mots.

4   LES TROIS SORTES DE PHRASES

Quand on analyse des phrases à l'aide du MODÈLE DE BASE, on constate que toutes les phrases peuvent être classées dans l'une des trois sortes suivantes : les phrases de base, les phrases transformées et les phrases à construction particulière.

4.1   Les phrases de base

Observons les P qui suivent :

> *Vers trois heures*, *la marée monta*.

> *Le vent soufflait*.

Ces deux P sont conformes en tous points au MODÈLE DE BASE. C'est pour cela qu'on les appelle des phrases de base.

DÉFINITION : Une **phrase de base** est une P dont la structure est tout à fait conforme au MODÈLE DE BASE, parce qu'elle comprend les deux constituants obligatoires, avec éventuellement un ou plusieurs constituants facultatifs et mobiles, et parce qu'elle n'a subi aucune transformation de type ou de forme.

4.2   Les phrases transformées

La P *Comme la mer est belle!* contient un mot qui ne fait pas partie du MODÈLE DE BASE : le marqueur exclamatif *Comme*. Cette P n'est pas tout à fait conforme au MODÈLE DE BASE, car cet adverbe exclamatif transforme la phrase de type déclaratif *La mer est belle* en une phrase de type exclamatif. On appelle cette sorte de phrase une phrase transformée.

DÉFINITION : Une **phrase transformée** est une P qui n'est pas tout à fait conforme au MODÈLE DE BASE, parce qu'elle a subi une ou plusieurs transformations.

Il y a trois sortes de phrases transformées :

– Les phrases qui ont subi une transformation de type ou de forme [11, p. 80] :
> *Est-ce qu'il a déjà vu la mer ?*

Cette P a subi la transformation de type interrogatif.

– Les phrases transformées par le déplacement d'un constituant obligatoire [13, p. 104] :
> *Ainsi parlait-on dans l'ancien temps.*

Le pronom sujet de P est placé après le GV prédicat de P.

– Les phrases transformées par enchâssement [23, p. 235] :
> *J'espère que tu reviendras.*

La subordonnée *que tu reviendras* est une phrase transformée par enchâssement, car elle contient, en plus des constituants obligatoires d'une P, le subordonnant *que* qui marque son enchâssement.

Une phrase subordonnée n'est pas une véritable P, car elle a perdu son autonomie syntaxique en prenant la place d'un groupe de la P. Dans la P *J'espère que tu reviendras*, la subordonnée *que tu reviendras* remplit la fonction d'un GN complément direct du verbe : *J'espère **ton retour**.*

4.3 Les phrases à construction particulière

La phrase *Baignade interdite* est une unité syntaxique autonome, mais qui ne correspond pas du tout au MODÈLE DE BASE ; elle a une construction particulière [12, p. 99].

DÉFINITION : Une **phrase à construction particulière** est une phrase qui n'est pas conforme au MODÈLE DE BASE, même si elle n'a subi aucune transformation.

Ainsi, la phrase *Voici enfin la mer* n'est pas une phrase transformée. Elle ne contient ni sujet de P ni prédicat de P ; elle n'est donc pas conforme au MODÈLE DE BASE.

EN RÉSUMÉ

A. La notion de P

La P est une unité syntaxique autonome.

B. La notion de groupe

Le groupe est une unité syntaxique non autonome construite à partir d'un noyau.

C. Classification des phrases à partir du MODÈLE DE BASE

1. **Phrases de base** = P conformes au MODÈLE DE BASE :

   Le vent souffla pendant toute la nuit .

   Au-dessus de la plaine , le soleil brillait .

   Daniel, qui avait toujours rêvé de la mer , y plongea avec ravissement .

2. **Phrases transformées** = P non conformes au MODÈLE DE BASE, parce qu'elles ont subi une ou plusieurs transformations.

   Les phrases qui suivent ont subi une seule transformation :

   Est-ce qu'il a déjà vu la mer ? (transformation de type interrogatif)

   Il n'aime pas la mer. (transformation de forme négative)

   Ainsi pensait-on dans l'Antiquité. (transformation par déplacement d'un constituant obligatoire de P)

   *J'espère **qu'ils pourront venir à la mer avec nous**.* (Dans cette P, c'est la subordonnée — mise en gras — qui a subi une transformation d'enchâssement.)

3. **Phrases à construction particulière** = P non conformes au MODÈLE DE BASE, même si elles n'ont subi aucune transformation :

   Ralentir. (phrase infinitive)

   Il y a de la houle. (phrase à présentatif)

   Attention ! (phrase non verbale)

Les transformations de type et de forme

Objectifs du chapitre

- Comprendre la notion de transformation de type et de forme d'une phrase.
- Comprendre la construction des différents types et des différentes formes de phrases.

Plan du chapitre

1 La notion de transformation de type et de forme

2 Les phrases de types interrogatif, impératif et exclamatif

3 Les phrases de formes négative, passive, emphatique et impersonnelle

Observons comment sont construites les phrases de ce texte.

> (1) *Comme le cosmos est fascinant!* (2) *Viens avec moi.* (3) *Je t'emmène dans l'espace.* (4) *Tu ne le regretteras pas.* (5) *Tu pourras y observer la Terre.* (6) *Tu découvriras qu'elle est infiniment petite en comparaison de l'Univers.* (7) *De quoi se compose l'Univers?*

Ce texte contient sept phrases. Examinons la structure de chacune d'elles à l'aide du MODÈLE DE BASE.

Le MODÈLE DE BASE correspond à une phrase déclarative, positive, active, neutre et personnelle, qui est composée d'un sujet de P suivi d'un prédicat de P et, facultativement, d'un complément de P qui est mobile.

1. Les P (3), (5) et (6) sont des phrases conformes en tous points au MODÈLE DE BASE : elles sont déclaratives, positives, actives, neutres et personnelles ; de plus, elles contiennent les deux constituants obligatoires, placés dans l'ordre :

> *Je t'emmène dans l'espace .*

> *Tu pourras y observer la Terre .*

> *Tu découvriras qu'elle est infiniment petite en comparaison de l'Univers .*

De telles phrases sont des phrases de base.

2. Les P (1), (2), (4) et (7) ne sont pas des phrases de base. En effet :

– Dans la P (1), *Comme le cosmos est fascinant!*, il y a l'adverbe exclamatif *Comme* devant le sujet de P :

> Adv. excl.   GN   GV
> *Comme le cosmos est fascinant !*

La P (1) se distingue du MODÈLE DE BASE par l'addition de ce marqueur exclamatif.

On remarque aussi la présence d'un point d'exclamation.

– Dans la P (2), *Viens avec moi*, il n'y a pas de sujet de P :

>   GV
> ø *Viens avec moi .*

La P (2) se distingue du MODÈLE DE BASE par l'effacement du sujet de P.

– Dans la P (4), *Tu ne le regretteras pas*, on observe la présence des adverbes de négation *ne... pas* :

> Pron   GV
> *Tu ne le regretteras pas .*

La P (4) se distingue du MODÈLE DE BASE par l'addition de ces marqueurs négatifs.

– Dans la P (7), *De quoi se compose l'Univers ?*, le sujet de P est placé après le prédicat de P et, au début de la P, on trouve la préposition *De* qui introduit le pronom interrogatif *quoi* :

>   GV   GN
> Prép   Pron interr.   V
> *De   quoi   se compose   l'Univers ?*

La P (7) se distingue du MODÈLE DE BASE par l'emploi du pronom interrogatif *quoi* dans le GPrép *De quoi* placé au début de la P et par le déplacement du GN sujet de P après le prédicat de P.

On remarque aussi la présence d'un point d'interrogation.

À cause de ces différences, on dit que les P (1), (2), (4) et (7) sont des **phrases transformées.**

1 LA NOTION DE TRANSFORMATION DE TYPE ET DE FORME

1.1 La transformation du type d'une phrase

Prenons la P *Nous ferons un beau voyage dans l'espace*. Cette phrase est de type déclaratif. On peut la transformer en une phrase:

– de type interrogatif: ***Est-ce que*** *nous ferons un beau voyage dans l'espace?*

– de type impératif: ***Faisons*** *un beau voyage dans l'espace.*

– de type exclamatif: ***Quel beau voyage*** *nous ferons dans l'espace!*

DÉFINITION: La **transformation de type** consiste à transformer une phrase de type déclaratif en une phrase de type interrogatif, de type impératif ou de type exclamatif.

1.2 La transformation de la forme d'une phrase

Prenons la P *On a construit un télescope sur cette montagne*. Cette phrase est de formes positive, active, neutre et personnelle. On peut lui faire subir des transformations de forme. Ainsi, on peut la transformer:

– de la forme positive à la forme négative: *On **n'a pas** construit de télescope sur cette montagne.*

– de la forme active à la forme passive: *Un télescope **a été construit** sur cette montagne.*

– de la forme neutre à la forme emphatique: ***C'est*** *un télescope **qu'**on a construit sur cette montagne.*

– de la forme personnelle à la forme impersonnelle: ***Il*** *a été construit un télescope sur cette montagne.*

DÉFINITION: La **transformation de forme** consiste à transformer une phrase de forme positive en une phrase de forme négative, une phrase de forme active en une phrase de forme passive, une phrase de forme neutre en une phrase de forme emphatique ou une phrase de forme personnelle en une phrase de forme impersonnelle.

!
- On ne peut pas combiner les transformations de type, mais on peut combiner les transformations de forme:

  Ce n'est pas un télescope qui a été construit sur cette montagne.

  Cette phrase combine trois transformations de forme: la transformation emphatique (*C'est...qui*), la transformation négative (*n'...pas*) et la transformation passive (*a été construit*).

- Une phrase a toujours un seul type et toujours quatre formes. Ainsi, la phrase donnée ci-dessus est de type déclaratif et de formes négative, passive, emphatique et personnelle.

2 · LES PHRASES DE TYPES INTERROGATIF, IMPÉRATIF ET EXCLAMATIF

2.1 · La phrase de type interrogatif

La **phrase de type interrogatif**, appelée aussi phrase interrogative, est une phrase transformée.

> On a généralement recours à une phrase de type interrogatif pour poser une question.
>
> La phrase de type interrogatif se rencontre surtout dans les genres de textes qui interpellent le lecteur : interview, questionnaire administratif ou d'examen, sondage, message publicitaire, manuel, texte d'opinion.

2.1.1 · L'interrogation totale ou partielle

Il y a deux sortes de phrases de type interrogatif : celles qui présentent une interrogation totale et celles qui présentent une interrogation partielle.

LES DEUX SORTES DE PHRASES INTERROGATIVES

SORTE D'INTERROGATION	EXEMPLE
L'**interrogation totale** porte sur toute la phrase. La réponse est généralement *oui*, *non*, *sans doute*, etc.	« *Est-ce que ces étudiants font de l'astronomie ?* – *Oui.* »
L'**interrogation partielle** porte sur une partie de la phrase. La réponse concerne l'élément qui fait l'objet de la question.	« *Pourquoi ces étudiants font-ils de l'astronomie ?* – *Pour mieux comprendre l'Univers.* »

2.1.2 · La structure de la phrase interrogative

Pour analyser la structure d'une phrase de type interrogatif, on se réfère au MODÈLE DE BASE en comparant la phrase interrogative avec la phrase de base correspondante, ce qui permet d'observer les opérations effectuées.

! Une **opération langagière** n'est pas une manipulation. On effectue une manipulation pour étudier un groupe ou une phrase ; c'est une activité d'analyse consciente et réfléchie. Par contre, lorsqu'on pose une question comme *Est-ce que vous aimez la géographie ?*, on réalise une transformation interrogative par une opération d'addition ; c'est une activité inconsciente, spontanée, la plupart du temps.

A. L'interrogation totale

Voici trois façons de construire une phrase interrogative totale.

1. L'addition de la locution *est-ce que* :

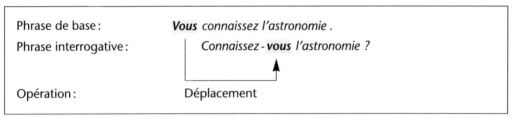

Cette transformation interrogative consiste à ajouter la locution interrogative *est-ce que* au début de la phrase.

2. Le déplacement du pronom sujet de P :

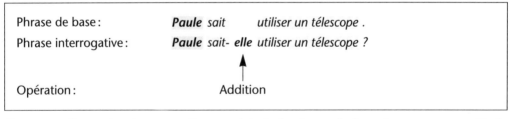

Cette transformation interrogative consiste à déplacer le pronom sujet après le verbe.

3. L'addition d'un pronom de reprise :

Phrase de base :	**Paule** sait utiliser un télescope .
Phrase interrogative :	**Paule** sait- ***elle*** utiliser un télescope ?
Opération :	Addition

Cette transformation interrogative consiste à ajouter après le verbe un pronom dit de reprise qui a le même genre et le même nombre que le GN qu'il reprend ; ici, le pronom *elle* reprend le GN *Paule*.

!
- À l'écrit, la phrase de type interrogatif se termine toujours par un point d'interrogation.

- Le pronom de reprise est joint au verbe par un trait d'union :

    *Paule connaît-**elle** l'astronomie ?*

    Ce pronom se place après le verbe lorsque le verbe est à un temps simple : *Paule connaît-**elle** l'astronomie ?* Il se place entre l'auxiliaire et le participe passé lorsque le verbe est à un temps composé : *Paule est-**elle** allée au Cosmodôme ?*

- On insère un *-t-* entre le verbe terminé par *-e*, *-a* ou *-c* et le pronom sujet inversé *il/elle* ou *on* :

> Préfère-**t-elle** l'astronautique ou l'astrophysique ?
> Viendra-**t-on** à l'exposition ?
> Cet argument convainc-**t-il** les savants ?

Si le verbe se termine par la consonne *d* et s'il est suivi d'un pronom qui commence par une voyelle, la consonne *d* se prononce [t] : *La navette spatiale répond-elle ?*

B. L'interrogation partielle

Voici trois façons de construire une phrase interrogative partielle.

1. L'interrogation porte sur le sujet :

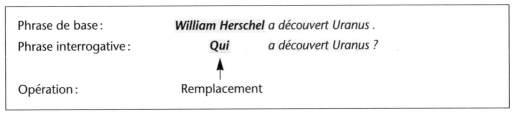

Phrase de base :   **William Herschel** *a découvert Uranus* .

Phrase interrogative :   **Qui**   *a découvert Uranus ?*

Opération :   Remplacement

Dans cette transformation interrogative, le pronom *qui* remplace le GN *William Herschel*.

2. L'interrogation porte sur le complément direct du verbe :

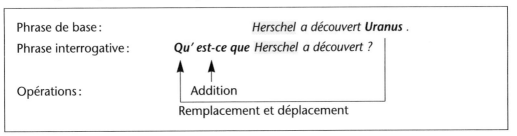

Phrase de base :   *Herschel a découvert* **Uranus** .

Phrase interrogative :   **Qu' est-ce que** *Herschel a découvert ?*

Opérations :   Addition
Remplacement et déplacement

Dans cette transformation interrogative, le pronom *Qu' (que)* remplace le GN complément direct *Uranus* et se déplace au début de la phrase ; la locution interrogative *est-ce que* est ajoutée.

3. L'interrogation porte sur le complément de P :

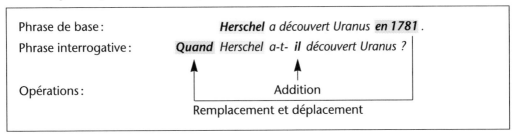

Phrase de base :   *Herschel a découvert Uranus* **en 1781** .

Phrase interrogative :   **Quand** *Herschel a-t- il découvert Uranus ?*

Opérations :   Addition
Remplacement et déplacement

Dans cette transformation interrogative, l'adverbe *Quand* remplace le GPrép complément de P *en 1781* et se déplace au début de la phrase ; le pronom de reprise *il* est ajouté après le verbe.

REM. Les formes de l'interrogation peuvent changer selon la variété de langue employée :

> *Quand pars-tu ?* (variété standard)
>
> *Tu pars quand ?* (variété familière)
>
> *Quand c'est que tu pars ?* (variété populaire)

2.1.3 Les marqueurs interrogatifs

Les marqueurs interrogatifs sont les suivants :

– pour l'interrogation partielle :

- le déterminant *quel / quelle / quels / quelles* ;
- les pronoms *qui, que, lequel / laquelle / lesquels / lesquelles* ;
- les adverbes *où, quand, comment, combien, pourquoi* ;
- les locutions *est-ce qui / est-ce que* précédées d'un autre marqueur interrogatif.

– pour l'interrogation totale, la locution interrogative *est-ce que* :

> **Est-ce que** la vie est possible sur d'autres planètes ?

❗ Dans la variété standard, le marqueur ***est-ce que*** ne s'emploie pas dans une subordonnée interrogative [25, p. 249] :

> *Marc ne m'a pas dit **où** il habite.*
>
> ⊗ *Marc ne m'a pas dit **où est-ce qu'**il habite.*

2.1.4 Les différentes utilisations de la phrase interrogative

Généralement, la phrase interrogative est une phrase qui met l'interlocuteur dans la situation de répondre à une question. Mais la phrase interrogative sert aussi à d'autres fins :

– exprimer un jugement ou une émotion intense : *Les astres ne sont-ils pas fascinants ?*

– marquer l'hésitation dans un monologue intérieur : *Est-ce que je dévoile ce secret ?*

– susciter l'adhésion de l'interlocuteur : *Peut-on se taire en pareille circonstance ?*

– donner un ordre : *Allez-vous vous dépêcher ?*

2.1.5 D'autres moyens pour exprimer une interrogation

On peut exprimer une interrogation en recourant à diverses **tournures interrogatives**, c'est-à-dire des constructions ayant un sens interrogatif :

– une phrase déclarative avec intonation montante à l'oral et marquée par un point d'interrogation à l'écrit : *Vous aimez la géographie ?*

– une phrase non verbale : ***Comment ?***

2.2 **La phrase de type impératif**

La **phrase de type impératif**, appelée aussi phrase impérative, est une phrase transformée.

> On a généralement recours à la phrase de type impératif pour inciter un interlocuteur à faire quelque chose. Elle exprime un ordre, un conseil ou une demande.
>
> La phrase impérative est courante dans les genres de textes qui incitent le lecteur à agir : recette de cuisine, consigne, instructions de montage, itinéraire, ou dans les genres de textes à caractère argumentatif : message publicitaire, texte d'opinion, lettre ouverte.

2.2.1 **La structure de la phrase impérative**

Pour analyser la structure d'une phrase de type impératif, on se réfère au MODÈLE DE BASE en comparant la phrase impérative avec la phrase de base correspondante, ce qui permet d'observer les opérations effectuées.

Voici trois façons de construire une phrase impérative.

1. L'effacement du pronom sujet *tu*, *nous* ou *vous* :

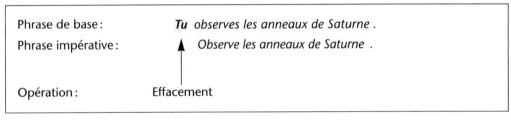

Dans cette transformation impérative, le pronom sujet *Tu* est effacé. Le verbe passe alors de l'indicatif à l'impératif, ce qui peut amener un changement de la forme verbale (*tu observes / observe*).

2. L'effacement du pronom sujet et le déplacement du pronom complément du verbe :

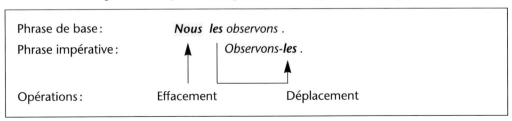

Dans cette transformation impérative, le pronom sujet *Nous* est effacé et le pronom complément *les* est déplacé après le verbe. Le verbe passe de l'indicatif à l'impératif.

3. On peut construire une phrase impérative par l'addition de *que* devant un sujet de la 3e personne ou devant le sujet *je* :

Phrase de base :	*Marie-Claude réunira les documents* .
Phrase impérative :	*Que Marie-Claude réunisse les documents* .
	↑
Opération :	Addition

Dans cette transformation impérative, le marqueur impératif *Que* est ajouté devant le sujet *Marie-Claude*. Le verbe passe de l'indicatif au subjonctif, ce qui entraîne un changement de la forme verbale (*réunira/réunisse*).

! Sur le plan syntaxique, la phrase impérative présente, dans la variété standard, certaines particularités à surveiller.

- Dans une phrase impérative positive, lorsque le verbe est accompagné de deux pronoms, l'un complément direct, l'autre complément indirect, ceux-ci se placent après le verbe avec un trait d'union.

  - Si les deux pronoms sont de la 3e personne, c'est le pronom complément indirect qui est placé en seconde position :

*Donne-le-**lui**.*	et non	⊗ *Donne-lui.*
*Rendez-le-**lui**.*	et non	⊗ *Rendez-lui.*

  - Si l'un des pronoms est de la 1re ou de la 2e personne, le pronom complément indirect se place en principe en seconde position, quoique l'usage soit flottant :

    *Tiens-le-**toi** pour dit.*

    *Passe-la-**moi** au téléphone.*

    *Dites-le-**nous** tout de suite.*

  - Si l'un des deux pronoms est *en* ou *y*, celui-ci se place en deuxième position, ce qui entraîne l'élision de *me* et de *te* :

*Donnez-**m'en** deux kilos.*	et non	⊗ *Donnez-moi-[z] en deux kilos.*
*Commande-**t'en** un.*	et non	⊗ *Commande-toi-[z] en un.*
*Fais-**m'y** penser.*	et non	⊗ *Fais-moi-[z] y penser.*

- Dans une phrase impérative négative, le ou les pronoms compléments sont placés après l'adverbe *ne* et devant le verbe :

*Ne **me** fais pas rire.*	et non	⊗ *Fais-moi pas rire.*
*Ne **me le** dis pas.*	et non	⊗ *Dis-moi-le pas.*

2.2.2 **D'autres moyens pour exprimer un ordre, un conseil ou une demande**

On peut exprimer un ordre, un conseil ou une demande en recourant à diverses **tournures impératives**, c'est-à-dire des constructions ayant un sens impératif :

– une phrase déclarative dont le verbe est à l'indicatif présent : *Vous me **communiquez** au plus vite vos informations sur cette comète.*
– une phrase déclarative dont le verbe est au futur : *Vous **lirez** cela pour demain.*
– une phrase déclarative avec un verbe de requête (*demander, exiger, prier*, etc.) : *Je vous **demande** d'observer plus attentivement.*
– une phrase non verbale : ***Entrée interdite.***
– une phrase infinitive : ***Éteindre l'appareil après usage.***

2.3 **La phrase de type exclamatif**

La **phrase de type exclamatif**, appelée aussi phrase exclamative, est une phrase transformée.

On a généralement recours à la phrase exclamative pour exprimer un jugement, une émotion ou un sentiment intenses.

On trouve surtout la phrase exclamative dans les genres de textes qui font une grande place à l'expression : message publicitaire, chronique d'humeur, lettre ouverte, interview, journal intime, dialogue, poème.

2.3.1 **La structure de la phrase exclamative**

Pour analyser la structure d'une phrase de type exclamatif, on se réfère au MODÈLE DE BASE en comparant la phrase exclamative avec la phrase de base correspondante, ce qui permet d'observer les opérations effectuées.

Voici trois façons de construire une phrase exclamative.

1. L'exclamation porte sur un adjectif faisant partie du GV :

Phrase de base :	*Cette planète est lointaine.*
Phrase exclamative :	***Comme** cette planète est lointaine !*
	↑
Opération :	Addition

Dans cette transformation exclamative, on ajoute le marqueur exclamatif *Comme* au début de la phrase. Ce marqueur exclamatif porte sur l'adjectif *lointaine*.

REM. 1. Quand la phrase de base contient un adverbe d'intensité (*très, tout, fort, extrêmement,* etc.), celui-ci s'efface dans la phrase exclamative :

> *Cette planète est **toute** petite.* → *Comme cette planète est petite !*

2. D'autres marqueurs exclamatifs pourraient être employés dans cette phrase : *combien, ce que, que* (*Combien lointaine est cette planète !*, etc.).

3. L'exclamation peut porter sur le verbe (*Comme ce bruit me fatigue !*, etc.).

2. L'exclamation porte sur le GN complément du verbe :

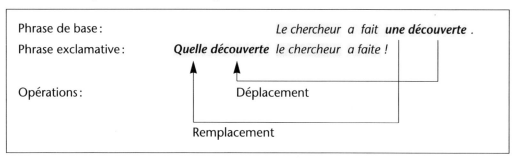

Dans cette transformation exclamative, le GN complément du verbe *une découverte* est déplacé au début de la phrase et le déterminant indéfini *une* est remplacé par le déterminant exclamatif *Quelle*.

3. L'exclamation porte sur le GN sujet de P :

```
Phrase de base :        Un beau spectacle   s'offrait à nous .

Phrase exclamative :    Quel beau spectacle   s'offrait à nous !
                          ↑
Opération :            Remplacement
```

Dans cette transformation exclamative, le déterminant indéfini *un* est remplacé par le déterminant exclamatif *Quel*.

! À l'écrit, la phrase de type exclamatif se termine toujours par un point d'exclamation.

2.3.2 Les marqueurs exclamatifs

Les marqueurs exclamatifs sont :

– des déterminants : *quel / quelle / quels / quelles, combien de, que de*, etc. ;

– des adverbes : *combien, comme*, etc. ;

– des locutions : *ce que, qu'est-ce que*, etc.

2.3.3 **D'autres moyens pour exprimer un jugement, une émotion ou un sentiment intenses**

On peut exprimer une appréciation intense en recourant à diverses **tournures exclamatives**, c'est-à-dire des constructions ayant un sens exclamatif:

- une phrase déclarative contenant ou non une subordonnée complétive exclamative: *Tu sais **comme le cosmos est fascinant**!*
- une phrase dont le verbe est au subjonctif: ***Puissions**-nous y aller un jour!*
- une phrase à présentatif dont le GN est renforcé par *de*: ***C'est d'**une beauté!*
- la structure *Et* + GN + subordonnée relative en *qui*: ***Et mes bagages qui** ne sont pas prêts!*
- une phrase non verbale: ***Quel bonheur!***
- une phrase infinitive: ***Visiter enfin le planétarium!***

3 **LES PHRASES DE FORMES NÉGATIVE, PASSIVE, EMPHATIQUE ET IMPERSONNELLE**

3.1 **La phrase de forme négative**

La phrase de forme négative, ou **phrase négative**, est une phrase transformée. Elle s'oppose à la phrase de forme positive (ou affirmative).

La phrase négative est couramment employée, mais on la trouve davantage dans les genres de textes qui donnent des directives: règlement, consigne, code de vie.

3.1.1 **La structure de la phrase de forme négative**

Pour analyser la structure de la phrase négative, on se réfère au MODÈLE DE BASE en comparant la phrase négative avec la phrase de base correspondante, ce qui permet d'observer les opérations effectuées.

Voici trois façons de construire une phrase négative.

1. L'adverbe *ne* joint à l'adverbe *pas*:

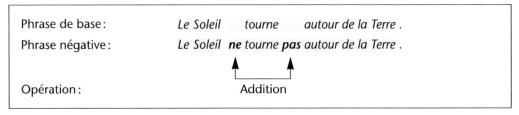

Phrase de base:	*Le Soleil tourne autour de la Terre .*
Phrase négative:	*Le Soleil **ne** tourne **pas** autour de la Terre .*
Opération:	Addition

Dans cette transformation négative, on ajoute l'adverbe *ne* avant le verbe et l'adverbe *pas*, après le verbe.

2. Un pronom négatif joint à l'adverbe *ne* :

Phrase de base :	***Quelqu'un*** *a découvert l'origine des trous noirs .*
Phrase négative :	***Personne*** *n'a découvert l'origine des trous noirs .*
Opérations :	Addition
	Remplacement

Dans cette transformation négative, le pronom *quelqu'un* est remplacé par le pronom *personne* et l'adverbe *n' (ne)* est ajouté avant le verbe.

3. L'adverbe *ne* et un déterminant négatif :

Phrase de base :	*Ils ont découvert* ***une*** *planète habitée .*
Phrase négative :	*Ils* ***n'ont*** *découvert* ***aucune*** *planète habitée .*
Opérations :	Addition
	Remplacement

Dans cette transformation négative, l'adverbe *n' (ne)* est ajouté avant le verbe et le déterminant *une* est remplacé par le déterminant *aucune*.

3.1.2 **L'adverbe de négation *ne* combiné à d'autres mots négatifs**

La négation est marquée à l'écrit par l'emploi de deux termes liés : l'adverbe de négation *ne* combiné avec un mot négatif (adverbe, déterminant ou pronom), les deux formant un **marqueur négatif**.

LA COMBINAISON DE *NE* AVEC UN MOT NÉGATIF

NE + ADVERBE	NE + DÉTERMINANT	NE + PRONOM
Je ne sais pas.	*Elle n'a vu aucune comète.*	*Je ne vois personne.*
Je n'ai pas compris.	*Elles ne vont nulle part.*	*Je ne vois rien.*
Je ne l'ai guère connu.		*Je n'ai rien vu.*
Je n'en veux plus.	**DÉTERMINANT + NE**	**PRONOM + NE**
Je ne viens jamais ici.		
Cela ne me gêne nullement.	*Aucun savant ne le sait.*	*Aucun ne le sait.*
	Nul poète n'a fait mieux.	*Nul n'a fait mieux.*
	Pas un livre n'en parle.	*Pas un n'en parle.*
		Personne ne le sait.

! • *Ne* devient *n'* devant un mot commençant par une voyelle ou un *h* dit muet :

> *Tu **n'**as jamais vu cela.*

> *Elle **n'**hésite jamais.*

• Dans les phrases négatives, les déterminants *un / des* et *du / de la* sont remplacés par *de* dans un GN complément direct du verbe :

> *J'ai reçu **un** livre d'astronomie. Je **n'**ai pas reçu **de** livre d'astronomie.*

> *J'ai reçu **des** livres d'astronomie. Je **n'**ai pas reçu **de** livres d'astronomie.*

> *J'ai mangé **de la** viande. Je **n'**ai pas mangé **de** viande.*

• C'est le coordonnant *ni* qui sert à coordonner des GV dans une phrase négative :

> *Je **ne** veux **ni ne** peux sortir ce soir.*

• L'adverbe *pas* ne se combine pas avec les marqueurs négatifs *personne, rien, ni* et *aucun* :

> *Je **n'**ai vu **personne**.*   ⊗ *Je **n'**ai **pas** vu **personne**.*

> ***Personne n'**est venu.*   ⊗ ***Pas personne n'**est venu.*

> *Je **ne** le peux **ni ne** le veux.*   ⊗ *Je **ne** le peux **pas ni ne** le veux **pas**.*

> *Il **n'**y a **aucun** bruit.*   ⊗ *Il **n'**y a **pas aucun** bruit.*

• Une double négation équivaut à une affirmation :

> *Vous **n'**êtes **pas sans** savoir que... = Vous savez très bien que...*

REM. À l'oral familier, la tendance est d'omettre l'adverbe de négation *ne* :

> *Je veux **pas** y aller, je veux voir **personne**.*

DE PLUS
....

1. Dans la variété soutenue, *ne* peut s'employer seul avec certains verbes :

> *On **ne** pourrait survivre sur une telle planète.*

Il peut s'employer seul également dans des constructions figées qui servent plus à atténuer qu'à nier :

> *Je **ne** peux. Je **n'**ose. Je **ne** cesse d'y penser.*

Par ailleurs, dans certaines subordonnées, on peut rencontrer un *ne* qui n'indique pas la négation, *ne* est alors dit explétif :

> *Je crains qu'il **ne** soit déjà parti.*

2. L'emploi de *ne... que* n'exprime pas la négation, mais la **restriction**. Comparons :

> *Je **n'**ai **pas** étudié les constellations. (**ne... pas** = négation)*

> *Je **n'**ai étudié **que** les constellations. (**ne... que** = restriction) = J'ai étudié seulement les constellations.*

La restriction peut se combiner avec la négation :

> Je **n'**ai **pas** étudié **que** les constellations. = Je n'ai pas étudié seulement les constellations.

....

3.1.3 **La combinaison de la forme négative avec les divers types et les autres formes de phrases**

La phrase négative peut se combiner avec tous les types de phrases :

- la phrase déclarative : *Elle n'a pas peur des voyages dans l'espace.*
- la phrase interrogative : *Pourquoi ne pouvons-nous pas voir les trous noirs ?*
  Ne sont-ils pas composés de matière solide ?
- la phrase impérative : *N'omettez aucun détail.*
- la phrase exclamative (plus rarement) : *Comme ces mystères ne sont pas simples à résoudre !*

La transformation négative peut se combiner avec les autres transformations de forme :

- la transformation passive : *Les autres planètes n'**ont** pas encore **été visitées**.*
- la transformation emphatique : *Ce n'**est** pas Vénus **que** l'on voit là-bas.*
- la transformation impersonnelle : *Il ne **restait** aucune trace de la comète.*

REM. Les phrases subordonnées aussi peuvent être de forme négative.

3.1.4 **Autre moyen pour exprimer la négation**

On peut exprimer la négation en recourant à la phrase non verbale de forme négative :

> **Pas** de doute. **Non**.

3.2 **La phrase de forme passive**

La phrase de forme passive, ou **phrase passive**, est une phrase transformée. Elle s'oppose à la phrase de forme active.

> La phrase passive est fréquemment employée dans les genres de textes suivants : contrat, règlement, faits divers, message publicitaire, et dans les titres d'articles.
>
> On peut avoir recours à une phrase passive plutôt qu'à une phrase active pour assurer une meilleure progression de l'information dans le texte.

3.2.1 **La structure de la phrase de forme passive**

Pour analyser la structure de la phrase passive, on se réfère au MODÈLE DE BASE en comparant la phrase passive avec la phrase de base correspondante, ce qui permet d'observer les opérations effectuées :

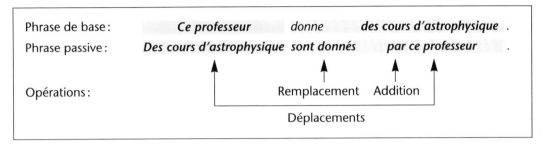

Cette transformation passive fait intervenir les opérations suivantes :

– Deux déplacements : le sujet et le complément direct du verbe de base échangent leur place ; ainsi, le GN complément direct du verbe de la phrase de base se déplace devant le verbe dans la phrase passive et le GN sujet de la phrase de base se déplace après l'adjectif participe de la phrase passive.

– Un remplacement : le verbe de la phrase de base est remplacé, dans la phrase passive, par le verbe *être*, suivi de l'adjectif participe correspondant au participe passé du verbe de la phrase de base. Le verbe *être* se met au même temps que le verbe de la phrase de base.

– Une addition : on ajoute, dans la phrase passive, la préposition *par*. Le GPrép devient le complément de l'adjectif participe (ici, *donnés*).

Il arrive très souvent que l'adjectif participe n'ait pas de complément. Cela s'explique de différentes façons :

– L'agent de l'action est inconnu : *Vénus a été surnommée l'Étoile du berger.* On ne sait pas par qui.

– L'agent de l'action est connu de tous : *Une tempête est annoncée pour demain.* Par la météo.

– L'agent de l'action est connu, mais on ne veut pas le nommer : *Le télescope a été brisé.* Par un maladroit.

– L'agent de l'action est connu, mais ce n'est pas important de le nommer : *Le télescope a enfin été réparé.* Par un réparateur.

3.2.2 **La combinaison de la forme passive avec les divers types et les autres formes de phrases**

La phrase passive peut se combiner avec tous les types de phrases :

– la phrase déclarative : *La comète de Halley avait déjà été observée dans l'Antiquité.*

- la phrase interrogative : *Sa trajectoire avait-elle déjà été calculée ?*
- la phrase impérative : *Soyons émerveillés par les mystères de l'Univers.*
- la phrase exclamative : *Comme on est parfois trompé par nos sens !*

La transformation passive peut se combiner avec toutes les autres transformations de forme :

- la transformation négative : *Le public **n'**est **pas** invité à cette conférence.*
- la transformation emphatique : ***C'est** par Copernic **que** cette découverte a été faite.*
- la transformation impersonnelle : ***Il a été formulé** de nombreuses hypothèses à ce sujet.*

REM. Les phrases subordonnées aussi peuvent être de forme passive.

3.3 La phrase de forme emphatique

La phrase de forme emphatique, ou **phrase emphatique**, est une phrase transformée. Elle s'oppose à la phrase de forme neutre.

La phrase emphatique, fréquemment utilisée à l'oral, est aussi employée à l'écrit dans les genres de textes qui expriment des sentiments, des émotions, des opinions : interview, texte d'opinion, lettre.

3.3.1 La structure de la phrase emphatique

Pour analyser la structure de la phrase emphatique, on se réfère au MODÈLE DE BASE en comparant la phrase emphatique avec la phrase de base correspondante, ce qui permet d'observer les opérations effectuées.

Voici quatre façons de construire une phrase de forme emphatique.

1. Le détachement avec reprise du groupe détaché :

PHRASE DE BASE	PHRASE EMPHATIQUE	ÉLÉMENT MIS EN EMPHASE
La Terre tourne autour du Soleil.	*La Terre, elle tourne autour du Soleil.*	Sujet de P
L'astronomie me passionne.	*L'astronomie, ça me passionne.*	Sujet de P
Je vois enfin la Grande Ourse.	*La Grande Ourse, je la vois enfin.*	Complément direct du verbe
Je l'attends demain.	*Lui, je l'attends demain.*	Complément direct du verbe

Dans cette transformation emphatique, un groupe est détaché en début de phrase, puis repris par un pronom (*elle, ça, la, l'*). Ce pronom dit de reprise remplit la même fonction que le groupe détaché.

2. Le détachement avec annonce du groupe détaché par un pronom :

PHRASE DE BASE	PHRASE EMPHATIQUE	ÉLÉMENT MIS EN EMPHASE
La Terre tourne autour du Soleil.	*Elle tourne autour du Soleil, la Terre.*	Sujet de P
L'astronomie me passionne.	*Ça me passionne, l'astronomie.*	Sujet de P
Je vois enfin la Grande Ourse.	*Je la vois enfin, la Grande Ourse.*	Complément direct du verbe
Je l'attends demain.	*Je l'attends demain, lui.*	Complément direct du verbe

Dans cette transformation emphatique, un groupe est détaché en fin de phrase après avoir été annoncé par un pronom (*elle, ça, la, l'*). Ce pronom dit de reprise remplit la même fonction que le groupe détaché.

3. Le détachement par les **marqueurs emphatiques** *c'est... qui* et *c'est... que* :

PHRASE DE BASE	PHRASE EMPHATIQUE	ÉLÉMENT MIS EN EMPHASE
Ce phénomène m'intrigue.	*C'est ce phénomène qui m'intrigue.*	Sujet de P
Nous avons fait une grande découverte.	*C'est une grande découverte que nous avons faite.*	Complément direct du verbe
Le public nous a posé des questions.	*C'est à nous que le public a posé des questions.*	Complément indirect du verbe
Nous avons parlé à la radio hier.	*C'est hier que nous avons parlé à la radio.*	Complément de P

Dans cette transformation emphatique, le groupe mis en relief est encadré par le marqueur *c'est... qui*, pour le sujet de P, ou par *c'est... que*, pour les compléments.

....

4. Le détachement à l'aide des marqueurs emphatiques *ce qui... c'est, ce que... c'est, ce dont... c'est, ce à quoi... c'est*, etc.:

PHRASE DE BASE	PHRASE EMPHATIQUE	ÉLÉMENT MIS EN EMPHASE
L'observation des étoiles me passionne.	*Ce qui me passionne, c'est **l'observation des étoiles**.*	Sujet de P
*Je veux connaître **les constellations**.*	*Ce que je veux connaître, c'est **les constellations**.*	Complément de l'infinitif
*Je deviendrai **astronaute**.*	*Ce que je deviendrai, c'est **astronaute**.*	Attribut du sujet
*Je rêve **de devenir astronaute**.*	*Ce dont je rêve, c'est **de devenir astronaute**.*	Complément indirect du verbe construit avec *de*
*Je pense **à ce voyage**.*	*Ce à quoi je pense, c'est **à ce voyage**.*	Complément indirect du verbe construit avec *à*

....

3.3.2 **La combinaison de la forme emphatique avec les divers types et les autres formes de phrases**

La phrase de forme emphatique peut se combiner avec tous les types de phrases:

– le type déclaratif: *C'est Einstein qui a élaboré cette théorie de l'Univers.*

– le type interrogatif: *Cette comète, quand reviendra-t-elle?*

– le type impératif: *Cette étoile, observez-la bien.*

– le type exclamatif: *Cette étoile, qu'elle est immense!*

La transformation emphatique peut se combiner avec toutes les autres transformations de forme:

– la transformation négative: *Ce **n'est pas** Einstein qui a élaboré cette théorie.*

– la transformation passive: *Cette théorie, elle **est** maintenant **admise par tout le monde**.*

– la transformation impersonnelle: *C'est cette planète qu'**il est difficile** d'observer.*

REM. Certaines phrases subordonnées aussi peuvent être de forme emphatique.

Quand on utilise la forme emphatique, ce n'est pas nécessairement pour insister sur un élément de la phrase. Souvent, c'est pour faciliter le passage d'une phrase à une autre et assurer la progression de l'information sans rupture :

> *Voici maintenant le cratère Copernic.* **C'est** *tout près de là* **que** *la sonde russe s'est posée.*

3.4 La phrase de forme impersonnelle

La phrase de forme impersonnelle, ou **phrase impersonnelle**, est une phrase transformée.

> On a souvent recours à la phrase impersonnelle dans les textes administratifs et juridiques.

3.4.1 La structure de la phrase de forme impersonnelle

Pour analyser la phrase de forme impersonnelle, on se réfère au MODÈLE DE BASE en comparant la phrase de forme impersonnelle avec la phrase de base correspondante, ce qui permet d'observer les opérations effectuées.

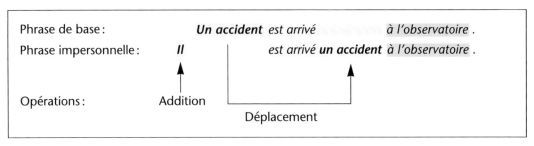

La transformation impersonnelle consiste à déplacer le sujet de la phrase personnelle dans le GV et à ajouter le sujet impersonnel *il*.

REM. 1. Le sujet d'une phrase impersonnelle est toujours *il* (3ᵉ personne du singulier).
       2. Le complément du verbe d'une phrase impersonnelle s'appelle complément du verbe impersonnel (compl. du V impers.).

3.4.2 La combinaison de la forme impersonnelle avec les divers types et les autres formes de phrases

La phrase de forme impersonnelle peut se combiner avec tous les types de phrases :

– le type déclaratif : *Il est difficile d'observer cette nébuleuse.*

- le type interrogatif : *Est-il possible de voyager d'une étoile à une autre ?*
- le type impératif : *Qu'il se tienne immédiatement une réunion à ce sujet.*
- le type exclamatif : *Comme il est fascinant de découvrir l'Univers !*

La transformation impersonnelle peut se combiner avec les autres transformations de forme :

- la transformation négative : *Il **n'**existe **aucune** vie sur cette planète.*
- la transformation passive : *Il **a été écrit** bien des livres sur ce sujet.*
- la transformation emphatique : ***C'est** sur cette planète **qu'**il serait possible de vivre.*

> **!** Il y a transformation impersonnelle seulement avec les verbes occasionnellement imper-
> sonnels [19, p. 178] . Les phrases dont le verbe est essentiellement impersonnel sont analysées
> comme des phrases de base :
>
> Il ***a plu*** .
>
> Il ***est*** cinq heures .
>
> Il ***faut*** que tu y penses bien .
>
> Ces P peuvent, comme toutes les phrases de base, subir des transformations de type et
> de forme :
>
> Il n'a pas plu. (transformation négative)
>
> Quelle heure est-il ? (transformation interrogative)

REM. Les phrases subordonnées aussi peuvent être de forme impersonnelle.

Les phrases à construction particulière

Objectif du chapitre

• Reconnaître les trois sortes de phrases à construction particulière.

Plan du chapitre

1 La notion de phrase à construction particulière

2 La phrase infinitive

3 La phrase à présentatif

4 La phrase non verbale

Observons ce texte publicitaire.

Vacances de rêve !

Voici l'endroit idéal pour des vacances de repos et de plaisir ! Coquet village touristique bordé d'une magnifique plage de sable blond. Banquets exotiques, musique, danse et sports. Il y a même un parc d'alligators. Trente degrés garantis. Nombre de places limité. Pour réserver : 1-800-330-9999.

Ce texte contient des phrases dont aucune n'est conforme au MODÈLE DE BASE. On y trouve uniquement des phrases à construction particulière.

1 LA NOTION DE PHRASE À CONSTRUCTION PARTICULIÈRE

DÉFINITION : La **phrase à construction particulière** est une P qui n'est pas conforme au MODÈLE DE BASE, même si elle n'a subi aucune transformation.

Il existe trois sortes de phrases à construction particulière : la phrase infinitive, la phrase à présentatif et la phrase non verbale. Elles ne s'analysent pas avec le MODÈLE DE BASE.

2 LA PHRASE INFINITIVE

DÉFINITION : La **phrase infinitive** est une phrase à construction particulière formée autour d'un verbe à l'infinitif et dépourvue de sujet de P.

Voici différentes constructions de phrases infinitives :

– phrase infinitive de sens déclaratif : *Bien faire et laisser dire.*

– phrase infinitive de sens interrogatif : *Pourquoi ne pas lui en parler ?*

– phrase infinitive de sens impératif : *Ne pas fumer.*

– phrase infinitive de sens exclamatif : *Enfin, se reposer !*

3 LA PHRASE À PRÉSENTATIF

DÉFINITION : La **phrase à présentatif** est une phrase à construction particulière formée à partir de l'un des présentatifs suivants : *voici, voilà, il y a* et *c'est.*

3.1 Les présentatifs *voici* et *voilà*

Les présentatifs **voici** et **voilà** s'emploient généralement avec les expansions suivantes :

– un GN : *Voici **l'été.***

– un pronom : ***Me** voici.*

– une subordonnée complétive : *Voilà **qu'il pleut maintenant.***

REM. Les présentatifs *voici* et *voilà* proviennent de l'impératif du verbe *voir* : *vois ici* → *voici* ; *vois là* → *voilà.*

3.2 Le présentatif *il y a*

Le présentatif **il y a** forme une expression. Les deux premiers mots, **il** et **y**, ne sont pas des pronoms de reprise [17, p. 149], ils font partie du présentatif. Le troisième mot est le verbe **avoir** conjugué à la 3e personne du singulier ; il peut être employé à l'indicatif (*il y a / il y avait / il y aura / il y aurait*, etc.) ou au subjonctif (*qu'il y ait / qu'il y ait eu*).

Le présentatif **il y a** s'emploie généralement avec les expansions suivantes :

– un GN : *Il y avait **un arc-en-ciel.***

– un pronom : *Il y aura **toi.***

– une subordonnée complétive : *Il y a **que je n'arrive pas à dormir.***

3.3 Le présentatif *c'est*

Le présentatif **c'est** est formé de deux mots :

– Le premier, **c'**, n'est pas un pronom de reprise. Comparons les deux couples de phrases qui suivent :

      (1) *Le mendiant avait froid. C'était l'hiver.*

      (2) *Le mendiant se tenait au coin de la rue. C'était un ancien marin.*

En (1), le *C'* n'est pas un pronom de reprise : *c'* n'a pas d'antécédent, il fait partie du présentatif *c'est*.

En (2), le *C'* reprend le GN *Le mendiant* :

> **Le mendiant** *se tenait au coin de la rue.*
>
> *C'était un ancien marin.*

– Le deuxième mot du présentatif est le verbe **être**. Il peut être conjugué à l'indicatif (*c'est / c'était / ce sera / ce fut / ce serait*, etc.) ou au subjonctif (*que ce soit*).

Le présentatif **c'est** s'emploie généralement avec les expansions suivantes :

– un GN : *Ce sera **Katie**.*

– un pronom : *C'était **vous**.*

– une subordonnée complétive : *C'est **que je ne peux pas sortir**.*

REM. La phrase à présentatif peut subir diverses transformations de type ou de forme :

> **Pourquoi la voilà-t-elle** *mécontente à présent ?* (phrase interrogative)
>
> **Il n'y a plus** *de nuages.* (phrase négative)

④ LA PHRASE NON VERBALE

DÉFINITION : La **phrase non verbale** est une phrase à construction particulière qui est généralement réduite à un groupe dont le noyau est autre chose qu'un verbe.

> *Bon voyage !*   *Attention !*   *Entrée interdite.*   *Merveilleux, ce film !*

La plupart des phrases non verbales sont formées d'un GN, mais on trouve aussi d'autres structures.

> *Sans doute.*   *Oui.*   *Incroyable !*

! Il existe des mots hors phrase, c'est-à-dire des mots qui ne font pas partie de la structure de la phrase, même s'ils y sont insérés par la ponctuation :

– l'interjection, qui est généralement constituée d'un seul élément à valeur expressive [1] : **Ah !** *j'ai eu chaud !*

– l'onomatopée, qui rend un bruit par imitation : **Clac !** *la porte s'est fermée.*

– l'apostrophe, qui désigne le récepteur : *Viens ici,* **Olivia.**

Ces mots hors phrase sont, par eux-mêmes, des phrases non verbales.

---

1. Traditionnellement, l'interjection est considérée comme une classe de mots. Pourtant, des mots de différentes classes jouent le rôle de l'interjection : *Tiens, tiens!* (verbe) ; *Chapeau !* (nom) ; *Génial !* (adjectif).

Les fonctions syntaxiques

Objectifs du chapitre

- Comprendre la notion de fonction syntaxique.
- Identifier la fonction syntaxique des groupes dans une P.

Plan du chapitre

1 La notion de fonction syntaxique

2 Les fonctions syntaxiques des groupes dans la phrase

3 Tableau synthèse

Observons la phrase qui suit.

Les hommes préhistoriques dessinaient des animaux sauvages .

Les deux groupes qui constituent cette phrase entretiennent une relation étroite. En effet, aucun de ces deux groupes ne peut exister sans l'autre. Si on efface un groupe, il n'y a plus de phrase :

*   ø   *Dessinaient des animaux sauvages* .

* *Les hommes préhistoriques*   ø   .

Dans ce chapitre, ce sont les relations entre les groupes de la P que nous analysons. Ces relations s'appellent des **fonctions syntaxiques**.

1 **LA NOTION DE FONCTION SYNTAXIQUE**

DÉFINITION : On appelle **fonction syntaxique** la relation grammaticale qu'un groupe entretient avec d'autres groupes de la P.

Chaque fonction a des caractéristiques qu'on peut mettre en évidence par des manipulations.

! Ce qui est mentionné au sujet de la fonction d'un groupe vaut aussi pour le pronom et la subordonnée qui, sur le plan syntaxique, se comportent comme des groupes.

2 LES FONCTIONS SYNTAXIQUES DES GROUPES DANS LA PHRASE

2.1 Le sujet de P

Dans les P qui suivent, les deux groupes et la subordonnée surlignés en bleu remplissent tous la fonction de **sujet de P** :

> **Clairélaine** *a participé à l'exposition de l'école.*
>
> **Dessiner** *me plaît.*
>
> **Que tu doives cesser tes cours de dessin** *est bien triste.*

2.1.1 Les principales réalisations du sujet de P

Le sujet de P se manifeste par :

a) un GN : **Le peintre avec qui j'étudie** *expose à Québec.*

b) un pronom : **Il** *expose à Québec.*

c) un GInf : **Dessiner** *me plaît.*

d) une subordonnée complétive : **Que tu doives vendre cette œuvre** *est regrettable.*

2.1.2 Les caractéristiques syntaxiques du sujet de P

1. Le sujet de P peut être encadré par *c'est…qui* :

> **Le directeur du musée** *a tenu à me présenter ce jeune peintre.*
>
> ⊏⊐ *C'est* **le directeur du musée** *qui a tenu à me présenter ce jeune peintre.*

! Encadrés par *c'est…qui*, les pronoms *je, tu, il / ils* prennent respectivement la forme *moi, toi, lui / eux* :

> *Tu aimes dessiner au fusain.*
>
> ⊏⊐ *C'est* **toi** *qui aimes dessiner au fusain.*

2. Le sujet de P peut être pronominalisé par *il / elle / ils / elles, cela, ça* (sauf s'il contient un pronom) :

> **Les élèves qui suivent ce cours** *adorent leur enseignante.*
>
> ⤵ **Ils** *adorent leur enseignante.*
>
> **Dessiner** *me plaît.*
>
> ⤵ **Ça** *me plaît.*

3. Le sujet de P ne peut généralement pas être déplacé ; il est placé avant le GV prédicat :

> **Le peintre avec qui j'étudie** *expose à Québec.*
>
> ✳ * *Expose à Québec* **le peintre avec qui j'étudie** *.*

- Il y a quelques cas où le sujet de P peut être placé après le GV prédicat :
  - Dans une phrase déclarative commençant par un complément de P :

    En 1897 vivait ici **un célèbre peintre espagnol**.
  - Dans une phrase déclarative commençant par *ainsi, à peine, aussi, peut-être, etc.* :

    Sans doute avait-**elle** tout oublié.

- Il y a aussi des cas où le sujet de P doit être placé après le verbe :
  - Dans certaines phrases interrogatives :

    Vient-**elle** ?

    Vos amis ont-**ils** vu l'exposition ?

    Que fait **le peintre** ?

    Quelle œuvre prépare-t-**il** ?
  - Dans une phrase incise :

    Je t'aime, dit-**elle**.
  - Dans une phrase déclarative commençant par un attribut du sujet :

    Rares sont **les adolescents qui n'aiment pas la musique**.

4. Le sujet de P ne peut pas être effacé ; il est obligatoire :

   Les élèves qui suivent ce cours adorent leur enseignante.

   ✂ *   ø   Adorent leur enseignante.

! Le sujet est effacé dans la phrase de type impératif :

   Tu viens demain.

   ✂   ø Viens demain.

2.2 Le complément de P

Dans les P suivantes, les trois groupes et la subordonnée surlignés en magenta remplissent la fonction de complément de P :

   En 1997, Lorenzo a présenté plusieurs expositions.

   Judith exposera ses meilleures photos **demain à la bibliothèque**.

   Après qu'il eut exposé à Québec, Gaspard devint un peintre reconnu.

2.2.1### 2.2.1 Les principales réalisations du complément de P

Le complément de P se réalise par :

a) un GPrép :

   Les peintres choisissent des planches sèches **pour la peinture sur bois**.

b) un GN qui exprime le temps :

> *Josephte a beaucoup travaillé* ***ce mois-ci***.

c) un GAdv qui exprime le lieu ou le temps :

> ***Demain***, *Judith exposera ses meilleures photos.*

d) une subordonnée :

> *Gaspard devint un peintre reconnu* ***après qu'il eut exposé à Québec***.

2.2.2 Les caractéristiques syntaxiques du complément de P

1. Le complément de P peut être déplacé dans la phrase ; il est mobile :

> *Judith exposera ses meilleures photos* ***demain***.
>
> ⇆ *Judith*, ***demain***, *exposera ses meilleures photos.*
>
> ⇆ ***Demain***, *Judith exposera ses meilleures photos.*

2. Le complément de P peut être effacé ; il est facultatif :

> ***Après qu'il eut exposé à Québec***, *Gaspard devint un peintre reconnu.*
>
> ✂ ⌀ *Gaspard devint un peintre reconnu.*

3. Le complément de P ne peut pas être remplacé par un pronom :

> ***Demain***, *Judith exposera ses meilleures photos.*
>
> ✖ * ***y*** *Judith exposera ses meilleures photos.*

! Quand le complément de P désigne un lieu, il peut être remplacé par le pronom adverbial *y* :

> *Cet artiste a peint de nombreux paysages* ***en Gaspésie***.
>
> ⬇ *Cet artiste* ***y*** *a peint de nombreux paysages.*

REM. 1. Pour vérifier si le pronom *y* est un complément de P, on le remplace par le groupe qu'il représente. Si ce groupe peut être effacé et déplacé, alors le pronom *y* est un pronom adverbial complément de P :

> *Marina entra dans le magasin. Elle y acheta de bons pinceaux.*
>
> ⬇ *Elle acheta de bons pinceaux* ***dans le magasin***.
>
> ✂ *Elle acheta de bons pinceaux* ⌀ .
>
> ⇆ ***Dans le magasin***, *elle acheta de bons pinceaux.*

Le pronom adverbial *y* est ici complément de P, puisque le groupe qu'il représente, soit *dans le magasin*, est effaçable et déplaçable.

2. Une P peut contenir plus d'un complément de P :

> ***Lundi dernier***, *j'ai rencontré le directeur du musée* ***pour discuter de notre exposition***.

Le prédicat de P

Dans les P qui suivent, tous les groupes surlignés en jaune remplissent la fonction de prédicat de P :

> *En 1862, Victor Hugo **a publié** Les Misérables* .
>
> *Je **lis***.
>
> *Shanna **est allée à l'exposition de Renoir*** .
>
> *Les élèves **ont offert un tableau à leur professeur d'arts** pour son anniversaire.*

2.3.1 **L'unique réalisation du prédicat de P : le GV**

Le seul groupe pouvant remplir la fonction de prédicat de P est le GV.

> *Je **lis***.
>
> *Jacques Poulin **a publié un nouveau roman*** .
>
> *Shanna **est allée à l'exposition de Renoir*** .
>
> *Les élèves **ont offert un tableau à leur professeur d'arts** pour son anniversaire.*
>
> *Fanny **est une excellente aquarelliste*** .

2.3.2 **Les caractéristiques syntaxiques du prédicat de P**

1. Le prédicat de P ne peut pas être effacé ; il est obligatoire :

> *Les élèves **ont offert un tableau à leur professeur d'arts** pour son anniversaire.*
>
> ✂ * *Les élèves* ø *pour son anniversaire.*

2. Le prédicat de P ne peut généralement pas être déplacé ; il est placé après le sujet :

> *Victor Hugo **a publié** Les Misérables en 1862.*
>
> ✂ * ***A publié** Les Misérables Victor Hugo en 1862.*

REM. Pour délimiter le prédicat de P, on doit repérer le sujet de P, puis le ou les compléments de P. Dans la phrase suivante, on a repéré le sujet de P *Victor Hugo* et le complément de P *En 1862* :

> *En 1862, Victor Hugo **a publié** Les Misérables.*

Le groupe qui reste correspond nécessairement au prédicat de P :

> *En 1862, Victor Hugo **a publié** Les Misérables.*

2.4 Le complément direct du verbe[1]

Dans les P qui suivent, tous les groupes en gras dans le GV remplissent la fonction de complément direct du verbe; ils dépendent du verbe et ils ont une construction directe, c'est-à-dire sans préposition:

> *Nos amis ont visité **la Place-des-Arts**.*
>
> *Myriam adore **danser le tango**.*
>
> *Claude aime **que ses amis l'invitent à des concerts**.*

2.4.1 Les principales réalisations du complément direct du verbe

Le complément direct du verbe se réalise par:

a) un GN: *Jean-Jacques a rencontré **ses musiciens**.*

b) un pronom: *Jean-Jacques **les** a rencontrés.*

c) un GInf: *Aline aime **chanter**.*

d) une subordonnée complétive: *J'espère **qu'elle acceptera notre invitation**.*

2.4.2 Les caractéristiques syntaxiques du complément direct du verbe

1. Le complément direct du verbe se pronominalise par *le / la / les*, *en* ou *cela*, *ça*:

> *Nos amis ont visité **la Place-des-Arts**.*
>
> ⬇ *Nos amis **l'**ont visitée.*
>
> *Myriam adore **danser le tango**.*
>
> ⬇ *Myriam adore **cela**.*

! • Quand le complément direct est un GN dont le déterminant est *du / de la* (partitif) ou *des* (indéfini), le complément direct se pronominalise par *en*:

> *Tu as **de la peinture bleue**?*
>
> ⬇ *Tu **en** as?*
>
> *Tu as **des pinceaux fins**.*
>
> ⬇ *Tu **en** as.*

---

1. Le complément direct du verbe est traditionnellement appelé «complément d'objet direct».

- Pour savoir si le pronom *en* est complément direct, on vérifie quel groupe il remplace. Si ce groupe est un GN et si le verbe n'est pas attributif, alors le pronom *en* est bien complément direct :

  > *Maxime avait des billets. Boris **en** a acheté aussi.*
  >
  > GN
  >
  > ⬇ *Boris a acheté **des billets** aussi.*

  En remplace le GN *des billets*, et le verbe *a acheté* n'est pas attributif. Donc, *en* est complément direct du verbe *a acheté*.

- Quand le complément direct est un GN dont le déterminant est *un / une, beaucoup de, certains, plusieurs, quelques,* etc., ou un déterminant numéral, le complément direct se pronominalise comme suit :

  > *J'ai vu **quelques tableaux de Riopelle.***
  >
  > ⬇ *J'**en** ai vu **quelques-uns.***
  >
  > *J'ai **beaucoup de livres sur Monet.***
  >
  > ⬇ *J'**en** ai **beaucoup.***
  >
  > *Tu as **plusieurs pinceaux.***
  >
  > ⬇ *Tu **en** as **plusieurs.***
  >
  > *J'ai fait **trois caricatures.***
  >
  > ⬇ *J'**en** ai fait **trois.***

- Certains verbes transitifs directs peuvent avoir une construction en *à* ou en *de* suivi d'un infinitif. Leur complément est néanmoins direct, car *à* et *de*, dans ces cas, ne sont pas des prépositions, mais plutôt des **marques de l'infinitif**. Cela se vérifie par la pronominalisation :

  > *Il apprend **à écrire**.*
  >
  > ⬇ *Il apprend **cela**.*
  >
  > * *Il apprend à cela*.
  >
  > *Je te conseille **de dormir davantage**.*
  >
  > ⬇ *Je te conseille **cela**.*
  >
  > * *Je te conseille de cela*.

2. Le complément direct du verbe ne peut pas être déplacé en dehors du GV ; il est placé à droite du verbe, sauf si c'est un pronom conjoint ou un pronom relatif :

  > *J'ai rencontré **le réalisateur de La guerre des Tuques.***
  >
  > ⬇ *Je l'ai rencontré.* (*l'* : pronom personnel conjoint)
  >
  > *Le réalisateur **que** j'ai rencontré se nomme **André Melançon**.*
  > (*que* : pronom relatif)

REM. 1. Le GN complément direct du verbe peut souvent changer de place avec le GPrép complément indirect du verbe, formé d'une préposition et d'un GN. Le complément direct du verbe demeure quand même à l'intérieur du GV :

> Le chef d'orchestre indique **le tempo de ce concerto** aux musiciens.

> ⇆ Le chef d'orchestre indique aux musiciens **le tempo de ce concerto**.

2. Il arrive qu'un complément de P soit inséré entre le verbe et le complément direct du verbe. Le complément direct du verbe demeure quand même à l'intérieur du GV :

> Fabrice a trouvé **la partition qu'il cherchait** chez le disquaire.

> ⇆ Fabrice a trouvé, chez le disquaire, **la partition qu'il cherchait**.

3. L'encadrement par *c'est... que* est la manipulation la plus utile pour vérifier si un pronom personnel conjoint est complément direct du verbe. En effet, si on encadre un pronom et que l'encadrement ne fait apparaître aucune préposition, alors le pronom est un complément direct du verbe :

> Je **te** crois.

> ⬇ C'est **toi** que je crois.

Aucune préposition n'apparaît entre *C'est* et *que*. Donc, le pronom *te* est un complément direct du verbe.

4. Le complément direct du verbe peut ou non être effacé selon le verbe dont il dépend. Avec des verbes comme *conduire, jouer, lire, manger, regarder*, etc., le complément direct du verbe peut s'effacer :

> Gabrielle a chanté **l'air des bijoux de Gounod**.

> ✂ Gabrielle a chanté   ø   .

Par contre, avec des verbes comme *apercevoir, découvrir, interpréter, remplir, résoudre*, etc., le complément direct du verbe ne peut pas être effacé sous peine de rendre la phrase asyntaxique, car ces verbes demandant obligatoirement un complément direct :

> Mylène a interprété **Sound the Trumpet d'Henry Purcell**.

> ✂ * Mylène a interprété   ø   .

2.5 **Le complément indirect du verbe** [2]

Dans les P qui suivent, tous les groupes en gras dans le GV remplissent la fonction de complément indirect du verbe ; ils dépendent du verbe et ils ont une construction indirecte, c'est-à-dire avec une préposition :

> Manuel parle **de ses amis**.

> Annie va **à Londres**.

---

2. Le complément indirect du verbe est traditionnellement appelé « complément d'objet indirect ».

2.5.1 Les principales réalisations du complément indirect du verbe

Le complément indirect du verbe se réalise par :

a) un GPrép : *Les musiciens ont pensé **à ton anniversaire**.*

b) un pronom personnel : *Les musiciens **y** ont pensé.*

c) le pronom relatif *dont* : *Le groupe **dont** ta copine t'a parlé donne un concert ce soir.*

d) une subordonnée complétive : *Je doute **que Marie t'ait oublié**.*

e) un GAdv : *Ils iront **là-bas**.*

2.5.2 Les caractéristiques syntaxiques du complément indirect du verbe

1. Le complément indirect du verbe peut être pronominalisé par les pronoms compléments indirects *lui / leur*, *en*, *y*, placés avant le verbe :

> *Carla donne des cours de piano **à Antoine**.*
>
> ⬇ *Carla **lui** donne des cours de piano.*

> *Je doute **que Marie t'ait oublié**.*
>
> ⬇ *Je doute **de cela**. / J'**en** doute.*

> *Annie va **à Londres**.*
>
> ⬇ *Annie **y** va.*

Certains GPrép compléments indirects du verbe ne se pronominalisent pas. Seule l'expansion de la préposition peut être pronominalisée par *lui / elle / eux / elles* ou *cela, ça* :

> *Manuel parle **de ses amis**.*
>
> ⬇ *Manuel parle **d'eux**.*

> *Ils ont commencé **par présenter les invités**.*
>
> ⬇ *Ils ont commencé **par cela**.*

> **REM.** Pour savoir si le pronom *en* ou le pronom *y* est complément indirect du verbe, on vérifie quel groupe il remplace. Si ce groupe ne peut pas être déplacé et si le verbe n'est pas attributif [19, p. 177], alors le pronom est complément indirect du verbe :
>
> > *Je suis allée à Notre-Dame-du-Portage. J'**y** retournerai sûrement l'été prochain.*
> >
> > ⬇ *Je retournerai sûrement **à Notre-Dame-du-Portage**.*
> >
> > ✻ * **À Notre-Dame-du-Portage** je retournerai sûrement.
>
> Le groupe remplacé par *y* ne peut pas être déplacé. De plus, le verbe *retournerai* n'est pas attributif. Donc, *y* est complément indirect du verbe.

2. Le complément indirect du verbe ne peut pas être déplacé en dehors du GV ; il est placé à droite du verbe, sauf si c'est le pronom relatif *dont* ou un pronom personnel conjoint [17, p.152] :

> *Manuel a parlé **à l'auteur de** L'Idole des Inactifs.*

> ⤵ *Manuel **lui** a parlé.* (*lui* : pronom personnel conjoint)

> *L'auteur **dont** je parle s'appelle Denis Côté.* (*dont* : pronom relatif)

! Il y a des cas où le complément indirect est placé à gauche du verbe pour marquer un lien avec la phrase qui précède :

> *J'ai offert une reproduction à mon père. **À ma mère** j' ai donné des disques.*

REM. 1. Le GPrép (Prép + GN) complément indirect du verbe peut souvent changer de place avec le GN complément direct du verbe. Le complément indirect du verbe demeure quand même à l'intérieur du GV :

> *Le chef d'orchestre indique le tempo de ce concerto **aux musiciens**.*

> ⇄ *Le chef d'orchestre indique **aux musiciens** le tempo de ce concerto.*

2. Il arrive qu'un complément de P soit inséré entre le verbe et le complément indirect du verbe. Le complément indirect du verbe demeure quand même à l'intérieur du GV :

> *Ce matin , les élèves réfléchissaient **à la mise en scène du spectacle** .*

> ⇄ *Les élèves réfléchissaient , ce matin , **à la mise en scène du spectacle** .*

3. L'encadrement par *c'est... que* est la manipulation la plus utile pour vérifier si un pronom personnel conjoint est complément indirect du verbe. En effet, si on encadre un pronom et que l'encadrement fait apparaître une préposition, alors le pronom est un complément indirect du verbe :

> *Je **t'**ai écrit une lettre .*

> [] *C'est **à toi** que j'ai écrit une lettre .*

La préposition *à* apparaît entre *C'est* et *que*. Donc, le pronom *t'* est un complément indirect du verbe.

4. Le complément indirect du verbe peut ou non être effacé selon le verbe dont il dépend. Avec des verbes comme *penser, parler, s'avancer, voter*, etc., le complément indirect du verbe peut s'effacer :

> *Alexandre parle **à sa petite amie** .*

> ✂ *Alexandre parle   ø   .*

Par contre, avec des verbes comme *aller, profiter, s'apercevoir, succéder*, etc., le complément indirect du verbe ne peut pas être effacé sous peine de rendre la phrase asyntaxique, car ce type de verbes demande obligatoirement un complément indirect :

> *Ce train va **à Québec** .*

> ✄ * Ce train va   ø   .*

2.6 **L'attribut du sujet**

Dans les P qui suivent, tous les groupes en gras dans le GV remplissent la fonction d'attribut du sujet :

> Ce film *est émouvant*.
>
> Cette jeune fille *deviendra **une grande violoniste***.
>
> Marie-Isabelle *est **beaucoup mieux***.

2.6.1 **Les principales réalisations de l'attribut du sujet**

L'attribut du sujet se réalise par :

a) un GAdj : *Ce musicien est **excellent**.*

> *Le film* Le Confessionnal *a été **réalisé par Robert Lepage***.

b) un GN : *Cette jeune fille deviendra **une grande violoniste**.*

c) un GPrép : *Les élèves sont **de mon avis**.*

d) un GAdv : *Marie-Isabelle est **beaucoup mieux**.*

e) un pronom : *Elle **l'**est.*

2.6.2 **Les caractéristiques syntaxiques de l'attribut du sujet**

1. L'attribut du sujet ne peut pas être effacé :

> *Ce film est **émouvant**.*
>
> ✂ * *Ce film est* ø .
>
> *Cette jeune fille deviendra **une grande violoniste**.*
>
> ✂ * *Cette jeune fille deviendra* ø .

> ❗ Avec les verbes qui sont occasionnellement attributifs (*sortir, tomber, vivre,* etc.) [19, p. 177], l'attribut du sujet peut généralement être effacé :
>
> > *La vieille dame sortit **fascinée**.*
> >
> > ✂ *La vieille dame sortit* ø .

2. L'attribut du sujet ne peut pas être déplacé en dehors du GV ; il est placé à droite du verbe, sauf si c'est un pronom personnel conjoint :

> *Ce film est **émouvant**.*
>
> ✂ * ***Émouvant** ce film est.*
>
> *Ce film **l'**est.* (***l'** = pronom conjoint*)

> ❗ Il y a quelques cas où l'attribut du sujet peut ou doit être placé à gauche du verbe :
>
> > ***Rares** sont les adolescents qui n'aiment pas la musique.* (phrase transformée par déplacement)

Quel comédien merveilleux il est devenu! (phrase exclamative: déplacement obligatoire)

Quelle est ton opinion? (phrase interrogative: déplacement obligatoire)

3. L'attribut du sujet se pronominalise par *le (l')* s'il est employé avec un verbe qui peut être remplacé par le verbe *être*:

> *Les élèves semblent **de mon avis**.*
>
> ⬇ *Les élèves sont **de mon avis**.*
>
> ⬇ *Les élèves **le** sont.*

! • Quand l'attribut est un GN dont le déterminant est soit *du / de la* (partitif) ou *des* (indéfini), l'attribut du sujet se pronominalise par *en*:

> *Ces jeunes Coréens sont **d'excellents pianistes**.*
>
> ⬇ *Ces jeunes Coréens **en** sont.*

• Quand l'attribut est un GN dont le déterminant est *un / une*, l'attribut se pronominalise ainsi:

> *Cette jeune fille est **une grande violoniste**.*
>
> ⬇ *Cette jeune fille **en** est une.*

REM. 1. Pour vérifier si un verbe autre que *être* est attributif et a un attribut du sujet:

1° On essaie de remplacer ce verbe par le verbe *être* (même si cela modifie le sens de la phrase):

> *Elles **tomberont** malades.*
>
> ⬇ *Elles **seront** malades.*
>
> *Cette vieille dame **vivait** heureuse.*
>
> ⬇ *Cette vieille dame **était** heureuse.*
>
> *Ils **sont rentrés** fatigués.*
>
> ⬇ *Ils **sont** fatigués.*

2° On essaie ensuite de pronominaliser par *le (l')* le groupe qui suit le verbe *être*. Si cela est possible, le verbe de la phrase initiale est un verbe attributif et il a un attribut du sujet:

> *Elles seront **malades**.*
>
> ⬇ *Elles **le** seront.*

Le verbe *tomberont* est attributif: il a un attribut du sujet.

> *Cette vieille dame était **heureuse**.*
>
> ⬇ *Elle **l'**était.*

Le verbe *vivait* est attributif: il a un attribut du sujet.

> *Ils sont **fatigués**.*
>
> ⬇ *Ils **le** sont.*

Le verbe *sont rentrés* est attributif: il a un attribut du sujet.

2. Pour savoir si le pronom *le (l')* ou le pronom *en* est attribut du sujet, on vérifie quel groupe il remplace. Si ce groupe ne peut pas être déplacé et si le verbe est attributif, alors le pronom est attribut du sujet.

> *Marie est une excellente pianiste. Kim l'est aussi.*

⬇ *Kim est **une excellente pianiste** aussi.*

✳ * ***Une excellente pianiste** Kim est aussi.*

Le groupe remplacé par le pronom *l'* ne peut pas être déplacé et le verbe *être* est attributif. Donc, *l'* est attribut du sujet.

DE PLUS

....

2.7 L'attribut du complément direct du verbe

Dans les P qui suivent, tous les groupes en gras dans le GV remplissent la fonction d'attribut du complément direct du verbe :

> *Je trouve <u>ces peintures</u> **fascinantes**.*

> *On a nommé <u>Catherine</u> **directrice du musée**.*

> *Ils tiennent <u>leur enfant</u> **pour un prodige**.*

2.7.1 Les principales réalisations de l'attribut du complément direct du verbe

L'attribut du complément direct du verbe se réalise par :

a) un GAdj : *Je <u>les</u> sais **honnêtes**.*

> *Je <u>la</u> croyais **intéressée par ce projet**.*

b) un GN : *On <u>l'</u>a nommée **directrice du musée**.*

c) un GPrép : *Ils tiennent <u>leur enfant</u> **pour un prodige**.*

d) un GInf : *J'ai vu <u>Paul</u> **entrer**.*

2.7.2 Les caractéristiques syntaxiques de l'attribut du complément direct du verbe

1. L'attribut du complément direct du verbe ne peut pas être déplacé en dehors du GV ; il est toujours placé à droite du verbe :

> *Je trouve <u>ces peintures</u> **fascinantes**.*

✳ * ***Fascinantes** je trouve <u>ces peintures</u>.*

2. L'attribut du complément direct du verbe ne peut généralement pas être effacé sans changer radicalement le sens de la phrase ou sans rendre la phrase asyntaxique :

> *Je trouve <u>ces peintures</u> **fascinantes**.*

✂✳ * *Je trouve <u>ces peintures</u>   ø   .*

> *Dominique a <u>les yeux</u> **bleus**.*

✂✳ * *Dominique a <u>les yeux</u>   ø   .*

3. L'attribut du complément direct du verbe ne peut pas être pronominalisé ; seul le complément direct peut l'être ; l'attribut du complément direct du verbe est alors conservé :

> On a nommé <u>Catherine</u> **directrice du musée.**

> ⬇ On <u>l'</u>a nommée **directrice du musée.**

> Dominique a <u>les yeux</u> **bleus.**

> ⬇ Dominique <u>les</u> a **bleus.**

2.8   Le complément du nom

Dans les P qui suivent, tous les groupes en gras remplissent la fonction de complément du nom :

> Une <u>foule</u> **impressionnante** attendait l'<u>ouverture</u> **des guichets.**
> Le <u>spectacle</u> **que j'ai vu** m'a bouleversé.
> À Québec, nous avons visité le <u>Musée</u> **de la civilisation.**

2.8.1   Les principales réalisations du complément du nom

Le complément du nom se réalise par :

a) un GAdj :

    (1) Une <u>foule</u> **impressionnante** attendait aux portes du Grand Théâtre.

    (2) Un **très grand** <u>pianiste</u> a donné un concert hier.

    (3) Le <u>public</u>, **ravi par le spectacle**, a longuement applaudi les artistes.

b) un GPrép :

    (4) On a reporté le <u>concert</u> **de la violoniste Angèle Dubeau.**

    (5) Paris abrite le célèbre <u>musée</u> **du Louvre.**

    (6) Il peint des <u>personnages</u> **au visage triste.**

c) une subordonnée relative :

    (7) Le <u>spectacle</u> **que j'ai vu** m'a bouleversé.

    (8) La <u>foule</u>, **qui attendait depuis longtemps l'ouverture des portes**, s'impatienta soudain.

d) un GPart :

    (9) On avait fermé le <u>corridor</u> **menant aux loges des musiciens.**

e) un GN :

    (10) Le <u>fleuve</u> **Saint-Laurent** a inspiré bien des poètes québécois.

    (11) Cette <u>mosaïque</u>, **chef-d'œuvre de l'art byzantin**, date du VIe siècle.

2.8.2 Les caractéristiques syntaxiques du complément du nom

1. Le complément du nom peut généralement être effacé ; il est facultatif :

> *On avait fermé le <u>corridor</u> **menant aux loges des musiciens**.*

> ✂ *On avait fermé le <u>corridor</u>*   ø   .

Dans les exemples en 2.8.1, tous les compléments du nom peuvent être effacés, sauf le GPrép de l'exemple suivant :

> *Paris abrite le célèbre <u>musée</u> **du Louvre**.*

> ✂ ⊗ *Paris abrite le célèbre <u>musée</u>*   ø   .

Dans cet exemple, l'effacement du complément du nom demande un changement de déterminant :

> ✂ *Paris abrite **un** célèbre <u>musée</u> ø .*

2. Le complément du nom ne peut généralement pas être déplacé ; il se place après le nom :

> *Une <u>foule</u> **d'admirateurs** attendaient aux <u>portes</u> **du Grand Théâtre**.*

> ✂ * ***D'admirateurs** une <u>foule</u> attendaient **du Grand Théâtre** aux <u>portes</u>.*

Huit des onze compléments du nom donnés en exemple ne peuvent pas être déplacés. Les trois compléments du nom qui peuvent être déplacés sont dans les exemples (2), (3) et (11). Ceux des exemples (2) et (3) sont des GAdj : *très grand* et *ravi par le spectacle*. Or, la place du GAdj obéit à des règles particulières [18, p. 171].

Le GAdj *très grand* pourrait être placé après le nom, mais son sens serait différent.

Le GAdj détaché, *ravi par le spectacle*, peut être déplacé et effacé, comme un groupe complément de P :

> *Le <u>public</u>, **ravi par le spectacle**, a longuement applaudi les artistes.*

> ⇆ ***Ravi par le spectacle**, le <u>public</u> a longuement applaudi les artistes.*

> ⇆ *Le <u>public</u> a longuement applaudi les artistes, **ravi par le spectacle**.*

> ✂ *Le <u>public</u>*   ø   *a longuement applaudi les artistes.*

Mais, contrairement au complément de P, ce GAdj peut être inséré dans une relative construite avec le verbe *être*, car il est en relation syntaxique avec un nom :

> *Le <u>public</u>, **ravi par le spectacle**, a longuement applaudi les artistes.*

> ✚ *Le <u>public</u>, **qui est ravi par le spectacle**, a longuement applaudi les artistes.*

Le complément du nom de l'exemple (11), *chef-d'œuvre de l'art byzantin*, peut être déplacé et effacé, comme un groupe complément de P :

> *Cette <u>mosaïque</u>, **chef-d'œuvre de l'art byzantin**, date du VIe siècle.*

> ⇆ ***Chef-d'œuvre de l'art byzantin**, cette <u>mosaïque</u> date du VIe siècle.*

> ✂ *Cette <u>mosaïque</u>*   ø   *date du VIe siècle.*

Mais, contrairement au complément de P, ce GN peut être inséré dans une relative construite avec le verbe *être*, car il est en relation syntaxique avec un nom :

> Cette <u>mosaïque</u>, **chef-d'œuvre de l'art byzantin**, date du VIᵉ siècle.

✚ Cette <u>mosaïque</u>, **qui est un chef-d'œuvre de l'art byzantin**, date du VIᵉ siècle.

DE PLUS

1. D'autres GN détachés compléments du nom peuvent être déplacés et effacés, comme des groupes compléments de P :

> Le <u>chanteur</u>, **les mains dans les poches**, entra en scène.

⇄ **Les mains dans les poches**, le <u>chanteur</u> entra en scène.

⇄ Le <u>chanteur</u> entra en scène, **les mains dans les poches**.

✂ Le <u>chanteur</u>,   ø   , entra en scène.

Mais, contrairement aux compléments de P, ces GN peuvent être insérés dans une relative construite avec le pronom *qui* suivi du verbe *avoir*, car ils sont en relation syntaxique avec un nom :

> Le <u>chanteur</u>, **les mains dans les poches**, entra en scène.

✚ Le <u>chanteur</u>, **qui avait les mains dans les poches**, entra en scène.

2. Le GAdj et le GPart compléments du nom peuvent être analysés comme des formes réduites de la subordonnée relative [24, p. 242] :

> Le <u>chef</u>, **satisfait du travail de ses musiciens**, leur a donné congé.
> Le <u>chef</u>, **qui était satisfait du travail de ses musiciens**, leur a donné congé.

> Le <u>public</u>, **ravi par le spectacle**, a longuement applaudi les artistes.
> Le <u>public</u>, **qui était ravi par le spectacle**, a longuement applaudi les artistes.

> On avait fermé le <u>corridor</u> **menant aux loges des musiciens**.
> On avait fermé le <u>corridor</u> **qui menait aux loges des musiciens**.

3. Le complément du nom peut être une **subordonnée complétive** [25, p. 250] :

> Le <u>fait</u> **que tu joues dans la pièce** m'a convaincue d'en faire autant.

2.9 Le complément du pronom

Dans les P qui suivent, les groupes en gras remplissent la fonction de complément du pronom :

> <u>Laquelle</u> **de ces deux reproductions** choisiras-tu ?
> <u>Ceux</u> **qui ont assisté à ce spectacle** ont été ravis.

2.9.1 **Les principales réalisations du complément du pronom**

Le complément du pronom peut être :

a) un GPrép : <u>*Laquelle*</u> ***de ces deux reproductions*** *choisiras-tu ?*

b) une subordonnée relative : <u>*Ceux*</u> ***qui ont assisté à ce spectacle*** *ont été ravis.*

2.9.2 **Les caractéristiques syntaxiques du complément du pronom**

1. Le complément du pronom peut généralement être effacé ; il est facultatif :

<u>*Laquelle*</u> ***de ces deux reproductions*** *choisiras-tu ?*

✂   <u>*Laquelle*</u>   ø   *choisiras-tu ?*

❗ Quelques pronoms ont un complément obligatoire :

– le pronom démonstratif *celui* et ses variantes *celle / ceux / celles* :

<u>*Ceux*</u> ***qui ont assisté à ce spectacle*** *ont été ravis.*

✂ * <u>*Ceux*</u>   ø   *ont été ravis.*

– le pronom démonstratif *ce* dans certains cas :

Raconte-moi <u>*ce*</u> ***que tu as vu****.*

✂ * *Raconte-moi* <u>*ce*</u>   ø   .

– le pronom *un* dans certains cas :

J'ai rencontré <u>*un*</u> ***de mes amis*** *au spectacle.*

✂ * *J'ai rencontré* <u>*un*</u>   ø   *au spectacle.*

2. Le complément du pronom peut ou non être déplacé ; cela dépend du pronom utilisé :

<u>*Ceux*</u> ***qui ont assisté à ce spectacle*** *ont été ravis.*

✳ * ***Qui ont assisté à ce spectacle*** <u>*ceux*</u> *ont été ravis.*

<u>*Lequel*</u> ***de vous deux*** *viendra ?*

⇄ ***De vous deux****,* <u>*lequel*</u> *viendra ?*

DE PLUS
. . . .

1. Certains GAdj détachés compléments d'un pronom personnel peuvent être déplacés et effacés, comme des groupes compléments de P :

Contente de sa journée*,* <u>*elle*</u> *alla souper au restaurant.*

⇄ <u>*Elle*</u> *alla souper au restaurant,* ***contente de sa journée****.*

✂ ø <u>*Elle*</u> *alla souper au restaurant.*

Mais, contrairement aux compléments de P, ces GAdj peuvent être insérés dans une relative construite avec le verbe *être*, car ils sont en relation syntaxique avec un pronom.

Contente de sa journée*,* <u>*elle*</u> *alla souper au restaurant.*

➕ *Elle,* ***qui était contente de sa journée****, alla souper au restaurant.*

2. Certains GN détachés compléments d'un pronom personnel peuvent être déplacés et effacés, comme des groupes compléments de P :

> ***La chevelure ébouriffée,*** <u>*elle*</u> *entra sur scène.*

> ✄↔ <u>*Elle*</u> *entra sur scène,* ***la chevelure ébouriffée.***

> ✄ ø ***Elle*** *entra sur scène.*

Mais, contrairement aux compléments de P, ces GN peuvent être insérés dans une relative construite avec le verbe *avoir*, car ils sont en relation syntaxique avec un pronom :

> ***La chevelure ébouriffée,*** <u>*elle*</u> *entra sur scène.*

> ✚ <u>*Elle*</u>***, qui avait la chevelure ébouriffée,*** *entra sur scène.*

....

2.10 **Le complément de l'adjectif**

Dans les P qui suivent, tous les groupes en gras remplissent la fonction de complément de l'adjectif :

> *Les enfants sont* <u>*sensibles*</u> ***à l'art.***

> *Je suis* <u>*impressionné*</u> ***par l'imagination de ce compositeur.***

> *Nous sommes* <u>*heureuses*</u> ***que tu aies remporté ce prix.***

2.10.1 **Les principales réalisations du complément de l'adjectif**

Le complément de l'adjectif se réalise par :

a) un GPrép :

> *Ils sont* <u>*certains*</u> ***de leur succès.***

b) un pronom qui remplace un GPrép en *de* ou en *à* :

> *Ils* ***en*** *sont* <u>*fiers*</u>*. (Ils sont* <u>*fiers*</u> ***de ta performance.****)*

c) une subordonnée complétive équivalant à un GPrép :

> *Nous sommes* <u>*heureuses*</u> ***que tu arrives.*** *(Nous sommes* <u>*heureuses*</u> ***de ton arrivée.****)*

2.10.2 **Les caractéristiques syntaxiques du complément de l'adjectif**

1. Le complément de l'adjectif peut être effacé ; il est facultatif :

> *Les enfants sont* <u>*satisfaits*</u> ***de leur journée.***

> ✄ *Les enfants sont* <u>*satisfaits*</u> ø .

! Certains adjectifs, tels *apte, enclin, exempt,* exigent d'être complétés ; ils ne peuvent être employés seuls :

> *Ce jeune guitariste est* <u>*enclin*</u> ***à travailler seul.***

D'autres changent de sens selon qu'ils sont employés avec ou sans complément :

> *Tom est un élève <u>incapable</u> **de mentir**.* = Tom ne peut pas mentir.
>
> *Tom est un élève <u>incapable</u>.* = Tom ne sait rien faire.

2. Le complément de l'adjectif est placé après l'adjectif ; il ne peut pas être déplacé :

> *Les enfants sont <u>sensibles</u> **à l'art**.*
>
> ✳   * *Les enfants **à l'art** sont <u>sensibles</u>.*

2.11   Le modificateur

Dans les P qui suivent, tous les groupes en gras remplissent la fonction de modificateur :
– modificateur de l'adjectif :

> *Ces jeunes sculpteurs sont **particulièrement** <u>habiles</u>.*

– modificateur de l'adverbe :

> *Ces dessins sont **très** <u>bien</u>.*

– modificateur du verbe :

> *Ces jeunes <u>ont joué</u> **admirablement**.*
>
> *La pianiste <u>a joué</u> cette sonate **avec émotion**.*

2.11.1   Les réalisations du modificateur

Le modificateur se réalise par :

a) un GAdv : *Ces esquisses sont **bien** <u>réussies</u>.*

b) un GPrép : *La pianiste <u>a joué</u> cette sonate **avec émotion**.*

2.11.2   Les caractéristiques syntaxiques du modificateur

1. Le modificateur de l'adjectif, de l'adverbe ou du verbe ne peut pas être déplacé hors du groupe qu'il modifie :

– Le modificateur de l'adjectif est placé généralement avant l'adjectif ; le modificateur de l'adverbe est toujours placé avant l'adverbe :

> *Ces jeunes sculpteurs sont **particulièrement** <u>habiles</u>.*
>
> *Ces dessins sont **très** <u>bien</u>.*

– Le modificateur du verbe est placé après le verbe dans les temps simples. Dans les temps composés, il est placé après le participe passé du verbe ou entre l'auxiliaire et le participe passé du verbe :

> *Ces jeunes <u>jouent</u> **admirablement**.*
>
> *Ces jeunes <u>ont joué</u> **admirablement**.*
>
> *Ces jeunes <u>ont</u> **admirablement** <u>joué</u>.*

2. Le modificateur peut être effacé ; il est facultatif :

> Il _sculpte_ **admirablement**.

> ✂ Il _sculpte_   ∅   .

D'autres classes de mots peuvent être en relation avec un modificateur :

> Il y a **environ** _mille_ sculptures. (modificateur du déterminant _mille_)

> Elles peignent **à peu près** _toutes_. (modificateur du pronom _toutes_)

> Il sculpte **tout** _près de_ nous. (modificateur de la préposition _près de_)

Les formes verbales de l'infinitif et du participe présent peuvent aussi être en relation avec un modificateur :

> **Bien** peindre n'est pas donné à tout le monde.

> En parlant **sincèrement**, elle réussira à le convaincre.

2.12   **Autres fonctions syntaxiques**

Il existe d'autres fonctions syntaxiques, notamment le complément de l'infinitif, le complément du verbe impersonnel et le complément du présentatif :

– le complément de l'infinitif :

> J'espère _obtenir_ **le premier prix**.

> Demain, j'irai _chercher_ **mon nouveau piano**.

– le complément du verbe impersonnel :

> Il _manque_ **des places**.

> Il _faut_ **que je rencontre ce peintre**.

> Il _s'agit_ **de lui**.

– le complément du présentatif :

> _Il y a eu_ **plusieurs représentations de ce spectacle**.

> _C'est_ **le chef d'orchestre**.

> _Voilà_ **comment vous le convaincrez**.

3 **TABLEAU SYNTHÈSE**

FONCTIONS	MANIPULATIONS			
	Effacement ✂	Déplacement ⇄	Pronominalisation ⬇	Encadrement ⌷
Sujet de P	NON	NON	OUI *il / elle / ils / elles, cela, ça*	OUI
Complément de P	OUI	OUI	NON	
Prédicat de P	NON	NON		
Complément direct du verbe	OUI / NON selon le verbe	NON	OUI *le / la / les, en* devant le verbe ; *cela, ça* après le verbe	OUI surtout utile pour les pronoms personnels conjoints
Complément indirect du verbe	OUI / NON selon le verbe	NON	OUI *lui / leur, en, y* avant le verbe	OUI surtout utile pour les pronoms personnels conjoints
Attribut du sujet	NON	NON	SOUVENT *le, en*	
Attribut du complément direct du verbe	NON généralement	NON	NON	
Complément du nom	OUI généralement	NON sauf pour les groupes détachés		
Complément du pronom	OUI généralement	OUI / NON selon le pronom		
Complément de l'adjectif	OUI	NON		
Modificateur	OUI	NON		

Note : Quand la case est vide, c'est que la manipulation n'est pas pertinente pour identifier la fonction syntaxique.

Le nom

Objectif du chapitre

• Connaître les caractéristiques sémantiques, morphologiques et syntaxiques du nom.

Plan du chapitre

1. Les caractéristiques sémantiques du nom
2. Les caractéristiques morphologiques du nom
3. Les caractéristiques syntaxiques du nom

Observons les mots surlignés dans ce texte.

> « *Toujours la même* table, *dit l'*homme, *les mêmes* chaises, *et le* lit, *et le* portrait. *Et la* table, *je l'appelle* table, *le* portrait, *je l'appelle* portrait *[...].* » « *Pourquoi le* lit *ne s'appelle-t-il pas* portrait ? » *se dit l'*homme *[...].* « *Maintenant ça change !* » *s'écria-t-il, et désormais il appela le* lit « portrait ». « *Je suis fatigué, je vais aller au* portrait », *disait-il, et souvent, le* matin, *il restait longtemps au* portrait, *se demandant comment il appellerait la* chaise *et il nomma la* chaise « réveil ».

> Peter BICHSEL, « Une table est une table », dans *Histoires enfantines*, Paris, Gallimard, 1971, p. 28-29.

Qu'ont en commun les mots surlignés ? Ces mots font partie de la classe du nom. Le nom désigne une réalité : *un homme, une chaise, un lit, le matin,* etc. Mais les verbes et les adjectifs aussi désignent des réalités : *dormir, manger, doux, triste,* etc. Pour comprendre ce qu'est un nom, il faut connaître l'ensemble des caractéristiques des mots de cette classe.

1 LES CARACTÉRISTIQUES SÉMANTIQUES DU NOM

Il y a deux sortes de noms : les **noms communs** et les **noms propres**. Ces derniers s'écrivent toujours avec une majuscule à la première lettre et désignent le plus souvent des personnes, des lieux, des époques : *Félix Leclerc, Genève, le Moyen Âge.*

1.1 Les principaux traits sémantiques du nom

Le nom possède différents traits sémantiques qui vont par paires.

TRAIT ANIMÉ	TRAIT NON ANIMÉ
Les noms *comédien*, *écureuil* et *Lassie* possèdent le trait animé. Ils désignent respectivement un humain et un animal.	Les noms *livre* et *nuit* possèdent le trait non animé. Ils désignent une chose.

! Les noms ayant le trait non animé ne varient pas en genre: *livre, nuit*, etc. Une bonne partie des noms ayant le trait animé ne varient pas non plus en genre: *écureuil, pirate, perdrix*, etc. Seuls certains noms ayant le trait animé varient en genre: *comédien / comédienne, lion / lionne*, etc. [tableau p. 127].

TRAIT HUMAIN	TRAIT NON HUMAIN
Les noms *chanteuse*, *visage* et *Joaquim* possèdent le trait humain. Ils désignent une réalité appartenant à l'espèce humaine.	Les noms *canari* et *sabot* possèdent le trait non humain. Ils désignent une réalité qui n'appartient pas à l'espèce humaine.

!
- En parlant d'un être humain, on emploiera les noms *jambe* et *bouche*, car ces noms ont le trait humain; par contre, en parlant d'un animal, on emploiera les noms *patte*, *gueule* ou *bec*, car ces noms ont le trait non humain.
- Employé avec une préposition, le pronom relatif *qui* reprend généralement un nom désignant une personne humaine, alors que le pronom relatif *lequel* reprend davantage un nom ayant le trait non humain:

    *C'est l'amie avec **qui** je joue au tennis.*
    Le pronom *qui* reprend le nom *amie*, qui a le trait humain.
    *C'est la raquette avec **laquelle** je joue au tennis.*
    Le pronom *laquelle* reprend le nom *raquette*, qui a le trait non humain; on ne pourrait pas dire: * *C'est la raquette avec qui je joue.*

- Le pronom *quoi* remplace des noms ayant le trait non humain:

    *À **quoi** ce paysage te fait-il penser?*
    (quelque chose: *un voyage, un souvenir*, etc.)

TRAIT COMPTABLE	TRAIT NON COMPTABLE
Les noms *arbre* et *cheval* sont généralement employés avec le trait comptable. Ils désignent alors une réalité qu'on peut compter (*un arbre, deux arbres*, etc.).	Les noms *poivre* et *courage* sont généralement employés avec le trait non comptable. Ils désignent alors une réalité qu'on ne peut pas compter. ⊗ *Passe-moi un poivre, deux poivres*, etc.

REM. 1. Certains noms peuvent changer de trait selon leur sens. Ainsi, le nom *cheval*, qui a habituellement le trait comptable, reçoit le trait non comptable lorsqu'il désigne la viande de cet animal: *Ils ont mangé du cheval.* Inversement, le nom *poivre*, qui a habituellement le trait non comptable, reçoit le trait comptable lorsqu'il désigne une variété de poivre: *J'ai préparé du ragoût aux trois poivres.*

2. Un nom qui a le trait comptable peut être employé avec un déterminant numéral : ***trois*** *chevaux.*

Un nom qui a le trait non comptable s'emploie généralement avec un déterminant partitif : *Il a **du** courage.*

TRAIT INDIVIDUEL	TRAIT COLLECTIF
Les noms *chèvre* et *élève* possèdent le trait individuel. Au singulier, ces noms désignent une réalité distincte et non collective.	Les noms *troupeau* et *foule* possèdent le trait collectif. Au singulier, ces noms désignent un ensemble, une collection d'êtres ou de choses.

REM. 1. Plusieurs noms ayant le trait individuel peuvent aussi désigner le groupe ou l'espèce dont fait partie l'individu en question :

*Le **chien** est le meilleur ami de l'homme.*

2. Les noms ayant le trait collectif peuvent être considérés aussi bien comme noyau d'un GN que comme partie d'un déterminant complexe :

Dans ces cas, on a le choix pour l'accord du verbe ; on peut considérer comme sujet le nom collectif ou le nom pluriel qui suit le déterminant complexe.

TRAIT CONCRET	TRAIT ABSTRAIT
Les noms *oiseau* et *parfum* possèdent le trait concret. Ils désignent des réalités qu'on peut percevoir par les sens.	Les noms *amitié* et *hypothèse* possèdent le trait abstrait. Ils désignent des réalités qu'on ne peut pas percevoir par les sens.

! Un nom combine toujours plusieurs traits de sens. Ainsi, dans la phrase *Le chien garde le troupeau*, le nom *troupeau* combine les traits animé, non humain, comptable, collectif et concret.

1.2 Les principaux cas de noms propres

1. Noms de personnes :
   - Prénoms, noms, surnoms, personnification : *Anne Hébert, la Dame de fer, l'Amour.*
   - Divinités : *Allah, Aphrodite, Junon, Mercure, le Messie, Yahvé, Zeus.*
   - Peuples et habitants : *les Chinois, les Canadiens, les Trifluviennes.*

! • Employés comme adjectifs, les mots désignant des peuples et des habitants s'écrivent avec une minuscule : *les peuples **c**hinois et **c**anadien.*
   • Les noms désignant une langue ou une religion ne prennent pas de majuscule : *Elles étudient l'arabe et l'islam.*

2. Noms géographiques :

– Noms de lieux (montagnes, rivières, pays, villes, rues, etc.) : *le mont Mégantic, la rivière Yamaska, la Mongolie, Rome, la rue Notre-Dame, la place Royale.*

> **!** Lorsque le nom d'un lieu est composé d'un nom commun suivi d'un adjectif, seul ce dernier prend une majuscule : *le mont Blanc, l'océan Atlantique, la rivière Noire.*

– Noms de points cardinaux : *le pôle Sud, le boulevard René-Lévesque Ouest.*

> **!** Si les points cardinaux indiquent une simple direction ou s'ils sont suivis d'un nom de lieu, on utilise une minuscule : *J'habite au nord de Montréal.*

– Noms d'astres : *la Lune, Mars, la Petite Ourse.*

3. Désignations diverses :

– Noms d'institutions, d'organismes, de sociétés : *l'Assemblée nationale, le ministère de l'Éducation, l'Office de la protection du consommateur.*

– Noms d'établissements d'enseignement, de bibliothèques, de musées : *l'École polytechnique, la Bibliothèque nationale, le Musée d'art contemporain.*

– Noms d'évènements historiques : *la Révolution française, la Deuxième Guerre mondiale.*

– Noms d'époques : *l'Antiquité, la Renaissance.*

– Titres d'ouvrages, d'œuvres d'art, de monuments, noms de journaux, de périodiques : *Le Petit Prince, la Joconde, la statue de la Liberté, La Presse.*

– Raisons sociales et marques déposées : *la boucherie Au Bon Palais, Adidas, Honda.*

– Fêtes et célébrations : *Noël, Pâques, Yom Kippur.*

2 LES CARACTÉRISTIQUES MORPHOLOGIQUES DU NOM

2.1 Le nom : une classe variable

2.1.1 Le genre du nom

Le nom possède un genre en propre. Il est masculin (m.) : *un lit,* ou féminin (f.) : *une chaise.*

> Dans les dictionnaires, le genre du nom est toujours indiqué par une abréviation : *m.* (masculin) ou *f.* (féminin), au début de l'article.

La forme des noms n'indique pas nécessairement leur genre. Ainsi, les noms *éprouvette* et *squelette,* qui ont pourtant tous les deux la même terminaison, ne sont pas du même genre : le premier est féminin et le second est masculin.

Le nom ne varie généralement pas en genre, contrairement à l'adjectif. Seuls certains noms ayant le trait animé varient en genre : *un étudiant / une étudiante*. Le tableau qui suit indique les possibilités les plus courantes de variation en genre de ces noms.

LA FORMATION À L'ÉCRIT DU FÉMININ DES NOMS ANIMÉS

RÈGLE GÉNÉRALE

Ajout d'un -*e* à la forme du masculin :
ami / amie, hindou / hindoue, marchand / marchande, Québécois / Québécoise, supérieur / supérieure, etc.

RÈGLES PARTICULIÈRES

A. Aucun changement de forme pour les noms terminés par -*e* au masculin : *un acrobate / une acrobate, un élève / une élève, un locataire / une locataire, un touriste / une touriste,* etc.

B. Ajout d'un -*e* après redoublement de la consonne finale du masculin :
   1. -*en*, -*on* devient -*enne*, -*onne* : *gardien / gardienne, chien / chienne, baron / baronne, lion / lionne,* etc. ;
   2. -*an* devient -*anne* : *paysan / paysanne, Jean / Jeanne,* etc. ;
      – exceptions : *gitan / gitane, sultan / sultane* ;
   3. -*et*, -*el* devient -*ette*, -*elle* : *cadet / cadette, sujet / sujette, colonel / colonelle,* etc.

C. Ajout d'un -*e* après remplacement de la consonne finale du masculin :
   1. -*f* devient -*ve* : *juif / juive, veuf / veuve,* etc. ;
   2. -*c* devient -*que* : *laïc / laïque, turc / turque, Frédéric / Frédérique,* etc. ;
      – exception : *grec / grecque.*

D. Ajout du suffixe -*sse* : *âne / ânesse, abbé / abbesse, hôte / hôtesse, traître / traîtresse,* etc.

E. Changement de -*er* en -*ère* : *berger / bergère, infirmier / infirmière,* etc.

F. Changement de -*eux* en -*euse* : *amoureux / amoureuse, cancéreux / cancéreuse,* etc. ;
   – exception : *vieux / vieille.*

G. Changement de -*eur* en -*euse* : *baigneur / baigneuse, danseur / danseuse, voleur / voleuse,* etc. ;
   – exceptions : *enchanteur / enchanteresse, pécheur / pécheresse, vengeur / vengeresse,* etc.

H. Changement de -*teur* en -*trice* : *directeur / directrice, traducteur / traductrice,* etc. ;
   – exceptions : *chanteur / chanteuse, enquêteur / enquêteuse, enchanteur / enchanteresse.*

I. Autres cas : *jumeau / jumelle, fou / folle, favori / favorite, esquimau / esquimaude.*

! Le féminin peut aussi se marquer par l'opposition de deux noms différents.

OPPOSITION DE DEUX NOMS DIFFÉRENTS

HUMAINS		ANIMAUX	
frère / sœur	oncle / tante	bélier / brebis	lièvre / hase
garçon / fille	père / mère	bouc / chèvre	singe / guenon
gendre / bru	roi / reine	étalon / jument	taureau / vache
homme / femme	etc.	coq / poule	etc.
neveu / nièce		jars / oie	

Lorsqu'un mot a la même prononciation au féminin et au masculin, il faut être vigilant en l'orthographiant, car on peut commettre l'erreur de ne pas écrire la finale féminine : *ami / amie, colonel / colonelle*, etc.

REM. 1. Quelques noms s'emploient indifféremment au masculin ou au féminin :

un après-midi / *une* après-midi

2. Quelques-uns changent de sens en changeant de genre :

un pendule (balancier) / *une* pendule (horloge)

2.1.2 **Le nombre du nom**

Le nom est variable en nombre. Il est singulier (s.) : *un disque*, ou pluriel (pl.) : *des disques*. Le nombre d'un nom dépend du sens donné par l'émetteur :

*Je veux lui donner plusieurs **disques** et m'offrir une **cassette**.*

*Je veux lui donner un **disque** et m'offrir deux **cassettes**.*

À l'oral, c'est généralement le déterminant qui indique le nombre : [lə disk/le disk]. À l'écrit, le nom et son déterminant portent le plus souvent la marque du pluriel : *le disque / **les** disque**s***.

Le tableau qui suit indique les variations en nombre les plus courantes des noms à l'écrit.

LA FORMATION À L'ÉCRIT DU PLURIEL DES NOMS

RÈGLE GÉNÉRALE

Ajout d'un -s à la forme du singulier :
détail / détails, livre / livres, mère / mères, voyou / voyous, etc.

A. Aucun changement pour les noms terminés au singulier par -*s*, -*x* ou -*z*: *un permis / des permis, un prix / des prix, un nez / des nez,* etc.

B. Ajout d'un -*x*:

1. pour les noms en -*au* et en -*eau*: *tuyau / tuyaux, jumeau / jumeaux,* etc.;

2. pour les noms en -*eu* et en -*œu*: *cheveu / cheveux, vœu / vœux,* etc.;
   – exceptions: *bleu / bleus, pneu / pneus*;

3. pour sept noms en -*ou*: *bijou / bijoux, caillou / cailloux, chou / choux, genou / genoux, hibou / hiboux, joujou / joujoux, pou / poux.*

C. Remplacement de -*al* par -*aux*: *bocal / bocaux, journal / journaux,* etc.;

– exceptions: six noms courants en -*al* font leur pluriel en -*als*: *bal / bals, carnaval / carnavals, chacal / chacals, festival / festivals, récital / récitals, régal / régals.*

D. Remplacement de -*ail* par -*aux* pour ces sept noms: *bail / baux, corail / coraux, émail / émaux, soupirail / soupiraux, travail / travaux, vantail / vantaux, vitrail / vitraux.*

E. Autres cas:

1. *aïeul / aïeuls* au sens de «grands-parents», mais *aïeul / aïeux* au sens de «ancêtres»;

2. *œil / yeux,* sauf dans les noms composés *(des) œils-de-bœuf, (des) œils-de-tigre*;

3. *ciel / ciels,* mais *ciel / cieux* dans les emplois littéraires ou religieux: *des ciels étoilés, les ciels de Van Gogh, notre Père qui êtes aux cieux.*

REM. 1. Quelques noms s'emploient uniquement au pluriel: *des funérailles, des fiançailles, des représailles, les Alpes, les alentours, les environs, les mœurs, les ténèbres,* etc.

2. Quelques noms changent de sens en changeant de nombre:
    *À la suite de son départ, il y avait une **vacance**.* (poste vacant à pourvoir)
    *Les élèves ont hâte aux **vacances**.* (période prolongée où l'école est fermée)

3. Pour le pluriel des noms composés, voir [33, p. 324].

2.1.3 La personne du nom

Le nom est toujours de la 3ᵉ personne: il est invariable en personne.

2.2 Le nom simple et le nom complexe

Le nom est dit **simple** lorsqu'il est indécomposable: *lit, enfant, Hélène.* Dans le cas contraire, il est **complexe**. Parmi les noms complexes, il y a les **noms composés** [33, p. 322], tels *porte-bonheur, Larue-Langlois, pomme de terre,* et les **noms dérivés** [32, p. 310], tels *livreur, tablette, relecture.*

3 LES CARACTÉRISTIQUES SYNTAXIQUES DU NOM

3.1 Le nom : noyau du GN

Le nom est le noyau du GN. Il peut avoir une ou plusieurs expansions qui remplissent la fonction de complément du nom [15, p. 135].

		GN		
Dét	GAdj	**N**		GAdj
	Expansion	Noyau		Expansion
Le	*vieil*	***homme***	*fatigué par les ans*	*sommeillait.*

C'est le GN en entier qui remplit une fonction dans une phrase, et non seulement son noyau. Dans la phrase ci-dessus, c'est tout le GN qui a la fonction de sujet de P ; c'est un GN sujet.

3.2 Le nom : avec ou sans déterminant

En général, le nom commun est introduit dans la phrase par un déterminant. Par contre, le nom propre est souvent employé sans déterminant.

1. Dans certains cas, le nom commun est employé sans déterminant. Voici les principaux.

   a) Dans certains écrits :
   - les titres : ***Accident*** *routier : trois morts.*
   - les télégrammes : ***Décès*** *dans* ***famille***. ***Retour*** *dans 3 jours.*
   - les petites annonces : ***Fauteuil*** *à vendre,* ***cuir*** *véritable.*

   b) Dans des expressions figées ou proverbiales : ***Chien*** *qui aboie ne mord pas.*

   c) Dans des GN coordonnés considérés comme un ensemble : *Je remercie mes parents et* ***amis***.

   d) Lorsque le nom attribut du sujet est employé sans complément : *Ma cousine est* ***musicienne***.

   e) Lorsqu'un GN détaché est placé devant le nom avec lequel il est en relation : ***Navigateur*** *infatigable, le capitaine Bernier a exploré l'Arctique.*

   f) Dans certains groupes prépositionnels : *avec* ***peine***, *en* ***sursaut***, *sans* ***attente***.

   g) Dans des locutions verbales : *avoir* ***faim***, *avoir* ***sommeil***, *rendre* ***justice***.

   h) Dans des noms composés : *un air de* ***famille***, *une lime à* ***ongles***.

   i) Dans l'apostrophe : *Sacré* ***coquin***, *tu t'en es encore sorti !*

2. Certains noms propres doivent toujours être précédés d'un déterminant, généralement un déterminant défini.

   a) Les noms de pays et de régions : *le Maroc, le Salvador, la Beauce,* etc.

   b) Les noms de réalités géographiques naturelles : *le Saint-Laurent, les Rocheuses, le Sahara,* etc.

c) Les noms de peuples et les noms d'habitants d'un pays, d'une région, d'une ville : *les Grecs, les Sénégalaises, les Vietnamiens, les Gaspésiens, les Montréalaises*, etc.

d) Les noms d'époques : *l'Antiquité, le Moyen Âge, la Renaissance*, etc.

e) Les noms et prénoms employés au pluriel : *les Lafleur, les Sandoval, les Tong, les Françoise*, etc.

f) Les noms propres employés par métonymie pour désigner une œuvre : *deux Astérix, ce Picasso, un Pink Floyd, un Molière*, etc.

3.3 Le nom : donneur de genre, de nombre et de personne

Le nom est un **donneur** (D). Il donne son genre et son nombre au déterminant qui le précède ainsi qu'aux adjectifs qui sont en relation avec lui. Il donne aussi son nombre et sa personne au verbe avec lequel il est en relation :

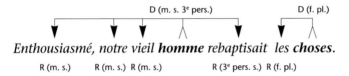

Les déterminants, les adjectifs et les verbes sont des receveurs (R).

EN RÉSUMÉ

Le **nom** présente les caractéristiques suivantes.

1. Sur le plan sémantique, le nom commun et le nom propre possèdent des traits sémantiques :
   – animé / non animé ;
   – humain / non humain ;
   – comptable / non comptable ;
   – individuel / collectif ;
   – concret / abstrait, etc.

2. Sur le plan morphologique, le nom :
   – a un genre en propre : masculin ou féminin ;
   – a un nombre qui dépend du choix de l'émetteur : singulier ou pluriel ;
   – est simple ou complexe.

3. Sur le plan syntaxique, le nom :
   – est le noyau du GN, qui remplit de nombreuses fonctions ;
   – est un donneur de genre, de nombre et de personne.

Le groupe nominal

Objectifs du chapitre

• Constater le rôle primordial du GN dans la phrase.

• Comprendre les constructions du GN.

• Identifier les fonctions du GN.

Plan du chapitre

1 Les constructions du GN

2 Les fonctions du GN

Observons ce texte dans lequel les GN sont surlignés.

> *Les hivers de mon enfance étaient des saisons longues, longues. Nous vivions en trois lieux : l'école, l'église et la patinoire ; mais la vraie vie était sur la patinoire. [...] La vraie force apparaissait sur la patinoire. Les vrais chefs se manifestaient sur la patinoire. L'école était une sorte de punition. Les parents ont toujours envie de punir les enfants et l'école était leur façon la plus naturelle de nous punir.*

Roch CARRIER, *Les enfants du bonhomme dans la lune*,
Montréal, Stanké, 1979, p. 77.

Les GN jouent un rôle important dans ce texte : sur ses 73 mots, 52 appartiennent à des GN. Si on les enlève, le texte devient incompréhensible. Le GN est donc une pièce maîtresse de la langue.

Observons la phrase qui suit :

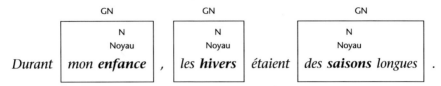

Cette phrase compte trois noms (N) : *enfance, hivers* et *saisons*, qui constituent chacun le noyau d'un GN : *mon enfance, les hivers* et *des saisons longues*.

DÉFINITION : Le **GN** est un groupe dont le noyau est un nom.

1.1 **Le noyau du GN**

Le noyau du GN peut être :

a) un nom commun :

Lorsque le noyau du GN est un nom commun, ce dernier est précédé d'un déterminant (Dét).

! Il arrive que le déterminant soit absent devant un nom commun [14, p. 130] :

> *Patins à glace en solde.*

Dans le GN, le nom et son déterminant dépendent l'un de l'autre. Si on efface le nom ou le déterminant, la phrase devient asyntaxique :

> *L' école était une punition.*
>
> ✂ * *L' ø était une ø .*
>
> ✂ * *ø École était ø punition.*

b) un nom propre :

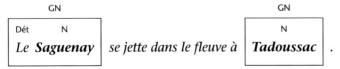

Les noms propres *Saguenay* et *Tadoussac* constituent chacun le noyau d'un GN.

REM. 1. Il y a des noms propres qui ont toujours un déterminant, et d'autres qui n'en ont pas :

> Le **Saguenay** est connu pour son fjord.
>
> Je retourne à **Tadoussac**.

2. Un nom propre suivi d'un complément doit être précédé d'un déterminant :

> J'ai revu le **Tadoussac** de mon enfance.

1.2 Les expansions dans le GN

Dans un GN, on peut trouver un ou plusieurs groupes qui dépendent du noyau de ce GN. On dit de ces groupes qu'ils sont des **expansions** du noyau. Ainsi, dans la phrase qui suit, le noyau du GN, le nom *histoire*, a trois expansions :

	GN			
	Expansion	Noyau	Expansion	Expansion
Voici	la	*belle*	***histoire***	*du Chat botté*	*que me racontait ma mère*	.

REM. Le nom noyau d'un GN peut avoir un grand nombre d'expansions :

> C'était un félin **affectueux** [1], **avec de grands yeux doux** [2], **plein de discrétion** [3], **qui ne manquait pas d'élégance** [4] et **dont les manières étaient exquises** [5].

Dans cette phrase, le nom *félin* a cinq expansions : un GAdj, un GPrép, un GAdj et deux subordonnées relatives.

Quelle que soit son étendue, le GN est une unité syntaxique qui fonctionne comme un tout. C'est pourquoi un GN peut généralement être remplacé en entier par l'un des pronoms suivants : *il / elle / ils / elles, le (l') / la (l') / les, en, cela* ou *ça*.

La **pronominalisation** permet de délimiter un GN. Ainsi, pour délimiter les deux GN de la phrase qui suit, on remplace chacun d'eux par un pronom :

> **L'orchestre symphonique de Montréal** *joue* **le Boléro de Ravel**.
>
> **Il**   **le**   *joue*.

C'est l'ensemble des mots contenus dans chacun de ces deux GN qui est pronominalisé. Si on pronominalisait une partie seulement des GN, on obtiendrait une phrase asyntaxique :

> **L'orchestre symphonique** *de Montréal joue* **le Boléro** *de Ravel*.
>
> * **Il**   *de Montréal joue*   **le**   *de Ravel*.

! Il peut arriver qu'un GN ne puisse pas être pronominalisé. C'est le cas du GN *Ce matin* dans la phrase qui suit, car ce GN remplit la fonction de complément de P :

> **Ce matin**, le chat a tué deux souris.

La pronominalisation ne permet pas de délimiter un GN complément de P. Seul un GN exprimant le temps peut remplir la fonction complément de P.

Dans le GN, les expansions du nom remplissent la fonction de **complément du nom**.

1.2.1 **Les réalisations du complément du nom**

Les principales réalisations du complément du nom sont les suivantes :

a) un GAdj [1] :

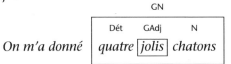

On m'a donné | quatre *jolis* chatons | .

b) un GPrép [2] :

C'est | le chat *de la voisine* | .

c) une subordonnée relative (Sub. rel.) :

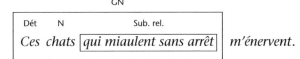

Ces chats *qui miaulent sans arrêt* | m'énervent.

d) un GN [3] :

Ma chatte *Joséphine* | est une bête magnifique.

e) un GPart :

Rien de tel qu' | un chat *sachant chasser les souris* | .

DE PLUS

Il existe d'autres réalisations du complément du nom, par exemple :

– un GAdv :

Mon chat a été recueilli par | des gens *bien* | .

---

1. Le GAdj qui complète un nom est traditionnellement appelé « épithète ».
2. Le GPrép qui complète un nom est traditionnellement appelé « complément (déterminatif) du nom ».
3. Le GN qui complète un nom est traditionnellement appelé « apposition ».

– une subordonnée complétive (Sub. complét.) :

$$GN$$

| Dét | N | Sub. complét. |

L' idée que tu viennes avec Joséphine me réjouit.

Dans la subordonnée ci-dessus, le mot *que* n'est pas un pronom relatif, mais une conjonction. Il s'agit d'une subordonnée complétive, et non d'une subordonnée relative.

1.2.2 La place du complément du nom

La place qu'occupe le complément du nom dans le GN est variable.

A. Le complément du nom est le plus souvent placé après le nom.

Dans presque tous les exemples donnés en 1.2.1, le complément du nom est placé après le nom. Seul l'exemple du GAdj fait exception puisque celui-ci est placé avant le nom. La place du GAdj complément du nom suit en effet des règles particulières [18, p. 171].

B. Certains compléments du nom peuvent être placés avant ou après le nom.

S'ils sont détachés, certains compléments du nom peuvent être placés aussi bien avant qu'après le nom :

> **Plein de méfiance**, le chat avançait avec prudence.
> Le chat, **plein de méfiance**, avançait avec prudence.
> Le chat avançait avec prudence, **plein de méfiance**.

1.2.3 Le complément du nom : une fonction facultative

La présence du complément du nom est facultative ; si on l'efface, la phrase demeure bien construite :

(1)   J'aime ce chat **vif comme une panthère**.
        ✂ J'aime ce chat   ø   .

(2)   J'ai recueilli un chaton **abandonné**.
        ✂ J'ai recueilli un chaton   ø   .

(3)   Mistigris s'amuse avec la souris **de l'ordinateur**.
        ✂ Mistigris s'amuse avec la souris   ø   .

(4)   Ces chats **qui miaulent sans arrêt** m'énervent.
        ✂ Ces chats   ø   m'énervent.

(5)   Ma chatte **Joséphine** est une bête magnifique.
        ✂ Ma chatte   ø   est une bête magnifique.

L'observation de ces phrases montre que le complément du nom peut être effacé. Son effacement modifie la structure de la phrase sans la rendre asyntaxique. Cependant, l'effacement du complément du nom peut modifier le sens de la phrase, comme le montre clairement l'exemple (3).

! Exceptionnellement, le GAdj complément du nom ne peut pas être effacé dans certaines constructions :

> *La méduse appartient au règne **animal**.*
>
> * *La méduse appartient au règne* ø .

Dans ces constructions, le GAdj constitue une information essentielle ; on ne peut pas l'effacer.

Le GN se présente sous de très nombreuses constructions. Son noyau peut être un nom commun ou un nom propre. Un nom peut toujours recevoir une ou plusieurs expansions, elles-mêmes construites de différentes façons. Ce grand éventail de possibilités dans la construction du GN en fait un moyen d'expression très riche.

2 **LES FONCTIONS DU GN**

Observons ce schéma, qui représente la structure d'une phrase :

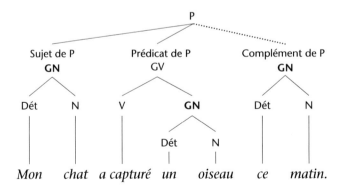

Cette phrase contient trois GN ; chacun occupe une place distincte dans le schéma et chacun remplit une fonction différente :

– Le GN *Mon chat* précède le GV et remplit la fonction de sujet de P.

– Le GN *un oiseau* est dans le GV et remplit la fonction de complément direct du verbe *a capturé*.

– Le GN *ce matin* est à la fin de la P et remplit la fonction de complément de P.

Le tableau qui suit présente les fonctions du GN.

LES FONCTIONS DU GN

FONCTIONS	EXEMPLES
• Sujet de P	*Le chat noir* symbolise la mort dans plusieurs cultures.
• Complément de P	*La nuit,* tous les chats sont gris.
• Complément direct du verbe	L'Égypte ancienne vénérait *les chats*.
• Attribut du sujet	Au Japon, le chat est *un animal de mauvais augure*.
• Complément du nom	Ma chatte *Minette* dort toujours sur mon lit.
• Attribut du complément direct	Je trouve cette chatte *excellente acrobate*.

Ces fonctions et les moyens de les identifier sont présentés au chapitre 13.

Le déterminant

Objectifs du chapitre

- Connaître les caractéristiques sémantiques, morphologiques et syntaxiques du déterminant.
- Connaître les sortes de déterminants : défini, indéfini, démonstratif, possessif, interrogatif, exclamatif, partitif, numéral, quantitatif et relatif.

Plan du chapitre

1 Les caractéristiques sémantiques du déterminant

2 Les caractéristiques morphologiques du déterminant

3 Les caractéristiques syntaxiques du déterminant

4 Les sortes de déterminants

Observons les mots surlignés dans cet extrait de récit.

> *Une nuit, il fut réveillé tout à coup en sursaut : alerte, les yeux brillants, les narines frémissantes, le poil hérissé en vagues... L'Appel se faisait entendre, et tout près cette fois. Jamais il ne l'avait distingué si clair et si net. Cela ressemblait au long hurlement du chien indigène.*
>
> Jack LONDON, *L'appel de la forêt*, traduction de Mme de Galard, Paris, Gallimard, 1987, p. 138.

Dans cet extrait, les mots surlignés font partie d'une même classe. Tous ces mots ont en effet des caractéristiques sémantiques, morphologiques et syntaxiques communes. Ils font tous partie de la classe du déterminant.

❶ LES CARACTÉRISTIQUES SÉMANTIQUES DU DÉTERMINANT

1.1 Les sens du déterminant

Le déterminant précise ce que désigne le nom. Entre autres, le déterminant indique :

– que la réalité désignée par le nom est une catégorie, une espèce : *les romans*, *le chien* ;

– qu'il s'agit d'un cas particulier : *un chien, ce chien, mon chien* ;

– que la réalité désignée par le nom est rattachée à un être : *mon chien*, ou à une chose : *son explication* (l'explication du phénomène) ;

– qu'il s'agit d'une quantité nulle : *aucun chien*, partielle : *des chiens*, précise : *deux chiens*, ou totale : *tous les chiens*.

– que la réalité est comptable : *un os*, ou non comptable : *de la viande*.

1.2 La valeur de reprise de certains déterminants

Certains déterminants jouent un rôle textuel. Ils servent à établir un lien avec un GN ou avec un autre groupe déjà présent dans le texte :

> *L'appel se faisait entendre.* **Cet** *appel était celui du loup.*

Le déterminant *Cet* établit un lien avec le GN *L'appel* qui le précède ; c'est pourquoi on dit qu'il a une valeur de reprise de l'information.

DÉFINITION : Le **déterminant de reprise** est un déterminant qui reprend, avec le nom qu'il introduit, une réalité désignée précédemment dans le texte.

Comme le déterminant de reprise [1] a pour rôle d'assurer la reprise de l'information dans le texte, son fonctionnement est décrit dans la grammaire du texte [4].

❷ LES CARACTÉRISTIQUES MORPHOLOGIQUES DU DÉTERMINANT

2.1 Le déterminant : une classe variable

Le déterminant varie généralement en genre et en nombre selon le nom qu'il introduit :

> *Ce loup est affamé. / Cette louve est affamée. / Ces loups sont affamés.*

---

1. Le déterminant de reprise est aussi appelé **déterminant référent**.

Cependant, certains déterminants varient en genre seulement ou en nombre seulement :

> On distinguait **différents** bruits / **différentes** formes.
>
> Ils n'avaient rien mangé depuis **quelque** temps / **quelques** jours.

D'autres ne varient pas :

> **Chaque** soir, **chaque** nuit, on voit rôder **plusieurs** loups.

Il est important de connaître le genre du nom qu'un déterminant introduit pour l'employer au bon genre. Les erreurs sont fréquentes quand le nom commence par une voyelle ou un *h* dit muet. On doit dire, par exemple : **un** *agenda*, **un** *ascenseur*, **un** *autobus*, **un** *avion*, **un** *escalier*, **un** *hôpital*, **un** *hôtel*, **un** *incendie* ; mais **une** *alerte*, **une** *atmosphère*, **une** *étagère*, **une** *hallucination*, **une** *oasis*, **une** *orthographe*.

2.2　Le déterminant simple et le déterminant complexe

Un déterminant est **simple** lorsqu'il est indécomposable : *le, ce, ma, notre*, etc. Dans le cas contraire, il est **complexe** : *nos trois, beaucoup de, tous les*, etc.

REM.　Les expressions *une foule de..., un tas de..., une poignée de..., une sorte de..., une espèce de...* peuvent être analysées de deux façons, comme un déterminant complexe ou comme un GN suivi d'un GPrép [14, p. 125].

3　LES CARACTÉRISTIQUES SYNTAXIQUES DU DÉTERMINANT

3.1　Le rôle syntaxique et la place du déterminant

Le déterminant a pour rôle syntaxique d'introduire un nom dans une phrase. Il précède toujours le nom : *une nuit*, qui est lui-même parfois précédé d'un adjectif : *le long hurlement*.

Lorsque le noyau du GN est un nom commun, le déterminant est généralement obligatoire :

> **Une** nuit, Buck fut réveillé en sursaut.
>
> ✄　*　ø　nuit, Buck fut réveillé en sursaut.

Le déterminant *Une* ne peut pas être effacé.

❗ Il arrive cependant qu'un nom soit employé sans déterminant [14, p. 130]. C'est le cas des noms *Buck* et *sursaut* dans la phrase qui précède.

3.2 Le déterminant : receveur de genre et de nombre

Le déterminant reçoit le genre et le nombre du nom qu'il introduit ; c'est un receveur (R), alors que le nom est un donneur (D) [27, p. 265] :

D (f. pl.)   D (f. pl.)   D (f. s.)

Toutes mes promenades en forêt me font découvrir les merveilles de la nature.

R (f. pl.)   R (f. pl.)   R (f. s.)

Comme le nom *nature* est féminin, il est introduit par un déterminant féminin. Le choix du nombre dépend de l'émetteur. S'il veut évoquer plusieurs *promenades*, plusieurs *merveilles*, il choisira un déterminant pluriel.

4 LES SORTES DE DÉTERMINANTS [2]

4.1 Le déterminant défini

Le **déterminant défini** a les formes suivantes, qui varient en nombre et en genre.

LES FORMES DU DÉTERMINANT DÉFINI

SINGULIER				PLURIEL
MASCULIN		FÉMININ		MASCULIN ET FÉMININ
le	*l'*	*la*	*l'*	*les*
Devant une consonne ou un *h* dit aspiré :	Devant une voyelle ou un *h* dit muet :	Devant une consonne ou un *h* dit aspiré :	Devant une voyelle ou un *h* dit muet :	
le loup *le* hurlement	*l'*appel *l'*héroïsme	*la* meute *la* horde	*l'*étoile *l'*heure	*les* chasseurs *les* légendes

! Les formes *le* et *les* peuvent fusionner avec les prépositions *à* et *de* :

à + le = au   de + le = du
à + les = aux   de + les = des

Les formes *au / aux / du / des* sont appelées des **déterminants contractés.**

le poil **du** chien (*du = de + le* : Prép + Dét)

aux longs hurlements (*aux = à + les* : Prép + Dét)

REM. Pour la notion de *h* dit aspiré, voir [2, p. 15].

---

2. Selon la sorte de déterminant à laquelle ils appartiennent, les déterminants sont traditionnellement nommés « articles » ou « adjectifs ».

4.2 Le déterminant indéfini

Le **déterminant indéfini** a les formes suivantes, qui varient en nombre et en genre.

LES FORMES DU DÉTERMINANT INDÉFINI

SINGULIER		PLURIEL
MASCULIN	FÉMININ	MASCULIN ET FÉMININ
un	*une*	*des / de (d')*
un combat de loups	*une* faim de loup	*des* crocs, *des* dents, *de* longs crocs, *de* longues dents, *d'*éclatantes dents

!
- La forme *des* peut être un déterminant indéfini ou un déterminant contracté :
  *Il avait vu **des** champs enneigés.* (*des* : non décomposable, donc déterminant indéfini)
  *Il revenait **des** champs.* (*des* = de + les : Prép + Dét, donc déterminant contracté)

- Devant un adjectif, la forme *des* se réduit généralement à *de (d')*.
  *de splendides forêts, **de** hasardeuses aventures*
  *d'étonnantes pistes, **d'**habiles trotteurs*

- Dans une phrase négative, on emploie la forme *de (d')* pour introduire le noyau du GN complément. Elle remplace la forme *des* de la phrase positive correspondante :
  *Il y a **des** ruisseaux.* → *Il n'y a pas **de** ruisseaux.*
  *Il y a **des** oiseaux.* → *Il n'y a pas **d'**oiseaux.*
  ⊗ *Il n'y a pas **des** ruisseaux.*
  ⊗ *Il n'y a pas **des** oiseaux.*

4.3 Le déterminant démonstratif

Le **déterminant démonstratif** a les formes suivantes, qui varient en nombre et en genre.

LES FORMES DU DÉTERMINANT DÉMONSTRATIF

SINGULIER			PLURIEL
MASCULIN		FÉMININ	MASCULIN ET FÉMININ
ce	*cet*	*cette*	*ces*
Devant une consonne ou un *h* dit aspiré : *ce* loup *ce* hérisson	Devant une voyelle ou un *h* dit muet : *cet* appât *cet* hiver	*cette* rage *cette* vallée	*ces* meutes *ces* hurlements

REM. Avec un déterminant démonstratif, on peut ajouter les adverbes *ci* ou *là* après le nom ; on les joint au nom par un trait d'union : *ces jours-ci / ces jours-là.*

4.4 **Le déterminant possessif**

Le **déterminant possessif** a les formes suivantes, qui varient en personne, en genre et en nombre.

LES FORMES DU DÉTERMINANT POSSESSIF

PERSONNE	SINGULIER			PLURIEL
	MASCULIN	FÉMININ		MASCULIN ET FÉMININ
	mon, ton, son	*ma, ta, sa*	*mon, ton, son*	*mes, tes, ses*
1re : *je* 2e : *tu* 3e : *il / elle*	*mon* village *ton* pays *son* lac	Devant une consonne ou un *h* dit aspiré : *ma* hâte *ta* journée *sa* nuit	Devant une voyelle ou un *h* dit muet : *mon* imagination *ton* allure *son* horloge	*mes* amis, *mes* amies *tes* cousins, *tes* cousines *ses* frères, *ses* sœurs
	MASCULIN ET FÉMININ			MASCULIN ET FÉMININ
	notre, votre, leur			*nos, vos, leurs*
1re : *nous* 2e : *vous* 3e : *ils / elles*	*notre* chalet, *notre* maison *votre* coin, *votre* chambre *leur* pays, *leur* région			*nos* bois, *nos* limites *vos* lots, *vos* frontières *leurs* lacs, *leurs* terres

!
- Le déterminant possessif est le seul déterminant à varier selon la personne grammaticale.
- En plus de la valeur de possession, le déterminant possessif a d'autres valeurs : l'appartenance (*son équipe*), le lien de parenté (*ta mère*), le lieu d'origine (*ma ville*), etc. En fait, le déterminant possessif exprime la relation d'un être ou d'une chose à un autre être ou à une autre chose, exactement comme le fait un complément du nom en *de* :

  son médecin : le médecin de Jasmine

4.5 **Le déterminant interrogatif**

Les déterminants *quel* et *combien de* employés dans une phrase ou une tournure interrogative sont appelés **déterminants interrogatifs**.

LES FORMES DU DÉTERMINANT INTERROGATIF *QUEL*

SINGULIER		PLURIEL	
MASCULIN	FÉMININ	MASCULIN	FÉMININ
quel	*quelle*	*quels*	*quelles*
Quel animal avez-vous vu ?	*Quelle* direction a-t-elle prise ?	*Quels* sentiers a-t-elle suivis ?	*Quelles* traces a-t-il laissées ?

Le déterminant *combien de* ne varie pas :

      Combien de loups ont-ils vus ?

      Combien de décisions ont été prises ?

4.6 Le déterminant exclamatif

Les déterminants *quel*, *combien de* et *que de* employés dans une phrase ou une tournure exclamative sont appelés **déterminants exclamatifs**.

LES FORMES DU DÉTERMINANT EXCLAMATIF *QUEL*

SINGULIER		PLURIEL	
MASCULIN	FÉMININ	MASCULIN	FÉMININ
quel	*quelle*	*quels*	*quelles*
Quel massacre !	**Quelle** histoire !	**Quels** braves animaux !	**Quelles** braves bêtes !

Les déterminants *combien de* et *que de* ne varient pas :

> **Combien de** loups ont été tués inutilement !
>
> **Que d'**erreurs ont été commises !

4.7 Le déterminant partitif

Le **déterminant partitif** est généralement employé devant un nom singulier ayant le trait non comptable [14, p. 125].

LES FORMES DU DÉTERMINANT PARTITIF

SINGULIER				PLURIEL
MASCULIN		FÉMININ		MASC. ET FÉM.
du	*de l'*	*de la*	*de l'*	*des*
Devant une consonne ou un *h* dit aspiré : ***du** sable* ***du** houx*	Devant une voyelle ou un *h* dit muet : ***de l'**orgueil* ***de l'**humour*	Devant une consonne ou un *h* dit aspiré : ***de la** fierté* ***de la** honte*	Devant une voyelle ou un *h* dit muet : ***de l'**eau* ***de l'**huile*	***des** épinards* ***des** pâtes*

!
- Il ne faut pas confondre le déterminant partitif *du* et le déterminant contracté *du* :
  > *Nous avons ramassé **du** bois.* (*du* : non décomposable, donc déterminant partitif)
  > *Nous avons marché à l'orée **du** bois.* (*du* = *de* + *le* : Prép + Dét, donc déterminant contracté)

- Il ne faut pas confondre le déterminant partitif *de la* avec la préposition *de* suivie du déterminant défini *la* :
  > *J'ai acheté **de la** farine.* (*de la* : déterminant partitif non décomposable)
  > *On tire beaucoup d'aliments **de la** farine.* (*de la* : Prép + déterminant défini)

- Dans une phrase négative, la forme *de* est un déterminant partitif si elle remplace les formes *du / de la* de la phrase positive correspondante :

> *Elle n'a pas eu **de** peine.* $\rightarrow$ *Elle a eu **de la** peine.*
>
> ⊗ *Elle n'a pas eu **de la** peine.*

4.8 Le déterminant numéral

Tous les mots désignant des nombres (*zéro, un, deux, trois, trente, cent,* etc.) sont des **déterminants numéraux** lorsqu'ils sont suivis d'un nom. Voici quelques déterminants numéraux :

QUELQUES DÉTERMINANTS NUMÉRAUX

zéro	*un*	*deux*	*vingt*	*cent douze*
zéro faute	*un* éléphant	*deux* tigres	*vingt* chasseurs	*cent douze* balles

Les déterminants numéraux sont invariables :

> *Il y avait **neuf** membres dans cette meute : **un** loup, **deux** louves et **six** louveteaux.*
>
> *On a dénombré plus de **cinq mille** chevreuils dans cette région.*

! Les déterminants numéraux *vingt* et *cent* se mettent au pluriel et se terminent par *-s* si les deux conditions suivantes sont réunies : ils sont multipliés par un nombre et ils terminent le déterminant :

> (1) *J'ai compté quatre-**vingts** chevreuils ; lui, deux **cents** perdrix.*
>
> (2) *J'ai compté quatre-**vingt**-deux chevreuils ; lui, **cent** neuf perdrix.*

Dans le premier exemple, le déterminant *vingt* est multiplié par *quatre* et est le dernier élément du nombre 80. Il est au pluriel, tout comme *cent* qui est multiplié par deux.

Dans le deuxième exemple, le déterminant *vingt* est multiplié par *quatre*, mais il n'est pas le dernier élément du nombre 82. Il reste donc invariable, tout comme *cent*.

REM. 1. Traditionnellement, on met un trait d'union dans les nombres complexes inférieurs à *cent*, sauf s'ils comportent la conjonction *et* : *dix-sept, soixante-douze,* mais *trente et un.* Suivant les *Rectifications de l'orthographe* de 1990, on peut maintenant relier tous les déterminants numéraux d'un nombre complexe par un trait d'union : *vingt-et-un, quarante-et-un, huit-cent-vingt-deux.*

2. Les mots qui marquent un rang ne sont pas des déterminants numéraux, mais des adjectifs ordinaux (*première, deuxième, centième,* etc.).

4.9 Le déterminant quantitatif

Contrairement au déterminant numéral, le **déterminant quantitatif** exprime une quantité non dénombrée. Voici quelques déterminants quantitatifs :

QUANTITÉ NULLE	QUANTITÉ IMPRÉCISE PETITE OU GRANDE	TOTALITÉ
aucun / *aucune* élève *nul* / *nulle* enfant	*plusieurs* pièges / *plusieurs* cachettes *quelques* endroits / *quelques* inquiétudes	*chaque* jour / *chaque* nuit *tout le* jour / *toute la* nuit / *tous les* jours / *toutes les* nuits *n'importe quel* jour / *n'importe quelle* journée

DE PLUS

Il y a quelques déterminants qui font référence à l'identité : *autre* / *autres, différents* / *différentes, certain* / *certaine* / *certains* / *certaines, même* / *mêmes, tel* / *telle* / *tels* / *telles* :

> *Il le rencontra à **telle** heure, **tel** jour et dans **tel** lieu.*

4.10 Le déterminant relatif

Un nom peut être introduit par le **déterminant relatif** *lequel*, qui varie en genre et en nombre (*lequel* / *laquelle* / *lesquels* / *lesquelles*) :

> *Pour terminer, vous avez un délai, **lequel** délai ne pourra excéder trois jours.*

Cet emploi se rencontre surtout dans les textes administratifs ou juridiques.

EN RÉSUMÉ

Le **déterminant** présente les caractéristiques suivantes.

1. Sur le plan sémantique, le déterminant précise ce que désigne le nom.

2. Sur le plan morphologique, le déterminant :
   - varie généralement en genre et en nombre, et en personne dans le cas du déterminant possessif ;
   - est simple ou complexe.

3. Sur le plan syntaxique, le déterminant :
   - précède le nom qu'il introduit dans une phrase ;
   - est un receveur du genre et du nombre du nom avec lequel il est en relation.

4. Les sortes de déterminants :
   - défini,
   - démonstratif,
   - interrogatif,
   - partitif,
   - quantitatif,
   - indéfini,
   - possessif,
   - exclamatif,
   - numéral,
   - relatif.

Le pronom

Objectifs du chapitre

- Connaître les caractéristiques sémantiques, morphologiques et syntaxiques du pronom.
- Connaître les sortes de pronoms : personnel, possessif, démonstratif, relatif, interrogatif, indéfini et numéral.

Plan du chapitre

1. Les caractéristiques sémantiques du pronom
2. Les caractéristiques morphologiques du pronom
3. Les caractéristiques syntaxiques du pronom
4. Les sortes de pronoms

Observons ce début de roman et les mots surlignés.

> *Raymonde prêta l'oreille. De nouveau et par deux fois le bruit se fit entendre, assez net pour qu'on pût le détacher de tous les bruits confus qui formaient le grand silence nocturne, mais si faible qu'elle n'aurait su dire s'il était proche ou lointain, s'il se produisait entre les murs du vaste château, ou dehors, parmi les retraites ténébreuses du parc.*

Maurice LEBLANC, *L'aiguille creuse*, Paris, Librairie générale française / Le Livre de poche, 1964, p. 5.

Les mots surlignés font partie de la classe du pronom. On dit qu'un pronom est un mot qui « remplace un nom ». Dans le texte observé, on constate que le pronom *elle* remplace le nom *Raymonde*. Mais le pronom *on* ne remplace rien dans ce texte. En fait, le pronom a un fonctionnement complexe qui ne se limite pas à « remplacer un nom ».

1 LES CARACTÉRISTIQUES SÉMANTIQUES DU PRONOM

Sur le plan du sens, on peut distinguer deux sortes de pronoms : le pronom de reprise et le pronom nominal.

1.1 **Le pronom de reprise**

DÉFINITIONS : On appelle **pronom de reprise** un pronom qui renvoie à une idée ou à une réalité (une personne, un objet, une situation, etc.) exprimée dans le texte. L'élément repris est appelé **antécédent**[1].

Le pronom de reprise n'a aucune signification en lui-même. C'est l'antécédent qui permet d'interpréter le sens du pronom de reprise. Dans le texte observé, le pronom *le* reprend le GN *le bruit* et le pronom *qui*, le GN *tous les bruits confus*.

Le pronom de reprise joue un rôle très important dans un texte. Son fonctionnement est décrit dans la partie II « La grammaire du texte » [4, p. 24].

1.2 **Le pronom nominal**

DÉFINITION : On appelle **pronom nominal** un pronom dont le sens ne provient pas d'un antécédent.

Parmi les pronoms nominaux, on distingue :

1. Les pronoms qui peuvent s'interpréter indépendamment du contexte ou de la situation de communication, car ils ont une signification en eux-mêmes, comme un nom : *personne, quelqu'un, rien, tout*, etc. :

    *Personne n'était sorti du château et **rien** n'en avait disparu.*

    Le sens des pronoms *personne* et *rien* est toujours le même : *personne* signifie « aucun être humain » et *rien*, « aucune chose ».

2. Les pronoms qui désignent la personne qui parle, l'émetteur (*je, me, moi, nous*) ou la personne à qui on parle, le récepteur (*tu, te, toi, vous*) :

    *Je vais voir un film policier, veux-**tu** venir avec **moi** ?*

3. Les pronoms qui désignent un élément présent dans une situation de communication orale. Imaginons quelqu'un qui s'écrie en montrant un curieux objet :

    « *Qu'est-ce que c'est que **ça** ?* »

    Le pronom *ça* ne peut être interprété que par les personnes qui voient le curieux objet en question.

! • Un pronom peut être tantôt un pronom de reprise, tantôt un pronom nominal, selon qu'il renvoie ou non à un antécédent dans un texte. Par exemple, le pronom *il*, généralement employé comme pronom de reprise, peut être un pronom nominal et renvoyer à un élément présent dans une situation de communication orale.

Imaginons deux enquêteurs devant l'enclos d'un berger allemand. L'un demande à l'autre en montrant le chien : « *Est-ce qu'**il** est encore malade ?* » Ici, le pronom *il* n'a pas d'antécédent, c'est un pronom nominal.

Il en est de même pour le pronom *le tien* dans cette autre situation. À table, un convive demande à son voisin : « *Peux-tu me passer **le tien** ?* », en désignant un couteau ; le pronom *le tien* n'a pas d'antécédent, c'est un pronom nominal.

• Le pronom impersonnel *il* n'est ni un pronom de reprise ni un pronom nominal.

---

1. Le pronom de reprise est aussi appelé **pronom référent**. Dans ce chapitre, l'antécédent est souligné.

2 · LES CARACTÉRISTIQUES MORPHOLOGIQUES DU PRONOM

2.1 · Le pronom : une classe variable

Un pronom peut varier en personne, en nombre, en genre et selon sa fonction. À cause de ces variations, la plupart des pronoms se présentent sous plusieurs formes : *tu / te / toi*, *le (l') / la (l') / les*, etc. Certains, par contre, conservent toujours la même forme.

2.2 · Le pronom simple et le pronom complexe

Un pronom est **simple** lorsqu'il est indécomposable : *celui*, *qui*, etc. Dans le cas contraire, il est **complexe**. Parmi les pronoms complexes, il y a les pronoms **composés**, comme *celui-ci*, *lequel*, *n'importe qui*, et les pronoms **contractés**, comme *auquel*, *duquel*, etc., qui sont obtenus par la contraction de la préposition *à* ou *de* avec *lequel / lesquelles*.

3 · LES CARACTÉRISTIQUES SYNTAXIQUES DU PRONOM

3.1 · La pronominalisation

Le pronom peut se substituer à un groupe (un GN, un GPrép, un GAdj, un GInf), à une subordonnée complétive et même à une P. Ce remplacement est appelé **pronominalisation**.

Le pronom est souvent utilisé à la place d'un groupe. Pour l'analyser, on doit trouver le groupe qu'il remplace et la fonction de ce groupe.

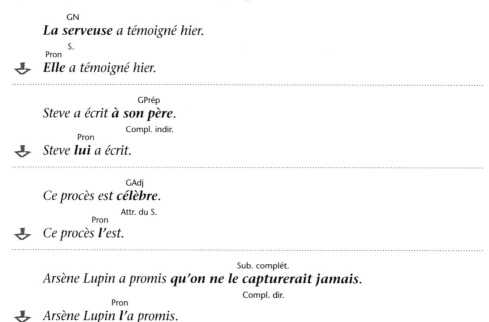

GN
La serveuse a témoigné hier.

S.
Pron
Elle a témoigné hier.

GPrép
Steve a écrit *à son père*.

Pron   Compl. indir.
Steve *lui* a écrit.

GAdj
Ce procès est *célèbre*.

Pron   Attr. du S.
Ce procès *l'*est.

Sub. complét.
Arsène Lupin a promis *qu'on ne le capturerait jamais*.

Pron   Compl. dir.
Arsène Lupin *l'*a promis.

! Un pronom de reprise n'a pas nécessairement la même fonction que son antécédent :

> *Il aimait bien* <u>*cette serveuse*</u>. ***Elle*** *était affable et attentive.*

Le GN *cette serveuse* est complément direct du verbe *aimait*. Le pronom *Elle* est sujet de P.

3.2 Les expansions du pronom

Un certain nombre de pronoms peuvent recevoir une expansion qui constitue leur complément.

– Le complément d'un pronom interrogatif, indéfini ou numéral (sauf *un*) est facultatif :

> *Qui **de vous** gagnera ?* (pronom interrogatif)
>
> ✂ *Qui   ø   gagnera ?*
>
> *Certains **de ses complices** l'ont trahi.* (pronom indéfini)
>
> ✂ *Certains   ø   l'ont trahi.*
>
> *Deux **parmi eux** s'étaient échappés.* (pronom numéral)
>
> ✂ *Deux   ø   s'étaient échappés.*

– Le complément d'un pronom démonstratif simple (*celui / celle*, etc.) est obligatoire :

> *Ceux **de ta bande** sont les plus intelligents.*
>
> ✂ * *Ceux   ø   sont les plus intelligents.*

3.3 Le pronom : donneur de genre, de nombre et de personne

Tout comme le nom, le pronom est un donneur (D). Il donne son genre et son nombre à l'adjectif qui est en relation avec lui, et il donne sa personne et son nombre au verbe qui est en relation avec lui ; l'adjectif et le verbe sont donc des receveurs (R) :

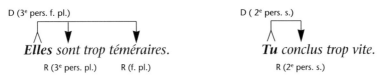

D (3ᵉ pers. f. pl.)   D (2ᵉ pers. s.)

Elles *sont trop téméraires.*   ***Tu*** *conclus trop vite.*

R (3ᵉ pers. pl.)   R (f. pl.)   R (2ᵉ pers. s.)

4 LES SORTES DE PRONOMS

4.1 Le pronom personnel

Le **pronom personnel** indique la personne grammaticale : *je, me, nous,* etc., pour la 1ʳᵉ personne ; *tu, toi, vous,* etc., pour la 2ᵉ personne ; *il, le, en, elles,* etc., pour la 3ᵉ personne.

4.1.1 Les rôles du pronom personnel

1. Un pronom personnel de la 3ᵉ personne est généralement un pronom de reprise :

> <u>*Arsène Lupin*</u> *est un cambrioleur célèbre.* ***Il*** *est le héros des romans de Maurice Leblanc.*

Le pronom personnel *Il* reprend le GN *Arsène Lupin*.

2. Les pronoms personnels de la 1re et de la 2e personne sont généralement des pronoms nominaux, car ils désignent l'émetteur et le récepteur.

Imaginons un interrogatoire durant lequel l'inculpé s'écrie : « *Je refuse de parler !* »

Le pronom *Je* désigne l'émetteur dans cette situation de communication.

Dans un récit, le pronom *je* peut aussi désigner le narrateur.

REM. Les pronoms personnels sont appelés **pronoms de conjugaison** quand ils sont employés pour la conjugaison des verbes [20, p. 193].

4.1.2 Les formes du pronom personnel

1. Les formes du pronom personnel sont nombreuses ; elles diffèrent selon le genre, le nombre et la personne, et selon la place occupée par rapport au verbe.

Le tableau suivant présente les formes du pronom personnel.

LES FORMES DU PRONOM PERSONNEL

PERSONNE ET NOMBRE	FORMES CONJOINTES	FORMES DISJOINTES
1re pers. du s.	*je (j'), me (m')*	*moi*
2e pers. du s.	*tu, te (t')*	*toi*
3e pers. du s.	*il/ elle, on* *le (l')/ la (l'), lui* *en, y* *se (s')*	*lui/ elle* *soi*
1re pers. du pl.	*nous*	*nous*
2e pers. du pl.	*vous*	*vous*
3e pers. du pl.	*ils/ elles* *les, leur* *en, y* *se (s')*	*eux/ elles* *soi* (rare)

Dans une phrase de base, le pronom personnel conjoint est toujours placé avant le verbe.

> *Je le jure.*

Dans une phrase de base, les formes disjointes peuvent être placées avant ou après le verbe. Ce sont les seules formes qui peuvent être introduites par une préposition (*à*, *de*, etc.) et qui peuvent être encadrées par *c'est... que* :

> *Je dépends de **lui**.*
>
> ⧈ *C'est de **lui** que je dépends.*

Quand il y a deux pronoms personnels conjoints, l'ordre des pronoms est fixe et le pronom sujet est en premier :

- Pron sujet de P + Pron compl. dir. : ***On les** retrouvera.*
- Pron sujet de P + Pron compl. indir. : ***Il lui** téléphona.*

Quand il y a plus de deux pronoms compléments, l'ordre varie :
- Pron sujet de P + Pron compl. dir. + Pron compl. indir. : *Je **l'en** ai avertie.*
- Pron sujet de P + Pron compl. indir. + Pron compl. dir. : *Je **vous l'**ai dit.*
- Pron sujet de P + Pron compl. indir. + Pron compl. indir. : *Je **lui en** parle.*

REM. 1. Les formes *j', m', t', l'* et *s'* sont des formes élidées qui s'emploient devant un mot commençant par une voyelle ou un *h* dit muet.

2. Le pronom personnel *nous* désigne la personne qui parle (*je*) et quelqu'un d'autre :
   - *je + tu* : *Toi et moi, **nous** aimons les romans policiers.*
   - *je + vous* : *Vous et moi, **nous** avons apprécié ce film.*
   - *je + il / elle / ils / elles* : *Eux et moi, **nous** sommes des mordus du genre policier.*

   Le pronom *nous* peut aussi, dans certaines situations, équivaloir à *je* : il s'agit du *nous* dit « de majesté » ou « de modestie ».
   Nous, Président de la République, avons décidé...

3. Le pronom personnel *vous* désigne plusieurs personnes à qui on parle :
   - *tu + tu* : *Toi et toi, **vous** venez avec moi.*
   - *tu + il / elle / ils / elles* : *Les policiers et toi, **vous** me rejoindrez au poste 31.*

   Il peut aussi désigner une seule personne dans le cas du vouvoiement.

4. Les formes *me, te, se, nous* et *vous* servent à la construction pronominale :
   *Il **se** lève.*

2. Les formes conjointes du pronom personnel varient selon la fonction syntaxique qu'il remplit dans la phrase.

LES FORMES CONJOINTES DU PRONOM PERSONNEL SELON SA FONCTION

FONCTIONS	FORMES	EXEMPLES
Sujet de P	*je (j'), tu, il / elle / ils / elles, on, nous, vous*	*C'est un inspecteur efficace. **Il** a toujours réussi ses enquêtes.* (*il* = cet inspecteur)
Complément direct du verbe	*me (m'), te (t'), le (l') / la (l') / les, nous, vous, se (s'), en*	*Les fuyards sont rendus loin, mais on **les** retrouvera.* (*les* = les fuyards) *As-tu du feu ? Oui, j'**en** ai.* (*en* = du feu)
Complément indirect du verbe	*me (m'), te (t'), lui / leur, nous, vous, se (s'), en, y*	*Ayant confiance en ce détective, Lan **lui** demanda conseil.* (*lui* = à ce détective) *Pierre est-il sorti de la salle ? Il **en** sort à l'instant.* (*en* = de la salle) *La clé était sur la table. Elle **y** était restée.* (*y* = sur la table)

FONCTIONS	FORMES	EXEMPLES
Complément de l'adjectif	*en, y* *me, te, lui* *nous, vous, leur*	*Anne-Claude a fait une belle trouvaille. Elle **en** est fière.* *(en = de sa trouvaille)* *Tu es apte à déjouer les ruses des enquêteurs. Elle **y** est parfaitement apte aussi. (y = à déjouer les ruses des enquêteurs)*
Complément du nom (nom ayant le trait non animé)	*en*	*Ce livre est très intéressant. Je t'**en** donnerai le titre.* *(en = de ce livre)*
Attribut du sujet	*le (l')* (invariable), *en*	*Noème était contente d'elle. Son chef **l'**était aussi.* *(l' = content d'elle)* *Tu es une bonne détective. Rose **en** est une aussi.* *(en...une = une bonne détective)*

DE PLUS

Le sens du pronom personnel *on* varie selon le contexte. Le pronom peut désigner :

– une personne indéterminée :

> *Au moment où nous mettions sous presse, **on** a apporté une nouvelle extraordinaire.*

– un groupe de personnes dont on ne connaît pas l'identité ou dont on veut taire l'identité :

> *À la haute direction de la police, **on** est embarrassé par ce scandale.*

– une communauté de personnes ; il équivaut alors à « tout le monde » :

> *La nouvelle excita l'opinion. **On** se passionna pour l'affaire.*

Enfin, dans la langue courante, ***on*** est souvent utilisé à la place de *nous*. Dans ce cas, l'adjectif qui est attribut du pronom sujet peut se mettre au pluriel :

> *On a été **trahis** par nos copains.*

REM. Dans la langue écrite, *on* peut se présenter sous la forme *l'on* :

> *Il est surprenant **qu'on** / **que l'on** ait oublié ce scandale.*

4.2 **Le pronom possessif**

4.2.1 **Les rôles du pronom possessif**

1. Un **pronom possessif** peut être un pronom de reprise partielle :

> *Ton argument est bon, mais **le mien** est meilleur.*

Le pronom possessif ne désigne pas la même réalité que son antécédent. En effet, *Ton argument* et *le mien* ne désignent pas le même argument. Le pronom possessif ne reprend que le sens exprimé par le nom noyau du GN antécédent. Dans cet exemple, *le mien* désigne bien un *argument*, mais celui de l'émetteur.

2. Un pronom possessif peut désigner une réalité présente dans une situation de communication orale.

   Imaginons deux amies comparant leurs stylos. L'une dit : « *Je préfère **le tien**.* » Le pronom *le tien* ne peut être interprété que par les personnes qui voient les stylos en question.

4.2.2 Les formes du pronom possessif

Un pronom possessif est toujours composé de deux éléments. Le premier, un déterminant défini, prend le genre du nom noyau du GN antécédent ; le deuxième indique la personne grammaticale à laquelle l'émetteur fait référence, et cet élément prend aussi le genre du nom noyau de l'antécédent :

> <u>Son raisonnement</u> est faux. C'est **le tien** qui est juste.

Le pronom possessif *le tien* est composé du déterminant défini *le*, car le nom *raisonnement* est au masculin, et de la forme *tien*, qui indique la 2e personne du singulier.

Le tableau suivant présente les formes du pronom possessif.

LES FORMES DU PRONOM POSSESSIF

PERSONNE	SINGULIER		PLURIEL	
	MASCULIN	FÉMININ	MASCULIN	FÉMININ
1re : *je*	*le mien*	*la mienne*	*les miens*	*les miennes*
2e : *tu*	*le tien*	*la tienne*	*les tiens*	*les tiennes*
3e : *il / elle*	*le sien*	*la sienne*	*les siens*	*les siennes*
1re : *nous*	*le nôtre*	*la nôtre*	*les nôtres*	
2e : *vous*	*le vôtre*	*la vôtre*	*les vôtres*	
3e : *ils / elles*	*le leur*	*la leur*	*les leurs*	

REM. Comme le déterminant possessif, le pronom possessif exprime différentes valeurs autres que la possession [16, p. 144].

4.3 Le pronom démonstratif

4.3.1 Les rôles du pronom démonstratif

1. Un **pronom démonstratif** peut être un pronom de reprise :

> *La suspecte a été interrogée par <u>l'inspecteur</u>. Au dire de **celui-ci**, l'enquête fait fausse route.*

Le pronom démonstratif *celui-ci* reprend le GN *l'inspecteur*.

Comme le pronom possessif, le pronom démonstratif peut désigner une réalité différente de celle désignée par l'antécédent :

> <u>Les romans de Conan Doyle</u> ont été écrits au XIXe siècle ; **ceux** d'Agatha Christie, au XXe siècle.

Le pronom *ceux* désigne d'autres romans que ceux désignés par le GN *Les romans de Conan Doyle*. Le pronom *ceux* ne reprend que le sens exprimé par le nom *romans*.

2. Un pronom démonstratif peut aussi désigner une réalité présente dans une situation de communication orale.

Imaginons un policier qui montre un paquet de photos à un inspecteur. Ce dernier lui dit : « *Passez-moi **celle-ci**.* » Le pronom *celle-ci* ne peut être interprété que par les personnes qui voient la photo désignée.

4.3.2 Les formes du pronom démonstratif

Le pronom démonstratif comprend des formes simples et des formes complexes.

LES FORMES DU PRONOM DÉMONSTRATIF

	SINGULIER		PLURIEL	
	MASCULIN	FÉMININ	MASCULIN	FÉMININ
SIMPLES	*celui* *ce (c'),* *cela, ça,* *ceci*	*celle*	*ceux*	*celles*
COMPLEXES	*celui-ci* *celui-là*	*celle-ci* *celle-là*	*ceux-ci* *ceux-là*	*celles-ci* *celles-là*

REM. *Ceci, cela, ça* et *ce* (*c'*) sont des formes dites neutres, c'est-à-dire des formes qui sont toujours du masculin singulier et qui renvoient à des réalités inanimées.

4.4 Le pronom relatif

4.4.1 Les rôles du pronom relatif

Un **pronom relatif** joue toujours deux rôles : il est à la fois pronom de reprise et subordonnant.

1. Comme pronom de reprise, il désigne la réalité exprimée par son antécédent :

> <u>L'arme</u> **dont** le coupable s'est servi a été retrouvée sous le lit.

Le pronom relatif *dont* reprend le GPrép *de l'arme*.

2. Comme subordonnant, il marque l'enchâssement de la subordonnée relative dans un GN:

GN

Dét	N	Sub. rel.
L'	*arme*	***dont** le coupable s'est servi*

a été retrouvée sous le lit.

Dans cette subordonnée relative, le pronom *dont* remplit la fonction de complément indirect du verbe *s'est servi* [24, p. 245].

4.4.2 **Les formes du pronom relatif**

Le pronom relatif se présente sous plusieurs formes, comme l'indique le tableau qui suit.

LES FORMES DU PRONOM RELATIF

	ANTÉCÉDENT HUMAIN	ANTÉCÉDENT NON HUMAIN
SIMPLES	*qui, que (qu'), dont*	*qui, que (qu'), quoi, dont, où*
COMPLEXES	*lequel / laquelle / lesquels / lesquelles* *auquel / auxquels / auxquelles* *duquel / desquels / desquelles*	

REM. Les formes contractées (*auquel, duquel,* etc.) correspondent à la fusion des prépositions *à* ou *de* avec le pronom *lequel* et ses variantes.

1. La forme simple du pronom relatif peut varier selon le caractère humain ou non humain de l'antécédent.

Le pronom relatif *qui* précédé d'une préposition reprend surtout un antécédent ayant le trait humain:

> *Le détective à **qui** on a confié l'affaire a failli être tué.*

! Le pronom relatif *qui* précédé d'une préposition peut reprendre un antécédent ayant les traits animé et non humain, tel qu'un animal familier (chat, chien):

> *Le chien avec **qui** le policier se promène flaire n'importe quelle piste.*

ou encore, un antécédent non animé, mais personnifié:

> *Vous, pages de mon journal, à **qui** je me confie.*

Le pronom relatif *quoi* reprend généralement un antécédent qui a le trait non animé et qui est de sens indéfini: *ce, cela, quelque chose, autre chose, peu de chose, rien,* etc.:

> *Il n'y a rien sur **quoi** on puisse s'appuyer pour l'accuser.*

2. La forme du pronom relatif *lequel* varie selon le genre et le nombre de l'antécédent:

> *Il avait retrouvé les amis avec **lesquels** il avait commis ses vols.*

Le pronom *lesquels* est masculin pluriel, car son antécédent est le GN *les amis.*

3. La forme du pronom relatif varie aussi selon la fonction qu'il remplit dans la subordonnée relative et selon la construction dans laquelle il s'insère.

LES FORMES DU PRONOM RELATIF SELON SA FONCTION

FONCTIONS	FORMES	EXEMPLES
Sujet de P	*qui*	*Le voleur* **qui** *a cambriolé la maison s'est introduit par effraction.*
	lequel	*Il avait* un bon alibi, **lequel** *l'a sauvé.*
Complément direct du verbe Attribut du sujet	*que (qu')*	*Montre-moi* les indices **que** *tu as trouvés.* *Le voyou* **qu'**il était *s'est transformé en honnête homme.*
Complément indirect du verbe qui indique le lieu ou le temps Complément de P qui indique le lieu ou le temps	*où*	*Le village* **où** *la voleuse a fui a été cerné par la police.* *Il faisait froid* la nuit **où** *le crime a été commis.*
Dans un GPrép ayant la fonction de : Complément indirect du verbe	*qui / lequel* *quoi / lequel*	*L'accusée contre* **qui / laquelle** *le procureur a plaidé a été libérée. (contre qui / laquelle = contre l'accusée: compl. indir. du V a plaidé)* *Les recherches à* **quoi / auxquelles** *l'inspecteur s'est astreint ont porté fruit. (à quoi / auxquelles: aux recherches: compl. indir. du V est astreint)*
Complément de P	*lequel*	*L'interrogatoire durant* **lequel** *le suspect a avoué a été enregistré. (durant lequel = durant l'interrogatoire: compl. de P)*
Dont équivaut à un GPrép en *de* ayant la fonction de : Complément du nom	*dont*	*Rien n'avait disparu de la villa* **dont** *on avait fouillé toutes les pièces. (dont = de la villa: compl. du N pièces)*
Complément indirect du verbe		*Dites-nous les détails* **dont** *il vous a parlé. (dont = de ces détails: compl. indir. du V a parlé)*
Complément de l'adjectif		*La maladie* **dont** *elle est morte paraît louche. (dont = de la maladie: compl. de l'Adj morte)*

REM. Il ne faut pas confondre le pronom relatif *qui* et le pronom indéfini *qui* [24, p. 243] :

> *L'espion* **qui** *venait du froid...* (pronom relatif)
> **Qui** *veut aller loin ménage sa monture.* (pronom indéfini)

4.5 **Le pronom interrogatif**

4.5.1 **Les rôles du pronom interrogatif**

Un **pronom interrogatif** peut jouer deux rôles : marqueur interrogatif ou subordonnant.

1. Le pronom interrogatif joue le rôle de marqueur interrogatif dans la phrase de type interrogatif ou dans une tournure interrogative [11, p. 81] :

> *Qui viendra ?*

2. Le pronom interrogatif marque l'enchâssement de la subordonnée complétive interrogative dans un GV ; il joue alors le rôle de subordonnant [25, p. 248] :

> *Je me demande qui trouvera la solution le premier.*

> **REM.** Les adverbes interrogatifs *où*, *quand*, *comment*, *combien* et *pourquoi* ont un fonctionnement identique à celui des pronoms interrogatifs.

4.5.2 **Les formes du pronom interrogatif**

Le pronom interrogatif se présente sous plusieurs formes, comme l'indique le tableau qui suit.

LES FORMES DU PRONOM INTERROGATIF

SIMPLES	*qui, que (qu'), quel, quoi*
COMPLEXES	*qui est-ce qui / qui est-ce que* *qu'est-ce qui / qu'est-ce que* *lequel / laquelle / lesquels / lesquelles* *auquel / auxquels / auxquelles* *duquel / desquels / desquelles*

La forme du pronom interrogatif varie selon le caractère animé ou non animé de la réalité sur laquelle porte la question et selon la fonction syntaxique que le pronom remplit, ainsi que le montre le tableau qui suit.

LES FORMES DU PRONOM INTERROGATIF
SELON SA FONCTION

FONCTIONS	FORMES	EXEMPLES
Sujet de P désignant un être humain	*qui /* *qui est-ce qui*	*Qui a volé l'orange du marchand ?* *Qui est-ce qui prétend ça ?*
Attribut du sujet désignant un être humain	*qui*	*Qui est-il ?*
Complément direct du verbe désignant un être humain	*qui /* *qui est-ce que*	*Qui as-tu vu ?* *Qui est-ce que cela regarde ?*

FONCTIONS	FORMES	EXEMPLES
Sujet de P non animé	qu'est-ce qui	**Qu'est-ce qui** arrivera au condamné ?
Attribut du sujet	lequel	**Lequel** est le coupable ? De ces deux armes, **laquelle** est la plus meurtrière ?
Complément direct du verbe désignant une réalité non animée Attribut du sujet désignant une réalité non animée	que (qu')	**Que** feras-tu ? **Qu'**est-il devenu ?
Complément direct du verbe à l'infinitif désignant un non-humain ou un non-animé	quoi	**Quoi** en penser ? **Quoi** boire ?
Dans un GPrép qui a la fonction de complément indirect du verbe : – pour un être humain – pour une réalité non animée – pour un animé ou un non-animé	qui quoi lequel	À **qui** parlera-t-elle ? Sur **quoi** l'enquête porte-t-elle ? Après avoir pris connaissance des différentes versions du crime, de **laquelle** le cinéaste s'inspirera-t-il ?

REM. Les pronoms interrogatifs et relatifs partagent les mêmes formes, sauf les formes composées du pronom interrogatif (*qui est-ce qui ?*) et les formes *dont* et *où* du pronom relatif.

4.6 Le pronom indéfini

4.6.1 Le rôle du pronom indéfini

Un **pronom indéfini** est généralement un pronom nominal :

> *Personne ne le saura jamais.*

Certains pronoms indéfinis sont aussi des pronoms de reprise :

> *Les inculpés entrèrent. Aucun ne regarda le juge.*

Le pronom *Aucun* a pour antécédent *Les inculpés*. Il reprend l'idée contenue dans cet antécédent.

4.6.2 **Les formes du pronom indéfini**

Certains pronoms indéfinis sont variables, comme le montre le tableau qui suit.

LES PRONOMS INDÉFINIS VARIABLES

SINGULIER		PLURIEL	
MASCULIN	FÉMININ	MASCULIN	FÉMININ
aucun	aucune		
		certains	certaines
chacun	chacune		
l'un	l'une	les uns	les unes
l'autre	l'autre	les autres	les autres
un autre	une autre	d'autres	d'autres
le même	la même	les mêmes	les mêmes
n'importe lequel	n'importe laquelle	n'importe lesquels	n'importe lesquelles
nul	nulle		
pas un	pas une		
plus d'un	plus d'une		
quelqu'un		quelques-uns	quelques-unes
tout		tous	toutes

D'autres pronoms indéfinis sont invariables.

LES PRONOMS INDÉFINIS INVARIABLES

MASCULIN SINGULIER		MASCULIN OU FÉMININ PLURIEL	
personne	quelque chose	plusieurs	la plupart
rien	qui	beaucoup	bon nombre
je ne sais qui / quoi	quoi	d'aucuns	
n'importe qui / quoi	quiconque	peu	

! Les pronoms indéfinis invariables du singulier sont toujours masculins et commandent un accord au masculin singulier :

> Personne n'a été **interrogé**.

et non : ⊗ Personne n'a été **interrogée**.

Les pronoms indéfinis invariables du pluriel peuvent commander un accord au féminin ou au masculin, selon le GN antécédent :

> Ces espions ont été arrêtés. La plupart étaient **étrangers**.
> Ces espionnes ont été arrêtées. La plupart étaient **étrangères**.

4.7 **Le pronom numéral**

4.7.1 **Le rôle du pronom numéral**

Un pronom numéral est généralement un pronom de reprise qui indique une quantité précise : *un, deux, vingt, quarante, cent trois,* etc.

> Parmi <u>tous les suspects</u>, **deux** ont été inculpés.

4.7.2 **Les formes du pronom numéral**

Le **pronom numéral** peut être de forme simple : *trois, seize,* ou complexe : *dix-sept, cent dix.*

EN RÉSUMÉ

Le **pronom** présente les caractéristiques suivantes.

1. Sur le plan sémantique :
   - certains pronoms n'ont pas de signification en eux-mêmes, leur sens provient de leur antécédent ; ce sont des pronoms de reprise ;
   - d'autres pronoms ont une signification en eux-mêmes ; ce sont des pronoms nominaux.

2. Sur le plan morphologique, le pronom :
   - varie généralement selon la personne, le nombre, le genre et la fonction qu'il remplit ;
   - est simple ou complexe.

3. Sur le plan syntaxique, le pronom :
   - remplace, dans certains cas, un groupe, une phrase subordonnée ou une P ;
   - peut, dans certains cas, avoir un complément ;
   - est un donneur de genre, de nombre et de personne.

4. Les sortes de pronoms :
   - personnel,   – démonstratif,   – interrogatif,   – numéral.
   - possessif,   – relatif,   – indéfini,

L'adjectif et le groupe adjectival

Objectifs du chapitre

- Connaître les caractéristiques sémantiques, morphologiques et syntaxiques de l'adjectif.
- Identifier les constructions et les fonctions du groupe adjectival (GAdj).

Plan du chapitre

1 Les caractéristiques de l'adjectif

2 Le GAdj : constructions, place et fonctions

Observons les mots surlignés dans ce texte.

> La jeune femme a un sourire vague qu'elle cache aussitôt derrière sa main, comme un enfant pris en faute. Ses cheveux noirs, très fins, relevés en chignon, ont un reflet bleu argenté, presque lunaire, qui enchante et inquiète. Elle porte une jupe longue à la taille cintrée.
>
> Anne HÉBERT, *Héloïse*, Paris, Seuil, 1980, p. 22.

Les mots surlignés font partie de la classe de l'adjectif. On se contente souvent de dire que l'adjectif est un mot indiquant comment est une personne, un animal ou une chose. On verra qu'il y a d'autres aspects à considérer pour comprendre le fonctionnement de l'adjectif dans la phrase.

1 LES CARACTÉRISTIQUES DE L'ADJECTIF

1.1 Les caractéristiques sémantiques de l'adjectif

Sur le plan du sens, on distingue différentes valeurs de l'adjectif.

1. Certains adjectifs peuvent exprimer une **qualité** de la réalité désignée par le nom avec lequel ils sont en relation. Cette qualité reflète le point de vue de l'énonciateur.

Dans un contexte donné, une qualité peut avoir une valeur:
– positive ou méliorative: *un meuble **confortable***;
– négative ou péjorative: *un meuble **délabré***;
– neutre: *un meuble **contemporain***.

Ces adjectifs sont dits **qualifiants**.

2. D'autres adjectifs indiquent une caractéristique reconnue, indépendante du point de vue de l'énonciateur; ils servent à classer en catégories distinctes certaines réalités désignées par le nom. Ainsi, dans les GN *l'espèce humaine* et *l'espèce animale*, l'adjectif *humaine* fait référence à une espèce distincte de l'espèce *animale*. Ces adjectifs sont dits **classifiants**.

Plusieurs adjectifs peuvent avoir, selon le contexte, une valeur tantôt qualifiante, tantôt classifiante:
– *une personne **nerveuse***: *nerveuse* indique une qualité de la personne; c'est un adjectif qualifiant;
– *le système **nerveux***: *nerveux* distingue le système nerveux d'un autre système, le système respiratoire, par exemple; c'est un adjectif classifiant.

On rencontre les adjectifs ayant une valeur qualifiante surtout dans les romans, les poèmes, les lettres d'opinion, etc., alors que les adjectifs ayant une valeur classifiante se retrouvent davantage dans des textes utilitaires visant la transmission d'information, comme l'article de vulgarisation scientifique, l'article encyclopédique, etc.

REM. Les adjectifs qualifiants et les adjectifs classifiants ont des caractéristiques syntaxiques différentes, comme nous le voyons à la section 2.

1.2 Les caractéristiques morphologiques de l'adjectif

L'adjectif est une classe variable.

1.2.1 La variation en genre

Selon le genre du nom avec lequel il est en relation, l'adjectif est masculin: *un blouson court*, ou féminin: *la taille **fine***.

Le tableau qui suit présente la règle générale et les règles particulières de formation du féminin des adjectifs à l'écrit.

LA FORMATION À L'ÉCRIT DU FÉMININ DES ADJECTIFS

RÈGLE GÉNÉRALE

Ajout d'un -*e* à la forme du masculin:
amical / amicale, compris / comprise, idiot / idiote, joli / jolie, ouvert / ouverte, plein / pleine, etc.

A. Aucun changement pour les adjectifs terminés par -*e* au masculin:

drôle / drôle, pauvre / pauvre, utile / utile, vide / vide, etc.

B. Redoublement de la consonne finale et ajout d'un -*e* pour les adjectifs terminés par:

1. -*el*, -*eil*: *naturel / naturelle, pareil / pareille,* etc.;

   ! Il y a aussi doublement du -*l* et ajout d'un -*e* pour *gentil / gentille* et *nul / nulle.*

2. -*en*, -*on*: *ancien / ancienne, bon / bonne,* etc.;

3. -*et*: *coquet / coquette, net / nette,* etc.;
   - exceptions: neuf adjectifs ne suivent pas cette règle et changent le -*et* en -*ète*: *(in)complet / (in)complète, concret / concrète, désuet / désuète, (in)discret / (in)discrète, inquiet / inquiète, replet / replète, secret / secrète*;

4. -*s*: *bas / basse, gros / grosse,* etc.;
   - exceptions: *gris / grise, indécis / indécise, précis / précise, ras / rase, perclus / percluse,* etc.

5. -*ot*: *boulot / boulotte, maigriot / maigriotte, pâlot / pâlotte, sot / sotte, vieillot / vieillotte.* mais tous les autres suivent la règle générale: *dévot / dévote, idiot / idiote,* etc.;

C. Changement de la consonne finale et ajout d'un -*e*:

1. -*f* devient -*ve*: *neuf / neuve, vif / vive,* etc.;

2. -*x* devient -*se* pour les adjectifs en -*eux* et en -*oux*: *curieux / curieuse, jaloux / jalouse,* etc.;
   - exception: -*x* devient -*sse* dans *roux / rousse*;

3. -*c* devient -*che*: *blanc / blanche, franc / franche*;

   ! La finale -*che* apparaît aussi pour *frais / fraîche, sec / sèche.*

4. -*c* devient -*que*: *public / publique, turc / turque,* etc.;
   - exception: *grec* fait *grecque*;

5. -*n* devient -*gne*: *bénin / bénigne, malin / maligne*;

6. -*eur* devient -*euse*: *menteur / menteuse, trompeur / trompeuse,* etc.

D. Ajout d'une consonne et d'un -*e*:

andalou / andalouse, coi / coite, favori / favorite, rigolo / rigolote, etc.

E. Modifications diverses:

1. -*er* devient -*ère*: *amer / amère, fier / fière, léger / légère,* etc.;

2. -*teur* devient -*trice*: *accusateur / accusatrice, créateur / créatrice,* etc.;
   - exception: *enchanteur / enchanteresse*;

3. -*ou* devient -*olle*: *fou / folle, mou / molle*;

4. -*eau* devient -*elle*: *beau / belle, jumeau / jumelle, nouveau / nouvelle,* etc.;

5. -*g* devient -*gue*: *long / longue, oblong / oblongue*;

6. -*gu* devient -*guë* ou *güe*: *aigu / aiguë* ou *aigüe, ambigu / ambiguë* ou *ambigüe,* etc.;

7. -*eux* devient -*eille* dans *vieux / vieille*;

REM. Les adjectifs *beau, fou, mou, nouveau* et *vieux* font *bel, fol, mol, nouvel* et *vieil* devant un nom masculin commençant par une voyelle ou un *h* dit muet: *un **bel** homme, un **nouvel** ami.*

L'orthographe des adjectifs au féminin est relativement facile quand la finale féminine s'entend à l'oral, comme dans *léger/légère, ancien/ancienne, menteur/menteuse*, etc.

Elle est plus difficile et demande plus de vigilance quand la finale féminine ne s'entend pas, comme dans *amical/amicale, fermé/fermée, public/publique, uni/unie*, etc.

1.2.2 **La variation en nombre**

Selon le nombre du nom avec lequel il est en relation, l'adjectif est singulier: *une jupe longue*, ou pluriel: *des jupes longues*.

Le tableau qui suit présente la règle générale et les règles particulières de formation du pluriel des adjectifs à l'écrit.

LA FORMATION DU PLURIEL DES ADJECTIFS À L'ÉCRIT

RÈGLE GÉNÉRALE

Ajout d'un -*s* à la forme du singulier:
bleu/bleus, bon/bons, fermé/fermés, etc.

RÈGLES PARTICULIÈRES

A. Aucun changement pour les adjectifs terminés par -*s* ou -*x* au singulier:
un mot précis/des mots précis, un enfant peureux/des enfants peureux, etc.

B. Ajout d'un -*x* pour les adjectifs terminés par -*eau* au singulier:
beau/beaux, nouveau/nouveaux, etc.

C. Changement de la finale -*al* en -*aux* pour la plupart des adjectifs en -*al*:
génial/géniaux, normal/normaux, original/originaux, etc.
  – exceptions:
  • cinq adjectifs en -*al* font leur pluriel en -*als*: *bancal/bancals, fatal/fatals, naval/navals, natal/natals, prénatal/prénatals*;
  • quelques adjectifs en -*al* font leur pluriel en -*als* ou en -*aux*: *australs/austraux, causals/causaux, finals/finaux, glacials/glaciaux, idéals/idéaux, pascals/pascaux*.

D. Ajout d'un -*x*: *esquimau* et *hébreu* font *esquimaux* et *hébreux*.

REM. 1. Le pluriel des adjectifs composés est traité au chapitre 33 [p. 324].

2. Lorsque les adjectifs *attendu, ci-annexé, ci-inclus, ci-joint, excepté, passé, supposé* et *vu* suivent le nom, ils prennent les marques du nom; s'ils le précèdent, ils sont invariables:

> *Vous trouverez les certificats **ci-annexés**.*

> ***Ci-annexé**, vous trouverez les certificats.*

3. Lorsque *demi, mi, semi* et *nu* sont placés après le nom, ils varient seulement en genre ; s'ils précèdent le nom, ils demeurent invariables et s'y joignent par un trait d'union :

> *Vous viendrez dans une **demi**-heure.*
> *Vous viendriez dans une heure et **demie**.*
> *Il se promène **nu**-tête.*
> *Il se promène tête **nue**.*

1.2.3 L'invariabilité de certains adjectifs

Certains adjectifs sont invariables.

1. Les adjectifs de couleur provenant d'un nom sont généralement invariables : *des chemises **aubergine**, des nappes **cerise**, des chaussures **marron**,* etc.

2. Les adjectifs de couleur composés sont invariables : *des bottes **rouge foncé**, une chemise **vert olive**,* etc.

!
- Quelques adjectifs de couleur provenant d'un nom prennent la marque du pluriel : *écarlates, fauves, mauves, pourpres,* etc.
- Les adjectifs suivants varient en nombre seulement : *des chattes **angoras**, des robes **chics**, des filles **snobs**, des prononciations **standards**.*

1.2.4 L'adjectif simple et l'adjectif complexe

L'adjectif est **simple** lorsqu'il est indécomposable : *la danse **moderne**, un vêtement **utile**.* Dans le cas contraire, il est **complexe** : *un chandail **bleu marine*** (adjectif composé), *la communauté **française*** (adjectif dérivé).

1.2.5 L'adjectif issu d'une forme verbale

Plusieurs adjectifs sont issus d'un verbe au participe passé ou au participe présent :

- *ses cheveux **relevés** en chignon* : *relevés* est un adjectif venant du participe passé du verbe *relever* ;
- *une couleur **chatoyante*** : *chatoyante* est un adjectif venant du participe présent du verbe *chatoyer*.

Ces adjectifs issus d'une forme participiale sont appelés **adjectifs participes**. Ils sont variables en genre et en nombre, et s'accordent comme les autres adjectifs :

> *Elle portait une robe **fleurie**, **cintrée** à la taille et à plis **ondulants**.*

REM. Il ne faut pas confondre les adjectifs variables qui se terminent par *-ant* ou par *-ent* avec les participes présents, toujours invariables et terminés par *-ant*.

Il s'agit d'un adjectif variable :

– si le mot peut être précédé d'un adverbe d'intensité :

> Ils ont recueilli des témoignages _parfaitement_ **concordants**.
>
> Ces climats sont _très_ **différents**.

– si le mot peut être nié par l'adverbe de négation _non_ :

> Ce sont des produits _non_ **irritants** pour la peau.
>
> Ce sont des résultats _non_ **équivalents**.

Dans l'exemple ci-dessous, _rentrant_ est un participe présent, car il ne peut pas être précédé par un adverbe d'intensité ou par l'adverbe de négation _non_ :

> **Rentrant** _dans leur chambre, les enfants virent une scène terrible._
>
> * **Très rentrant** _dans leur chambre, les enfants virent une scène terrible._
>
> * **Non rentrant** _dans leur chambre, les enfants virent une scène terrible._

1.3 Les caractéristiques syntaxiques de l'adjectif

1.3.1 L'adjectif : noyau du GAdj

L'adjectif constitue le noyau du GAdj.

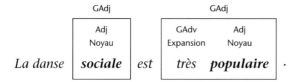

L'adjectif classifiant _sociale_ et l'adjectif qualifiant _populaire_ constituent chacun le noyau d'un GAdj.

1.3.2 La mise en degré de l'adjectif qualifiant

Seul l'adjectif qualifiant peut être précédé d'un adverbe modificateur :

> Les _très_ **grands** danseurs sont toujours _très_ **souples**.
>
> * En biologie, on distingue le règne _très_ **végétal** du règne _très_ **animal**.

L'adjectif qualifiant peut être précédé d'un adverbe d'intensité :

– intensité forte :

> La jeune femme était _très_ **étrange**.

– intensité moyenne :

> La jeune femme était _assez_ **élégante**.

– intensité faible :

> La jeune femme était _un peu_ **courbée**.

L'adjectif qualifiant peut aussi être précédé d'un adverbe exprimant un degré de comparaison :

– le **comparatif** :

> *Cette danseuse est <u>plus</u> souple que toi.*
>
> *Cette danseuse est <u>aussi</u> élégante que toi.*
>
> *Cette danseuse est <u>moins</u> sensible que toi.*

– le **superlatif** :

> *Cette danseuse est <u>la plus</u> talentueuse.*

! • L'adjectif *bon* devient *meilleur* au comparatif et au superlatif :

> *Plus il vieillit, meilleur il est.* / ⊗ *Plus il vieillit, plus bon il est.*
>
> *Il est meilleur qu'on ne le pense.* / ⊗ *Il est plus bon qu'on ne le pense.*
>
> *Il est le meilleur.* / ⊗ *Il est le plus bon.*

• L'adjectif *mauvais* fait *pire* ou *plus mauvais* au comparatif et au superlatif :

> *Cette excuse est pire / plus mauvaise que la précédente.*
>
> ⊗ *Cette excuse est plus pire / moins pire que la précédente.*

On doit employer *pire* plutôt que *plus mauvais* devant un nom évoquant quelque chose de négatif, comme *ennui, difficulté, misère, mal*, etc. :

> *Nous avons eu les pires ennuis.* / ⊗ *Nous avons eu les plus mauvais ennuis.*

• On ne doit pas employer les superlatifs *le meilleur* et *le pire* avec l'adverbe *plus* :

> ⊗ *Il est le plus meilleur / le plus pire.*

REM. Certains adjectifs ont une valeur sémantique de superlatif : *extraordinaire, immense, énorme, épouvantable*, etc. Ils ne peuvent donc pas être précédés de l'adverbe *très* :

> ⊗ *Cette danse est <u>très</u> extraordinaire.*

1.3.3 **L'adjectif : receveur de genre et de nombre**

L'adjectif reçoit le genre et le nombre du nom ou du pronom avec lequel il est en relation ; c'est un receveur (R), alors que le nom, ou le pronom, est un donneur (D) :

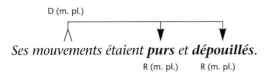

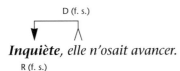

2 LE GAdj : CONSTRUCTIONS, PLACE ET FONCTIONS

DÉFINITION : Le **GAdj** est un groupe dont le noyau est un adjectif.

2.1 Les constructions du GAdj

La construction du GAdj diffère selon que son noyau est un adjectif qualifiant ou un adjectif classifiant.

2.1.1 Les constructions du GAdj dont le noyau est un adjectif qualifiant

1. L'adjectif qualifiant peut avoir une expansion à gauche, qui remplit la fonction de modificateur de l'adjectif :

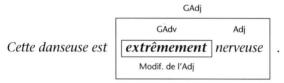

2. L'adjectif qualifiant peut aussi avoir une expansion, qui remplit la fonction de complément de l'adjectif. Les réalisations du complément de l'adjectif sont les suivantes :

a) un GPrép :

b) une subordonnée complétive :

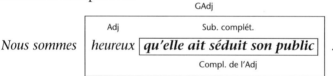

c) les pronoms *en* et *y* :

REM. Certains adjectifs changent de sens s'ils ont un complément :

*Elle a un regard **anxieux**. (= « inquiet », « angoissé »)*

*Elle est **anxieuse** de recevoir ses résultats. (= « impatiente de », « désireuse de »)*

2.1.2 La construction du GAdj dont le noyau est un adjectif classifiant

Un adjectif classifiant ne peut jamais avoir d'expansions, ni à sa droite ni à sa gauche :

> *Elle apprend le ballet classique.*
> * *Elle apprend le ballet <u>très</u> classique.*

2.2 La place du GAdj

Le GAdj est généralement placé après le nom avec lequel il est en relation. Cependant, certains GAdj peuvent ou doivent être placés avant le nom.

1. Le GAdj dont le noyau est un adjectif classifiant est placé après le nom :

> *Marek étudie le ballet **classique**.*
> * *Marek étudie le **classique** ballet.*
>
> *Le défilé de mode aura lieu à la salle **municipale**.*
> * *Le défilé de mode aura lieu à la **municipale** salle.*

> **REM.** L'adjectif participe est également placé après le nom avec lequel il est en relation :
> > *Elle portait une jupe **cintrée**.*
> > * *Elle portait une **cintrée** jupe.*

2. Le GAdj formé d'un adjectif qualifiant court et fréquent est généralement placé avant le nom : *un **beau** visage, un **bon** spectacle, un **jeune** chien, un **petit** nez, un **vieux** sac*, etc.

3. Le GAdj détaché peut être placé avant ou après le nom avec lequel il est en relation :

> ***Gracieuse**, la fillette se mit à danser.*
> *La fillette, **gracieuse**, se mit à danser.*
> *La fillette se mit à danser, **gracieuse**.*

4. Certains GAdj qui remplissent la fonction d'attribut du sujet sont parfois placés au début de la phrase pour produire un effet de mise en relief :

> *Les gens simples sont **rares**.* → ***Rares** sont les gens simples.*

REM. Certains adjectifs qualifiants ont un sens différent selon qu'ils sont placés avant ou après le nom :

> *un **curieux** homme* = « un homme bizarre »
> *un homme **curieux*** = « un homme ayant de la curiosité »
>
> *la **dernière** année* = « l'année ultime, finale »
> *l'année **dernière*** = « l'année qui vient de passer »
>
> *un **simple** exercice* = « un exercice, rien de plus »
> *un exercice **simple*** = « un exercice facile à exécuter »

Le tableau qui suit présente les fonctions du GAdj.

LES FONCTIONS DU GAdj

FONCTIONS	EXEMPLES
Le noyau est un adjectif qualifiant	
• Complément du nom	*Cette danseuse a conquis un public **difficile**.*
• Attribut du sujet	*Monique est **superbe**.*
• Attribut du complément direct	*Tout le monde trouve ce ballet **excellent**.*
Le noyau est un adjectif classifiant	
• Complément du nom	*J'aime beaucoup le ballet **moderne**.*

Ces fonctions et les moyens de les identifier sont présentés au chapitre 13.

EN RÉSUMÉ

L'**adjectif** présente les caractéristiques suivantes.

1. Sur le plan sémantique :
   - certains adjectifs expriment une qualité qu'on prête à une réalité désignée par un nom, ce sont des adjectifs qualifiants ;
   - d'autres indiquent une caractéristique objective reconnue, ce sont des adjectifs classifiants.

2. Sur le plan morphologique, l'adjectif :
   - varie généralement en genre et en nombre ;
   - est simple ou complexe ;
   - peut être issu d'une forme verbale, c'est un adjectif participe.

3. Sur le plan syntaxique, l'adjectif :
   - est le noyau du GAdj, qui remplit plusieurs fonctions ;
   - peut être mis en degré d'intensité ou de comparaison ;
   - est un receveur de genre et de nombre du nom ou du pronom avec lequel il est en relation ;
   - seul l'adjectif qualifiant peut être précédé d'un modificateur et suivi d'un complément.

Le verbe
et le groupe verbal

Objectifs du chapitre

- Connaître les caractéristiques sémantiques, morphologiques et syntaxiques du verbe.
- Comprendre les constructions et identifier la fonction du groupe verbal (GV).
- Comprendre les constructions et identifier les fonctions du groupe infinitif (GInf) et du groupe participe présent (GPart).

Plan du chapitre

1 Les caractéristiques du verbe
2 Le GV : constructions et fonction
3 Le GInf : constructions et fonctions
4 Le GPart : constructions et fonctions

Observons les mots surlignés dans le texte qui suit.

Le Septième s' endormit aussitôt. Jean Le Maigre et lui couraient dans le bois ; il pleuvait mais le soleil brillait encore entre les arbres. Jean Le Maigre ouvrait la bouche pour boire la pluie. Le Septième pensait tristement : Il faut que j' arrive le premier à l'orphelinat, car le directeur va nous demander de conjuguer le verbe mentir et Jean Le Maigre ne le sait pas.

Marie-Claire BLAIS, *Une saison dans la vie d'Emmanuel,*
Montréal, Boréal, 1991, p. 45.

Les mots surlignés font partie de la classe du verbe. Si on les enlevait, les phrases seraient asyntaxiques et le texte deviendrait incompréhensible. Le verbe est, avec le nom, une pièce maîtresse de la langue.

1   LES CARACTÉRISTIQUES DU VERBE

1.1   Les caractéristiques sémantiques du verbe

1.1.1   L'expression du temps

La valeur première du verbe est de situer dans le temps le fait ou l'évènement dont il est question dans la phrase. Ainsi, dans les trois phrases qui suivent, le verbe situe l'évènement dans le passé, dans le présent permanent et dans l'avenir :

> *Les astres **fascinèrent** les civilisations anciennes.*
>
> *La Lune **tourne** autour de la Terre à environ 3700 km à l'heure.*
>
> *Dans cinq milliards d'années, le Soleil **grossira** et il **détruira** notre planète.*

1.1.2   Les principales valeurs du verbe

Le verbe peut avoir différentes valeurs. Voici les plus courantes :

- verbes d'action : *dessiner, frapper, semer*, etc. ;
- verbes de connaissance : *apprendre, comprendre, savoir*, etc. ;
- verbes de déplacement : *courir, entrer, monter, venir*, etc. ;
- verbes d'existence : *être, dormir, vivre*, etc. ;
- verbes météorologiques : *neiger, pleuvoir, tonner*, etc. ;
- verbes d'opinion : *croire, estimer, juger*, etc. ;
- verbes de parole : *affirmer, dire, protester*, etc. ;
- verbes de sensation ou de perception : *écouter, sentir, voir*, etc. ;
- verbes de sentiment : *aimer, désirer, mépriser*, etc ;
- verbes de transformation : *jaunir, maigrir, perfectionner*, etc.

!   Les valeurs exprimées par le verbe ne lui sont pas exclusives. Le nom peut aussi indiquer une action : *construction, nettoyage* ; l'adjectif peut indiquer un sentiment : *heureux, mélancolique* ; l'adverbe peut indiquer le temps : *bientôt, hier*.

Ce qui est particulier au verbe, c'est qu'il constitue la seule classe de mots dont la forme, en se conjuguant, varie pour exprimer le temps.

1.2   Les caractéristiques morphologiques du verbe

Le verbe est une classe variable.

1.2.1   Le verbe se conjugue

DÉFINITION : On appelle **conjugaison** l'ensemble des différentes formes que le verbe peut prendre.

La forme du verbe varie selon cinq catégories grammaticales :

1. le mode : indicatif, subjonctif, impératif, infinitif ou participe : *travailler* (mode infinitif) / *il travaille* (mode indicatif) ;

2. le temps : passé, présent ou futur : *il travailla* (passé) / *il travaille* (présent) / *il travaillera* (futur) ;

3. l'aspect : évènement non accompli ou accompli : *elle travaillera* (aspect non accompli) / *elle aura travaillé* (aspect accompli) ;

4. la personne : première, deuxième ou troisième : *je travaille* (1re personne) / *tu travailles* (2e personne) / *elle travaille* (3e personne) ;

5. le nombre : singulier ou pluriel : *il travaille* (singulier) / *elles travaillent* (pluriel).

! Certains grammairiens considèrent que le verbe varie en plus selon la **voix**, qui est soit **active** : *Le Soleil éclaire la Terre*, soit **passive** : *La Terre est éclairée par le Soleil*. Dans cet ouvrage, l'opposition entre l'actif et le passif est considérée comme un phénomène qui relève de la transformation de la phrase [11, p. 92], et non de la morphologie du verbe.

Dans la phrase transformée de forme passive, le groupe verbal est formé du verbe attributif *être* suivi du participe passé du verbe de la phrase de base correspondante. Ce participe est un adjectif participe, noyau d'un GAdj dont la fonction est attribut du sujet :

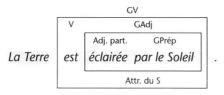

Cet adjectif participe a les mêmes propriétés qu'un attribut du sujet : il ne peut s'effacer ni se déplacer, et il se pronominalise par *le (l')* :

> *La Terre est éclairée par le Soleil .*

✂ * *La Terre est   ø   .*

✂ * *Éclairée par le Soleil la Terre est .*

⬇ *La Terre l'est .*

Dans la phrase passive, le verbe *être* est au même mode et au même temps de conjugaison que le verbe de la phrase active :

> *Le Soleil **éclaire** la Terre.* (*éclaire* : indicatif présent du verbe *éclairer*)
> *La Terre **est** éclairée par le Soleil.* (*est* : indicatif présent du verbe *être*)

1.2.2 Le verbe : une forme toujours complexe

Sauf les quelques formes indécomposables comme (*j'*) *ai*, (*elles*) *ont*, (*tu*) *es*, la forme écrite d'un verbe est décomposable en plusieurs éléments.

1. Dans les temps simples, une forme verbale se présente en un mot. Ce mot comprend un **radical**, qui exprime le sens du verbe, et une **terminaison**, qui désigne le mode, le temps, la personne et le nombre.

Ainsi, la forme (*nous*) *chantons* comprend :

– un radical, *chant-*, qui exprime l'action de chanter ;
– une terminaison, *-ons*, qui désigne l'indicatif présent à la première personne du pluriel.

2. Dans les temps composés, une forme verbale se présente en deux mots. Le premier mot est un **auxiliaire de conjugaison** (*avoir* ou *être*), et le second est un **participe passé**.

Ainsi, (*nous*) *avons chanté* comprend :

– un auxiliaire, *avons*, qui désigne l'indicatif présent à la première personne du pluriel ;
– un participe passé, *chanté*, qui est formé de la terminaison *-é* et du radical *chant-*, et qui désigne l'action accomplie de chanter.

Certaines expressions figées, constituées d'un verbe et d'un nom ou d'un verbe et d'un adjectif, sont considérées comme des formes verbales équivalant à un verbe unique. Ces groupes de mots sont appelés **locutions verbales** [33, p. 322] : *avoir l'air, avoir chaud, faire peur, prendre fin*, etc.

1.3   Les caractéristiques syntaxiques du verbe

1.3.1   Le verbe : noyau du GV

Quand il est conjugué à un mode personnel, c'est-à-dire à l'indicatif, au subjonctif ou à l'impératif, le verbe constitue le noyau du GV :

	GV	
	Noyau	Expansion
Des millions de galaxies	*peuplent*	*l'Univers* .

!   Quand il est à l'infinitif ou au participe présent, le verbe constitue le noyau d'un GInf ou d'un GPart [sections 3 et 4].

1.3.2   Les sortes de verbes

Sur le plan syntaxique, les verbes ont différentes particularités.

A. Les verbes intransitifs et transitifs

1. Les **verbes intransitifs** ne commandent pas de complément, direct ou indirect.

> *Le Soleil* **brille**.

2. Les **verbes transitifs** commandent un complément, direct ou indirect.

– Les verbes transitifs directs se construisent avec un complément direct, c'est-à-dire un complément sans préposition.

> *Un vaste système d'anneaux* **entoure** <u>*Saturne*</u>.

– Les verbes transitifs indirects se construisent avec un complément indirect, c'est-à-dire un complément qui est prépositionnel.

> *Nous **irons** <u>à l'observatoire du mont Mégantic</u> cet été.*

B. Les verbes attributifs

1. Les **verbes essentiellement attributifs** comme *être* se construisent toujours avec un attribut du sujet qui ne peut pas être effacé.

> *Les distances dans le cosmos **sont** <u>gigantesques</u>.*
>
> ✂ * *Les distances dans le cosmos **sont*** ø .

2. Les **verbes occasionnellement attributifs** sont des verbes transitifs ou intransitifs pouvant se construire avec :

– un attribut du sujet qu'on peut souvent effacer sans que le sens de la phrase change totalement ;

> *Les visiteurs **sortent** <u>enchantés</u> du planétarium.* (*enchantés* : attribut du sujet *Les visiteurs*)
>
> ✂ *Les visiteurs sortent* ø *du planétarium.*

– un attribut du complément direct du verbe qu'on ne peut pas effacer.

> *Les jeunes **trouvent** l'astronomie <u>passionnante</u>.* (*passionnante* : attribut du complément direct *l'astronomie*)
>
> ✂ * *Les jeunes trouvent l'astronomie* ø .

C. Les verbes pronominaux

Les verbes pronominaux sont des verbes précédés d'un pronom personnel conjoint de la même personne que le sujet, soit *me* (*m'*), *te* (*t'*), *se* (*s'*), *nous* ou *vous*.

1. Les **verbes essentiellement pronominaux** sont des verbes comme *s'ensuivre, s'évanouir* qui s'emploient uniquement à la forme pronominale. On ne trouve pas en effet les verbes *ensuivre, *évanouir.

> *Les étoiles filantes **s'évanouissent** en quelques secondes.*

2. Les **verbes occasionnellement pronominaux** sont des verbes transitifs qui apparaissent souvent dans des constructions non pronominales, mais qui s'emploient également à la forme pronominale.

> *Je **m'intéresse** à l'astronomie depuis longtemps.* (verbe pronominal)
>
> *L'astronomie **intéresse** tout le monde.* (verbe non pronominal)

Parmi les verbes occasionnellement pronominaux, on trouve :

– des **verbes réfléchis**, exprimant une action que l'être désigné par le sujet exerce sur ou pour lui-même ;

> *Elle **s'est acheté** un télescope.*

– des **verbes réciproques**, exprimant une action que les êtres désignés par le sujet exercent les uns sur les autres.

> *Les corps célestes **s'attirent**.*

D. Les verbes impersonnels

Les verbes impersonnels se construisent avec le sujet grammatical impersonnel *il*.

1. Généralement intransitifs, les **verbes essentiellement impersonnels** se construisent uniquement avec le pronom invariable *il*.

> *Il **vente** sur Mars.*

2. Transitifs ou intransitifs, les **verbes occasionnellement impersonnels** sont des verbes personnels employés dans une phrase de forme impersonnelle.

> *Il **arrive** en moyenne 42 éclipses de Lune sur une période de 18 ans.* (verbe impersonnel)
>
> *Il **arrive** toujours en retard.* (verbe personnel)
>
> *Il **est** cinq heures.* (verbe impersonnel)

E. Les verbes auxiliaires

1. Les **auxiliaires de conjugaison** *avoir* et *être* servent à former, avec un participe passé, les temps composés [20, p. 201].

> *Le télescope **a** <u>permis</u> une observation plus précise des astres.*

DE PLUS

2. Les **auxiliaires d'aspect**, comme *aller*, *être en train de* et *venir de*, suivis d'un infinitif, indiquent à quel moment (début, milieu ou fin) est envisagé le déroulement de l'évènement exprimé par le verbe à l'infinitif.

> *Nous **venons de** <u>visiter</u> le planétarium.*

3. Les **auxiliaires de modalité**, comme *devoir*, *falloir*, *pouvoir* et *vouloir*, suivis d'un infinitif, expriment la possibilité ou la nécessité [6, p. 44].

> *Les astronautes **doivent** <u>s'entraîner</u> beaucoup avant une mission.*

Les auxiliaires *paraître* et *sembler* sont aussi des auxiliaires de modalité, car ils expriment la subjectivité de l'énonciateur.

> *Les astronautes **paraissent** fatigués.*

4. Les **auxiliaires factitifs** *faire* et *laisser*, suivis d'un infinitif, indiquent que le sujet de la phrase cause ou permet l'action sans la réaliser lui-même.

> *L'eau **fait** <u>pousser</u> les plantes.*

! Un verbe peut cumuler plusieurs particularités. Il peut être à la fois transitif et pronominal : dans *Monika se baigne*, le verbe *baigner* est un verbe pronominal, car il est employé avec le pronom conjoint *se* de la même personne que le sujet, et il est également transitif puisque le pronom *se* est complément direct de *baigne*.

Par ailleurs, un verbe peut changer de sorte selon le contexte. Dans *Noah est généreux*, le verbe *être* est attributif, tandis que, dans *Lili est rentrée tard hier*, il sert d'auxiliaire de conjugaison pour former le passé composé du verbe *rentrer*. Dans *Le chien est dans sa niche*, *être* est un verbe transitif indirect et non un verbe attributif ; il équivaut à *se trouve*.

1.3.3 Le verbe : receveur de personne et de nombre

Le verbe est un receveur (R) : il reçoit les traits de personne et de nombre de son donneur (D), qui est le nom noyau du GN sujet ou le pronom sujet avec lequel il est en relation :

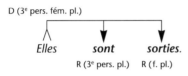

*Des réactions thermonucléaires **produisent** l'énergie du Soleil.*

REM. Aux temps composés, c'est l'auxiliaire qui reçoit les marques de personne et de nombre ; dans certains cas, le participe passé est aussi un receveur et peut varier en genre et en nombre.

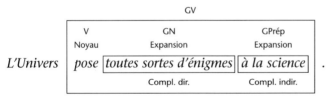

2 LE GV : CONSTRUCTIONS ET FONCTION

DÉFINITION : Le **GV** est un groupe dont le noyau est un verbe conjugué à un mode personnel (indicatif, subjonctif ou impératif).

Dans un GV, on peut trouver une ou plusieurs expansions du verbe : un GN, un GPrép, un GAdj, un GAdv, un GInf, un pronom ou une phrase subordonnée.

Dans la phrase suivante, le noyau du GV, le verbe *pose*, a deux expansions.

		GV	
	V	GN	GPrép
	Noyau	Expansion	Expansion
L'Univers	*pose*	*toutes sortes d'énigmes*	*à la science*
		Compl. dir.	Compl. indir.

Le GV constitue le groupe qui présente les constructions les plus nombreuses et les plus variées. On peut classer les constructions du GV en deux grands ensembles suivant la fonction de l'expansion :

– les GV avec ou sans complément ;
– les GV avec attribut.

2.1 Les constructions du GV avec ou sans complément

À la différence du complément de P, le complément de verbe fait partie du groupe verbal et dépend du verbe. Il est commandé à la fois par la construction et par le sens du verbe.

1. GV = V

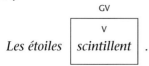

Les étoiles | *scintillent* | .

2. GV = V + GN

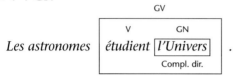

Les astronomes | *étudient* | *l'Univers* | .

3. GV = V + GPrép

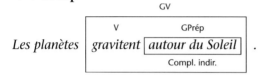

Les planètes | *gravitent* | *autour du Soleil* | .

4. GV = Pron + V

Placé devant le verbe, le pronom est complément direct ou indirect du verbe.

– Le pronom est complément direct du verbe quand il équivaut à un GN :

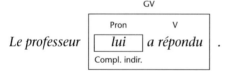

Les étoiles | *le* | *fascinent* | .

Dans cette phrase, le pronom *le* pourrait remplacer le GN *mon père*, par exemple.

– Le pronom est complément indirect du verbe quand il équivaut à un GPrép :

Le professeur | *lui* | *a répondu* | .

Dans cette phrase, le pronom *lui* pourrait remplacer le GPrép *à Rémi*, par exemple.

DE PLUS

Le pronom conjoint des verbes pronominaux peut remplir deux fonctions. Il peut être :

– complément direct du verbe :

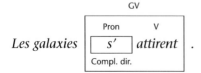

Les galaxies | *s'* | *attirent* | .

Le pronom *s'* est ici complément direct, car le verbe *attirer* est transitif direct (une chose attire une autre chose). La phrase équivaut à *Une galaxie attire une autre galaxie.*

– complément indirect du verbe :

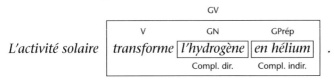

Dans le cycle lunaire, la nouvelle lune et le premier croissant se succèdent .

Le pronom *se* est ici complément indirect, car le verbe *succéder* est transitif indirect (une chose succède à une autre chose).

....

5. GV = V + GN + GPrép / V + GPrép + GN

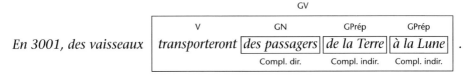

6. GV = V + GN + GPrép + GPrép

! Quand le troisième complément indique un prix, ce complément n'est pas obligatoirement introduit par une préposition ; c'est un complément direct, mais il ne se pronominalise pas :

Le Canada a vendu un satellite à la Chine (pour) dix millions de dollars.

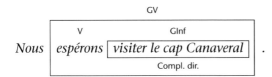

7. GV = V + GInf

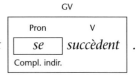

8. GV = V + Sub. complét.

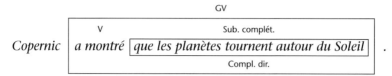

Copernic | **a montré** | *que les planètes tournent autour du Soleil* | .

2.2 Les constructions du GV avec attribut

Ce type de constructions verbales n'est possible qu'avec des verbes attributifs [1.3.2]. Les constructions attributives peuvent comprendre un attribut du sujet (exemples 1 à 5) ou un attribut du complément direct du verbe (exemples 6 à 8).

1. GV = V + GAdj

L'Univers | **serait** | *infini* | .

2. GV = V + GN

Ma tante | **est** | *ingénieure de l'aérospatiale* | .

3. GV = V + GPrép

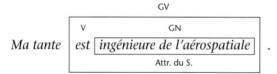

Les galaxies | **sont** | *en fuite constante* | .

4. GV = V + GAdv

La planète Pluton | **est** | *très loin* | .

5. GV = Pron + V

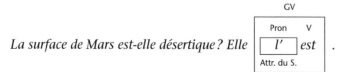

La surface de Mars est-elle désertique ? Elle | *l'* | **est** | .

! En plus du verbe *être*, plusieurs verbes commandent un attribut du sujet. Voici les principaux :
- verbes de transformation : *devenir, passer, tomber,* etc.
    > *L'astronaute **deviendra** célèbre.*
- verbes exprimant la continuité : *demeurer, rester,* etc.
    > *L'origine du monde **demeure** un mystère.*
- verbes exprimant une apparence ou une réputation : *apparaître, avoir l'air, sembler,* etc.
    > *Tan **passe pour** génial en astrophysique.*
- verbes exprimant l'existence : *naître, vivre, mourir,* etc.
    > *Tous les membres de l'équipage **moururent** asphyxiés.*

DE PLUS
....

Les constructions qui suivent comprennent un attribut de complément direct.

6. GV = V + GN + GAdj

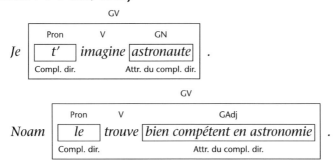

7. GV = V + GN + GN

8. GV = Pron + V + GN / GAdj

! Plusieurs verbes ou locutions verbales commandent un attribut du complément direct. Ces verbes ont différents sens. Voici les principaux :
- verbes de sentiment ou de perception :
    > *aimer : Il **aime** sa viande saignante.*
    > *sentir : Je vous **sentais** inquiets.*

– verbes de parole ou de déclaration :

> *appeler, s'appeler : Elle **a appelé** son fils Léopold.*
> *nommer : Le conseil vous **a nommée** directrice générale.*
> *élire : L'association **a élu** ma mère présidente.*

– verbes d'opinion :

> *considérer comme : Tous vous **considèrent comme** travailleurs.*
> *croire : Je la **crois** intelligente.*
> *juger : On **juge** Christiane compétente.*
> *penser : Elle te **pense** honnête.*
> *prendre pour : Les policiers **ont pris** cette voyageuse **pour** une trafiquante.*
> *regarder comme : Les historiens **regardent** Galilée **comme** un grand esprit.*
> *tenir pour : Nous vous **tenons pour** responsables.*
> *traiter de : Il nous **a traités de** fous.*
> *vouloir, se vouloir : Les savants **se veulent** objectifs.*

– verbes pronominaux de constatation :

> *s'affirmer comme : Ozias Leduc **s'est affirmé comme** un artiste de grand talent.*
> *s'avérer : Ces médicaments **s'avèrent** efficaces.*
> *se voir : Carmen **se voit** déchue de son poste.*
> *se révéler : Ce travail **s'est révélé** plus facile que prévu.*
> *se trouver : La cigale **se trouva** fort dépourvue.*

– verbes de relation :

> *avoir pour : J'**ai** Lise **pour** amie.*

– verbes de transformation :

> *rendre : Le beau temps nous **rend** optimistes.*
> *se faire : Victor **se fait** vieux.*

Le tableau suivant présente les constructions les plus fréquentes du GV.

LES PRINCIPALES CONSTRUCTIONS DU GV

CONSTRUCTIONS	EXEMPLES
A. Les GV avec ou sans complément	
V	*La nuit <u>tombe</u>.*
V + GN	*Le système solaire <u>comporte</u> **neuf planètes**.*
V + GPrép	*Les étoiles <u>naissent</u> **d'immenses nuages de gaz**.*
Pron + V	*L'Univers **nous** <u>émerveille</u>.*
V + GN + GPrép	*La gravité <u>retient</u> **les corps sur la Terre**.*
V + GN + GPrép + GPrép	*On <u>a traduit</u> **la série Star Trek de l'anglais en plusieurs langues**.*
V + GInf	*Tous <u>aiment</u> **regarder un beau ciel étoilé**.*
V + Sub. complét.	*Les astrologues <u>prétendent</u> **que les astres influencent notre caractère**.*

CONSTRUCTIONS (suite)	EXEMPLES
B. Les GV avec attribut	
V + GAdj	*Les extraterrestres <u>seraient</u> **humanoïdes**.*
V + GN	*Un jour, le Soleil <u>deviendra</u> **une naine noire inobservable**.*
V + GPrép	*Tous les corps célestes <u>sont</u> **en mouvement**.*
V + GAdv	*Pendant encore des milliards d'années, la Lune <u>demeurera</u> **ainsi**.*
Pron + V	*Tu **le** <u>seras</u>.*
V + GN + GAdj	*L'Église <u>jugeait</u> les hypothèses de Copernic **inacceptables**.*
V + GN + GN	*On <u>appelle</u> « **astronautes** » les voyageurs de l'espace.*
Pron + V + GAdj	*Je la <u>trouve</u> **facile à repérer**.*

! Dans les constructions du GV avec ou sans complément présentées ci-dessus, le verbe peut être accompagné d'un modificateur, qui est généralement un GAdv :

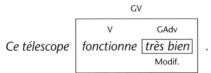

Ce télescope | *fonctionne* | **très bien** | .

GV — V — GAdv — Modif.

soit un GPrép équivalant à un GAdv :

La navette spatiale | *a atterri* | **en retard** | .

GV — V — GPrép — Modif.

! Selon sa construction, un verbe peut changer de sens [40, p. 380].

Par exemple, le sens du verbe *passer* varie d'une construction à l'autre.

– Sans complément, il signifie :
   « se déplacer » : *Les voitures passent.*
   « s'écouler » : *Les jours passent.*

– Suivi d'un complément direct, il signifie :
   « traverser » : *Le voleur a passé la frontière.*
   « réussir » : *L'étudiante a passé son examen.*

– Suivi de deux compléments, l'un direct et l'autre indirect, il signifie :
   « prêter » : *Olivier a passé un stylo à son voisin.*

– Suivi d'un attribut, il signifie :
   « être considéré comme » : *Elle passe pour excellente.*

– Dans une construction pronominale avec un complément introduit par *à* ou *de*, il signifie :
   « avoir lieu » : *La scène se passe à La Malbaie.*
   « s'abstenir de quelque chose » : *Il se passera de cigarettes.*

> Il est important de consulter un dictionnaire pour bien distinguer les divers sens qu'un verbe peut prendre selon sa construction.

2.3 La fonction du GV

Le GV remplit une seule fonction, celle de prédicat de P [9, p. 63]. Le prédicat est, avec le sujet, l'un des deux constituants obligatoires de la P; il ne peut donc pas être effacé:

*L'atmosphère **réfléchit** la lumière solaire.*

✂ * *L'atmosphère* ∅ .

3 LE GInf: CONSTRUCTIONS ET FONCTIONS

DÉFINITION: Le **GInf** est un groupe dont le noyau est un infinitif.

❗ L'infinitif se présente sous une forme simple (*chanter*) ou sous une forme composée (*avoir chanté*) [20].

3.1 Les constructions du GInf

Le GInf peut avoir les mêmes constructions que le GV. Il peut être formé d'un infinitif seul ou d'un infinitif suivi d'une expansion. Voici les constructions les plus courantes du GInf.

1. **GInf = Inf.**

Les étoiles finissent par | GInf / Inf. / **mourir** | .

2. **GInf = Inf. + GN**

Observer | GInf / Inf. — GN / **le ciel** (Compl. dir.) | *est passionnant.*

3. **GInf = Inf. + GAdj**

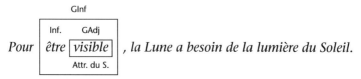

Pour | GInf / Inf. — GAdj / *être* **visible** (Attr. du S.) | *, la Lune a besoin de la lumière du Soleil.*

4. GInf = Inf. + GPrép

Le Russe Gagarine est le premier homme à  .

5. GInf = Pron + Inf.

Comme Pluton est très loin, il est encore impossible de 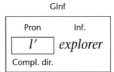 .

6. GInf = Inf. + Sub. complét.

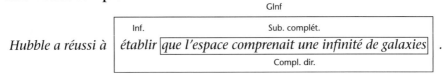

Hubble a réussi à établir *que l'espace comprenait une infinité de galaxies* .

REM. 1. Le GInf peut être remplacé par les pronoms *cela*, *ça* ou par *faire cela* / *avoir fait cela*. Cette manipulation permet de délimiter le GInf.

> **Observer le ciel** est fascinant.
>
> ⬇ **C'est** fascinant.
>
> *Le Russe Gagarine est le premier homme à **avoir voyagé dans l'espace**.*
>
> ⬇ *Le Russe Gagarine est le premier homme à **avoir fait cela**.*

2. Avec certains verbes qui commandent un complément direct, le GInf est introduit par *de* ou *à*; ces mots ne constituent pas une préposition, mais une **marque de l'infinitif**.

> Il **refuse de** jouer.
> Nous **apprenons à** jouer du saxophone.

Le GInf de ces phrases est un complément direct du verbe, ce qui se vérifie en le remplaçant par le pronom *cela*:

> Il refuse **de jouer**.
>
> ⬇ Il refuse **cela**.

3. L'infinitif peut être modifié par un GAdv:

> Observer **attentivement** le ciel est fascinant.

DE PLUS

Lorsque l'infinitif est employé avec un auxiliaire d'aspect (*aller, être en train de, venir de,* etc.) ou de modalité (*devoir, falloir, pouvoir,* etc.), deux analyses sont souvent possibles.

– On peut considérer que le verbe auxiliaire est le noyau du GV et que l'infinitif fait partie d'une expansion:

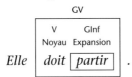

– En raison de la relation très étroite entre le verbe auxiliaire et l'infinitif, on peut également considérer que les deux éléments forment le noyau du GV :

GV

	Noyau
Elle	doit partir

Dans ces constructions, l'infinitif se remplace par *le* ou par *le faire* :

Elle doit **partir**.

⤵ Elle doit **le faire**.

3.2 Les fonctions du GInf

Comme l'infinitif correspond à la forme nominale du verbe, le GInf peut exercer plusieurs des fonctions du GN, ainsi que l'illustre le tableau suivant.

LES FONCTIONS DU GInf

FONCTIONS	EXEMPLES
Sujet de P	*Penser à l'immensité du cosmos donne le vertige.*
Attribut du sujet	*Faire de l'astrologie n'est pas du tout faire de l'astronomie.*
Complément direct du verbe	*Les hommes souhaiteraient se déplacer à la vitesse de la lumière.*
Complément du nom	*Je réaliserai un jour mon rêve : devenir astronaute.*

! • Le GInf peut exercer la fonction de prédicat dans des phrases subordonnées sans sujet :

*Ils se demandent **quand atterrir**.* (subordonnée interrogative indirecte)

*On cherche un endroit **où construire un observatoire**.* (subordonnée relative)

• Le GInf peut servir à former une phrase à construction particulière appelée **phrase infinitive** [12, p. 99] :

Tourner la manette vers la droite.

4 LE GPart : CONSTRUCTIONS ET FONCTIONS

DÉFINITION : Le **GPart** est un groupe dont le noyau est un participe présent.

! Le participe présent se présente sous une forme simple (*chantant*) ou sous une forme composée (*ayant chanté*) [20, p. 197] .

4.1 Les constructions du GPart

Comme le GInf, le GPart peut avoir les mêmes constructions que le GV. Voici les constructions les plus courantes du GPart.

1. GPart = Part. pr.

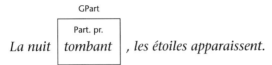

La nuit **tombant**, les étoiles apparaissent.

2. GPart = Part. pr. + GN

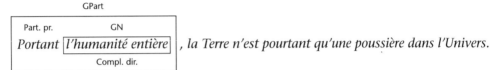

Portant *l'humanité entière*, la Terre n'est pourtant qu'une poussière dans l'Univers.

3. GPart = Part. pr. + GAdj

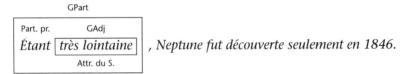

Étant *très lointaine*, Neptune fut découverte seulement en 1846.

4. GPart = Part. pr. + GPrép

La fusée se met en orbite, **échappant** *à l'attraction terrestre*.

5. GPart = Part. pr. + GInf

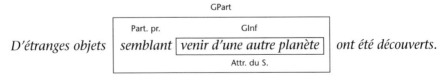

D'étranges objets **semblant** *venir d'une autre planète* ont été découverts.

6. GPart = Pron + Part. pr.

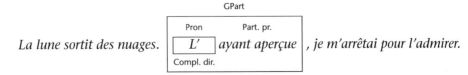

La lune sortit des nuages. *L'* **ayant aperçue**, je m'arrêtai pour l'admirer.

7. GPart = Part. pr. + Sub. complét.

GPart

Part. pr.	Sub. complét.
Ayant soutenu	*que la Terre n'était pas le centre du monde*
	Compl. dir.

, *Galilée dut se rétracter.*

REM.   Le participe présent peut être accompagné d'un modificateur :

> *Regardant **attentivement** le ciel, elle aperçut Vénus.*

DE PLUS

Le gérondif : *en* + participe présent

Le gérondif est une construction qui n'admet comme forme verbale que le participe présent. Celui-ci est précédé de la préposition *en* et peut être suivi d'une expansion. Étant donné que cette construction commence par une préposition, elle constitue un GPrép, qui exerce notamment la fonction de complément de P :

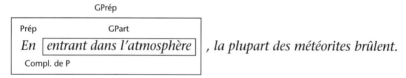

GPrép

Prép	GPart
En	*entrant dans l'atmosphère*
Compl. de P	

, *la plupart des météorites brûlent.*

Le gérondif a plusieurs valeurs. Il peut signifier, entre autres :
– la manière :

> *Il marche **en boitant**.*

– le moyen :

> *Je gagne ma vie **en écrivant des téléromans**.*

– la condition :

> *Tu pourras réussir **en travaillant**.*

REM.   En principe, le participe présent renvoie au sujet de P. Ainsi, on ne doit pas écrire :

> ⊗ ***Étant nouveau**, les autres <u>me</u> regardaient avec méfiance.*

car la personne à laquelle renvoie le GPart *Étant nouveau* n'est pas le sujet du verbe *regardaient*. Il vaut mieux utiliser une autre construction, par exemple :

> ***Étant nouveau**, <u>j</u>'étais regardé par les autres avec méfiance.*

Cependant, cette règle n'est pas appliquée quand il n'y a aucun risque d'ambiguïté :

> *L'appétit vient **en mangeant**.*
>
> ***En approchant du camp de vacances**, la joie des enfants augmentait.*

4.2 Les fonctions du GPart

Comme le participe a des caractéristiques très proches de celles de l'adjectif, le GPart peut exercer les fonctions du GAdj [18, p. 172].

LES FONCTIONS DU GPart

FONCTIONS	EXEMPLES
Complément du nom	La technologie moderne offre des instruments **permettant de voir des astres à des milliers d'années de lumière.**
Attribut du complément direct du verbe	J'ai trouvé les enfants **jouant aux extraterrestres.**

EN RÉSUMÉ

Le **verbe** présente les caractéristiques suivantes.

1. Sur le plan sémantique, le verbe a différentes valeurs, mais il fait avant tout référence au temps.

2. Sur le plan morphologique, le verbe :
   - se conjugue, il varie en mode, en temps, en aspect, en personne et en nombre ;
   - est formé :
     - dans les temps simples : d'un radical et d'une terminaison ;
     - dans les temps composés : de l'auxiliaire *avoir* ou *être* suivi d'un participe passé.

3. Sur le plan syntaxique,
   - il y a plusieurs sortes de verbes :
     - transitifs directs ou indirects et intransitifs ;
     - essentiellement ou occasionnellement attributifs ;
     - essentiellement ou occasionnellement pronominaux ;
     - essentiellement ou occasionnellement impersonnels ;
     - auxiliaires de conjugaison, d'aspect, de modalité ou factitifs.
   - s'il est à un mode personnel (indicatif, subjonctif, impératif), le verbe est :
     - le noyau du GV, qui remplit la fonction de prédicat de P ;
     - un receveur de la personne et du nombre du donneur sujet.
   - s'il est à un des modes impersonnels de l'infinitif ou du participe en *-ant*, le verbe est ;
     - le noyau du GInf, qui peut exercer plusieurs fonctions du GN,
     - le noyau du GPart, qui peut exercer des fonctions du GAdj.

Le système verbal

Objectifs du chapitre

- Connaître les principes d'organisation de la conjugaison.
- Reconnaître les différentes formes verbales.
- Se familiariser avec les valeurs et les règles d'emploi des modes et des temps verbaux.

Plan du chapitre

1 Les catégories grammaticales liées au verbe

2 La conjugaison

3 Les valeurs et l'emploi des modes et des temps verbaux

Observons les verbes surlignés dans cet extrait de roman.

> J'*essayais* d'*écrire* une histoire d'amour sans *être* moi-même amoureux. J'*avais* sans doute *choisi* ce sujet parce que, me *sentant* *vieillir*, j'*avais* *peur* qu'il ne me *reste* pas le temps d'*être* amoureux une dernière fois.
>
> Pour *sortir* de l'impasse, il y *avait* deux solutions : ou bien je *changeais* de sujet, ou bien je m'*intéressais* de plus près à cette personne qui s'*appelait* Marika. J'*optai* pour la deuxième solution.

> Jacques POULIN, *Le vieux chagrin*, Montréal-Paris, Leméac/Actes Sud, 1989, p. 24-25.

Les formes verbales qu'on relève dans cet extrait se répartissent en six ensembles différents : 1) l'indicatif imparfait : *essayais, avais, avait, changeais, intéressais, appelait* ; 2) l'indicatif plus-que-parfait : *avais choisi* ; 3) l'indicatif passé simple : *optai* ; 4) le subjonctif présent : *reste* ; 5) l'infinitif présent : *écrire, être, vieillir, sortir* ; 6) le participe présent : *sentant*.

Ces séries de formes verbales situent différemment dans le temps les évènements relatés par le narrateur. Par exemple, l'indicatif plus-que-parfait *avais choisi* indique un fait passé qui a eu lieu avant celui que désigne l'indicatif imparfait *essayais*.

Les différentes formes verbales et les valeurs qu'elles expriment constituent un système complexe qu'on appelle **système verbal**. Dans ce chapitre, nous étudions la répartition et la construction des formes verbales ainsi que leurs principaux sens.

1 LES CATÉGORIES GRAMMATICALES LIÉES AU VERBE

Pour décrire le système verbal, on a recours aux catégories grammaticales de la personne, du nombre, du mode, du temps, de l'aspect et de la modalité.

1.1 La personne grammaticale et le nombre

On distingue trois personnes grammaticales, qui sont désignées par différents pronoms dans la conjugaison du verbe. Chaque personne comporte une forme du singulier et une forme du pluriel.

La **1re** et la **2e personne grammaticale** concernent les personnes engagées dans une communication langagière [1, p. 4]. La 1re personne représente l'être qui parle, soit l'émetteur du message ; elle est désignée par le pronom singulier *je* ou par le pronom pluriel *nous* si l'émetteur est associé à un ensemble de personnes. La 2e personne représente l'être à qui l'on parle, soit le récepteur du message ; elle est désignée par le pronom singulier *tu* ou par le pronom pluriel *vous* s'il s'agit d'un ensemble de personnes ou d'une personne que l'on vouvoie.

Contrairement aux deux autres, la **3e personne grammaticale** ne renvoie pas à des personnes participant à une communication. Elle représente l'être ou la chose, les êtres ou les choses dont on parle ; elle est désignée par les pronoms *il / elle / ils / elles*, qui varient selon le genre et le nombre de l'antécédent [17, p. 149].

Le tableau suivant présente les personnes grammaticales avec les pronoms de conjugaison correspondants.

LES PERSONNES GRAMMATICALES DANS LA CONJUGAISON

SINGULIER	PERSONNES GRAMMATICALES	PLURIEL
je	1re personne : émetteur	*nous*
tu	2e personne : récepteur	*vous*
il / elle	3e personne : être(s) ou chose(s) dont on parle	*ils / elles*

REM. 1. Le pronom *nous* s'utilise parfois à la place de *je*. C'est le *nous* de majesté pour les souverains et les détenteurs d'autorité : *Nous, Reine d'Angleterre, décrétons que...* ; ou bien c'est le *nous* de modestie pour un auteur : *Nous présentons d'abord la conjugaison.*

2. Sur le plan de la personne grammaticale, le pronom *on* a un fonctionnement particulier. Morphologiquement, c'est une 3e personne du singulier. Sémantiquement, il a différentes valeurs, il peut désigner des êtres indéterminés : *À Kamouraska, on pêche l'anguille*, ou équivaloir, dans la langue courante, au pronom *nous* : *On n'est pas sortis de l'auberge.*

3. La personne grammaticale concerne aussi les déterminants et les pronoms possessifs [16, p. 144 et 17, p. 155].

1.2 Le mode

Les modes sont classés en fonction de deux critères : la personne grammaticale et le temps chronologique (le passé, le présent et l'avenir).

1. Sur le plan de la personne grammaticale, on distingue deux sortes de modes :
   - Les **modes impersonnels**, qui ne varient pas en personne :
     - l'infinitif : *sortir, être sorti* ;
     - le participe : *sortant, étant sorti, sorti.*
   - Les **modes personnels**, qui varient en personne :
     - le subjonctif : *que je sorte, que tu sortes, qu'il sorte,* etc. ;
     - l'impératif : *sors, sortons, sortez* ;
     - l'indicatif : *je sors, tu sors, il sort,* etc. ; *je sortais, tu sortais, il sortait,* etc.

2. Sur le plan du temps chronologique, on oppose les **modes non temporels** : l'infinitif, le participe, le subjonctif, l'impératif, qui sont indépendants de toute époque, au seul **mode temporel**, l'indicatif.

   Ainsi, le subjonctif, parce qu'il est un mode non temporel, peut s'employer dans une phrase aussi bien au passé, au présent qu'au futur : *il fallait que je **parte*** ; *il faut que je **parte*** ; *il faudra que je **parte**.* Par contre, les formes de l'indicatif portent en elles-mêmes l'indication de l'époque temporelle : *je **partais*** exprime un passé ; *je **pars**,* un présent ; *je **partirai**,* un futur.

LES CARACTÉRISTIQUES DES MODES

MODES	PERSONNE GRAMMATICALE	TEMPS
Infinitif	impersonnel	non temporel
Participe	impersonnel	non temporel
Subjonctif	personnel	non temporel
Impératif	personnel	non temporel
Indicatif	personnel	temporel

1.3 Le temps

Le terme *temps* est ambigu, car il a deux sens.

Son premier sens renvoie au **temps chronologique**, qui se divise en trois époques : le passé, le présent et l'avenir. C'est le temps dans lequel se déroulent tous les évènements survenant dans l'Univers. Dans le temps chronologique, un évènement peut être antérieur, simultané ou postérieur à un autre évènement.

Le deuxième sens est proprement grammatical. Il s'agit du **temps verbal**, qui concerne les séries de formes verbales proprement dites : indicatif imparfait, impératif présent, subjonctif passé, etc. Un temps verbal ne fait pas seulement référence au temps chronologique ; il exprime aussi l'aspect et la modalité.

REM. La langue anglaise distingue bien ces deux sens par deux termes : *time* pour le temps chronologique et *tense* pour le temps grammatical.

DÉFINITION : La **valeur temporelle** d'une forme verbale situe l'évènement désigné par le verbe dans l'une des époques du temps chronologique.

DE PLUS
....

1.4 L'aspect

L'aspect concerne la durée d'un évènement sans référence au temps chronologique. La durée de tout évènement s'inscrit entre un début et une fin. Si on considère l'évènement entre le début et la fin, on le voit en cours de réalisation ; c'est l'**aspect non accompli**. Si on considère l'évènement comme ayant franchi sa fin, on le voit terminé ; c'est l'**aspect accompli**.

Le système verbal du français distingue l'aspect non accompli de l'aspect accompli en opposant les temps simples aux temps composés [voir la section 2]. Un verbe à un temps simple, comme *il danse*, présente une action non accomplie, c'est-à-dire en train de se dérouler ; par contre, un verbe à un temps composé, comme *j'ai dansé*, évoque une action accomplie, c'est-à-dire finie.

L'opposition entre l'aspect non accompli et l'aspect accompli traverse toutes les époques du temps chronologique. On peut s'imaginer très bien dans le passé en train de faire une action : *je dansais*, ou après l'avoir faite : *j'avais dansé*. De même, on peut s'imaginer dans l'avenir en train de faire une action : *je danserai*, ou après l'avoir faite : *j'aurai dansé*.

REM. Les **auxiliaires d'aspect**, suivis d'un infinitif, expriment d'autres sortes d'aspects liés aux phases successives de l'évènement (début, milieu, fin), en soulignant :
  – la proximité du début de l'évènement (aspect prochain) : *Il va pleuvoir, Il est sur le point de pleuvoir* ;
  – son début (aspect inchoatif) : *Il commence à pleuvoir, Il se met à pleuvoir* ;
  – sa progression (aspect progressif) : *Il est en train de pleuvoir, Il continue de pleuvoir* ;
  – sa fin (aspect terminatif) : *Il arrête de pleuvoir, Il cesse de pleuvoir* ;
  – la proximité de sa fin (aspect récent) : *Il vient de pleuvoir*.

DÉFINITION : La **valeur aspectuelle** d'une forme verbale renvoie à la manière dont on envisage la durée de l'évènement désigné par le verbe, indépendamment de sa situation dans le temps chronologique.

1.5 La modalité

La modalité verbale est une marque particulière de la modalisation [6, p. 44]. Elle présente un évènement comme plus ou moins possible, plus ou moins certain, ou plus ou moins nécessaire. Elle est exprimée par les modes, les temps verbaux et les auxiliaires de modalité.

Par exemple, l'indicatif futur évoque un évènement qui se réalisera probablement dans l'avenir : *Je serai aviateur*, alors que l'indicatif conditionnel ne lui donne qu'un caractère hypothétique : *Je serais aviateur*. Dans *Jim doit partir*, l'auxiliaire de modalité *doit* présente le départ de Jim comme une obligation, une nécessité.

DÉFINITION : La **valeur modale** d'une forme verbale renvoie au degré de possibilité, de certitude ou de nécessité attribué à l'évènement désigné par le verbe.

REM. Les **auxiliaires de modalité** *pouvoir*, *devoir* et *falloir* expriment deux valeurs modales fondamentales, la possibilité et la nécessité.

On range aussi dans les auxiliaires de modalité trois autres verbes qui reflètent la subjectivité de l'énonciateur :

– le verbe *vouloir*, qui exprime une volonté :

> Nous **voulons** participer.

– les verbes *paraître* et *sembler*, qui présentent comme une apparence ce que désigne le verbe à l'infinitif :

> Tu **sembles** penser le contraire.

---

2   LA CONJUGAISON

La conjugaison relève de la morphologie du verbe et comprend les différentes formes qu'il peut prendre.

2.1   L'écart entre la conjugaison orale et la conjugaison écrite

Il existe des différences importantes entre la conjugaison orale et la conjugaison écrite. La conjugaison orale est plus simple, car elle fait intervenir moins de formes. Ainsi, à l'oral, un verbe au conditionnel montre seulement trois formes, alors qu'à l'écrit il en présente cinq :

	ÉCRIT	ORAL
Je	*finirais*	
Tu	*finirais*	
Il / Elle	*finirait*	[finiʀɛ]
Ils / Elles	*finiraient*	
Nous	*finirions*	[finiʀjɔ̃]
Vous	*finiriez*	[finiʀje]

Dans la conjugaison, on trouve de nombreux cas d'homophonie où, comme dans le cas du verbe *finir* au conditionnel, une même forme orale correspond à plusieurs formes écrites distinctes.

> Les homophones de conjugaison sont nombreux et faciles à confondre à l'écrit en raison de leur prononciation identique. Il importe donc d'être très attentif lorsqu'on orthographie ces formes.

2.2 **Le classement des formes verbales**

Les tableaux de conjugaison distinguent les modes, puis les temps des modes, qui se subdivisent à leur tour en temps simples et en temps composés.

Il existe une symétrie rigoureuse entre les temps simples et les temps composés : à chaque temps simple correspond un temps composé formé de l'auxiliaire *avoir* ou *être*, conjugué au temps simple correspondant, et du participe passé du verbe.

LE CLASSEMENT DES FORMES VERBALES

MODES	TEMPS	
	TEMPS SIMPLES	TEMPS COMPOSÉS
Indicatif	**Indicatif présent** *Nous chantons*	**Indicatif passé composé** (auxil. au pr.) *Nous avons chanté*
	Indicatif passé simple *Nous chantâmes*	**Indicatif passé antérieur** (auxil. au passé s.) *Nous eûmes chanté*
	Indicatif imparfait *Nous chantions*	**Indicatif plus-que-parfait** (auxil. à l'imp.) *Nous avions chanté*
	Indicatif futur simple *Nous chanterons*	**Indicatif futur antérieur** (auxil. au futur s.) *Nous aurons chanté*
	Indicatif conditionnel présent *Nous chanterions*	**Indicatif conditionnel passé** (auxil. au condit. pr.) *Nous aurions chanté*
Subjonctif	**Subjonctif présent** *Que nous chantions*	**Subjonctif passé** (auxil. au subj. pr.) *Que nous ayons chanté*
	Subjonctif imparfait *Que nous chantassions*	**Subjonctif plus-que-parfait** (auxil. au subj. imp.) *Que nous eussions chanté*
Impératif	**Impératif présent** *Chantons*	**Impératif passé** (auxil. à l'impér. pr.) *Ayons chanté*
Infinitif	**Infinitif présent** *Chanter*	**Infinitif passé** (auxil. à l'inf. pr.) *Avoir chanté*
Participe	**Participe présent simple** *Chantant*	**Participe présent composé** (auxil. au part. pr.) *Ayant chanté*
	Participe passé simple *Chanté*	**Participe passé composé** (auxil. au part. p.) *Eu chanté*

REM. Le participe passé composé est utilisé seulement dans les formes surcomposées, constituées de deux auxiliaires et du participe passé du verbe. Les formes surcomposées servent à exprimer l'antériorité par rapport aux temps composés : *Quand nous **avons eu chanté**, les spectateurs ont applaudi à tout rompre.* On les emploie surtout à l'oral.

2.3 **Les éléments constitutifs des temps simples**

Dans les temps simples, les formes verbales comportent un seul mot qui se décompose en deux éléments : le **radical** et la **terminaison**[1]. Dans *courez*, le radical est *cour-* et la terminaison est *-ez*.

! On ne peut pas toujours séparer la terminaison du radical. Souvent, les deux se confondent dans les formes des verbes *être* et *avoir* : *tu es, ils sont, j'ai, il a*, etc.

2.3.1 **Le radical**

Le radical porte le sens permanent du verbe. Dans *Jeanne **cour**ait hier*, *Jeanne **cour**t en ce moment* et *Jeanne **cour**ra demain*, le radical *cour-* désigne toujours l'action de courir, quelle que soit l'époque.

1. Pour beaucoup de verbes, le radical reste le même dans toute la conjugaison. Par exemple, le verbe *danser* présente le radical *dans-* à tous les modes, à tous les temps et à toutes les personnes : *je **dans**e, tu **dans**es, nous **dans**ions, il **dans**a, **dans**ant*, etc.

2. Pour d'autres verbes, le radical change dans la conjugaison. Par exemple, le radical du verbe *finir* a deux variantes :
   – radical *fini-* : *je **fini**s, tu **fini**s, il **fini**ra, vous **fini**rez, je **fini**rais*, etc. ;
   – radical *finiss-* : *nous **finiss**ons, tu **finiss**ais, qu'il **finiss**e, **finiss**ant*, etc.

Le tableau suivant classe les verbes selon la variation du radical.

LA VARIATION DU RADICAL

VERBES À UN RADICAL	VERBES À DEUX RADICAUX	VERBES À TROIS RADICAUX	VERBES À QUATRE RADICAUX	VERBES À CINQ RADICAUX ET PLUS
aimer : aim-	*lever :* lèv- lev-	*envoyer :* envoi- envoy- enver-	*connaître :* conn- connai- connaiss- connaît-	*obtenir :* obt- obtien- obtienn- obten- obtiend-
trouver : trouv-	*nettoyer :* nettoi- nettoy-	*dormir :* dor- dorm- dormi-	*résoudre :* résou- résolv- résoud- résol-	*pouvoir :* p(us) pou- peuv- pouv- pour- puiss-
vider : vid-	*écrire :* écri- écriv-			
courir : cour-		*craindre :* crain- craign- craind-	*recevoir :* reç- reçoi- recev- reçoiv-	
conclure : conclu-	*vieillir :* vieilli- vieilliss-			

_____

1. La terminaison est appelée aussi « désinence ».

REM. 1. La variation du radical s'explique par l'histoire de la langue. Elle peut provenir:

– de l'addition d'une consonne, par exemple:
  - *t*: *je **par**s / nous **part**ons*
  - *m*: *tu **dor**s / vous **dorm**ez*
  - *v*: *il **écri**t / ils **écriv**ent*

– de l'ajout d'une voyelle:
  La voyelle *i* est ajoutée aux formes du futur et du conditionnel de certains verbes en *-ir*: *je **couvri**rai, tu **offri**rais*.

– de la modification du radical entier:
  Les auxiliaires *avoir* et *être* changent complètement leur radical dans la conjugaison: *nous avons, nous aurons, ayant,* etc. ; *nous sommes, nous fûmes, étant,* etc.

2. Conformément aux *Rectifications de l'orthographe* de 1990, la conjugaison des verbes en *-eler* et *-eter* suit le modèle de *peler* et *acheter,* sauf dans le cas des verbes *appeler, jeter* et de leurs dérivés.

2.3.2 La terminaison

La terminaison apporte des informations sur les catégories grammaticales liées au verbe. Par exemple, la terminaison *-aient* dans *ils sortaient* signale le mode (indicatif), le temps (imparfait), la personne (3ᵉ personne) et le nombre (pluriel).

Le tableau suivant présente les terminaisons verbales à l'écrit.

LES TERMINAISONS ÉCRITES DU VERBE

MODES ET TEMPS	VERBES	PERSONNES					
		SINGULIER			PLURIEL		
		1ʳᵉ *je*	2ᵉ *tu*	3ᵉ *il / elle*	1ʳᵉ *nous*	2ᵉ *vous*	3ᵉ *ils / elles*
Indicatif présent	• Les verbes en *-er*	*-e*	*-es*	*-e*	*-ons*	*-ez*	*-ent*
	• Les autres verbes	*-s*	*-s*	*-t*	*-ons*	*-ez*	*-ent*

!

• Certains verbes en *-ir* prennent les terminaisons du singulier des verbes en *-er*; ce sont ceux qui, à l'oral, se terminent à l'indicatif présent par [j]: *accueillir (j'accueille), assaillir (j'assaille), cueillir (je cueille), défaillir (je défaille), recueillir (je recueille), tressaillir (je tressaille)*; par [fʀ]: *offrir (j'offre), souffrir (je souffre)*; ou par [vʀ]: *couvrir (je couvre), ouvrir (j'ouvre)*.

• À la 1ʳᵉ et à la 2ᵉ personne du singulier, les verbes *pouvoir, valoir* et *vouloir* prennent un *-x*: *je peux, je vaux, je veux; tu peux, tu vaux, tu veux.*

• À la 3ᵉ personne du singulier, *avoir* et *aller* font *il a, il va*; les verbes *vaincre* et *convaincre* font *il (con)vainc*; les verbes en *-dre,* sauf ceux en *-indre* et *-soudre,* se terminent par un *-d*: *il prend.*

• Aux personnes du pluriel, on trouve les formes particulières suivantes: *nous sommes, vous êtes, vous faites, vous dites; ils font, ils ont, ils sont, ils vont.*

MODES ET TEMPS	VERBES	PERSONNES					
		SINGULIER			PLURIEL		
		1re *je*	**2e** *tu*	**3e** *il / elle*	**1re** *nous*	**2e** *vous*	**3e** *ils/elles*
Indicatif passé simple	• Les verbes en -er	-ai	-as	-a	-âmes	-âtes	-èrent
	• Les verbes en -ir et la plupart des verbes en -re	-is	-is	-it	-îmes	-îtes	-irent
	• Les verbes en -oir et 15 verbes en -re dont la liste suit	-us	-us	-ut	-ûmes	-ûtes	-urent

!
- Les verbes *courir* et *mourir* prennent les terminaisons en -u- des verbes en -oir: *je courus, il mourut*.
- Les verbes *tenir* et *venir* (et leurs dérivés) font *je vins, tu vins, il vint, nous vînmes, vous vîntes, ils vinrent*.
- Les verbes *asseoir, surseoir* et *voir* (et leurs dérivés, sauf *pourvoir*) prennent les terminaisons en -i- des verbes en -ir: *je m'assis, il vit*.
- Liste des 15 verbes en -re qui prennent les terminaisons en -u-: *boire, conclure, connaître, croire, croître, être, exclure, lire, moudre, paraître, plaire, repaître, résoudre, taire, vivre*.

Indicatif imparfait	• Tous les verbes	-ais	-ais	-ait	-ions	-iez	-aient
Indicatif futur simple	• Tous les verbes	-rai	-ras	-ra	-rons	-rez	-ront

! Pour les verbes en -er, les terminaisons sont précédées d'un -e-: *il chantera, il étudiera*.

Indicatif conditionnel présent	• Tous les verbes	-rais	-rais	-rait	-rions	-riez	-raient

! Pour les verbes en -er, les terminaisons sont précédées d'un -e-: *il chanterait, il étudierait*.

Subjonctif présent	• Tous les verbes	-e	-es	-e	-ions	-iez	-ent

! *Que je sois, que tu sois, qu'il soit, que nous soyons, que vous soyez.*
Qu'il ait, que nous ayons, que vous ayez.

MODES ET TEMPS	VERBES	PERSONNES					
		SINGULIER			PLURIEL		
		1re *je*	**2e** *tu*	**3e** *il / elle*	**1re** *nous*	**2e** *vous*	**3e** *ils / elles*
Subjonctif imparfait	• Les verbes en *-er* • Les autres verbes (selon la voyelle de la terminaison du passé simple)	-asse -isse -usse	-asses -isses -usses	-ât -ît -ût	-assions -issions -ussions	-assiez -issiez -ussiez	-assent -issent -ussent
Impératif présent	• Les verbes en *-er* et les verbes *accueillir, assaillir,* etc. (de la liste de l'indicatif présent)		-e		-ons	-ez	
	• Les autres verbes		-s		-ons	-ez	

!

- À l'impératif, les verbes prennent les terminaisons de la 2e personne du singulier et de la 1re et de la 2e personne du pluriel de l'indicatif présent, sauf les verbes en *-er* (ainsi que les verbes *accueillir, offrir,* etc.), qui perdent le *-s* final à la 2e personne du singulier. Cependant, ce *-s* final réapparaît devant les pronoms *en* et *y : offres-en, retournes-y.*

- À l'impératif, *aller* fait *va* à la 2e personne du singulier, mais le *-s* réapparaît devant *y : vas-y.*

- Les formes de l'impératif des verbes *avoir, savoir* et *vouloir* sont empruntées au subjonctif. À la 2e personne, *aie, sache, veuille* se terminent par *-e* sans *-s* final. Le *-s* final réapparaît devant *en : aies-en.*

- Le verbe *être* emprunte au subjonctif ses formes de l'impératif : *sois, soyons, soyez.*

2.4 **Les éléments constitutifs des temps composés**

Dans les temps composés, les formes verbales comportent deux mots : l'**auxiliaire de conjugaison**, *avoir* ou *être*, et le **participe passé** du verbe. Dans *vous aurez dansé, aurez* est l'auxiliaire *avoir* au futur simple et *dansé* est le participe passé.

L'auxiliaire *avoir* ou *être* n'a pas de signification propre ; il sert seulement à transmettre les indications grammaticales de mode, de temps, de personne et de nombre. Ainsi, l'auxiliaire *aurez* marque l'indicatif futur à la 2e personne du pluriel.

Comme le participe passé porte le radical du verbe (*dans-*), il exprime le sens propre à celui-ci et, en combinaison avec l'auxiliaire, il marque l'aspect accompli de l'évènement.

2.5 **Le choix de l'auxiliaire dans les temps composés**

1. L'auxiliaire *avoir* est l'auxiliaire le plus employé pour former les temps composés.

2. L'auxiliaire *être* s'emploie seulement avec :
   - les verbes pronominaux :
     > Elles se **sont** endormies.
   - les verbes exprimant un déplacement ou une transformation, comme *aller, arriver, devenir, entrer, mourir, naître, partir, rester, sortir, tomber, venir*, etc. :
     > Mes amis **sont** venus chez moi hier. Maude **est** partie plus tôt que les autres.

3. Certains verbes comme *apparaître, augmenter, commencer, déménager, maigrir, vieillir*, etc., prennent, en construction intransitive, l'un ou l'autre auxiliaire de conjugaison.
   - Avec l'auxiliaire *avoir*, on insiste sur l'action :
     > J'**ai** déménagé la semaine dernière.
   - Avec l'auxiliaire *être*, on insiste sur l'état résultant de l'action :
     > Je **suis** déménagé rue Cartier.

2.6 **Les deux grands types de conjugaisons écrites**

On distingue deux types de conjugaisons écrites d'après le radical et les terminaisons.

La **première conjugaison** est la plus nombreuse, la plus unifiée et la seule qui sert encore à former de nouveaux verbes. Elle réunit les verbes dont l'infinitif se termine à l'oral par la voyelle [e], transcrite par *-er*. Le radical de ces verbes reste généralement constant dans toute la conjugaison.

Les verbes de la première conjugaison se caractérisent à l'écrit :

1. par les terminaisons *-e, -es* et *-e* au singulier de l'indicatif présent : *je chante, tu chantes, il chante ;*

2. par un passé simple en *-a-* à la 2e et à la 3e personne du singulier ou en *-â-* à la 1re et à la 2e personne du pluriel, et en *-èrent* à la 3e personne du pluriel : *tu chantas, il chanta, nous chantâmes, vous chantâtes, ils chantèrent ;*

3. par un *-e-* précédant les terminaisons du futur simple et du conditionnel présent : *je chanterai, tu étudieras, il arroserait, ils joueraient ;*

4. par un participe passé en *-é* : *chanté.*

La **deuxième conjugaison**, plus hétérogène, comprend tous les autres verbes. Leur infinitif comporte à l'oral un [ʀ] prononcé, qui est transcrit par *-r*, comme dans *finir* et *voir*, ou par *-re*, comme dans *dire, croire* et *plaire*. La plupart de ces verbes se conjuguent en changeant de radical.

Les verbes de la deuxième conjugaison se caractérisent à l'écrit :

1. par les terminaisons *-s, -s* et *-t* au singulier de l'indicatif présent (sauf quelques exceptions) : *je finis, tu vois, il vient ;*

2. par un passé simple le plus souvent en *-i-* ou en *-u-* avec ou sans accent circonflexe :
   - *je finis, tu finis, il finit, nous finîmes, vous finîtes, ils finirent ;*
   - *je bus, tu bus, il but, nous bûmes, vous bûtes, ils burent ;*

3. par un participe passé dont les terminaisons les plus fréquentes sont :
   - la voyelle *-i-* suivie ou non de la consonne muette *-s* ou *-t* : *fini, pris, cuit ;*
   - la voyelle *-u* : *vu, cru.*

! À cause de leurs formes irrégulières, les huit verbes suivants sont difficiles à classer : *avoir, être, aller, dire, faire, pouvoir, savoir* et *vouloir.*

DE PLUS

3 **LES VALEURS ET L'EMPLOI DES MODES ET DES TEMPS VERBAUX**

L'emploi des modes et des temps verbaux concerne à la fois l'organisation du texte et la syntaxe de la phrase. Quand l'harmonisation des modes et des temps relève de l'organisation du texte [3 et 8], on parle de **cohésion temporelle** ; quand elle relève de la syntaxe de la phrase, on parle de **concordance des temps**. Par exemple, l'alternance entre le passé simple et l'imparfait dans un récit dépend d'un phénomène de cohésion temporelle. Par contre, l'emploi du subjonctif dans la phrase *Je veux que tu viennes* relève d'une règle de concordance des temps selon laquelle le verbe d'une subordonnée dépendant du verbe principal *vouloir* doit se mettre au subjonctif.

3.1 **Les modes impersonnels**

L'infinitif, le participe présent et le participe passé ne marquent ni la personne grammaticale ni les époques temporelles. Ils ont surtout des valeurs aspectuelles.

3.1.1 **L'infinitif**

L'infinitif est la forme nominale du verbe. Il constitue le noyau du GInf.

1. L'infinitif présent exprime l'aspect non accompli : il évoque un évènement vu globalement en cours de réalisation :

   > *Sahel regarde les vagues **déferler** sur la plage.*

2. L'infinitif passé, comme toute forme composée, désigne l'aspect accompli de l'évènement et peut exprimer ainsi l'antériorité par rapport au verbe principal de la phrase :

   > *Après **avoir soupé**, nous <u>irons</u> au cinéma.*

REM. Selon le type de la phrase infinitive où il se trouve, l'infinitif prend certaines valeurs particulières :

- Dans une interrogation, l'infinitif traduit une valeur modale d'incertitude :

  *Que **faire**? Quelle décision **prendre**?*

- Dans une exclamation, l'infinitif exprime une valeur modale d'espoir, d'étonnement ou d'indignation :

  *Moi, **avoir volé** mes amis! Quel affreux mensonge!*

- L'infinitif peut remplacer l'impératif et prend alors une valeur modale d'ordre ou de consigne :

  ***Garder** le silence dans la bibliothèque.*

- Dans les récits littéraires, l'infinitif de narration est introduit par *et...de* et équivaut au passé simple :

  *Le roi lança l'attaque. **Et** les chevaliers **de** le **suivre**. (Et les chevaliers le suivirent.)*

3.1.2 Le participe

Le participe est la forme adjectivale du verbe.

1. Le participe présent

Le participe présent en *-ant* constitue le noyau du GPart.

a) Le participe présent simple présente l'évènement durant son déroulement avec une partie accomplie et une partie qui reste à accomplir. Il exprime une relation de simultanéité par rapport à un autre verbe de la phrase, conjugué à un mode personnel :

  ***Courant** sous la pluie, Céline <u>glissa</u> sur le trottoir.*

b) Le participe présent composé désigne l'aspect accompli de l'évènement. Il peut ainsi exprimer l'antériorité par rapport au verbe principal de la phrase :

  *L'opposition **ayant été** unanime, le ministre <u>retira</u> son projet de loi.*

2. Le participe passé

Le participe passé sert à former les temps composés, car il marque l'aspect accompli de l'évènement. Dans *Iseut avait couru, a couru, aura couru*, le participe passé exprime chaque fois l'action accomplie de courir.

REM. Employé sans auxiliaire, le participe passé devient un adjectif participe et constitue un GAdj, tout en conservant ses constructions verbales.

3.2 Le subjonctif

Le subjonctif ne situe pas l'évènement dans l'une des époques temporelles. Il a donc surtout des valeurs aspectuelles et modales.

1. Sur le plan aspectuel, le subjonctif présent exprime l'aspect non accompli, alors que le subjonctif passé exprime l'aspect accompli :

  *Il faut que tu **rentres** à minuit. Il faut que tu **sois rentré** à minuit.*

2. Sur le plan modal, le subjonctif exprime l'idée du verbe sans prendre en considération la réalité de l'évènement. Le subjonctif dénote qu'une chose a pu, peut ou pourra arriver, qu'il s'agisse d'un fait réel ou non. Dans *Je regrette que Caleb **soit** malade*, la maladie de Caleb est bien réelle. Cependant, ce n'est pas que cette maladie soit réelle ou non que l'émetteur regrette ; c'est qu'elle puisse arriver à Caleb.

3. Le subjonctif est le plus souvent employé dans des phrases subordonnées. Tantôt il est obligatoire, tantôt on a le choix entre le subjonctif et l'indicatif.

   a) On trouve souvent le subjonctif dans les subordonnées complétives :

   - compléments d'un verbe exprimant une volonté ou un sentiment :
     > *Mon père <u>refuse</u> que je **conduise** son auto.*

   - commandées par une construction impersonnelle exprimant la possibilité, la nécessité ou l'appréciation :
     > *<u>Il est dommage</u> que Marvin n'**ait** pas **obtenu** la bourse.*

   - compléments d'un nom abstrait exprimant une appréciation ou une supposition :
     > *Les <u>risques</u> que nous **mourions** dans un accident d'avion sont faibles.*

 Comme il est difficile d'identifier avec certitude les critères qui permettent de reconnaître les verbes ou les constructions impersonnelles qui commandent le subjonctif, il convient de consulter un dictionnaire. Les indications concernant l'emploi du mode y sont présentées ainsi :

> **REDOUTER** [ʀ(ə)dute] v. tr. ⟨1⟩ — XIᵉ ; de *re-* et *douter* «craindre»
>
> — REDOUTER DE (et inf.). ⇒ **appréhender,** **s'effrayer.** «*elle redoutait d'être sans force, s'il la surprenait un soir toute seule*» (Zola). — REDOUTER QUE (et subj.). *Je redoute qu'il n'apprenne la vérité.* «*Chacun redoutait que l'autre ne lui posât des questions précises* » (A. Hermant).
> *Nouveau Petit Robert de la langue française*, Paris, Le Robert, 1996.

   b) Dans les phrases subordonnées relatives, on peut employer soit le subjonctif, soit l'indicatif dans les trois cas suivants :

   - après une négation :
     > *Je ne connais personne qui **puisse** / **peut** courir aussi vite.*

   - pour souligner une caractéristique possible du nom antécédent :
     > *Mon oncle voudrait acheter une maison qui **ait** / **a** une belle vue sur le fleuve.*

   - avec une expression de comparaison, tels *le premier, le seul, l'unique*, etc. :
     > *Jérémie est le seul guide qui **connaisse** / **connaît** l'allemand.*

   c) Dans les phrases subordonnées compléments de P, l'emploi du subjonctif dépend du subordonnant :

   > *Le directeur a envoyé un avis <u>afin que</u> tous **soient** au courant du nouvel horaire.* (subjonctif)
   >
   > *Le directeur a envoyé un avis <u>parce que</u> le syndicat l'**exigeait**.* (indicatif)

REM. 1. Dans une P, le subjonctif prend certaines valeurs modales particulières qui varient selon le contexte.

– Dans une phrase impérative, il se substitue à l'impératif pour exprimer un ordre à la 3e personne :

*Que personne ne **bouge**!*

– Dans une phrase exclamative, il exprime un sentiment vif, un souhait, une prière, une supplication :

*Que **cesse** enfin cette douleur!*

– Il exprime la supposition dans une phrase coordonnée par *et*:

*Qu'il **gèle**, et toute ma récolte de tomates est perdue.*

2. Le subjonctif est parfois utilisé sans *que* dans des tours anciens :

*Dieu **ait** son âme!*

3. Dans la langue littéraire, on rencontre, en plus du subjonctif présent et passé, deux autres temps du subjonctif qui ne sont plus guère utilisés qu'à la 3e personne : le subjonctif imparfait (*qu'il chantât, qu'ils chantassent*) et sa contrepartie composée, le subjonctif plus-que-parfait (*qu'il eût chanté, qu'ils eussent chanté*). La règle traditionnelle veut que ces temps du subjonctif s'emploient dans une subordonnée lorsque le verbe principal est à un temps du passé :

*[...] pour peu que l'on **s'efforçât** d'appeler son attention elle <u>commençait</u> à geindre, à grogner comme un animal.*

André GIDE, *La symphonie pastorale*, Paris, Gallimard, Le Livre de poche, 1971, p. 31.

Dans la langue courante, on utilise plutôt, même dans ce genre de contexte, le subjonctif présent et passé.

4. Dans la langue soignée, le subjonctif plus-que-parfait est employé à la place du conditionnel passé pour marquer un fait non réalisé dans le passé ou une impression imaginaire[2] :

*On **eût dit** une nuée de fantômes hurlant dans la cheminée. (On aurait dit...)*

3.3 L'impératif

L'impératif est un mode limité à la 1re personne du pluriel et à la 2e personne du singulier et du pluriel.

1. L'impératif a surtout des valeurs modales. Avec l'impératif, l'émetteur tente d'influencer le comportement du récepteur en lui adressant un ordre, un conseil, une demande :

***Tais**-toi!*

2. Sur le plan temporel, l'impératif est une sorte de présent-futur, car l'ordre est donné dans le présent, mais l'action à accomplir peut seulement être exécutée dans un avenir plus ou moins proche.

---

2. Cet emploi du subjonctif plus-que-parfait est traditionnellement appelé « conditionnel passé 2e forme ».

3. L'impératif présent marque l'aspect non accompli, l'action étant vue en cours d'accomplissement:

> ***Remets*** *ton travail demain matin.*

Par contre, l'impératif passé indique un fait qui devra être accompli à tel moment du futur:

> ***Aie remis*** *ton travail demain matin.*

REM. Dans une phrase juxtaposée ou coordonnée, l'impératif exprime une condition dont on tire la conclusion dans la seconde phrase. La première phrase comportant un verbe à l'impératif équivaut à une subordonnée en *si* + indicatif présent:

> ***Accepte*** *ma proposition, et ta fortune est assurée.* (Si tu acceptes ma proposition, ta fortune sera assurée.)

3.4 L'indicatif

L'indicatif est le seul mode temporel, car c'est le seul qui permette de situer un évènement dans l'une des trois époques du temps chronologique: le passé, le présent et l'avenir.

3.4.1 Le présent de l'indicatif

La principale valeur temporelle du présent de l'indicatif est d'indiquer un évènement actuel, c'est-à-dire un évènement qui a lieu au moment où l'on en parle. Si on dit *Le rôti brûle*, c'est que, au moment où on le dit, le rôti est en train de brûler.

Le présent de l'indicatif peut cependant dépasser le moment de parole et déborder sur le passé ou le futur. Il peut ainsi remplacer toutes sortes de temps verbaux et prendre, selon le contexte, différentes valeurs temporelles particulières, dont voici les principales.

1. Il peut évoquer un **passé proche**, l'émetteur percevant l'évènement comme encore actuel:

> *Je **reviens** de mon voyage, complètement emballé.*

2. Dans les récits de fiction et les textes d'histoire, il donne l'impression au lecteur que les évènements, quoique situés dans le passé, se déroulent sous ses yeux; c'est le **présent de narration** ou **historique**:

> *L'âge de Clara passait [...] vite [...].*
>
> *Douze ans, treize ans, quatorze ans. Bientôt quinze ans.*
>
> *Clara ne **lit** plus ni contes ni poèmes. Elle ne **révise** plus dans sa tête le savoir légué par son institutrice. Clara s'**ennuie**.*

Anne HÉBERT, *Aurélien, Clara, Mademoiselle et le Lieutenant anglais*, Paris, Seuil, 1995, p. 33.

3. Il peut évoquer un **futur proche**, la proximité de l'évènement fait qu'on le perçoit comme déjà enclenché dans le présent:

> *J'**arrive** immédiatement.*

4. Il peut même traduire un **futur éloigné** si l'évènement en question est déjà tout programmé au moment où l'on parle :

> La directrice **prend** sa retraite dans six ans.

5. Il peut s'étendre à la fois sur le passé et sur le futur, et désigner une situation durable ; c'est le **présent étendu** :

> Mon professeur de français **adore** la poésie de Verlaine.

6. Il marque un fait qui se répète ; c'est le **présent d'habitude** :

> Éloïse **dîne** au restaurant tous les mardis.

7. Il peut devenir omnitemporel quand il s'applique à des faits jugés valables à n'importe quelle époque (définitions, proverbes, connaissances scientifiques) ; c'est le **présent permanent** :

> Le carré de l'hypoténuse **est** égal à la somme des carrés des deux autres côtés.

REM. 1. Dans les subordonnées avec *si*, le présent marque l'antériorité de la condition par rapport à la conséquence exprimée par le verbe principal au futur :
> Si l'équipe s'**entraîne** sans relâche, elle <u>gagnera</u> le championnat.

2. Dans une phrase dite avec une intonation autoritaire, le présent peut prendre la valeur modale de l'impératif pour exprimer un ordre :
> On se **tait** tout de suite !

3.4.2 Le passé composé

Le passé composé renvoie au passé, mais il se rattache aussi au présent par son auxiliaire, qui est au présent de l'indicatif.

1. Le passé composé marque l'aspect accompli dans le présent. Il désigne un évènement terminé au moment où l'on parle, mais l'auxiliaire au présent indique que le résultat de l'action accomplie se poursuit dans le présent :

> Les ordinateurs **ont pris** aujourd'hui une grande importance dans nos vies.

REM. Ce lien avec le présent permet au passé composé de prendre, comme le présent :
- une valeur de futur proche pour exprimer l'imminence d'une action :
> J'**ai** bientôt **fini**.
- une valeur omnitemporelle pour exprimer un fait de portée générale qu'on a déjà vérifié et qui peut se vérifier à n'importe quel temps :
> Les tyrans **ont** toujours **exploité** les pauvres.

Le passé composé, en marquant l'accompli, indique l'antériorité par rapport au présent :

> Depuis que j'**ai appris** la mort de mon amie, je ne <u>dors</u> plus.

2. Le passé composé peut situer un évènement complètement dans le passé, comme le fait le passé simple :

> Champlain **a fondé** / fonda la ville de Québec en 1608.

Dans la langue courante, orale ou écrite, et même dans les romans contemporains, le passé composé concurrence le passé simple comme temps du récit. Il évoque alors en avant-plan la trame des évènements de l'histoire, alors que l'imparfait présente en arrière-plan le cadre du récit :

> *Alors la jeune femme s'**est arrêtée** devant moi, elle m'**a regardé**. Puis d'un seul coup, elle **a détourné** son regard, avec une expression cruelle de dédain et de colère. La grande salle vide <u>résonnait</u> à nouveau des brouhahas des noceurs.*
>
> J. M. G. LE CLÉZIO, *Printemps et autres saisons*, Paris, Gallimard, 1989, p. 120.

Avec le passé composé, un évènement ne semble pas aussi coupé du présent qu'avec le passé simple ; l'énonciateur, en l'employant, indique que ce qu'il raconte lui semble encore relié à son vécu.

⬤3.4.3 Le passé simple et le passé antérieur

Le passé simple et le passé antérieur sont des temps pratiquement disparus de la langue orale. On ne les trouve plus qu'à l'écrit, dans les textes littéraires ou historiques. Ils sont employés surtout à la 3ᵉ personne (*il mangea, ils eurent mangé*) et à la 1ʳᵉ personne du singulier (*je mangeai*).

1. Le passé simple situe un évènement dans le passé en évoquant globalement son déroulement du début jusqu'à la fin :

> *Les premiers Jeux olympiques modernes **eurent lieu** à Athènes en 1896.*

Dans un récit, il marque la succession des évènements survenant au fil de l'histoire :

> *[Hervé Joncour] se **releva**, **prit** sa tunique qui gisait, pliée, sur le sol, la **jeta** sur ses épaules, **sortit** de la pièce, **traversa** la maison, **arriva** devant sa natte, et se **coucha**. Il se **mit** à observer la flamme qui tremblait, ténue, à l'intérieur de la lanterne. Et, avec application, il **arrêta** le Temps [...].*
>
> Alessandro BARICCO, *Soie*, Paris, Albin Michel, 1997, p. 47.

2. Le passé antérieur exprime l'aspect accompli dans le passé. Il peut ainsi, dans une subordonnée introduite par *après que, dès que, lorsque*, etc., indiquer l'antériorité par rapport à un verbe principal au passé simple :

> *Une fois qu'il **eut bordé** doucement son enfant, il lui <u>chanta</u> une berceuse.*

⬤3.4.4 L'imparfait et le plus-que-parfait de l'indicatif

1. L'imparfait de l'indicatif présente un évènement en cours dans le passé avec une partie déjà réalisée et une partie encore à réaliser. Il donne ainsi une impression de continuité, même si la durée de l'évènement peut, dans les faits, avoir été brève :

> *À minuit, la bombe **explosait**.*

Il marque un fait qui s'est répété dans le passé ; c'est l'**imparfait d'habitude** :

> *Dans ma jeunesse, mon père **jouait** au basket-ball trois fois par semaine.*

Dans un récit, il sert à présenter le cadre dans lequel l'histoire se déroule :

– en décrivant un lieu ou un personnage :

> *Mon père, qui s'**appelait** Joseph, **était** alors un jeune homme brun, de taille médiocre, sans être petit. [...] Sa voix **était** grave et plaisante et ses cheveux, d'un noir bleuté, **ondulaient** naturellement les jours de pluie.*

> Marcel PAGNOL, *La gloire de mon père*, Paris, Éditions de Fallois, 1988, p. 21.

– en évoquant une situation dans laquelle prend place l'intrigue présentée au passé composé ou au passé simple :

> *M. Karl **avait** à son service un couple de braves Munichois qui s'**occupaient** de lui depuis quinze ans. La femme **servait** d'économe et de cuisinière, **préparait** ses plats favoris; l'homme **était** chauffeur, jardinier et gardien de la maison. [...]. Ce <u>fut</u> donc vers l'ami Schutz et sa femme que Herr Karl se <u>tourna</u> en cette heure de péril.*

> Romain GARY, *Les oiseaux vont mourir au Pérou*, Paris, Gallimard, Folio, 1962, p. 67.

– en commentant les idées, les sentiments ou le comportement des personnages :

> *Tout en riant, j'entendis mon rire virer aux larmes, comme chez papa et Varvara : c'**était** un trait de famille.*

> Nina BERBEROVA, *De cape et de larmes*, Paris, Actes Sud, 1990, p. 88.

2. Sur le plan modal, il présente un fait comme hypothétique, ce qui lui permet d'exprimer les valeurs suivantes.

– Dans une subordonnée introduite par *si*, l'imparfait signale un fait possible ou irréel tout en marquant l'antériorité de la condition par rapport à la conséquence exprimée au conditionnel :

> *Si je **changeais** de profession, je <u>deviendrais</u> chocolatière.*

– Dans une tournure exclamative commençant par *si*, il exprime un regret ou un souhait :

> *Ah! si les gens **renonçaient** à la violence!*

– Il évoque un fait ayant failli se produire; il équivaut alors à un conditionnel passé :

> *Sans l'intervention efficace des ambulanciers, elle **mourait**. (Elle serait morte.)*

– Il atténue le caractère direct d'une demande :

> *Je **venais** vous demander un service.*

3. Le plus-que-parfait de l'indicatif, par sa valeur aspectuelle d'accompli, peut indiquer dans un récit des faits antérieurs à ceux qui sont désignés par un autre temps du passé, qui est le plus souvent l'imparfait :

> *Un après-midi, vers trois heures, j'<u>errais</u> dans le bureau, cherchant un livre que j'**avais commencé** la veille [...].*

> Françoise SAGAN, *Un profil perdu*, Paris, Flammarion, 1974, p. 32.

Sur le plan modal, le plus-que-parfait prend la même valeur hypothétique que l'imparfait :

> *Elle parla d'une voix presque céleste comme si elle **était devenue** un ange.*

3.4.5 **Le futur simple et le futur antérieur**

1. Le futur situe un évènement dans l'avenir :

> *Nous **visiterons** la Gaspésie durant nos vacances d'été.*

REM. Dans cet emploi, le futur simple est concurrencé, particulièrement à l'oral, par l'auxiliaire d'aspect *aller* suivi d'un infinitif, qui indique aussi la réalisation future d'un évènement, mais en donnant une impression de plus grande continuité avec le présent :

> *Je **vais terminer** mon secondaire dans trois mois.*

Il possède deux autres valeurs temporelles.

– Il sert à formuler pour l'avenir une vérité générale s'appliquant également au passé et au présent :

> *On ne se **méfiera** jamais assez des flatteurs.*

– Il évoque, dans un récit au passé, un fait postérieur au moment où l'on est rendu dans l'histoire ; on parle alors de **futur historique** ou **d'anticipation** :

> *Adolf Hitler naquit en Haute-Autriche en 1889. Avec lui, le XXᵉ siècle **sombrera** dans le racisme le plus meurtrier.*

2. Le futur prend diverses valeurs modales, étant donné que l'avenir constitue un temps imaginé, non encore vécu.

– Il peut exprimer un ordre ou une demande de façon moins directe que l'impératif, ou atténuer une affirmation :

> *Vous **fermerez** les fenêtres avant de partir.* (demande atténuée)
>
> *Je ne vous **cacherai** pas ma déception.* (affirmation atténuée)

– Dans une tournure interrogative ou exclamative, il marque l'indignation ou la protestation :

> *Ta tante t'accueille comme un prince, et tu ne lui **donneras** rien en retour ?*

– Dans une argumentation, il signale une opinion que l'énonciateur ne fait pas nécessairement sienne :

> *Les gens, **diront** certains, doivent gagner leur vie avant de penser aux arts. Cette conception de la vie est trop matérialiste.*

3. Le futur antérieur marque en plus l'aspect accompli d'un évènement dans l'avenir :

> *Dans deux semaines, tu **seras revenue** de ton voyage.*

Par sa valeur d'accompli, il peut exprimer l'antériorité en lien avec un futur simple :

> *Je te téléphonerai dès que j'**aurai eu** des nouvelles.*

Il prend aussi les valeurs modales du futur simple et peut exprimer la probabilité :

> *Eva est en retard ; elle **aura** sans doute **manqué** son autobus.*

ou l'indignation :

> *Décidément, on **aura** tout **vu** !*

3.4.6 Le conditionnel présent et le conditionnel passé

Sur le plan morphologique, le conditionnel montre la marque *-r-* du futur et les marques *-ais*, *-ait*, etc., de l'imparfait. Ce lien avec le futur et le passé se retrouve aussi dans ses valeurs temporelles et modales.

1. Le conditionnel sert à exprimer un futur dans le passé, c'est-à-dire à situer un évènement après un autre évènement passé :

> Valérie <u>annonça</u> / <u>annonçait</u> / <u>a annoncé</u> qu'elle **partirait** le lendemain.

Cet emploi du conditionnel se rencontre aussi dans un récit en discours indirect libre [5, p. 41] :

> Alexis resta un moment songeur. Tout, en Thierry Gozelin, lui <u>paraissait</u> mystérieux [...] En **saurait**-il plus demain sur son ami ?

> Henri TROYAT, *Aliocha*, Paris, Flammarion, 1991, p. 39.

2. Sur le plan modal, le conditionnel marque davantage la part d'incertitude liée à l'avenir ; c'est un **futur hypothétique**. Présenté au conditionnel plutôt qu'au futur, un évènement semble en effet avoir moins de chances de se produire :

> Nous **viendrions** demain, mais tu n'es pas libre.
> Nous **viendrons** demain, nous te le promettons.

De sa valeur hypothétique, le conditionnel tire différentes valeurs modales particulières.

- Il marque la conséquence éventuelle d'une hypothèse exprimée dans une subordonnée en *si* suivi d'un imparfait :

> La vie sur Terre **cesserait** si les gaz polluants <u>détruisaient</u> l'atmosphère.

- Il atténue une demande :

> Je **voudrais** vous voir.

- Il signale une opinion ou une information dont l'énonciateur ne tient pas à assumer le contenu :

> D'après certains journalistes, le premier ministre **annoncerait** des élections bientôt.

- Il traduit le rêve et l'imaginaire :

> Amour brisé en mille morceaux
> Quel verrier miraculeux
> **Pourrait** te raccommoder

> Guillaume APOLLINAIRE, *Poèmes à Lou*, Paris, Gallimard, collection Poésie, 1969, p. 131.

3. Le conditionnel passé exprime en plus l'aspect accompli. Il peut ainsi marquer l'antériorité par rapport à un conditionnel présent :

> Ludovic m'a dit qu'il <u>viendrait</u> aussitôt qu'il **aurait fini** son repas.

Dans une phrase avec une subordonnée en *si* suivi d'un plus-que-parfait, il indique l'**irréel du passé**, c'est-à-dire un évènement qui ne s'est pas réalisé dans le passé :

> Nos ancêtres **auraient eu** une vie moins rude s'ils <u>avaient bénéficié</u> de l'électricité.

La préposition et le groupe prépositionnel

Objectifs du chapitre

- Connaître les caractéristiques sémantiques, morphologiques et syntaxiques de la préposition.
- Comprendre les constructions et identifier les fonctions du groupe prépositionnel (GPrép).

Plan du chapitre

- **1** Les caractéristiques de la préposition
- **2** Le GPrép : constructions et fonctions

Observons les mots surlignés dans ce texte.

> *Dans mon désir de comprendre l'essentiel de Jouskilliant Green, je l'ai suivi dans ses caves suintantes, parmi les araignées, je l'ai suivi jusqu'au bout de lui-même. J'ai arraché sa poussière et j'ai trouvé du sang en dessous ; j'ai arraché mon enfance et j'ai contemplé le monde.*
>
> Esther ROCHON, *L'étranger sous la ville*, Montréal, Éditions Paulines (Médiaspaul), 1986, p. 6.

Les mots surlignés font partie de la classe de la préposition. La préposition est toujours invariable et elle a des caractéristiques qui la distinguent de l'adverbe, également invariable.

1 LES CARACTÉRISTIQUES DE LA PRÉPOSITION

1.1 Les caractéristiques sémantiques de la préposition

Sur le plan du sens, on distingue deux sortes de prépositions.

1. Les prépositions qui ont un sens stable, peu importe le contexte dans lequel elles se trouvent ; c'est le cas des prépositions suivantes, pour lesquelles le dictionnaire indique une valeur sémantique dominante :
   - *dès* exprime généralement le temps : *Viens me voir **dès** ton retour.*

- *chez* exprime généralement le lieu : *Je vais **chez** mon grand-père.*
- *malgré* exprime toujours l'opposition : ***Malgré** le bruit, je t'entends bien.*
- *sans* exprime toujours la privation : ***Sans** ton aide, je ne pourrai pas réussir.*

2. Les prépositions qui peuvent changer de sens selon le contexte ; c'est le cas en particulier des prépositions *à, avec, de, en* et *pour*. Dans les exemples suivants, la préposition *en* prend quatre sens différents :

- le lieu : *Jakim travaille bien **en** classe.*
- la manière : *Ève s'éveilla **en** sursaut.*
- la matière : *Hamza porte un collier **en** argent.*
- le moyen : *Aimes-tu voyager **en** train ?*

1.2 Les caractéristiques morphologiques de la préposition

1.2.1 La préposition : une classe invariable

La forme de la préposition ne varie jamais ; c'est un mot d'une classe invariable.

1.2.2 La préposition simple et la préposition complexe

La préposition est **simple** lorsqu'elle est indécomposable : *à, avec,* etc. Dans le cas contraire, elle est **complexe** : *afin de, en vue de,* etc. Les prépositions formées de plusieurs mots sont aussi appelées **locutions prépositives** [33, p. 323].

Le tableau suivant présente les principales prépositions.

LES PRINCIPALES PRÉPOSITIONS

PRÉPOSITIONS SIMPLES			PRÉPOSITIONS COMPLEXES	
à	devant	pendant	à cause de	en comparaison de
après	durant	pour	à condition de	en dépit de
avant	en	sans	à force de	en face de
avec	entre	sauf	à la manière de	en faveur de
chez	excepté	selon	à travers	en vue de
contre	hormis	suivant	afin de	grâce à
dans	hors	sur	au-delà de	parallèlement à
de	malgré	vers	au-dessous de	près de
depuis	outre	vu	au lieu de	quant à
derrière	par		avant de	sous prétexte de
dès	parmi		d'après	vis-à-vis de

! Les prépositions *à* et *de* peuvent fusionner avec les déterminants définis *le / les* ; l'amalgame est appelé **déterminant contracté** [16, p. 142].

La préposition constitue le noyau d'un GPrép.

GPrép

Prép	GN
Noyau	Expansion

Je l'ai suivi | **dans** *ses caves suintantes* | .

La préposition *dans* est le noyau du GPrép *dans ses caves suintantes*.

La préposition exige toujours une expansion, qui est placée à sa droite :

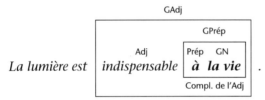

Prép   GN

La lumière est indispensable **à** ⎡**la vie**⎤ .

✂ * *La lumière est indispensable* **à**   ø .

Le schéma qui suit permet de constater le rapport de dépendance syntaxique qui existe entre le GPrép et l'élément dont il dépend.

GAdj

                     GPrép

      Adj   Prép   GN

La lumière est | *indispensable* | **à** *la vie* | .

                 Compl. de l'Adj

C'est le GPrép *à la vie* qui remplit la fonction de complément de l'adjectif *indispensable*, et non seulement le GN *la vie*.

! Il ne faut pas confondre les prépositions *après*, *avant*, *contre*, *pour*, etc., avec les adverbes correspondants, lesquels n'ont jamais d'expansion à droite.

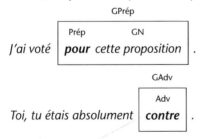

GPrép

Prép	GN

J'ai voté | **pour** *cette proposition* | .

GAdv

Adv

Toi, tu étais absolument | **contre** | .

La préposition peut être commandée par le mot qui la précède ; par exemple, le verbe *dépendre* commande uniquement la préposition *de* :

      La conséquence dépend **de** *la cause.*

La préposition peut aussi être commandée par le mot qui la suit ; ainsi, on voyage *en bateau* et *en avion*, mais *à pied* et *par mer*.

On peut même avoir le choix parmi un certain nombre de prépositions selon le sens à exprimer. Par exemple, le verbe *parler* peut être utilisé avec plusieurs prépositions : *parler à un ami / parler de ses problèmes / parler pour parler*.

Le choix de la préposition est souvent délicat. Il faut consulter un dictionnaire au mot (verbe, adjectif, nom) qui commande une préposition afin de déterminer celle qui convient.

2 LE GPrép : CONSTRUCTIONS ET FONCTIONS

DÉFINITION : Le **GPrép** est un groupe dont le noyau est une préposition.

Les plantes **de** *ma serre* *ont péri cet hiver.*

Le GPrép constitue une unité syntaxique, c'est-à-dire qu'il forme un tout. Cela peut se vérifier par diverses manipulations.

1. L'effacement ✂

C'est le GPrép en entier qui doit être effacé dans les cas qui suivent :

– complément du nom :

> *Les plantes **de ma serre** ont péri cet hiver.*

> ✂ *Les plantes* ø *ont péri cet hiver.*

– complément de P :

> ***Dès le coucher du soleil**, le ciel s'assombrit.*

> ✂ ø *le ciel s'assombrit.*

– modificateur du verbe :

> *Vous devez lire **avec attention** la notice.*

> ✂ *Vous devez lire* ø *la notice.*

2. Le remplacement ⬇

C'est le GPrép en entier qui est pronominalisé dans les cas qui suivent :

– attribut du sujet :

> *Ces plantes sont **en pleine croissance**.*

> ⬇ *Ces plantes **le** sont.*

– complément indirect du verbe pouvant être pronominalisé en entier :

> *J'ai écrit **à Corentin**.*

> ⬇ *Je **lui** ai écrit.*

3. L'encadrement par *c'est... que* [ ]

L'encadrement montre l'unité des GPrép compléments indirects du verbe qu'on ne peut pas pronominaliser en entier :

> *Je pense sans cesse **à Édith**.*
>
> [ ] *C'est **à elle** que je pense sans cesse.*

C'est le GPrép en entier qui est encadré par *c'est... que*, même si c'est seulement le GN qui se pronominalise.

2.1 Les constructions du GPrép

Le GPrép peut avoir les constructions suivantes :

1. GPrép = Prép + GN

```
                              GPrép
                         ┌──────────────┐
                         │ Prép    GN   │
Le soleil inonde la terre│ de  │sa chaleur││ .
                         └──────────────┘
```

! Une erreur courante consiste à ajouter la préposition *de* devant *d'autres* :

> ⊗ *Son panier était rempli **de d'autres** aliments.*
>
>   Dét   N
> *Son panier était rempli **d'autres** aliments.*

! Lorsqu'un GPrép, tel *boîte **à lettres***, est composé d'une préposition comme *à*, *de*, *en* ou *sans* et d'un GN, il n'est pas toujours facile de déterminer si le nom doit être au singulier ou au pluriel. La règle générale est de mettre le nombre qui correspond au sens.

– On met le nom au singulier s'il évoque l'unité :
> *partir sans laisser d'**adresse**, un étudiant sans **argent**, travailler en **équipe**, des noms de **famille**, du jus d'**orange**, des erreurs d'**orthographe**, des coups de **pied***

– On met le nom au pluriel s'il évoque la pluralité :
> *une femme d'**affaires**, un mal de **dents**, se diviser en **équipes**, une salade de **fruits**, du jus de **légumes**, du papier à **lettres**, un vêtement sans **manches**, être sans **nouvelles** de quelqu'un, des boucles d'**oreilles***

– On a le choix d'employer le singulier ou le pluriel quand le sens du GPrép peut évoquer autant l'unité que la pluralité :
> *une salle de **bain(s)**, sans **carie(s)**, une boîte de **conserve(s)**, un devoir sans **faute(s)**, un arbre en **fleur(s)**, du sirop de **framboise(s)***

2. GPrép = Prép + GInf

```
                          GPrép
                     ┌──────────────┐
                     │ Prép    GInf │
J'ai une expérience  │  à  │ terminer││ .
                     └──────────────┘
```

3. GPrép = Prép + Pron

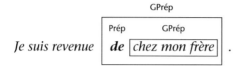

Elle va toujours **vers** toi.

Le GPrép peut avoir d'autres constructions, notamment :

– **Prép + GPrép**

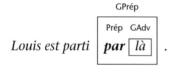

Je suis revenue **de** chez mon frère.

– **Prép + GAdv**

Louis est parti **par** là.

2.2 Les fonctions syntaxiques du GPrép

Le tableau qui suit présente les principales fonctions que peut remplir un GPrép.

LES PRINCIPALES FONCTIONS DU GPrép

FONCTIONS	EXEMPLES
Complément de P	*Dès le coucher du soleil, le ciel s'assombrit.*
Complément indirect du verbe	*La nature offre **aux peintres** un nombre infini de couleurs.*
Complément du nom	*Quand la lumière traverse des gouttes **de pluie**, un arc-en-ciel apparaît.*
Complément du pronom	*Cet indigo est celui **de l'arc-en-ciel**.*
Complément de l'adjectif	*Les légumes sont nécessaires **à la santé**.*
Attribut du sujet	*Les plantes sont **en pleine croissance**.*
Attribut du complément direct	*Tu me prends **pour un imbécile**!*
Modificateur du verbe	*Vous écoutez **avec plus d'attention**.*

Ces fonctions et les moyens de les identifier sont présentés au chapitre 13.

REM. Un GPrép peut jouer le rôle d'organisateur textuel (*en premier lieu*) [8, p. 51] ou de marqueur de modalité (*selon plusieurs observateurs*) [6, p. 45].

La **préposition** présente les caractéristiques suivantes.

1. Sur le plan sémantique, la préposition a un sens stable ou variable selon le contexte.

2. Sur le plan morphologique, la préposition :
   – est invariable ;
   – est simple ou complexe.

3. Sur le plan syntaxique, la préposition :
   – est le noyau du GPrép, qui remplit diverses fonctions ;
   – a obligatoirement une expansion à droite.

L'adverbe
et le groupe adverbial

Objectifs du chapitre

- Connaître les caractéristiques sémantiques, morphologiques et syntaxiques de l'adverbe.

- Connaître les rôles syntaxiques et textuels joués par l'adverbe.

- Identifier les fonctions du groupe adverbial (GAdv).

Plan du chapitre

1 Les caractéristiques de l'adverbe

2 Le GAdv : construction, fonctions et rôles

Observons les mots surlignés dans ce texte.

La langue change imperceptiblement *. À l'échelle d'une vie, le changement est* peu *visible ; après un ou plusieurs siècles, on constate qu'une langue s'est transformée. Telle structure ou tel mot* autrefois *employés d'une façon sont* progressivement *employés d'une autre façon. Il arrive* même *que certains mots disparaissent* totalement *.* Sans doute *ne pouvons-nous* pas toujours *savoir ce qui est une mode passagère et ce qui,* demain*, fera partie de la langue.*

Les mots surlignés font partie de la classe de l'adverbe. L'adverbe est un mot invariable, tout comme la préposition, mais il a des caractéristiques qui le distinguent de celle-ci.

1 LES CARACTÉRISTIQUES DE L'ADVERBE

1.1 Les caractéristiques sémantiques de l'adverbe

Sur le plan du sens, l'adverbe exprime différentes valeurs :

- le temps : *aujourd'hui, autrefois, bientôt, déjà, demain, hier, parfois, toujours*, etc.

    *Nous ne savons pas de quoi notre langue sera faite **demain**.*

- le lieu : *ailleurs, autour, dedans, ici, là, partout*, etc.

    *Le français se parle **partout** dans le monde.*

- l'affirmation : *certainement, oui, volontiers, vraiment*, etc.

    *Le français est **certainement** une langue importante.*

- la négation : *ne... guère, ne... jamais, ne... pas, non*, etc.

    *Nous **ne** pouvons **pas** tout savoir sur la langue.*

- le doute ou la probabilité : *peut-être, probablement, sans doute*, etc.

    *Le français évoluera **sans doute** au cours des prochaines décennies.*

- l'intensité : *aussi, extrêmement, le plus, moins, peu, plus, très*, etc.

    *L'histoire de la langue est **extrêmement** intéressante.*

- la quantité : *à peine, à peu près, combien, environ, presque*, etc.

    ***Environ** cent vingt-cinq millions de personnes parlent le français.*

- la manière : *agréablement, bien, doucement, imperceptiblement, vite*, etc.

    *La langue change **imperceptiblement**.*

! Un même adverbe peut exprimer diverses valeurs selon le contexte :

    *Nous avons **bien** joué.* (manière)

    *Nous en sommes **bien** sûrs.* (intensité)

    *Ils étaient **bien** trente.* (quantité approximative)

DE PLUS

Certains adverbes ont un sens différent selon leur place dans la P :

    (1)   *Ses résultats sont **absolument** étonnants.*

    (2)   ***Absolument**, ses résultats sont étonnants.*

En (1), le GAdv *absolument*, placé devant l'adjectif *étonnants*, modifie le sens de cet adjectif ; c'est un modificateur [13, p. 120]. L'adverbe *absolument* indique le degré d'intensité et pourrait être remplacé par l'adverbe *très* :

    *Ses résultats sont **absolument** étonnants.*

    ↴ *Ses résultats sont **très** étonnants.*

En (2), le GAdv *Absolument*, détaché au début de la phrase, correspond à un commentaire sur le contenu de l'affirmation. L'émetteur précise comment il évalue l'énoncé *ses résultats sont étonnants*. *Absolument* est une marque de modalité [6, p. 45] et pourrait être remplacé par un adverbe d'affirmation comme *certes*, mais non par un adverbe d'intensité comme *très* :

> **Absolument**, *ses résultats sont étonnants.*

> ⬇ **Certes**, *ses résultats sont étonnants.*

> ⬇ * **Très**, *ses résultats sont étonnants.*

1.2 Les caractéristiques morphologiques de l'adverbe

1.2.1 L'adverbe : une classe invariable

La forme de l'adverbe ne varie jamais ; c'est un mot d'une classe invariable.

! • Exceptionnellement, l'adverbe *tout* varie devant un mot féminin commençant par une consonne ou un *h* dit aspiré :

> *Elles sont arrivées en retard, **toutes** confuses et **toutes** honteuses.*

• Certains adjectifs fonctionnent comme des adverbes. Ils sont alors invariables :

> *Ces disques coûtent **cher**.*
>
> *Ces personnages parlent **fort**.*
>
> *La forêt sent **bon**.*
>
> *Les hirondelles volent **bas**.*

1.2.2 L'adverbe simple et l'adverbe complexe

L'adverbe est **simple** lorsqu'il est indécomposable : *assez, hier*, etc. Dans le cas contraire, il est **complexe** : *c'est-à-dire, peu à peu*, etc.

Les adverbes formés de plusieurs mots, comme *peu à peu*, sont aussi appelés **locutions adverbiales** [33, p. 323].

! Certains **adverbes** sont **corrélatifs**, c'est-à-dire qu'ils sont employés avec un autre terme : *tantôt...tantôt, non seulement...mais*, etc.

> *Tobi a la grippe ; **tantôt** il frissonne, **tantôt** il éternue.*

1.2.3 La formation des adverbes en -*ment*

La majorité des adverbes sont formés à partir d'un adjectif auquel est ajouté le suffixe -*ment*. Le tableau qui suit présente les principales règles de formation des adverbes en -*ment*.

RÈGLE GÉNÉRALE

On ajoute -*ment* au féminin de l'adjectif :

fière / fièrement, lente / lentement, rare / rarement, vive / vivement, etc.

RÈGLES PARTICULIÈRES

A. Certains adverbes prennent la finale -*ément* plutôt que -*ment* :

aveugle / aveuglément, conforme / conformément, commun / communément, confus / confusément, profond / profondément, etc.

B. Lorsque l'adjectif se termine au masculin par l'une des voyelles -*é, -i, -u*, on ajoute -*ment* au masculin :

aisé / aisément, éperdu / éperdument, poli / poliment, vrai / vraiment, etc.

> **!** Certains adverbes dérivés d'adjectifs se terminant par -*u* prennent un accent circonflexe sur le *u* :
>
> *assidu / assidûment, continu / continûment, cru / crûment, dû / dûment,* etc.

> **REM.** Conformément aux *Rectifications de l'orthographe* proposées par le Conseil supérieur de la langue française en 1990, on peut écrire les adverbes en -*ument* sans accent circonflexe : *assidument, continument,* etc.

C. Lorsque l'adjectif se termine au masculin par -*ant* ou -*ent*, on remplace ces finales respectivement par -*amment* ou -*emment* :

courant / couramment, fréquent / fréquemment, etc.

> **!** Il y a quelques formations irrégulières :
>
> *bref / brièvement, gentil / gentiment, impuni / impunément, traître / traîtreusement,* etc.

Les adverbes en -*ment* sont nombreux et leur orthographe est complexe. Pour être sûr de l'orthographe d'un adverbe en -*ment*, il faut consulter un dictionnaire.

1.3 **Les caractéristiques syntaxiques de l'adverbe**

L'adverbe constitue le noyau d'un GAdv.

GAdv

Adv Noyau

Jacinthe chante **bien** .

Modif. du V

L'adverbe *bien* est le noyau du GAdv qui remplit la fonction syntaxique de modificateur du verbe *chante*.

2   LE GAdv : CONSTRUCTION, FONCTIONS ET RÔLES

DÉFINITION : Le **GAdv** est un groupe dont le noyau est un adverbe.

Le GAdv *Hier* remplit la fonction syntaxique de complément de P et le GAdv *particulièrement* remplit la fonction de modificateur du verbe *ont apprécié*.

! Certains adverbes comme les coordonnants n'ont pas de fonction ; ils ne constituent pas le noyau d'un GAdv [voir 2.3].

2.1   La construction du GAdv

Contrairement à la préposition, l'adverbe ne peut pas avoir d'expansion à sa droite. Par conséquent, le GAdv est très souvent réduit à son seul noyau :

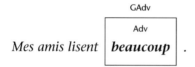

! Certains adverbes peuvent recevoir une expansion à leur gauche sous la forme d'un adverbe d'intensité qui remplit la fonction de modificateur de l'adverbe :

```
                            GAdv
                      ┌──────────────────┐
                      │  Adv       Adv   │
La chorale se prépare │  très  sérieusement │  .
                      └──────────────────┘
```

2.2   Les fonctions syntaxiques du GAdv

Le tableau qui suit présente les principales fonctions que peut remplir un GAdv.

LES PRINCIPALES FONCTIONS DU GAdv

FONCTIONS	EXEMPLES
Complément de P	*Hier*, j'ai préparé mon exposé sur l'histoire du vocabulaire français.
Modificateur de l'adjectif	*Ces étudiants sont **très** attentifs.*

FONCTIONS (suite)	EXEMPLES
Modificateur de l'adverbe	*Shiva parle **admirablement** bien.*
Modificateur du verbe	*Elles travaillent **rapidement**.*
Modificateur du déterminant numéral	*Dans cette région d'Afrique, on dénombre **environ** cinquante langues.*
Modificateur de la préposition	*Pascale est arrivée **longtemps** après le cours.*
Modification du pronom	*Elles sont **presque** toutes là.*
Complément indirect du verbe	*Nous reviendrons **ici**.*

Ces fonctions et les moyens de les identifier sont présentés au chapitre 13.

2.3 Le rôle syntaxique de certains adverbes

1. Les adverbes interrogatifs ou exclamatifs jouent un rôle syntaxique dans une phrase de type interrogatif:

> ***Quand** consulte-t-il un dictionnaire?*

L'adverbe *Quand* joue le rôle syntaxique de **marqueur interrogatif**. Dans la phrase de base correspondante, il serait remplacé par un complément de P:

> *Il consulte un dictionnaire **presque tous les jours/régulièrement**.*

Considérons maintenant la P suivante:

> ***Comme** cette encyclopédie est intéressante!*

L'adverbe *Comme* joue le rôle syntaxique de **marqueur exclamatif**. Dans la phrase de base correspondante, il serait remplacé par le modificateur de l'adjectif *très* ou *peu*.

> *Cette encyclopédie est **très** intéressante.*

2. L'adverbe qui joue le rôle syntaxique de **coordonnant** [23, p. 231] n'a pas de fonction syntaxique, car il sert à joindre:

   – des groupes qui remplissent déjà une fonction syntaxique:

   > *Voici un adverbe de modalité, **c'est-à-dire** un adverbe qui indique le point de vue de l'auteur.*

   L'adverbe *c'est-à-dire* est un coordonnant. Il coordonne deux GN compléments du présentatif *Voici*.

   – des phrases subordonnées qui remplissent la même fonction syntaxique:

   > *Je veux qu'il apprenne le mandarin, **puis** qu'il aille en Chine.*

   L'adverbe *puis* coordonne les deux subordonnées complétives qui sont compléments directs du verbe *veux*.

– des P :

> La langue change sans qu'on s'en rende compte. **En effet**, à l'échelle d'une vie, les changements linguistiques sont peu perceptibles.

2.4 Le rôle textuel de certains adverbes

Certains adverbes jouent un rôle textuel qui s'ajoute à leur rôle ou à leur fonction syntaxiques.

1. Des adverbes comme *ensuite, premièrement, finalement* servent à marquer une transition dans un texte. On les appelle des **organisateurs textuels** [8, p. 51] :

   > **D'abord**, nous étudions comment ont évolué les sons du français.

   L'adverbe *D'abord* marque le début d'un texte et indique qu'il s'agit de la première partie de ce texte.

2. Certains adverbes comme *ainsi, alors, également, là, pareillement*, et le pronom adverbial *y* sont des substituts ; ils servent à reprendre l'information [4, p. 33] :

   > Certaines bibliothèques possèdent des livres très anciens. **Là**, on peut faire de la recherche en histoire.

   > Certaines bibliothèques possèdent des livres très anciens. On peut **y** faire de la recherche en histoire.

   Les adverbes *Là* et *y* sont des substituts : ils reprennent le GN *Certaines bibliothèques*. Ils remplissent la fonction de complément de P.

DE PLUS

3. Des adverbes comme *certainement, évidemment, manifestement, peut-être, probablement* indiquent que ce qui est énoncé est une probabilité ou une certitude :

   > Vous n'avez **probablement** pas assez réfléchi.

   Des adverbes comme *bizarrement, franchement, heureusement, malheureusement, sincèrement* permettent à l'énonciateur de porter un jugement sur son énonciation :

   > **Sincèrement**, je vous félicite.

   Lorsqu'il dit *sincèrement*, l'énonciateur indique que les félicitations doivent être reçues pour vraiment sincères, qu'elles ne sont pas une simple convention sociale.

   Ces adverbes jouent un rôle textuel, ce sont des **marques de modalité** [6, p. 45].

> **!** Certains adverbes peuvent remplir soit la fonction de modificateur, soit le rôle de marque de modalité. Comparons :
>
> > Ils ont répondu **bizarrement** à ce sondage.
> > **Bizarrement**, ils ont répondu à ce sondage.
>
> Dans le premier exemple, l'adverbe *bizarrement* remplit la fonction de modificateur du verbe (ils ont répondu d'une façon bizarre). Dans le deuxième exemple, l'adverbe *Bizarrement* est une marque de modalité (c'est bizarre qu'ils aient répondu à ce sondage, car ils n'ont pas l'habitude de répondre aux sondages).

REM. Certains adverbes constituent des phrases non verbales. C'est notamment le cas de *oui, non, certainement* :

> *Iras-tu au cours ? Oui. / Non. / Certainement.*

L'**adverbe** présente les caractéristiques suivantes.

1. Sur le plan sémantique, l'adverbe exprime plusieurs valeurs différentes.

2. Sur le plan morphologique, l'adverbe :
   - est invariable ;
   - est simple ou complexe ;
   - est très souvent formé à partir du féminin d'un adjectif auquel on ajoute le suffixe *-ment*.

3. Sur le plan syntaxique, l'adverbe :
   - est le noyau du GAdv, qui remplit diverses fonctions ;
   - n'a jamais d'expansion à sa droite.

   Certains adverbes jouent un rôle syntaxique :
   - de marqueur interrogatif ou exclamatif ;
   - de coordonnant.

4. Sur le plan textuel, certains adverbes jouent un rôle :
   - d'organisateur textuel ;
   - de substitut ;
   - de marque de modalité.

La jonction de phrases, de groupes et de phrases subordonnées

Objectifs du chapitre

• Connaître les façons de joindre des P, des groupes et des phrases subordonnées : la coordination, la juxtaposition, la subordination et l'insertion.

• Connaître le rôle syntaxique des coordonnants et des subordonnants.

Plan du chapitre

1 La coordination et la juxtaposition de P, de groupes et de phrases subordonnées

2 La subordination de phrases

3 L'insertion de phrases

Observons les parties surlignées et les mots soulignés dans ce texte.

> *Pierre et moi, nous sommes nés la même année, dans le même village. Nous avons appris à lire et à écrire dans la même école. Mais c'est là que nos destins ont commencé à diverger. Alors que Pierre excellait en mathématiques, se passionnait pour la chimie et remportait tous les prix en physique, pour moi seules comptaient la littérature, la poésie et plus tard la philosophie. […]*
>
> *Moi je restais au village dans la maison séculaire de mes ancêtres. Je ne voyais plus mon ami d'enfance, mais j'en avais des nouvelles par ses parents, demeurés mes voisins.*

Michel TOURNIER, *Les contes du médianoche*, Paris, Gallimard,
collection Folio junior, 1989, p. 48.

Cet extrait comprend des groupes, des phrases subordonnées et des P qui sont joints par un coordonnant, *et* ou *mais*. Les coordonnants sont soulignés alors que les groupes et les P sont surlignés. Examinons la dernière phrase graphique.

P1   Coordonnant   P2

Je ne voyais plus mon ami d'enfance , mais j' en avais des nouvelles par ses parents, demeurés mes voisins .

Cette phrase graphique contient deux P. Le mot *mais*, précédé d'une virgule, joint P1 et P2. On appelle coordination cette façon de joindre deux P par un mot de liaison appelé coordonnant.

Dans ce chapitre, nous décrivons les différentes façons de joindre des unités syntaxiques, c'est-à-dire des P, des groupes et des phrases subordonnées.

① LA COORDINATION ET LA JUXTAPOSITION DE P, DE GROUPES ET DE PHRASES SUBORDONNÉES

DÉFINITIONS : La **coordination** consiste à joindre par un coordonnant des unités syntaxiques de même niveau. On appelle **coordonnant** (coord.) le mot ou la locution qui relie les unités coordonnées.

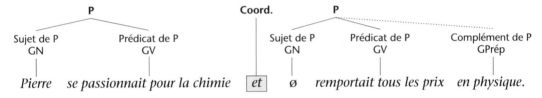

Le schéma montre que les deux P coordonnées sont de même niveau syntaxique.

DÉFINITION : La **juxtaposition** (juxt.) est une coordination sans l'emploi d'un coordonnant.

La juxtaposition est donc un cas particulier de coordination. Dans la juxtaposition, un signe de ponctuation remplace le coordonnant ; ce peut être la virgule, les deux points, le point-virgule et le point.

P1   Juxt.   P2

Pierre se passionnait pour la chimie , *il remportait tous les prix en physique.*

Les deux P juxtaposées sont de même niveau syntaxique.

Dans la juxtaposition, le sens de la relation entre les unités syntaxiques est implicite, c'est-à-dire qu'il n'est pas exprimé. Dans la coordination, ce sens est exprimé par le coordonnant. Par exemple, le coordonnant *et* peut exprimer l'addition.

1.1 La coordination et la juxtaposition de P

Même si deux P constituent des unités syntaxiques de même niveau, elles ne peuvent être coordonnées ou juxtaposées que si elles sont liées par le sens :

P1   Coord.   P2

Ahmed est parti pour Québec ce matin, $\boxed{donc}$ *il arrivera à temps.*

P1   Juxt.   P2

Ahmed est parti pour Québec ce matin $\boxed{,}$ *il arrivera à temps.*

La coordination ou la juxtaposition de ces P est possible, puisqu'elles sont de même niveau syntaxique et qu'elles sont liées par le sens. Par contre, on ne peut pas coordonner les deux P suivantes, car elles n'ont pas de lien sur le plan du sens :

P1   Coord.   P2

⊗ *Ahmed est parti pour Québec ce matin,* $\boxed{donc}$ *il aime les épinards.*

1.2 La coordination et la juxtaposition de groupes et de phrases subordonnées

1. On peut coordonner ou juxtaposer des groupes uniquement s'ils remplissent la même fonction syntaxique, car ils sont alors de même niveau syntaxique :

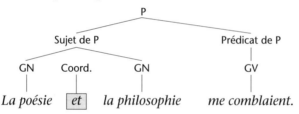

Ce schéma montre que les deux GN coordonnés, *La poésie* et *la philosophie*, sont de même niveau syntaxique et remplissent la fonction de sujet de P. Cela se vérifie par les manipulations suivantes :

> **La poésie et la philosophie** *me comblaient.*

[]   *C'est **la poésie et la philosophie** qui me comblaient.*

⬇   ***Elles** me comblaient.*

2. On peut coordonner ou juxtaposer deux subordonnées uniquement si elles remplissent la même fonction syntaxique, car elles sont alors de même niveau syntaxique :

Sub.   Coord.   Sub.

Dès qu'il avait bu son lait de palme $\boxed{et}$ *qu'il avait nettoyé la case, il sortait*[1].

Compl. de P   Compl. de P

---

1. Quelques exemples de ce chapitre sont inspirés du roman martiniquais *La Rue Cases-Nègres*, de Joseph ZOBEL, Éditions Présence Africaine, Paris-Dakar, 1974.

Les deux phrases subordonnées coordonnées sont de même niveau syntaxique, elles sont des compléments de P.

- • On peut coordonner ou juxtaposer des groupes de même fonction même si leur noyau n'est pas de la même classe :

Soumane était

- • On peut même coordonner un groupe et une phrase subordonnée de même fonction syntaxique :

GN

	GAdj	Coord.	Sub. rel.	
Son frère était	un enfant	**discret**	**et**	**qui parlait peu**	.
	Compl. du N		Compl. du N	

- • Un adjectif qualifiant ne peut pas être coordonné à un adjectif classifiant :

  * *J'ai acheté une carte **routière et indispensable**.*

L'adjectif qualifiant *indispensable* ne peut pas être coordonné à l'adjectif classifiant *routière*.

- • Des éléments coordonnés peuvent avoir un complément commun seulement si la construction du complément est la même pour les deux :

  *Elle a toujours été **attirée par** les petits animaux et **attachée à** eux.*

  ⊗ *Elle a toujours été attirée et attachée aux petits animaux.*

Dans cet exemple, *attirée* et *attachée* commandent un complément prépositionnel, mais le premier doit être construit avec *par* et le deuxième, avec *à*.

- • On ne peut pas coordonner deux P si leur verbe principal commande un mode différent :

  ⊗ *Il faut et je sais qu'il obtiendra son diplôme.*

  *Il faut qu'il **obtienne** son diplôme **et** je sais qu'il l'**obtiendra**.*

Le verbe *falloir* commande le mode subjonctif et le verbe *savoir*, l'indicatif.

1.3 **Le coordonnant**

1.3.1 **Le rôle syntaxique du coordonnant**

Le coordonnant joue un rôle syntaxique, car il relie des unités syntaxiques : des P, des groupes ou des phrases subordonnées.

Les coordonnants regroupent des mots de la classe de la conjonction et des mots de celle de l'adverbe.

REM. La conjonction est un mot d'une classe invariable. Elle ne remplit pas une fonction à proprement parler, mais elle joue un rôle syntaxique qui consiste à relier des P, des groupes ou des phrases subordonnées. Certaines conjonctions (*et, ni, ou*, etc.) servent à la coordination, d'autres (*que, si*, etc.) servent à la subordination.

1.3.2 **Le rôle sémantique du coordonnant**

Le coordonnant joue un rôle sémantique, car il indique le sens de la relation établie entre les unités syntaxiques qui sont coordonnées. C'est pourquoi le coordonnant est aussi appelé **marqueur de relation**.

Comparons:

P1   Coord.   P2

(1) *Cynthia est partie,* ┃*donc*┃ *Carlos est resté.*

P1   Coord.   P2

(2) *Cynthia est partie,* ┃*car*┃ *Carlos est resté.*

En (1), le coordonnant *donc* indique la conséquence. En (2), le coordonnant *car* indique la cause.

Les coordonnants expriment différentes valeurs. Le tableau suivant présente les principales valeurs de coordonnants usuels.

QUELQUES COORDONNANTS USUELS ET LEURS VALEURS

VALEURS	COORDONNANTS	EXEMPLES
Addition	*et*	*Leur vie consiste à travailler **et** à dormir.*
	de plus	*Mes amis parlent l'espagnol, **de plus** ils lisent l'italien.*
Alternative	*ou*	*Tu rentres **ou** tu sors!*
Cause	*car*	*Marcel est fatigué, **car** il n'a pas dormi.*
	en effet	*Les récoltes sont mauvaises, **en effet** il n'a pas assez plu.*
Conséquence	*ainsi*	*Vous nous avez tous convaincus, **ainsi** vous avez gagné.*
	donc	*Elle a beaucoup de travail, **donc** elle ne sortira pas.*
	par conséquent	*Il est fatigué. **Par conséquent**, il se couchera tôt.*
Explication	*c'est-à-dire*	*L'esclavage, **c'est-à-dire** la condition de servitude, existe encore.*
	c'est pourquoi	*Le sens des mots est souvent révélé par leur origine; **c'est pourquoi** la connaissance de l'étymologie est utile.*
Justification	*mais*	*Ce disque m'a coûté cher, **mais** il est excellent.*
	car	*Dépêchez-vous, **car** il ne reste que dix minutes avant le spectacle.*

VALEURS	COORDONNANTS	EXEMPLES
Opposition	*cependant*	*Élodie a parlé franchement, **cependant** elle a respecté les convenances.*
	mais	*Tu peux y aller, **mais** je ne suis pas d'accord.*
	par contre	*Je déteste la viande, **par contre** j'aime beaucoup les légumes.*
Succession	*puis*	*Je termine le cégep, **puis** je pars en voyage aux États-Unis.*

REM. On constate qu'un même coordonnant, par exemple *car*, peut exprimer des valeurs différentes selon le contexte.

! On peut associer deux coordonnants dont le sens est compatible : *et + puis, et + c'est pourquoi*, etc. Cependant, on doit éviter de combiner des coordonnants qui ont le même sens dans le contexte, tels que *car* et *en effet* ou *donc* et *par conséquent* ; ce genre de combinaison constitue un pléonasme :

⊗ *Cynthia est partie lorsque Carlos est arrivé, **car en effet** elle ne veut surtout pas le voir.*

1.3.3 La place du coordonnant

1. Le coordonnant est généralement placé entre les deux unités coordonnées :

P1   Coord.   P2

Tom a eu envie de crier, | *mais* | *il s'est retenu.*

2. Certains coordonnants peuvent être placés soit entre deux P coordonnées, soit à l'intérieur de la deuxième P :

P1   Coord.   P2

Nous marchions vite, | *donc* | *nous sommes arrivés exténués.*

P1   P2   Coord.

Nous marchions vite, nous sommes | *donc* | *arrivés exténués.*

REM. Après les coordonnants *au moins, aussi, du moins*, placés devant la deuxième P coordonnée, il peut y avoir inversion du sujet :

*Il aimait la mer, **aussi** il y allait le plus souvent possible.*

*Il aimait la mer, **aussi** y allait-**il** le plus souvent possible.*

Lorsqu'on coordonne plus de deux éléments, seuls les deux derniers sont joints par un coordonnant ; les autres sont juxtaposés :

GN1   Juxt.   GN2   Coord.   GN3

*Pour moi, seules comptaient **la littérature** | *,* | **la poésie** | *et* | **la philosophie**.*

1.4 L'effacement d'éléments dans la coordination et dans la juxtaposition

La coordination et la juxtaposition rendent possible l'effacement d'unités identiques de même fonction syntaxique. Un tel effacement est souvent nécessaire à la clarté de l'énoncé.

1. L'effacement du sujet de P

GV1 Juxt. GV2 Coord.

Pierre **excellait en mathématiques** , **se passionnait pour la chimie** et

GV3

remportait tous les prix *en physique.*

À partir de cette P, on peut reconstituer trois P :

P1 *Pierre excellait en mathématiques.*

P2 [Pierre] *se passionnait pour la chimie.*

et

P3 [Pierre] *remportait tous les prix en physique.*

Le GN sujet *Pierre* a été effacé en P2 et en P3, sa répétition étant inutile. Ces effacements donnent une P avec trois GV coordonnés, dont les deux premiers sont juxtaposés.

2. L'effacement du prédicat de P

Dans la coordination et la juxtaposition, le prédicat peut aussi être effacé (en tout ou en partie), ainsi que le montre l'exemple suivant :

Pierre et Paul se passionnaient pour la chimie.

P1 *Pierre se passionnait pour la chimie.*

et

P2 *Paul* [se passionnait pour la chimie].

Le GV de P2 est effacé en entier.

Dans l'exemple qui suit, c'est le sujet de P2 et le complément du verbe de P1 qui sont effacés :

Jean-Marie aimait, adulait Marine.

P1 *Jean-Marie aimait* [Marine].

P2 [Jean-Marie] *adulait Marine.*

! • Lorsque deux GN sont coordonnés, le déterminant du deuxième GN peut être effacé si les GN désignent une même réalité :

*Je remercie de tout cœur **mes collègues et amis** présents.*

Les noms *collègues* et *amis* désignent les mêmes personnes, ce qui rend possible l'efface-ment du déterminant *mes*. Par contre, l'effacement qui suit est incorrect, car *collègues* et *enfants* ne désignent pas les mêmes personnes :

> ⊗ *Je remercie de tout cœur **mes collègues et enfants**.*
>
> *Je remercie de tout cœur **mes collègues et mes enfants**.*

- Contrairement à la plupart des prépositions, *à*, *de* et *en* sont généralement répétées dans des groupes coordonnés :

> *Elle buvait du lait de palme et **de** coco.*
>
> ✂ * *Elle buvait du lait de palme et ø coco.*

2 LA SUBORDINATION DE PHRASES

DÉFINITIONS : La **subordination** consiste à joindre deux phrases par l'enchâssement de l'une dans l'autre. La phrase enchâssée est nommée **phrase subordonnée**, ou subor-donnée, car elle dépend syntaxiquement de la P ou du groupe enchâssant.

! Contrairement à la coordination ou à la juxtaposition, la subordination joint des phrases qui ne sont pas de même niveau syntaxique. Une phrase subordonnée est une phrase qui a perdu son autonomie syntaxique par la transformation d'enchâssement[2].

2.1 La notion de subordonnant

DÉFINITION : On appelle **subordonnant** (subord.) le mot ou la locution qui, placé au début de la subordonnée, marque son enchâssement.

Un certain nombre d'adverbes, de conjonctions, de déterminants et de pronoms jouent le rôle de subordonnant, comme nous allons le voir.

Le subordonnant a un rôle syntaxique dans la subordonnée, car il marque l'enchâsse-ment de celle-ci dans une P ou dans un groupe. Il a généralement une valeur séman-tique qui indique le sens de la subordonnée :

		Subord.	GN	GV
Les esclaves	*allaient se coucher*	*dès que*	*la nuit*	*tombait*	.

Le subordonnant *dès que* est obligatoire pour marquer dans la P l'enchâssement de la subordonnée *dès que la nuit tombait*. Il exprime une valeur de temps.

---

2. Les différentes subordonnées font l'objet des chapitres 24, 25 et 26.

2.2 La notion de phrase matrice

DÉFINITION : On appelle **phrase matrice**[3] l'ensemble composé de la subordonnée et de la P enchâssante.

Phrase matrice

> *Pierre, **qui excellait en mathématiques**, se passionnait pour la chimie.*

Dans cet exemple, la phrase matrice est encadrée et, dans celle-ci, la subordonnée est en gras.

2.3 La notion de verbe principal

DÉFINITION : On appelle **verbe principal** le verbe de la P enchâssante ou tout verbe qui commande une subordonnée.

Subordonnée · P enchâssante

Quand | le soir | tombait | , | M'man Tine | **fumait** | .

Le verbe *fumait* est le verbe principal, car il est le verbe de la P enchâssante.

! Le verbe d'une subordonnée peut être un verbe principal s'il commande une autre subordonnée :

> Dès qu'il <u>s'aperçut</u> **que M'man Tine respirait difficilement**, il courut chercher le sorcier.

Le verbe *s'aperçut* de la subordonnée *Dès qu'il s'aperçut* est un verbe principal, car il est le noyau du GV dans lequel est enchâssée la subordonnée *que M'man Tine respirait difficilement*.

2.4 La subordonnée enchâssée comme constituant de P

La subordonnée enchâssée dans une P peut être un constituant de cette P : un sujet de P ou un complément de P.

1. Voici un exemple de subordonnée qui est un complément de P :

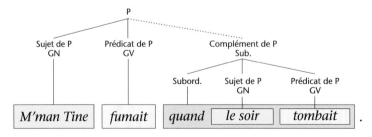

---

3. La phrase matrice n'est ni synonyme de ce qu'on appelle traditionnellement « proposition principale », ni de phrase enchâssante.

! Lorsque deux subordonnées sont coordonnées, il arrive que, dans la deuxième subordonnée, le subordonnant change de forme (*quand, si, comme* deviennent *que*) ou qu'il soit réduit à *que* (*après que, alors que, dès que* deviennent *que*) :

	Sub.		Coord.		Sub.	
Quand	*Max était stressé*		*et*		**qu**'*il dormait peu*	, *il allait nager pour se détendre.*
	Compl. de P				Compl. de P	

2. Le schéma suivant représente une subordonnée qui est un sujet de P :

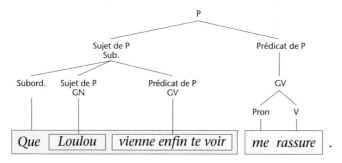

2.5 La subordonnée enchâssée dans un groupe de P

La subordonnée peut être enchâssée dans un GN, un GV ou un GAdj.

Voici un exemple de subordonnée enchâssée dans un GV :

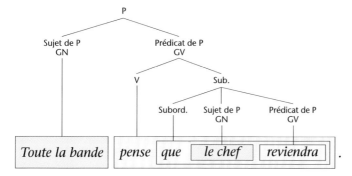

La subordonnée complétive *que le chef reviendra* est enchâssée dans le GV ; le subordonnant *que* marque son enchâssement. Elle remplit la fonction de complément direct du verbe *pense*.

Dans les P suivantes, les subordonnées sont en gras, et le noyau du groupe enchâssant est souligné. La première subordonnée est enchâssée dans un GN ; la seconde, dans un GAdj :

<u>Pierre</u>, **qui excellait en mathématiques**, *se passionnait pour la chimie.*

J'étais très <u>content</u> **que ses parents m'en donnent des nouvelles.**

3 L'INSERTION DE PHRASES

DÉFINITION : L'**insertion** consiste à insérer une phrase dans une autre sans utiliser de mot de liaison pour les joindre et sans établir de relation syntaxique entre elles.

Il existe deux sortes de phrases insérées : l'incise et l'incidente.

3.1 La phrase incise

DÉFINITION : L'**incise**, ou la phrase incise, est une phrase insérée signalant un discours rapporté direct.

> « *Alors, nous allons manger de la farine avec la morue* », **s'écria Eugénie**.

Dans l'exemple ci-dessus, l'incise indique que les paroles rapportées ont été dites par Eugénie ; le verbe *s'écria* précise sur quel ton elles ont été énoncées.

L'incise comprend un verbe de parole (*dire*, *protester*, *s'exclamer*, *hurler*, etc.) et la désignation de l'émetteur. Placée à la fin de la phrase, l'incise est détachée par une virgule ou un autre signe de ponctuation. Lorsqu'elle est à l'intérieur de la phrase, l'incise est détachée par deux virgules :

> « *Alors, s'écria Eugénie, nous allons manger de la farine avec la morue !* »

REM. L'inversion du sujet est obligatoire dans l'incise.

DE PLUS

3.2 La phrase incidente

DÉFINITION : L'**incidente**, ou la phrase incidente, est une phrase insérée qui sert à modaliser [6], c'est-à-dire à indiquer le point de vue de l'émetteur sur ce qu'il énonce.

L'incidente est détachée par la virgule ou par les tirets :

> *M'man Tine sera furieuse, **j'en ai bien peur**.*
> *M'man Tine — **tout le monde le sait** — a le cœur sur la main.*

La subordonnée relative

Objectifs du chapitre

- Reconnaître la subordonnée relative.
- Utiliser adéquatement le pronom relatif.

Plan du chapitre

1 Les caractéristiques syntaxiques de la subordonnée relative

2 Les valeurs sémantiques de la subordonnée relative

3 La construction de la subordonnée relative

4 Le choix du pronom relatif

Observons ce texte.

Dans cet extrait, le narrateur se souvient d'une fugue qu'il a faite dans sa jeunesse et pendant laquelle, vivant dans une barque, il a découvert le monde de la rivière.

> *Mais de ma vie, fût-elle longue encore, je n'oublierai ces jours de ma jeunesse où j'ai vécu sur les eaux. Ils sont là, ces beaux jours, dans toute leur fraîcheur. Ce que j'ai vu alors, je le vois encore aujourd'hui, et je redeviens, quand j'y pense, cet enfant que ravit, à son réveil, la beauté du monde des eaux dont il faisait la découverte.*

> Henri BOSCO, *L'enfant et la rivière*, Paris, Gallimard, 1987, p. 58.

Les passages surlignés dans le texte sont des subordonnées relatives. La subordonnée relative est une structure de phrase très fréquente en français, mais le choix du pronom relatif crée souvent des difficultés.

1 LES CARACTÉRISTIQUES SYNTAXIQUES DE LA SUBORDONNÉE RELATIVE

1.1 La subordonnée relative : un complément du nom

La subordonnée relative remplit la fonction de complément du nom, comme les autres expansions du nom [13, p. 115] :

Je découvris soudain une <u>rivière</u>

> GAdj
> **puissante.**
>
> GPrép
> **aux eaux puissantes.**
>
> GPart
> **charriant ses eaux puissantes.**
>
> Sub. rel.
> **dont les eaux puissantes, gonflées par la fonte des neiges, descendaient en entraînant des arbres.**

Toutes ces expansions remplissent la fonction de complément du nom *rivière*.

Comme les autres compléments du nom, la subordonnée relative est généralement facultative :

> Je découvris soudain une <u>rivière</u> **qui coulait doucement.**
>
> ✄ Je découvris soudain une rivière   ø   .

La subordonnée relative peut aussi être l'expansion d'un pronom ; elle remplit alors la fonction de complément du pronom :

> Je ne vois que <u>toi</u> **qui puisses mener à bien cette expédition.**

1.2 La subordonnée relative : une phrase enchâssée dans un GN

La subordonnée relative est une phrase enchâssée dans un GN :

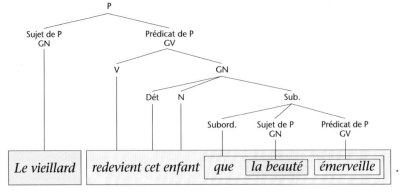

La subordonnée relative *que la beauté émerveille* est enchâssée dans un GN. Son subordonnant, le pronom relatif *que* placé au début de la subordonnée, marque cet enchâssement.

La subordonnée relative est une phrase subordonnée qui dépend du nom noyau du GN dans lequel elle est enchâssée ; ce n'est pas une phrase autonome sur le plan syntaxique. Ainsi, la subordonnée relative *que la beauté émerveille* dépend du nom *enfant* ; elle remplit donc la fonction de complément du nom *enfant*.

> **!** La subordonnée relative n'est pas une P, mais une phrase subordonnée. Par conséquent, le sujet de la subordonnée n'est pas un sujet de P, mais un sujet de la subordonnée. Son prédicat n'est pas un prédicat de P, mais un prédicat de la subordonnée.

Le pronom relatif cumule toujours un rôle et une fonction syntaxiques :
– il joue le rôle de subordonnant qui marque l'enchâssement de la subordonnée ;
– il remplit une fonction syntaxique dans la subordonnée.

Toujours dans le même exemple, le pronom *que* est un subordonnant et il remplit la fonction de complément direct du verbe *émerveille* :

2 LES VALEURS SÉMANTIQUES DE LA SUBORDONNÉE RELATIVE

La subordonnée relative peut exprimer différentes valeurs :
– le temps : *La chasse aux oies, **qui commence en septembre**, attire de nombreux chasseurs.*
– le lieu : *Voici la maison **où ont vécu mes grands-parents**.*
– la cause : *L'enfant, **qui descendait le sentier trop vite**, est tombé et s'est blessé.*
– l'explication : *Dans cette région, on trouve des améthystes, **qui sont des pierres précieuses de couleur violette**.*
– la qualification : *Ce chien **qui bave** a la rage.*
– la détermination : *Le roman **que je suis en train de lire** me plaît beaucoup.*

> **!** L'effacement de la relative à valeur déterminative change le sens de la P :
> *Le roman **que je suis en train de lire** me plaît beaucoup.* (Il s'agit d'un roman particulier.)
> *Le roman   ø   me plaît beaucoup.* (Il s'agit du genre romanesque.)

3 LA CONSTRUCTION DE LA SUBORDONNÉE RELATIVE

Une P dans laquelle est enchâssée une subordonnée relative résulte de la combinaison de deux P. Essayons de comprendre comment est construite une subordonnée relative à l'aide de l'exemple qui suit :
> *Les livres **dont je t'ai parlé** sont très intéressants.*

1. Cherchons d'abord ce que remplace le pronom relatif *dont*:

    Le pronom relatif *dont*, dans la relative *dont je t'ai parlé*, remplace le GPrép *de ces livres*, complément indirect du verbe *ai parlé* (on parle **de** quelque chose).

2. Reconstruisons les deux P à l'origine de la P donnée en exemple:

    > P1 *Les livres sont très intéressants.*
    >
    > P2 *Je t'ai parlé **de ces livres.***

3. Remplaçons le GPrép *de ces livres* par le pronom relatif *dont*:

    > *Je t'ai parlé **de ces livres.***
    >
    > ⬇ *Les livres **dont** je t'ai parlé.*

    REM. On utilise le pronom relatif *dont*, mais on pourrait aussi employer le pronom *desquels*, car tous les deux remplacent un GPrép en *de* complément indirect.

4. Enchâssons *dont je t'ai parlé* dans P1 et nous obtenons:

    > *Les livres **dont je t'ai parlé** sont très intéressants.*

DE PLUS
....

1. La subordonnée relative peut souvent être remplacée par une structure abrégée. Ce procédé, appelé **réduction**, est généralement possible lorsque le sujet de la relative et celui de la phrase enchâssante désignent la même réalité.

    A. Une subordonnée relative en *qui* peut être réduite par l'effacement de son sujet *qui* et par:

    – le remplacement de son GV par un GAdj quand le verbe est *être*:

    > *Le vieil homme, **qui était paralysé**, se souvenait de ces jours heureux.*
    >
    > *Le vieil homme, ø **paralysé**   , se souvenait de ces jours heureux.*

    – le remplacement de son GV par un GPart dont le noyau est un participe présent simple ou composé:

    > *Le sentier **qui menait à l'étang** était surveillé.*
    >
    > *Le sentier ø **menant à l'étang** était surveillé.*
    >
    > *L'enfant, **qui avait marché vers l'ouest**, arriva à la rivière.*
    >
    > *L'enfant, ø **ayant marché vers l'ouest**, arriva à la rivière.*

    B. Une subordonnée relative commençant par le pronom *où* ou par une préposition suivie d'un pronom relatif peut être réduite par l'effacement de son sujet et par le remplacement de son GV par un GInf:

    > *Gatzo avait trouvé l'île **où il passerait la nuit.***
    >
    > *Gatzo avait trouvé l'île **où ø passer   la nuit.***

2. Avec les phrases contenant *ce que*, deux analyses sont possibles :
   – On peut considérer que *ce* est un pronom démonstratif dit neutre, antécédent du pronom relatif *que* :

   Sub. rel.

   Dis-moi <u>ce</u> **que tu veux.**

   – On peut aussi considérer que *ce que* est le subordonnant d'une subordonnée complétive complément direct du verbe :

   Sub. complét.

   <u>*Dis*</u>*-moi ce* **que tu veux.**

3. La subordonnée enchâssée par le pronom relatif *où* ayant un sens indéfini peut être considérée comme une subordonnée relative dont l'antécédent est effacé :

   J'irai **où vous voulez.** *= J'irai <u>là</u> / <u>à l'endroit</u>* **où vous voulez.**

4. Il existe des subordonnées introduites par le pronom indéfini *qui* ou *quiconque* désignant un être humain indéterminé. On peut considérer que ces subordonnées sont des relatives qui dépendent d'un pronom antécédent effacé :

   Qui trop embrasse *mal étreint. = <u>Celui</u> / <u>Celle</u>* **qui trop embrasse** *mal étreint.*

   J'aime **qui m'aime.** *= J'aime <u>celui</u> / <u>celle</u>* **qui m'aime.**

La subordonnée relative permet de fournir des informations à propos du nom en les situant dans le temps. Cette structure est donc précieuse. Cependant, la subordonnée en *qui* construite avec le verbe *être* peut, grâce au procédé de réduction, être avantageusement remplacée par un GAdj.

4 **LE CHOIX DU PRONOM RELATIF**

Le choix du pronom relatif dépend de la fonction que celui-ci est appelé à remplir dans la subordonnée relative. Dans certains cas, ce choix dépend aussi du trait animé ou non animé du nom noyau du GN antécédent. Cela est illustré dans le tableau des pages suivantes.

La P *Le vieillard,* **qui portait un chapeau à plumes,** *s'arrêta devant le château* résulte des deux P suivantes :

   P1 *Le vieillard s'arrêta devant le château.*

   P2 *<u>Le vieillard</u> portait un chapeau à plumes.*

Le GN sujet *Le vieillard* est souligné en P2, pour montrer qu'il est remplacé par le pronom relatif *qui* dans la phrase transformée.

Le pronom *qui* est le seul pronom relatif qui remplit la fonction syntaxique de sujet et qui peut être employé pour remplacer un nom antécédent ayant le trait animé.

FONCTION SYNTAXIQUE DU PRONOM RELATIF OU DU GPrép INCLUANT UN PRONOM RELATIF	TRAIT DU NOM OU DU PRONOM ANTÉCÉDENT	PRONOM RELATIF OU Prép + PRONOM RELATIF
Sujet P1 *Le vieillard s'arrêta devant le château.* P2 *Le vieillard portait un chapeau à plumes.* *Le vieillard, **qui portait un chapeau à plumes**, s'arrêta devant le château.*	trait animé	*qui* *lequel*
P1 *Le vieillard s'arrêta devant le château.* P2 *Le château était abandonné.* *Le vieillard s'arrêta devant le château, **qui était abandonné**.*	trait non animé	
Complément direct du verbe P1 *Le vieillard s'arrêta devant le château.* P2 *Les gardiens connaissaient bien le vieillard.* *Le vieillard, **que les gardiens connaissaient bien**, s'arrêta devant le château.*	trait animé	*que (qu')*
P1 *Son chapeau avait des plumes bizarres.* P2 *Il n'enlevait jamais son chapeau.* *Son chapeau, **qu'il n'enlevait jamais**, avait des plumes bizarres.*	trait non animé	

REM. Un attribut du sujet peut être pronominalisé par *que* :

*Je me rappellerai toujours le jeune **que** j'avais été.*

Complément indirect du verbe dont l'antécédent est un groupe prépositionnel en *à (au/aux)* P1 *Les enfants du vieillard étaient morts.* P2 *Le vieillard pensait à ses enfants.* *Ses enfants, **à qui/auxquels le vieillard pensait**, étaient morts.*	trait animé	*à qui* *auquel / à laquelle / auxquels / auxquelles*
P1 *Leur mort remontait à loin.* P2 *Le vieillard pensait sans cesse à leur mort.* *Leur mort, **à laquelle le vieillard pensait sans cesse**, remontait à loin.*	trait non animé	*à quoi* *auquel / à laquelle / auxquels / auxquelles*

Complément indirect du verbe dont l'antécédent est un groupe prépositionnel en *du* / *de* / *des* P1 *Le vieillard s'arrêta devant le château.* P2 *Les gardiens se méfiaient du vieillard.* *Le vieillard, **de qui** / **dont** / **duquel** les gardiens se méfiaient, s'arrêta devant le château.*	trait animé	*de qui* *dont* *duquel* / *de laquelle* / *desquels* / *desquelles*
P1 *Le vieillard s'arrêta devant le château.* P2 *Il se souvenait du château.* *Le vieillard s'arrêta devant le château, **dont** / **duquel** il se souvenait.*	trait non animé	*dont* *duquel* / *de laquelle* / *desquels* / *desquelles*
Complément du nom dont l'antécédent est un groupe prépositionnel en *du* / *de* / *des* P1 *Le vieillard s'arrêta devant le château.* P2 *Les enfants du vieillard étaient morts.* *Le vieillard, **dont les enfants étaient morts**, s'arrêta devant le château.*	trait animé	*dont*
P1 *Le vieillard s'arrêta devant le château.* P2 *Les murs du château étaient demeurés intacts.* *Le vieillard s'arrêta devant le château, **dont les murs étaient demeurés intacts**.*	trait non animé	

REM. Lorsque le complément de l'adjectif est un groupe prépositionnel en *de*, le pronom relatif est *dont* :
*Le vieillard regardait <u>son chapeau</u> **dont il était très fier**.*

Complément indirect du verbe ou complément de P indiquant le temps P1 *La nuit de Noël était froide.* P2 *Le vieillard s'arrêta la nuit de Noël.* *La nuit de Noël, **pendant laquelle le vieillard s'arrêta**, était froide.*	trait non animé	*où* *après lequel*, etc. *au cours duquel*, etc. *durant lequel*, etc. *pendant lequel*, etc.
Complément indirect du verbe ou complément de P indiquant le lieu P1 *Le vieillard s'arrêta devant le château.* P2 *Il avait caché une amulette <u>près du château</u>.* *Le vieillard s'arrêta devant le château, **où** / **près duquel** il avait caché une amulette.*	trait non animé	*où* *près duquel*, etc. *derrière lequel*, etc. *devant lequel*, etc. *sur lequel*, etc.

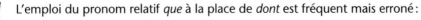

L'emploi du pronom relatif *que* à la place de *dont* est fréquent mais erroné :
⊗ *Le livre **que** je t'ai parlé est passionnant.*
*Le livre **dont** je t'ai parlé est passionnant.*

La subordonnée complétive

Objectifs du chapitre

- Reconnaître les diverses subordonnées complétives.
- Identifier le subordonnant et la fonction de la subordonnée complétive.
- Constater que, dans la subordonnée complétive, le mode peut être l'indicatif ou le subjonctif.

Plan du chapitre

1 La notion de subordonnée complétive

2 La subordonnée complétive complément

3 La subordonnée complétive sujet

Observons cet extrait d'un récit.

> *Anin dut commencer par le commencement. Il <u>avait compris</u> dès lors que son récit durerait plusieurs jours. Le soir même, le festin à tout manger fut terminé, mais on <u>déclara</u> alors que les jours suivants seraient consacrés à la fête de l'initiation pour l'explorateur addaboutik, ainsi qu'à la création officielle du troisième clan.*

Bernard ASSINIWI, *La Saga des Béothuks*, Montréal-Paris, Leméac / Actes Sud, 1996, p. 144.

Les deux énoncés surlignés sont des subordonnées complétives. Chacune complète le verbe qui est souligné. Elles remplissent donc la fonction de complément du verbe. Dans ce chapitre, nous étudions les différentes sortes de subordonnées complétives.

1 LA NOTION DE SUBORDONNÉE COMPLÉTIVE

DÉFINITION : La **subordonnée complétive** est une phrase enchâssée qui est généralement introduite par la conjonction *que*. Elle est appelée « complétive », car elle remplit le plus souvent la fonction de complément, mais elle peut remplir aussi la fonction de sujet de P.

La phrase qui suit contient une subordonnée complétive complément direct du verbe enchâssée dans le GV :

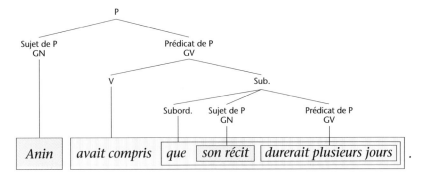

2 LA SUBORDONNÉE COMPLÉTIVE COMPLÉMENT

Il y a trois sortes de subordonnées complétives compléments :
– la subordonnée complétive complément du verbe ;
– la subordonnée complétive complément de l'adjectif ;
– la subordonnée complétive complément du nom.

2.1 La subordonnée complétive complément du verbe

Parmi les subordonnées complétives compléments du verbe, il y a :
– la subordonnée complétive complément direct ;
– la subordonnée complétive complément indirect ;
– la subordonnée complétive interrogative ;
– la subordonnée complétive exclamative.

2.1.1 La subordonnée complétive complément direct du verbe

La subordonnée complétive remplit la fonction de complément direct du verbe lorsque le verbe principal [23, p. 236] dont elle dépend se construit sans préposition :

> *Nora a dit que Béatrice viendrait.*

REM. On trouve la subordonnée complétive complément direct du verbe après des verbes exprimant des activités psychologiques :
– verbes de connaissance (*constater, savoir*) ;
– verbes d'opinion (*estimer, juger, penser*) ;
– verbes de parole (*déclarer, dire*) ;
– verbes de sensation (*sentir, voir*) ;
– verbes de sentiment (*désirer, souhaiter*).
Ces verbes expriment des modalités.

La subordonnée complétive complément direct du verbe peut être pronominalisée par les pronoms démonstratifs *cela* et *ça* :

> On <u>déclara</u> **que les jours suivants seraient consacrés à la fête.**
>
> ⬇ On <u>déclara</u> **cela.**

Le mode du verbe de la subordonnée dépend généralement du verbe qui la commande [20, p. 203] :

> Elle <u>déclare</u> **qu'il réussira.** (indicatif)
>
> Il <u>craint</u> **qu'on ne puisse terminer avant le souper.** (subjonctif)

2.1.2 **La subordonnée complétive complément indirect du verbe**

La subordonnée complétive remplit la fonction de complément indirect du verbe lorsque le verbe principal dont elle dépend se construit avec une préposition :

> Elle <u>s'est souvenue</u> **que sa mère avait joué un rôle majeur dans le clan.**

Le remplacement de la subordonnée complétive par le pronom *cela* fait apparaître la préposition commandée par le verbe :

> Elle <u>s'est souvenue</u> **que sa mère avait joué un rôle majeur dans le clan.**
>
> ⬇ Elle <u>s'est souvenue</u> **de cela.**

! Le subordonnant *que* de la complétive complément indirect peut être précédé de *ce*, lui-même précédé de la préposition commandée par le verbe :

> On <u>s'étonne</u> **de ce que** les Amérindiens aient survécu. (on s'étonne **de** cela)

Le mode du verbe de la subordonnée dépend généralement du verbe qui la commande [20, p. 203] :

> Les ancêtres <u>ont veillé</u> **à ce que leurs traditions soient respectées.** (subjonctif)

> La consultation d'un dictionnaire est souvent nécessaire pour savoir quel mode utiliser dans une subordonnée complétive.

2.1.3 **La subordonnée complétive interrogative** [1]

La subordonnée interrogative est une complétive qui remplit la fonction de complément d'un verbe comme *apprendre, chercher, dire, examiner, ignorer, savoir, se demander, se souvenir.*

> Les aînés voulurent <u>savoir</u> **comment s'était passé le voyage.**
>
> Ils <u>expliquent</u> **pourquoi ils maintiennent leurs traditions.**
>
> On <u>ignore</u> **si ce site a été habité jadis.**

---

1. Cette subordonnée est appelée traditionnellement interrogative indirecte.

Dans chacun de ces cas, il ne s'agit pas vraiment d'une interrogation, mais plutôt d'une information qu'on recherche, qu'on donne ou qu'on ignore.

Le mode du verbe de la subordonnée est toujours l'indicatif.

Le subordonnant est *si* ou un marqueur interrogatif : déterminant, pronom ou adverbe interrogatifs.

!
- Dans la subordonnée complétive interrogative, on ne peut pas employer les locutions qui marquent l'interrogation directe, *est-ce que* et *qu'est-ce qui / que* :

    *J'ignore **où** ils ont vécu.*
    ⊗ *J'ignore où **est-ce qu**'ils ont vécu.*

    *Je me demande **ce qui** est arrivé.*
    ⊗ *Je me demande **qu'est-ce qui** est arrivé.*

    *Je savais **ce que** tu avais.*
    ⊗ *Je savais **qu'est-ce que** tu avais.*

- La subordonnée complétive interrogative se termine par un point, et non par un point d'interrogation.

2.1.4 La subordonnée complétive exclamative

La subordonnée exclamative est une complétive qui remplit la fonction de complément d'un verbe dont le sens implique une valeur d'intensité.

> *Tu t'<u>imagines</u> **si je l'aime**!*
> *J'<u>ai constaté</u> en les regardant **comme ils avaient vieilli**.*

Le mode du verbe de la subordonnée est toujours l'indicatif.

Le subordonnant est un marqueur exclamatif : *ce que, combien, comme, qu'est-ce que, si*, etc. [11].

! La phrase qui contient une subordonnée complétive exclamative se termine généralement par un point.

2.2 La subordonnée complétive complément de l'adjectif

La subordonnée complément de l'adjectif est une complétive qui remplit la fonction de complément de l'adjectif. Lorsque l'adjectif se construit avec *à* ou avec *de*, la préposition ainsi que le *ce* qui la suit peuvent s'effacer devant la subordonnée.

> *Les peuples amérindiens sont <u>fiers</u> **de ce que leur histoire soit enseignée**.*
> *Les peuples amérindiens sont <u>fiers</u> **que leur histoire soit enseignée**.*

Le mode du verbe de la subordonnée est généralement le subjonctif, mais on trouve aussi l'indicatif.

2.3 **La subordonnée complétive complément du nom**

La subordonnée complément du nom est une complétive qui remplit la fonction de complément du nom. Le nom qui commande cette subordonnée a le trait abstrait (*idée, crainte, sentiment, certitude*, etc.).

> La <u>certitude</u> **que tous réussiront à vivre harmonieusement** m'habite.

> ⬇ La <u>certitude</u> **de cela** m'habite.

Le remplacement de la subordonnée par *de cela* montre que la construction est indirecte, même si le subordonnant est *que*.

Le mode du verbe de la subordonnée est l'indicatif ou le subjonctif, selon le sens :

> L'<u>idée</u> **qu'il vient** me réjouit. (évènement réel)

> L'<u>idée</u> **qu'il vienne** me réjouit. (évènement possible)

REM. Dans un GN, on trouve une construction particulière de subordonnée introduite par *comme* :
> Ce sont des livres **comme** je les aime.

3 **LA SUBORDONNÉE COMPLÉTIVE SUJET**

La subordonnée complétive sujet est une subordonnée complétive qui remplit la fonction de sujet de P.

> **Qu'on récrive l'histoire des Amérindiens** apparaît nécessaire.

Dans la langue courante, on reprend souvent la complétive sujet par un pronom ou par un GN. La subordonnée est alors détachée par une virgule, et la phrase a la forme emphatique :

> **Qu'on récrive leur histoire,** cela / cette entreprise apparaît nécessaire.

Le mode du verbe de cette subordonnée est généralement le subjonctif.

DE PLUS
....

Il existe deux autres complétives :

– la subordonnée complétive complément d'un verbe impersonnel ou d'une tournure impersonnelle :

> <u>Il faut</u> **qu'on reconnaisse enfin l'héritage des peuples amérindiens.**

– la subordonnée complétive complément d'un présentatif [12] :

> <u>Il y a</u> **qu'elle ne supporte pas le mensonge.**

> <u>C'est</u> **que je passais.**

> <u>Voilà</u> **que tu t'emballes.**

....

Les « circonstancielles » : des subordonnées compléments de P et des corrélatives

Objectifs du chapitre

- Identifier la fonction et le subordonnant de la subordonnée complément de P.
- Identifier la fonction et le subordonnant de la subordonnée corrélative.
- Reconnaître le sens de la subordonnée complément de P et de la subordonnée corrélative.

Plan du chapitre

1 La subordonnée complément de P

2 La subordonnée corrélative

Observons ce texte.

> *Un vieil homme vivait au sommet d'une montagne si haute **qu'il voyait l'océan à des lieues de distance**. Comme il vivait parmi les nuages, tout était couleur d'argent : ses longs cheveux, sa maison en écorce de bouleau et, même, ses cinq filles. [...] Si vous allez aux chutes du Niagara, vous pourrez voir le soleil danser sur l'écume de leurs robes, sur l'embrun de leurs sandales et sur les plumes de leurs ailes.*

> C. J. TAYLOR, *Et le cheval nous a été donné. Légendes amérindiennes sur la création.*
> Montréal, Livres Toundra, 1996, p. 6.

Les passages surlignés sont des phrases subordonnées qui remplissent la fonction de complément de P. Le passage en gras est une phrase subordonnée corrélative.

Dans ce chapitre, nous étudions ces deux sortes de subordonnées, traditionnellement appelées « circonstancielles », malgré leurs caractéristiques syntaxiques différentes.

① LA SUBORDONNÉE COMPLÉMENT DE P

DÉFINITION : On appelle **subordonnée complément de P** une phrase enchâssée dans une P à la place d'un groupe dont la fonction est complément de P.

La phrase suivante contient une subordonnée complément de P, surlignée en rose :

> *Annette s'est retournée **afin que Youri puisse la voir**.*

Le schéma qui suit représente la structure de cette phrase :

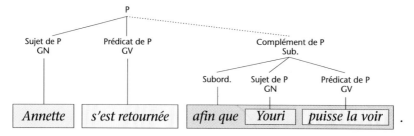

①·① Les caractéristiques syntaxiques de la subordonnée complément de P

1. Tel un groupe complément de P, la subordonnée complément de P est facultative et généralement mobile :

> *Annette s'est retournée **afin que Youri puisse la voir**.*
>
> ✂ *Annette s'est retournée* ⌀ .
>
> ⇆ ***Afin que Youri puisse la voir**, Annette s'est retournée*.

2. Comme dans toutes les subordonnées, un subordonnant placé au début de la subordonnée complément de P marque l'enchâssement de celle-ci.

   Le subordonnant est un marqueur de relation. Il marque le lien sémantique entre la subordonnée et la phrase enchâssante. Ainsi, le subordonnant *afin que* marque un rapport de but : si Annette s'est retournée, c'est pour que Youri puisse la voir.

   ! Certains subordonnants expriment différentes valeurs, par exemple *si* :

   si = *à supposer que* (hypothèse) : ***Si** je continuais d'y penser, je me mettrais en colère.*

   si = *alors que* (opposition) : ***S**'il est végétarien, moi je ne le suis pas.*

3. Le mode du verbe de la subordonnée (indicatif ou subjonctif) dépend du subordonnant.

   Dans la phrase *Annette s'est retournée afin que Youri puisse la voir*, le verbe de la subordonnée est au subjonctif parce que le subordonnant *afin que* commande ce mode.

La subordonnée complément de P peut souvent être remplacée par une structure abrégée.

Ce procédé, appelé **réduction**, est généralement possible à ces deux conditions :
- le sujet de la subordonnée et celui de la phrase enchâssante désignent la même réalité ;
- le subordonnant le permet.

1. La subordonnée complément de P peut être remplacée par un GPrép contenant un infinitif ou un GN :

> **Avant que _je_ ne parte**, _je_ rangerai la maison.
>
> **Avant de partir**, je rangerai la maison.
>
> **Dès que j'_arrive_**, _je_ t'appelle.
>
> **Dès mon arrivée**, je t'appelle.

2. La subordonnée complément de P peut être remplacée par un GPart ou par un GPrép appelé « gérondif » (_en_ suivi d'un GPart) [19, p.190] :

> **Comme _il_ regardait la mer**, _il_ vit le bateau de son père.
>
> **Regardant la mer**, il vit le bateau de son père. (GPart)

3. Lorsque la subordonnée est formée du verbe _être_ et d'un GAdj attribut du sujet, elle peut souvent être réduite à ce GAdj :

> **Comme _elles_ étaient très complices**, _ces filles_ se disaient tout.
>
> **Très complices**, ces filles se disaient tout.

! La subordonnée complément de P peut parfois être remplacée par un GN contenant un GPart quand le sujet de la subordonnée et celui de la phrase enchâssante ne désignent pas la même réalité :

> Vivianne ne bougeait plus **parce que sa frayeur la paralysait**.
>
> Vivianne ne bougeait plus, **sa frayeur la paralysant**.

Le remplacement de la subordonnée par une structure plus concise permet de condenser l'information.

1.2 Les différentes valeurs de la subordonnée complément de P

1.2.1 La subordonnée complément de P exprimant le temps

La subordonnée complément de P exprimant le temps situe un fait dans le temps par rapport à un autre fait énoncé dans la phrase enchâssante.

- Le fait exprimé dans la phrase enchâssante est simultané à celui exprimé dans la subordonnée :

> Nina est arrivée **quand Diane partait**.

L'arrivée de Nina et le départ de Diane ont eu lieu en même temps.

– Le fait exprimé dans la phrase enchâssante est antérieur à celui exprimé dans la subordonnée :

> Martin mettra la table **avant que les invités arrivent**.

D'abord Martin mettra la table, ensuite les invités arriveront.

– Le fait exprimé dans la phrase enchâssante est postérieur à celui exprimé dans la subordonnée :

> **Une fois qu'on a bien compris la règle**, on la retient facilement.

On comprend d'abord la règle, on la retient ensuite.

Voici les principaux subordonnants qui marquent le temps, et le mode qu'ils commandent.

SUBORDONNANTS MARQUANT LA SIMULTANÉITÉ + INDICATIF

alors que, au moment où, lorsque, pendant que, quand, tandis que	**Pendant qu'on démontait la tente**, un orage éclata.

SUBORDONNANTS MARQUANT L'ANTÉRIORITÉ + SUBJONCTIF

avant que, d'ici à ce que, en attendant que, jusqu'à ce que	*« La science a fait de nous des dieux **avant que nous ne méritions d'être des hommes**. »* Jean Rostand

SUBORDONNANTS MARQUANT LA POSTÉRIORITÉ + INDICATIF

après que, dès que, lorsque, quand, sitôt que, une fois que	**Dès que la gardienne sera arrivée**, mes parents partiront.

! Avec le subordonnant *après que*, le verbe se met en principe à un temps composé de l'indicatif, bien que l'emploi du subjonctif soit de plus en plus fréquent.

> *Après qu'ils eurent fait le tour du monde, ils ne voyagèrent plus.*

1.2.2 La subordonnée complément de P exprimant le but

La subordonnée complément de P exprimant le but énonce un but à atteindre ou à éviter. Souvent la phrase enchâssante exprime une condition pour atteindre le but recherché :

> *Bernard a imposé aux campeurs de se coucher tôt **pour que le départ se fasse dès l'aube**.*

Le but recherché est le départ des campeurs dès l'aube ; la condition pour atteindre ce but est que les campeurs se couchent tôt, ce que Bernard leur a imposé.

Voici les principaux subordonnants qui marquent le but, et le mode qu'ils commandent.

But recherché : *afin que, de (telle) sorte que, pour que* But à éviter : *afin que... ne... pas, pour que... ne... pas,* *de crainte que... ne, de peur que... ne*	*Ils n'ont pas ménagé leurs efforts **afin que** la fête soit un succès.* *Nous n'osions parler **de peur que le gardien ne nous entende.***

! Avec les subordonnants *de crainte que* et *de peur que*, on utilise souvent le mot *ne*. Ce *ne* n'est pas un adverbe de négation, mais un *ne* explétif :

> *On ne le taquine plus **de crainte qu'il ne se fâche**.*

1.2.3 **La subordonnée complément de P exprimant la manière ou la comparaison**

La subordonnée complément de P exprimant la manière ou la comparaison énonce un fait et le rapproche d'un autre fait exprimé dans la phrase enchâssante :

> *Antoine ment **comme il respire**.*

Cette phrase établit un rapport entre l'habitude de mentir et le réflexe de respirer.

Voici les principaux subordonnants qui marquent la manière ou la comparaison, et le mode qu'ils commandent.

SUBORDONNANTS MARQUANT LA MANIÈRE OU LA COMPARAISON + INDICATIF

ainsi que, autant que, comme, de même que	*Je te retrouve **comme je t'ai quitté**.*

Les mots de la subordonnée qui sont semblables à ceux de la phrase enchâssante sont généralement effacés :

> *À votre place, j'**aurais agi** comme vous **avez agi**.*
> *À votre place, j'aurais agi comme vous   ø   .*

! Avec le subordonnant *comme*, la subordonnée est difficilement déplaçable.

1.2.4 **La subordonnée complément de P exprimant la cause**

La subordonnée complément de P exprimant la cause énonce un fait qui entraîne la réalisation d'un autre fait exprimé dans la phrase enchâssante :

> ***Comme la journée s'annonçait très chaude***, *les marcheurs partirent plus tôt.*

La journée s'annonçait très chaude (c'est la cause), et cela a entraîné le départ hâtif des marcheurs.

Voici les principaux subordonnants qui marquent la cause, et le mode qu'ils commandent.

SUBORDONNANTS MARQUANT LA CAUSE + INDICATIF

comme, parce que, sous prétexte que	*Je ne suis pas venu **parce que j'en ai été empêché au dernier moment**.*

1.2.5 La subordonnée complément de P exprimant la conséquence

La subordonnée complément de P exprimant la conséquence énonce un fait qui est la conséquence ou le résultat d'un autre fait exprimé dans la phrase enchâssante :

> *Bono a fait ses bagages la veille, **de sorte que, le lendemain, il a eu le temps de déjeuner**.*

Bono a fait ses bagages la veille, et cela a eu pour conséquence qu'il a pu prendre le temps de déjeuner le lendemain.

Voici les principaux subordonnants qui marquent la conséquence dans une subordonnée complément de P, et le mode qu'ils commandent.

SUBORDONNANTS MARQUANT LA CONSÉQUENCE + INDICATIF

au point que, de (telle) façon que, de manière que, de (telle) sorte que, si bien que	*Elle avait tout remis en ordre, **si bien qu'on ne s'aperçut de rien**.*

- La subordonnée complément de P exprimant la conséquence se place toujours après la phrase enchâssante ; elle n'est pas mobile.
- Avec certains subordonnants, la subordonnée prend une valeur de but quand le verbe de la subordonnée est au subjonctif ; elle est alors mobile.
  > *Elle calme le chien, **de telle sorte que ses invités puissent entrer**.*

REM. Certaines subordonnées exprimant la conséquence ne sont pas des compléments de P, mais des subordonnées corrélatives [2.2.2].

DE PLUS

....

1.2.6 La subordonnée complément de P exprimant la justification

La subordonnée complément de P exprimant la justification énonce un fait considéré comme admis, à l'appui de l'argument pour faire admettre ce qui est exprimé dans la phrase enchâssante :

> ***Puisque Maléa était à Paris le 27 octobre**, elle ne peut être soupçonnée du crime dont on l'accuse à Chicoutimi.*

Un fait est admis : Maléa était à Paris le 27 octobre, et cela sert d'argument pour faire admettre qu'elle ne peut être soupçonnée du crime.

Voici les principaux subordonnants qui marquent la justification, et le mode qu'ils commandent.

SUBORDONNANTS MARQUANT LA JUSTIFICATION + INDICATIF

attendu que, comme, étant donné que, puisque	***Étant donné que le quorum est atteint**, l'assemblée peut commencer.*

1.2.7 La subordonnée complément de P exprimant l'hypothèse

La subordonnée complément de P exprimant l'hypothèse énonce une condition supposée qui, si elle se réalise, a une influence sur ce qui est exprimé dans la phrase enchâssante :

> ***Si Cléo était libre**, elle irait au cinéma avec toi.*

À supposer que Cléo n'ait pas d'autre projet, elle pourrait aller au cinéma avec toi.

Voici les principaux subordonnants qui marquent l'hypothèse, et le mode qu'ils commandent.

SUBORDONNANT MARQUANT L'HYPOTHÈSE + INDICATIF

si	***Si j'étais arrivé à temps**, tout aurait changé.*

SUBORDONNANTS MARQUANT L'HYPOTHÈSE + SUBJONCTIF

à moins que, à supposer que, en admettant que	*Viens souper demain, **à moins que tu ne sois libre aujourd'hui**.*

REM. La subordonnée enchâssée par le subordonnant *si* est souvent placée en début de P.

! Une erreur courante consiste à utiliser le conditionnel avec le subordonnant *si* pour marquer l'hypothèse :

> ⊗ ***S'il n'aurait pas eu de crevaison**, Serge serait déjà là.*
> ***S'il n'avait pas eu de crevaison**, Serge serait déjà là.*

1.2.8 La subordonnée complément de P exprimant la condition

La subordonnée complément de P exprimant la condition énonce une condition réelle dont dépend la réalisation du fait exprimé dans la phrase enchâssante :

> ***Si l'autobus n'arrive pas en retard**, je pourrai attraper ma correspondance.*

La condition pour que j'attrape ma correspondance est que l'autobus arrive à temps.

Voici les principaux subordonnants qui marquent la condition, et le mode qu'ils commandent.

SUBORDONNANTS MARQUANT LA CONDITION + SUBJONCTIF

à condition que, pour autant que, pourvu que, si tant est que	*Laissez-les faire **à condition qu'ils ne fassent pas de bêtises**.*

SUBORDONNANTS MARQUANT LA CONDITION + INDICATIF

dans la mesure où, si	***Si tu le désires**, je te ramène à la maison.*

1.2.9 La subordonnée complément de P exprimant l'opposition

La subordonnée complément de P exprimant l'opposition énonce un fait qui va à l'encontre d'un autre fait exprimé dans la phrase enchâssante :

> *Guy voyage tout le temps, **alors que Lucien est toujours à la maison**.*

Le fait que Guy voyage beaucoup est opposé au fait que Lucien reste à la maison.

Voici les principaux subordonnants qui marquent l'opposition, et le mode qu'ils commandent.

SUBORDONNANTS MARQUANT L'OPPOSITION + INDICATIF

alors que, pendant que, quand, si, tandis que	***Tandis que tous préféraient l'été**, moi je n'étais bien que l'hiver.*

1.2.10 La subordonnée complément de P exprimant la concession

La subordonnée complément de P exprimant la concession énonce un fait dont l'effet attendu ne se réalise pas :

> ***Bien que j'aie mis le contact**, le moteur ne démarre pas.*

Le contact est mis, ce qui devrait entraîner le démarrage du moteur, mais le moteur ne démarre pas (fait contraire au résultat attendu).

> Concéder, c'est accepter un argument qu'on pourrait pourtant refuser, pour en tirer avantage. La concession est un procédé très utilisé dans l'argumentation.

Voici les principaux subordonnants qui marquent la concession, et le mode qu'ils commandent.

SUBORDONNANTS MARQUANT LA CONCESSION + INDICATIF

même si, quand, quand bien même	***Même si leur cause est juste**, ils ne gagneront pas.*

| bien que, encore que, malgré que, moyennant que, quoique | **_Malgré qu'ils soient inexpérimentés,_** _ils s'en tirent assez bien._ |

!
- Les déterminants _quel, quelque,_ les pronoms _qui, quoi_ et les adverbes _aussi, pour, tout_ employés en corrélation avec _que_ servent également de subordonnants pour exprimer la concession :

  > **_Quelques_** _efforts_ **_qu'_**_on fasse, on n'y arrivera pas._ (_quelques_ : déterminant)
  >
  > **_Tout_** _malade_ **_qu'_**_il soit, il est encore actif._ (_tout_ : adverbe)

- Il ne faut pas confondre _quoique_ (subordonnant concessif) et _quoi que_ (pronom indéfini _quoi_ + pronom relatif _que_) :

  > **_Quoique_** _vous ayez raison, vous n'obtiendrez pas justice._
  >
  > **_Quoi que_** _vous fassiez, faites-le avec soin._

  Seul le subordonnant _quoique_ peut être remplacé par le subordonnant _bien que_ :

  > **_Quoique_** _vous ayez raison, vous n'obtiendrez pas justice._
  >
  > ⬇ **_Bien que_** _vous ayez raison, vous n'obtiendrez pas justice._
  >
  > **_Quoi que_** _vous fassiez, faites-le avec soin._
  >
  > ✳ * **_Bien que_** _vous fassiez, faites-le avec soin._

2 LA SUBORDONNÉE CORRÉLATIVE

DÉFINITION : La **subordonnée corrélative** est une subordonnée qui est enchâssée dans un groupe de la phrase (GN, GAdv, GAdj, GV) à l'aide du subordonnant _que,_ en lien avec un **adverbe corrélatif** de degré.

> _Il y a_ <u>_davantage_</u> _de personnes_ **_qu'on ne l'avait prévu._**
>
> _Jade skie_ <u>_aussi_</u> _bien_ **_qu'elle tire à la carabine._**
>
> _Le météore est passé_ <u>_si_</u> _vite_ **_que personne n'a pu le voir._**

Le schéma qui suit représente une subordonnée corrélative enchâssée dans un GAdj :

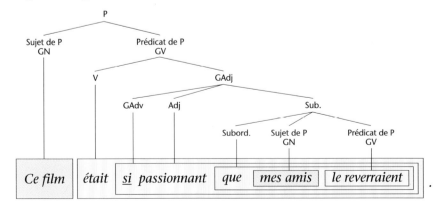

La subordonnée corrélative *que mes amis le reverraient* est enchâssée dans un GAdj. Elle remplit, avec l'adverbe corrélatif *si*, la fonction de modificateur de l'adjectif *passionnant*.

2.1 Les caractéristiques syntaxiques de la subordonnée corrélative

L'adverbe corrélatif et la subordonnée corrélative peuvent s'effacer, puisqu'ils constituent un modificateur :

> *Ce film était <u>si</u> passionnant **que mes amis le reverraient**.*

> ✂ *Ce film était ø passionnant*   ø   .

Contrairement à la plupart des subordonnées compléments de P, la subordonnée corrélative n'est pas mobile :

> *Ils étaient <u>si</u> loin **que nous les apercevions à peine**.*

> ✖ ** **Que nous les apercevions à peine**, ils étaient <u>si</u> loin.*

2.2 Les différentes valeurs des subordonnées corrélatives

2.2.1 La subordonnée corrélative exprimant la comparaison

La subordonnée corrélative exprimant la comparaison énonce un fait et le rapproche d'un autre fait exprimé dans la phrase enchâssante, pour en marquer la supériorité, l'égalité ou l'infériorité :

> *Michel a <u>autant</u> chanté **qu'il a dansé**.*

Deux faits sont rapprochés : Michel a chanté et il a dansé ; ces activités ont eu une importance égale.

La subordonnée corrélative *qu'il a dansé* est enchâssée dans un GV. Elle remplit, avec l'adverbe corrélatif *autant*, la fonction de modificateur du verbe *a chanté*.

Voici les principaux termes corrélatifs marquant la comparaison, et le mode qu'ils commandent.

TERMES CORRÉLATIFS MARQUANT LA COMPARAISON + INDICATIF

aussi, moins, plus + Adj + *que*	*Anouschka est <u>plus</u> rusée **que je ne le pensais**.*
autant, davantage, moins, plus + Dét + N + *que*	*Il y a <u>plus</u> de fleurs **qu'il y en avait la semaine passée**.*
V + *autant, autrement, d'autant plus, davantage, mieux* + *que*	*On le respecte <u>autant</u> **qu'on le craint**.*

REM. Les adjectifs comparatifs *meilleur* et *pire* sont aussi employés comme termes corrélatifs :

> *Nino est bien <u>meilleur</u> **que je ne l'aurais cru**.*

Dans la subordonnée corrélative exprimant la comparaison, les termes semblables à ceux de la phrase enchâssante sont généralement effacés. Cette subordonnée se présente donc souvent sous une forme réduite :

> Au cinéma, **il y avait** <u>plus</u> d'enfants qu'**il y avait** d'adultes.

> ✂ Au cinéma, **il y avait** <u>plus</u> d'enfants que   ø   d'adultes.

! Dans une subordonnée comparative exprimant une inégalité, on emploie souvent *ne* devant le verbe :

> Il est <u>moins</u> sage **qu'il <u>ne</u> le paraît**.

Ce *ne* n'exprime pas la négation, c'est un *ne* explétif.

2.2.2 **La subordonnée corrélative exprimant la conséquence**

La subordonnée corrélative exprimant la conséquence énonce un fait qui est la conséquence d'un autre fait marqué d'un haut degré d'intensité dans la phrase enchâssante :

> L'été est <u>tellement</u> sec **qu'il y a un fort risque d'incendie de forêt**.

Le risque d'incendie de forêt est la conséquence de la grande sécheresse de l'été.

La subordonnée corrélative est enchâssée dans un GAdj. Elle remplit, avec l'adverbe corrélatif *tellement*, la fonction de modificateur de l'adjectif *sec*.

Voici les principaux termes corrélatifs marquant la conséquence, et les modes qu'ils commandent.

TERMES CORRÉLATIFS MARQUANT LA CONSÉQUENCE + INDICATIF/SUBJONCTIF

si, tellement + Adj / Adv + *que*	La musique est <u>si</u> forte **que nous deviendrons tous sourds**.
assez, suffisamment, trop + Adj / Adv + *pour que*	Elles sont <u>suffisamment</u> raisonnables **pour qu'on leur fasse confiance**.
tant, tellement + Dét + N + *que*	Il y a <u>tant</u> de fumée **qu'on pourrait la couper au couteau**.
V + *tant, tellement* + *que*	Il a <u>tellement</u> crié **qu'il n'a plus de voix**.

! L'adjectif *tel* peut être en corrélation avec *que* :

> Elle a une <u>telle</u> énergie **qu'elle nous impressionne**.

REM. Certaines subordonnées exprimant la conséquence ne sont pas des subordonnées corrélatives, mais des subordonnées compléments de P [1.2.5] .

Le système des accords

Objectifs du chapitre

- Constater que les accords sont régis par des principes simples.
- Connaître les principales règles d'accord : les accords dans le GN, les accords régis par le sujet et les accords régis par le complément direct du verbe.

Plan du chapitre

⬤**1** Les classes invariables et les classes variables

⬤**2** Le donneur et le receveur

⬤**3** Les principales règles d'accord

⬤**4** Tableau synthèse

Observons ces deux phrases.

⊗ *Les lilas ne **fleurisse** pas.*   ⊗ *Les boutons sont déjà **sec**, faute de pluie.*

Les mots *fleurisse* et *sec* ne sont pas orthographiés correctement, car ils n'ont pas les marques grammaticales requises selon le système des accords du français. Ce système est source d'erreurs orthographiques, notamment parce que plusieurs marques d'accord de l'écrit ne s'entendent pas à l'oral.

⬤**1** **LES CLASSES INVARIABLES ET LES CLASSES VARIABLES**

⬤**1.1** **Les classes invariables**

Les classes invariables contiennent des mots dont la forme ne varie pas :
- les prépositions : *à côté de, dans, sur*, etc. ;
- les adverbes : *évidemment, loin, très*, etc. ;
- les conjonctions : *et, mais, que, si*, etc.

1.2 **Les classes variables**

Les classes variables contiennent des mots dont la forme peut varier :
- les noms : *fleur / fleurs*, *cheval / chevaux* ;
- les déterminants : *le / la / les* ;
- les pronoms : *celui-ci / celle-ci / ceux-ci / celles-ci* ;
- les adjectifs : *éternel / éternelle / éternels / éternelles* ;
- les verbes :
  - dans les temps simples : *tu montes, nous montons* ;
  - dans les temps composés :
    - les verbes auxiliaires : *elle a parlé, elles ont parlé* ;
    - les participes passés, dans certaines conditions : *elle est montée, elle a monté*.

! Certains mots font partie d'une classe variable, mais ils ne changent pas de forme : *une perdrix / des perdrix, trois garçons / trois filles, des yeux noisette / la couleur noisette*.

1.3 **Les traits grammaticaux et les marques grammaticales**

DÉFINITION : Dans le système des accords, on appelle **traits grammaticaux** les caractéristiques de genre, de nombre et de personne d'un mot d'une classe variable.

> *Ces fleurs bleues poussent dans le désert.*

Les mots *fleurs* et *bleues* ont en commun deux traits grammaticaux : le féminin et le pluriel.

DÉFINITION : Les **marques grammaticales** sont les variations de forme d'un mot selon les traits grammaticaux qu'il possède.

Les mots *fleurs* et *bleues* portent tous deux la marque écrite du pluriel -*s*. Le nom *fleurs*, même s'il a le trait grammatical du féminin, n'a pas de marque du féminin, alors que l'adjectif *bleues* porte la marque du féminin, soit la terminaison -*e*.

! Les marques grammaticales diffèrent à l'oral et à l'écrit, ce qui est une des principales sources de difficultés de l'orthographe française. Par exemple, à l'oral, le féminin de l'adjectif *méchant* se marque par l'addition du phonème [t] à la forme du masculin : [meʃɑ̃]/[meʃɑ̃t]. Par contre, à l'écrit, le féminin de *méchant* se marque par l'addition de la lettre -*e*: *méchant / méchante*.

2 **LE DONNEUR ET LE RECEVEUR**

2.1 **Les notions de donneur et de receveur**

Parmi les mots de classes variables, il y a ceux qui sont donneurs de traits grammaticaux et ceux qui sont receveurs de ces traits.

DÉFINITIONS : Le **donneur** (D) est un mot d'une classe variable qui donne ses traits grammaticaux à un autre mot d'une classe variable. Le **receveur** (R) est un mot d'une classe variable qui reçoit les traits grammaticaux d'un donneur.

Le receveur et son donneur sont liés par une relation syntaxique :

GN

| R (Dét) | D (N) | R (GAdj) |

Hervé a recueilli **une** *outarde* **blessée** .

Dans cette phrase, le nom *outarde* donne ses traits de féminin et de singulier à l'adjectif participe *blessée* et au déterminant *une* avec lesquels il est en relation syntaxique.

2.2 **Le donneur**

Le donneur est généralement un nom ou un pronom :

D (N)

Repues, *les* **oies** *blanches* *repartent.*

Le donneur possède trois traits grammaticaux, soit la personne, le genre et le nombre :

D (3ᵉ pers. f. pl.)

Elles *sont* *reparties.*

! Le donneur peut parfois être un GInf ou une subordonnée :

Observer les oiseaux *les* <u>passionne</u>. **Que les oies migrent** <u>est</u> *une nécessité.*

Comme ces structures n'ont en soi ni genre, ni nombre, ni personne, on leur attribue « par défaut » les traits suivants : le masculin, le singulier et la 3ᵉ personne. Dans les deux exemples précédents, les verbes *passionne* et *est* sont donc à la 3ᵉ personne du singulier.

2.3 **Le receveur**

Le receveur est un déterminant, un adjectif, un verbe, un verbe auxiliaire ou un participe passé :

D (N)

Les *oies* **blanches** **repartent** *en grand nombre.*
R (Dét)   R (Adj)   R (V)

Le receveur ne reçoit que deux des trois traits grammaticaux du donneur :
– le genre et le nombre pour le déterminant, l'adjectif et le participe passé ;
– la personne et le nombre pour le verbe ou le verbe auxiliaire :

D (3ᵉ pers. f. pl.)

Les *outardes* **sont** **reparties.**
R (f. pl.)   R (3ᵉ pers. pl.)   R (f. pl.)

Le tableau suivant présente les variations orthographiques des receveurs.

LES VARIATIONS ORTHOGRAPHIQUES DES RECEVEURS

RECEVEURS	VARIATIONS		
	GENRE masculin / féminin	NOMBRE singulier / pluriel	PERSONNE 1re / 2e / 3e
Déterminants	*le / la*	*le / les, la / les*	
Adjectifs	*vert / verte*	*vert / verts, verte / vertes*	
Participes passés	*cueilli / cueillie*	*cueilli / cueillis, cueillie / cueillies*	
Verbes		*il aimera / ils aimeront*	*tu aimeras / il aimera*

3 LES PRINCIPALES RÈGLES D'ACCORD

Une **règle d'accord** précise quels traits grammaticaux un donneur transmet à un receveur.

Les règles d'accord se répartissent en trois groupes : les accords dans le GN, les accords régis par le sujet et les accords régis par le complément direct du verbe.

REM. Les réalisations et les caractéristiques syntaxiques des fonctions de sujet de P et de complément direct du verbe sont présentées au chapitre 13 [2.1 et 2.4].

3.1 Les accords dans le GN

3.1.1 L'accord du déterminant

RÈGLE : Le nom donne son genre et son nombre au déterminant qui est en relation avec lui.

D (m. pl.)

*J'ai vu **des** phoques au Bic.*
R (m. pl.)

3.1.2 L'accord de l'adjectif dans le GN

RÈGLE : Le nom donne son genre et son nombre à l'adjectif (ou à l'adjectif participe) qui est en relation avec lui dans le GN.

D (m. pl.)

*J'ai vu des phoques **communs**.*
R (m. pl.)

REM. Le pronom donne son genre et son nombre à l'adjectif noyau du GAdj complément du pronom.
__Vêtue__ d'une longue robe noire, elle entra dans le salon.

Cas particuliers d'application de la règle d'accord de l'adjectif dans le GN[1]

1. Lorsqu'un adjectif est en relation avec plusieurs noms de même genre, il reçoit ce genre et il se met au pluriel :

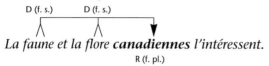

*La faune et la flore **canadiennes** l'intéressent.*

2. Lorsqu'un adjectif est en relation avec plusieurs noms de genres différents, il se met au masculin pluriel :

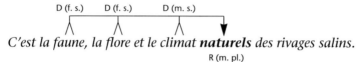

*C'est la faune, la flore et le climat **naturels** des rivages salins.*

> **!** Lorsqu'un adjectif est placé après plusieurs noms coordonnés par *et, ou, ni, ainsi que*, il se met au singulier s'il est en relation avec le dernier nom seulement ; il se met au pluriel s'il est en relation avec tous les noms coordonnés :
>
> *Voici un phoque et un goéland **noir**.* (seul le goéland est noir)
>
> *Regarde cet aigle et ce héron **noirs**.* (l'aigle et le héron sont noirs)
>
> *Il a soigné l'aile et la patte **cassées** de la sterne.* (l'aile et la patte sont cassées)
>
> *Avec une tête ainsi qu'un corps **garnis** de plumes imperméables, un canard peut vivre dans l'eau.* (la tête et le corps sont garnis de plumes)

3. Lorsqu'un adjectif suit la locution *avoir l'air*, il reçoit le genre et le nombre du nom *air* si ce nom a le sens de « physionomie » ou « apparence » ; l'adjectif est alors en relation avec ce nom :

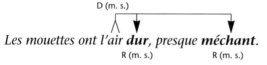

*Les mouettes ont l'air **dur**, presque **méchant**.*

> **!** L'adjectif reçoit le genre et le nombre du nom noyau du GN sujet si *avoir l'air* est une locution verbale attributive qui peut être remplacée par *sembler* :
>
> *Ces mouettes ont l'air **affamées**.*

4.[*2] Lorsque le GN comprend un nom ayant le trait collectif, l'accord de l'adjectif se fait selon l'intention de l'auteur :

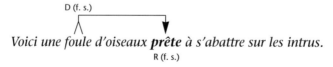

*Voici une foule d'oiseaux **prête** à s'abattre sur les intrus.*

---

1. Dans l'ensemble de ce chapitre, seuls les principaux cas particuliers sont présentés. Pour les autres cas, on se référera à un dictionnaire de difficultés.
2. Les chiffres suivis d'un astérisque indiquent que la règle est incluse dans l'*Arrêté Haby* (1976) relatif aux *Tolérances grammaticales ou orthographiques*, qui s'appliquent aux examens des ordres primaire et secondaire en France.

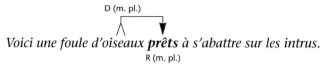

*Voici une foule d'oiseaux **prêts** à s'abattre sur les intrus.*

R (m. pl.)

REM. D'autres règles d'accord de l'adjectif dans le GN sont traitées ailleurs dans l'ouvrage. Elles concernent les adjectifs composés [33, p. 324], les adjectifs de couleur [18, p. 167] et les adjectifs employés comme adverbes [22, p. 222].

3.2 Les accords régis par le sujet

3.2.1 L'accord du verbe

RÈGLE : Le nom noyau du GN sujet, ou le pronom sujet, donne sa personne et son nombre au verbe ou au verbe auxiliaire avec lequel il est en relation.

D (3ᵉ pers. pl.)   D (3ᵉ pers. pl.)

*Les chênes **produisent** des glands.*   *Ils **ont** perdu leurs feuilles.*

R (3ᵉ pers. pl.)   R (3ᵉ pers. pl.)

3.2.2 L'accord de l'adjectif noyau du GAdj attribut du sujet

RÈGLE : Le nom noyau du GN sujet, ou le pronom sujet, donne son genre et son nombre à l'adjectif noyau du GAdj attribut du sujet.

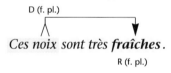

D (f. pl.)

*Ces noix sont très **fraîches**.*

R (f. pl.)

REM. Cette règle s'applique aussi au noyau du GAdj attribut du sujet dans une phrase de forme passive :

*Les **hirondelles** ont été **chassées** par le froid.*

3.2.3 L'accord du participe passé employé avec l'auxiliaire *être*

RÈGLE : Le nom noyau du GN sujet, ou le pronom sujet, donne son genre et son nombre au participe passé employé avec l'auxiliaire *être*.

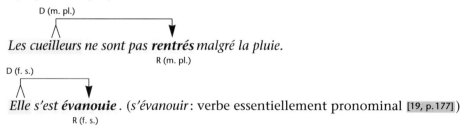

D (m. pl.)

*Les cueilleurs ne sont pas **rentrés** malgré la pluie.*

R (m. pl.)

D (f. s.)

*Elle s'est **évanouie**. (s'évanouir : verbe essentiellement pronominal [19, p. 177])*

R (f. s.)

! Dans le cas d'un verbe occasionnellement pronominal, l'accord du participe passé dépend de la fonction du pronom personnel conjoint (*me, te, se, nous* ou *vous*).

Si le pronom conjoint est complément direct, le participe passé reçoit le genre et le nombre du pronom conjoint :

> Les **hirondelles** <u>se</u> sont enfin **baignées** dans le bassin aménagé pour elles.

Le pronom conjoint *se* est complément direct ; le participe passé s'accorde donc avec le pronom *se* dont l'antécédent est le nom *hirondelles*, féminin pluriel.

Par contre, dans l'exemple qui suit, le pronom conjoint *se* n'est pas complément direct ; le participe passé ne s'accorde donc pas.

> **Elles** <u>se</u> sont **nui**. (on nuit **à** quelqu'un)

Cas particuliers d'application des règles d'accord régi par le sujet

1. Lorsque le sujet est constitué de plusieurs noms, pronoms, subordonnées ou GInf joints par un coordonnant exprimant l'addition (*et, comme, ainsi que*, etc.), le verbe se met généralement au pluriel :

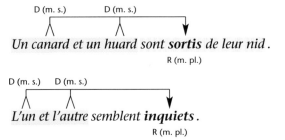

D (3ᵉ pers. s.)   D (3ᵉ pers. s.)

Observer les oiseaux et écrire **sont** *mes principales activités*.

R (3ᵉ pers. pl.)

Il en est de même pour le participe passé employé avec l'auxiliaire *être* et pour l'adjectif noyau du GAdj attribut du sujet :

D (m. s.)   D (m. s.)

Un canard et un huard sont **sortis** *de leur nid*.

R (m. pl.)

D (m. s.)   D (m. s.)

L'un et l'autre semblent **inquiets**.

R (m. pl.)

2. Lorsque le sujet est constitué de noms et de pronoms de personnes différentes, le verbe se met au pluriel et prend la marque de la personne grammaticale qui a la priorité : la 1ʳᵉ personne a la priorité sur la 2ᵉ et la 2ᵉ, sur la 3ᵉ :

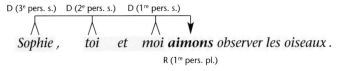

D (3ᵉ pers. s.)   D (2ᵉ pers. s.)   D (1ʳᵉ pers. s.)

Sophie ,   toi   et   moi **aimons** *observer les oiseaux* .

R (1ʳᵉ pers. pl.)

3.* Lorsque le sujet est composé de noms coordonnés par *ou* exprimant un choix, le verbe se met au singulier. Avec les coordonnants *ou* et *ni* exprimant l'addition, le verbe se met au pluriel :

D (3ᵉ pers. s.)

Sa chance ou sa malchance **dépend** *de lui seul* . (l'une ou l'autre)

R (3ᵉ pers. s.)

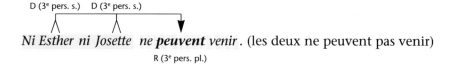

D (3ᵉ pers. s.)   D (3ᵉ pers. s.)

*Ni Esther ni Josette ne **peuvent** venir* . (les deux ne peuvent pas venir)

R (3ᵉ pers. pl.)

4. Lorsque le sujet est le pronom personnel *on*, le verbe ou le verbe auxiliaire est toujours au singulier :

D (3ᵉ pers. s.)

*On **est** rentrées satisfaites de notre journée* .

R (3ᵉ pers. s.)

Cependant, lorsque *on* est utilisé à la place de *nous*, l'adjectif et le participe passé employés avec *être* reçoivent alors le genre et le nombre appropriés. Dans cette phrase, *on* remplace un *nous* désignant des personnes de sexe féminin.

5.* Lorsque le sujet comporte une expression collective, comme *une foule de*, *un groupe de*, etc., l'accord du verbe se fait selon l'intention de l'auteur :

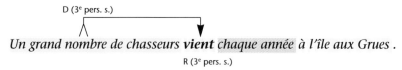

D (3ᵉ pers. s.)

*Un grand nombre de chasseurs **vient** chaque année à l'île aux Grues* .

R (3ᵉ pers. s.)

D (3ᵉ pers. pl.)

*Un grand nombre de chasseurs **viennent** chaque année à l'île aux Grues* .

R (3ᵉ pers. pl.)

REM. Il en est de même pour l'adjectif noyau du GAdj attribut du sujet et pour le participe passé employé avec *être* :

*Une multitude de goélands était **posée** sur le rivage.*

*Une multitude de goélands étaient **posés** sur le rivage.*

6.* Lorsque le sujet comporte l'expression *plus d'un* suivie d'un nom, le verbe est au singulier :

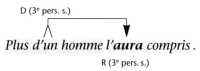

D (3ᵉ pers. s.)

*Plus d'un homme l'**aura** compris* .

R (3ᵉ pers. s.)

Il en est de même pour l'adjectif noyau du GAdj attribut du sujet :

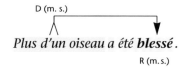

D (m. s.)

*Plus d'un oiseau a été **blessé*** .

R (m. s.)

3.3 Les accords régis par le complément direct du verbe

3.3.1 L'accord du participe passé employé avec l'auxiliaire *avoir*

RÈGLE : S'il est placé avant le verbe, le nom noyau d'un GN complément direct, ou le pronom complément direct, donne son genre et son nombre au participe passé employé avec l'auxiliaire *avoir*.

D (f. pl.)

Ces <u>réserves</u> naturelles, je **les** ai toutes **visitées**.

R (f. pl.)

Le participe passé *visitées* prend les marques du féminin et du pluriel de son donneur, le pronom *les*. Celui-ci est un complément direct placé avant le verbe, et il a pour antécédent le GN *Ces réserves naturelles*, dont le noyau est le nom *réserves*[3].

Le complément direct est placé devant le verbe dans quatre cas seulement :

1. Dans la subordonnée relative commençant par le pronom relatif *que*, qui remplit la fonction de complément direct :

D (m. pl.)

Willy a mangé tous les <u>bleuets</u> **que** sa mère a **achetés**.

R (m. pl.)

2. Dans le GV où le complément direct est un pronom personnel conjoint placé devant le verbe :

D (f. s.)

Votre <u>plate-bande</u> sera très belle, mais vous ne **l'**aurez jamais **terminée** à temps.

R (f. s.)

3. Dans la phrase de type interrogatif ou exclamatif où le complément direct du verbe est placé au début de la phrase :

D (f. s.)

Quelle laitue as-tu **semée**?

R (f. s.)

---

3. L'antécédent du pronom est souligné dans les exemples.

4. Dans la phrase emphatique où le complément direct du verbe est encadré par *c'est... que* :

D (f. s.)   D (f. pl.)

*C'est **son érablière** et **toutes ses installations** que le verglas a **dévastées**.*

R (f. pl.)

DE PLUS

Cas particuliers d'application de la règle d'accord du participe passé employé avec l'auxiliaire *avoir*

1. Dans les formes verbales surcomposées [20, p. 197], on n'accorde que le deuxième participe passé :

    *Quand je **les ai eu récoltées**, j'ai fait goûter mes <u>prunes</u> à tous mes amis.*

2. Le participe passé des verbes impersonnels est toujours invariable :

    *Ah! que **de soins** il a **fallu** pour avoir ce beau jardin!*

3. Quand le complément direct du verbe est le pronom *le* (*l'*) qui reprend une phrase ou une subordonnée, le participe passé est invariable :

    *<u>Cette terre est rocailleuse</u>. Les voisins me **l'**avaient **dit**.*

4.* Quand le complément direct du verbe est le pronom *en*, le participe passé est invariable :

    *Des <u>bleuets</u>, nous **en** avons **cueilli** quand nous étions enfants!*

    REM.   Cependant, l'accord est souvent fait dans l'usage : *Des <u>fraises</u>, j'**en** ai **mangées** cet été!*

5.* Lorsque des verbes comme *courir, coûter, durer, mesurer, peser, valoir*, etc., sont construits avec un complément exprimant la durée, la mesure ou le prix, le participe passé est invariable :

    *Les dix <u>années</u> **qu**'mon chat a **vécu**...* (durée)

    *Les cinq <u>kilogrammes</u> **qu'**a **pesé** cette dinde...* (mesure)

    *Les 50 <u>dollars</u> **qu'**a **coûté** ce bouquet...* (prix)

6.* Lorsque le participe passé employé avec *avoir* est suivi d'un verbe à l'infinitif, il reçoit le genre et le nombre du pronom complément, si celui-ci est complément direct du verbe au temps composé :

D (m. pl.)

*Audrey était parmi les <u>élèves</u> **que** j'ai **vus** entrer dans l'école.*

R (m. pl.)

Le pronom *que* est complément direct du verbe *ai vus*. Cela se vérifie par le remplacement. Si on le remplace par un autre pronom complément direct, celui-ci apparaît devant le verbe *ai vus* :

> (les élèves) **que** *j'ai vus entrer*

↴ *je* **les** *ai vus entrer*

Le participe passé ne s'accorde pas si le pronom complément direct qui précède le verbe est complément du verbe à l'infinitif :

> *Dans la foule, il y avait plusieurs <u>personnes</u> **que** j'ai **cru** reconnaître.*

Le pronom *que* est complément direct du verbe *reconnaître*. Si on le remplace par un autre pronom complément direct, celui-ci apparaît devant l'infinitif :

> (plusieurs personnes) **que** *j'ai cru reconnaître*

↴ *j'ai cru* **les** *reconnaître*

REM. Plusieurs grammairiens recommandent aujourd'hui que le participe passé conjugué avec *avoir* et suivi d'un infinitif reste invariable dans tous les cas.

3.3.2 **L'accord de l'adjectif noyau du GAdj attribut du complément direct**

RÈGLE : Le nom noyau d'un GN complément direct, ou le pronom complément direct, donne son genre et son nombre à l'adjectif noyau du GAdj attribut du complément direct.

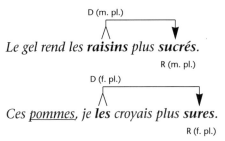

*Le gel rend les **raisins** plus **sucrés**.*

*Ces <u>pommes</u>, je **les** croyais plus **sures**.*

! Quand deux GN sont en relation syntaxique, l'un étant par exemple attribut ou complément de l'autre, il n'y a pas vraiment accord entre les deux noms noyaux des GN. Le nom faisant partie du GN dépendant prend le genre et le nombre que commande le sens :

> *Toutes ces **femmes** sont **mairesses**.*

Le nom *mairesses* forme un GN attribut du GN sujet dont le noyau est le nom *femmes*. Le nom se met au pluriel, car les femmes sont toutes des mairesses.

> *Les **Mayas**, **peuple précolombien**, ont laissé des trésors architecturaux impressionnants.*

Le GN *peuple précolombien* est complément du nom *Mayas* ; il se met au singulier, car l'ensemble des Mayas constitue un seul et même peuple.

RÈGLES GÉNÉRALES D'ACCORD

1. LES ACCORDS DANS LE GN	RÈGLES
• **L'accord du déterminant** D (f. pl.) *Moustafa aime observer **les** hirondelles.* R (f. pl.)	Le nom donne son genre et son nombre au déterminant qui est en relation avec lui.
• **L'accord de l'adjectif** D (m. pl.) *Un couple de canards **sauvages** niche dans l'étang.* R (m. pl.)	Le nom donne son genre et son nombre à l'adjectif qui est en relation avec lui.

2. LES ACCORDS RÉGIS PAR LE SUJET	RÈGLES
• **L'accord du verbe** D (3ᵉ pers. pl.) *Les cris d'une corneille me **réveillent** chaque matin.* R (3ᵉ pers. pl.)	Le nom noyau du GN sujet, ou le pronom sujet, donne sa personne et son nombre au verbe ou au verbe auxiliaire avec lequel il est en relation.
• **L'accord de l'adjectif noyau du GAdj attribut du sujet** D (f. pl.) *Les tourtes étaient **abondantes** au Québec autrefois.* R (f. pl.)	Le nom noyau du GN sujet, ou le pronom sujet, donne son genre et son nombre à l'adjectif noyau du GAdj attribut du sujet.
• **L'accord du participe passé employé avec l'auxiliaire *être*** D (m. pl.) *Deux superbes colibris sont **venus** boire à la fontaine.* R (m. pl.)	Le nom noyau du GN sujet, ou le pronom sujet, donne son genre et son nombre au participe passé employé avec l'auxiliaire *être*.

3. LES ACCORDS RÉGIS PAR LE COMPLÉMENT DIRECT DU VERBE	RÈGLES
• **L'accord du participe passé employé avec l'auxiliaire** *avoir* 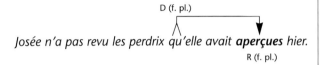 D (f. pl.) *Josée n'a pas revu les perdrix qu'elle avait **aperçues** hier.* R (f. pl.)	S'il est placé avant le verbe, le nom noyau d'un GN complément direct, ou le pronom complément direct, donne son genre et son nombre au participe passé employé avec l'auxiliaire *avoir*.
• **L'accord de l'adjectif noyau du GAdj attribut du complément direct** 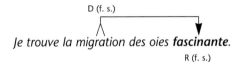 D (f. s.) *Je trouve la migration des oies **fascinante**.* R (f. s.)	Le nom noyau d'un GN complément direct, ou le pronom complément direct, donne son genre et son nombre à l'adjectif noyau du GAdj attribut du complément direct.

La ponctuation

La ponctuation : fonctions et signes

Objectifs du chapitre

- Constater l'importance de la ponctuation.
- Utiliser adéquatement chaque signe de ponctuation.

Plan du chapitre

1. Les fonctions de la ponctuation
2. La ponctuation de la phrase
3. La ponctuation du texte et du mot
4. Tableau synthèse

Observons les deux textes qui suivent.

Texte non ponctué

> il y a dans un enfant très beau quelque chose que je ne puis définir et qui me rend triste comment me faire comprendre ta petite nièce c est en ce moment d'une ravissante beauté de face ce n'est rien encore mais quand elle tourne son profil d'une certaine manière et que son petit nez argenté se dessine fièrement au-dessous de ses beaux cils je suis saisie d'une admiration qui en quelque sorte me désole on assure que les grands amoureux devant l'objet de leur passion sont ainsi je serais donc à ma manière une grande amoureuse

Texte original

> Il y a dans un enfant très beau quelque chose que je ne puis définir et qui me rend triste. Comment me faire comprendre ? Ta petite nièce C... est en ce moment d'une ravissante beauté. De face, ce n'est rien encore ; mais quand elle tourne son profil d'une certaine manière et que son petit nez argenté se dessine fièrement au-dessous de ses beaux cils, je suis saisie d'une admiration qui en quelque sorte me désole. On assure que les grands amoureux, devant l'objet de leur passion, sont ainsi. Je serais donc, à ma manière, une grande amoureuse ?

> COLETTE, *La naissance du jour*, Paris, Flammarion, 1984, p. 41.

La comparaison de ces deux textes permet de constater que la ponctuation facilite grandement la lecture et la compréhension d'un texte.

❶ LES FONCTIONS DE LA PONCTUATION

À l'origine, les signes de ponctuation ont été créés pour indiquer à la personne qui lisait un texte à voix haute les endroits où il fallait faire des pauses. Aujourd'hui, la ponctuation répond à d'autres besoins.

DÉFINITION : La **ponctuation** est un ensemble organisé de signes qui s'ajoutent aux signes alphabétiques pour délimiter des unités syntaxiques et distinguer des unités de sens, ce qui facilite la compréhension d'un texte.

❶.❶ La fonction sémantique de la ponctuation

Les signes de ponctuation marquent le découpage des phrases en unités de sens, pour diminuer les risques d'ambiguïté. Selon la ponctuation utilisée, l'interprétation d'une phrase peut changer :

> *Le capitaine de l'équipe a déclaré : « L'entraîneur a su motiver tous ses joueurs. »*

Dans cet énoncé, le capitaine de l'équipe est l'émetteur et il parle de l'entraîneur. Par contre, dans cet autre énoncé formé des mêmes mots, mais ponctué différemment :

> *« Le capitaine de l'équipe, a déclaré l'entraîneur, a su motiver tous ses joueurs. »*

c'est l'entraîneur qui est l'émetteur et c'est du capitaine de l'équipe qu'il parle.

❶.❷ La fonction syntaxique de la ponctuation

Les signes de ponctuation sont utilisés pour marquer les limites de la phrase et pour mettre en évidence sa structure.

Dans la phrase qui suit, le point marque la fin de la phrase :

> *Le Tour de l'Île est apprécié par les amateurs de vélo.*

La structure de la phrase suivante est mise en évidence par l'emploi de la virgule, qui détache un complément de phrase placé avant le constituant sujet :

> *Depuis le début de la compétition , plusieurs athlètes se sont surpassés .*

Par contre, l'emploi de la virgule n'est pas obligations dans l'exemple suivant :

> *Plusieurs athlètes se sont surpassés depuis le début de la compétition .*

❷ LA PONCTUATION DE LA PHRASE

DÉFINITION : Une **phrase graphique** est une unité formée de mots, qui commence par une majuscule et qui se termine par un point : point, point d'interrogation, point d'exclamation ou points de suspension.

La phrase graphique qui suit :

>Vous vous présenterez à cinq heures, je vous attendrai à l'entrée du gymnase.

est différente de ce qu'on appelle en grammaire une P [10, p. 72]. En effet, cette phrase graphique contient deux unités syntaxiques autonomes, donc 2 P : la première commence par une majuscule et se termine par une virgule ; la seconde commence par une minuscule et se termine par un point.

2.1 La ponctuation marquant la fin de la phrase graphique

Quatre signes de ponctuation servent à marquer la fin de la phrase graphique.

2.1.1 Le point (.)

La phrase de type déclaratif se termine généralement par un point :

>Les spectateurs ont apprécié les prouesses des gymnastes.

Le point peut aussi marquer la fin d'une phrase de type impératif :

>Prenez la position de départ.

REM. 1. La majuscule de phrase est un signe complémentaire au point. Lettre initiale du premier mot d'une phrase graphique, la majuscule est de forme différente et de plus grande taille que les autres lettres. On la trouve après un point, après les deux points suivis d'un guillemet ouvrant et après un tiret annonçant un discours rapporté direct [3.1.1].

2. On ne met généralement pas de point à la fin d'un titre, même quand il a la forme d'une phrase :

>>Les dieux du stade se meurent

À la fin d'un titre cependant, selon le sens, on mettra un point d'exclamation, un point d'interrogation ou des points de suspension :

>>À qui profitent les Jeux ?
>>Une autre victoire !
>>Il y a de la pression dans l'air...

2.1.2 Le point d'interrogation (?)

La phrase de type interrogatif se termine par un point d'interrogation :

>Avez-vous participé au triathlon ?

Le point d'interrogation est aussi utilisé dans les tournures interrogatives suivantes :

– une phrase de type déclaratif :

>Vous avez complété votre programme d'entraînement ?

– une phrase non verbale :

>Pourquoi ?

- Si une phrase de type interrogatif, encadrée ou non par des guillemets, est suivie d'une phrase incise, le point d'interrogation se place avant l'incise ; cette dernière commence alors par une minuscule et n'est pas précédée d'une virgule :

> « *Devrais-je rester encore longtemps à l'hôpital ?* » **demanda-t-elle.**

- Si une phrase de type déclaratif se termine par la locution interrogative *n'est-ce pas*, cette dernière est détachée par une virgule et suivie d'un point d'interrogation :

> *Notre joueur étoile sait ce qu'on attend de lui,* **n'est-ce pas** *?*

La locution *n'est-ce pas* est encadrée par des virgules si elle est placée à l'intérieur de la phrase ; celle-ci se termine alors par un point :

> *Notre joueur étoile sait,* **n'est-ce pas,** *ce qu'on attend de lui.*

2.1.3 Le point d'exclamation (!)

La phrase de type exclamatif se termine par un point d'exclamation :

> *Comme cette patineuse est agile !*

Le point d'exclamation est aussi utilisé dans des tournures exclamatives, par exemple :

- une phrase de type déclaratif :

> *Il a réussi un grand exploit !*

- une phrase non verbale :

> *Belle compétition !*

- Si une phrase de type exclamatif ou une tournure exclamative, encadrée ou non par des guillemets, est suivie d'une phrase incise, le point d'exclamation se place avant l'incise ; cette dernière commence alors par une minuscule et n'est pas précédée d'une virgule :

> « *Quel beau lancer !* » **s'écria Nathalie.**
> – *Mais c'est votre propre nom que vous lui donnez !* **s'étonna Sarrag.**
>
> Gilbert SINOUÉ, *Le Livre de Saphir*, Denoël, collection Folio, 1996, p. 376.

- Après une interjection, on peut employer la majuscule ou la minuscule :

> **Ah** *! Vous l'avez eue, votre médaille !*
> **Oh** *! quelle athlète !*

2.1.4 Les points de suspension (...)

Les points de suspension, toujours au nombre de trois, marquent la fin d'une phrase tout en indiquant :

- qu'on pourrait poursuivre l'énumération :

> *L'esprit olympique est souvent trahi par le dopage, les rivalités politiques, la publicité excessive...*

- qu'on pourrait ajouter un commentaire :

> *Les Jeux olympiques seraient dominés par l'argent...*

REM. 1. On ne met pas de point final après les points de suspension. Dans le cas de phrases juxta-posées, les trois points doivent être suivis d'une virgule ou d'un point-virgule :

> *J'ai été stupide…, je ne me suis pas assez entraîné.*

2. On peut également utiliser l'abréviation *etc.* pour marquer la fin d'une énumération. Quand celui-ci n'est pas à la fin de la phrase, il est toujours précédé et suivi d'une virgule :

> *Le dopage, la publicité excessive, **etc.**, trahissent l'esprit olympique.*

2.2 La ponctuation à l'intérieur de la phrase graphique

Six signes de ponctuation sont utilisés à l'intérieur de la phrase graphique.

2.2.1 La virgule (,)

La virgule est le signe de ponctuation le plus fréquemment utilisé. C'est aussi le plus difficile à manier. La virgule sert à marquer :
– le détachement ;
– la juxtaposition ;
– la coordination ;
– l'effacement.

A. Le détachement d'un groupe ou d'une phrase

On parle de détachement par la virgule dans les cas suivants :

1. un complément de P placé soit au début de la phrase, soit entre le sujet et le prédicat, soit à l'intérieur du prédicat :

> *Jusqu'en fin de soirée , les spectateurs attendent la remise des trophées .*
>
> *Les spectateurs , jusqu'en fin de soirée , attendent la remise des trophées .*
>
> *Les spectateurs attendent, jusqu'en fin de soirée , la remise des trophées .*

2. un complément du nom ou du pronom placé :
   – immédiatement après le nom ou le pronom :
   > *L'arbitre, **qui a mal appliqué le règlement**, est revenu sur sa décision.*
   > *Celui-ci, **épuisé**, rentra tôt.*

REM. Une subordonnée relative déterminative qui est enchâssée dans un GN formé d'un détermi-nant défini suivi d'un nom n'est jamais détachée par des virgules :

> *Le sport que je pratique me convient parfaitement.* (celui que je pratique et pas néces-sairement les autres sports)

– devant le nom ou le pronom, au début de la phrase :

> *Folle de joie*, *Maïka informa ses parents de son succès inattendu.*
> *Heureuse*, *sa mère le serra dans ses bras.*

– à la fin de la phrase :

> *Le coureur rentra tôt,* ***épuisé.***

3. un groupe mis en emphase :

> *La gymnastique, ça me passionne.*

4. une phrase incise et une phrase incidente :

> *Elle a réussi,* ***affirme Pablo***, *le meilleur exercice au sol.* (phrase incise)
> *Les Jeux olympiques,* ***tous le déplorent***, *coûtent trop cher.* (phrase incidente)

5. une apostrophe :

> *« Nadège, l'entraîneur t'attend. »*

! • On ne sépare pas par une virgule le sujet immédiatement suivi du GV :

> *Tous les athlètes aspirent à la médaille d'or aux Jeux olympiques .*

⊗   *Tous les athlètes , aspirent à la médaille d'or aux Jeux olympiques .*

• On ne sépare pas non plus par une virgule le verbe immédiatement suivi de son complément :

> *Tous les athlètes aspirent à la médaille d'or aux Jeux olympiques .*

⊗   *Tous les athlètes aspirent, à la médaille d'or aux Jeux olympiques .*

B. La juxtaposition de groupes, de P et de phrases subordonnées

1. La virgule sépare des groupes juxtaposés :

– des sujets de P :

> *Le softball, le soccer féminin, le volley-ball de plage et le VTT furent les quatre nouvelles disciplines aux Jeux d'été de 1996.*

– des prédicats de P :

> *La grande championne* ***franchit la ligne d'arrivée***, ***s'arrête***, *puis s'écroule.*

– des compléments de verbe :

> *Depuis une heure, l'escrimeur raconte* ***ses succès***, ***ses échecs***, ***ses projets.***

– des attributs du sujet :

> *Comme elles sont* ***enthousiastes***, ***passionnées*** *et courageuses !*

– des compléments du nom :

> *Avez-vous reçu les commentaires* ***des athlètes***, ***des juges*** *et des entraîneurs ?*

– des compléments de P :

> ***Dès quatre heures***, ***avant le réveil des autres athlètes***, *Louis-Philippe s'entraîne.*

2. La virgule peut séparer des P et des phrases subordonnées juxtaposées :

> *On nage, on fait du vélo, on court.*
>
> *Bien qu'il s'entraîne, suive un régime d'ascète* et fasse beaucoup d'efforts, il n'y
> arrive pas.

C. La coordination de groupes, de P et de phrases subordonnées

1. La virgule sépare des P et des phrases subordonnées coordonnées :

– On met généralement une virgule devant les coordonnants *à savoir que, car, c'est-à-dire, du moins, mais, puis, sinon,* etc. :

> *Ce tournoi était exceptionnel, **car** plus de vingt pays y ont participé.*

– Certains coordonnants, comme *cependant, en conséquence, en effet, néanmoins, par conséquent, par contre, pourtant, toutefois* sont généralement suivis d'une virgule lorsqu'ils sont placés en début de phrase :

> *Il a réalisé le meilleur temps. **Pourtant**, il n'est pas satisfait de sa performance.*

! • Deux phrases coordonnées par *et* ou par *ou* peuvent être séparées par une virgule lorsque :

– la première phrase se termine par des groupes eux-mêmes coordonnés :

> *Cette compétition d'aviron réunit des équipes du Canada **et** des Pays-Bas, **et** on prévoit une chaude lutte.*

– le coordonnant marque une opposition ou une conséquence :

> *Tu t'entraînes comme un forcené, **et** tu ne gagnes jamais.*
>
> *Marius doit participer aux trois compétitions de ski, **ou** son entraîneur démissionne.*

• On omet la virgule devant un coordonnant s'il est lui-même suivi d'une virgule :

> *J'aime le décathlon **car**, à mon avis, c'est la discipline la plus complète.*

2. La virgule sépare des groupes joints par un coordonnant à sens explicatif (*à savoir, c'est-à-dire, soit, voire,* etc.) :

> *Il a couru un marathon, **c'est-à-dire** 42,2 kilomètres.*

! On ne met pas de virgule entre deux groupes coordonnés par *et, ou, ni* :

> *Ni lui ni moi ne ferons du bobsleigh.*
>
> *C'est **elle ou lui** qui sera sélectionné.*

D. L'effacement dans une phrase coordonnée

L'effacement d'un élément dans une phrase coordonnée est marqué par une virgule :

> *Yann adore le tennis* et *Maude adore le badminton* .
>
> ✂ *Yann adore le tennis* et *Maude* , ø   *le badminton* .

2.2.2 Le point-virgule (;)

1. Dans une phrase graphique, le point-virgule sert à séparer des P étroitement liées par le sens :

> *Le Tour de France est une compétition importante. D'une part, il comprend plusieurs étapes présentant des difficultés diverses ; d'autre part, les meilleurs cyclistes professionnels du monde y participent.*

Les deux aspects qui illustrent l'importance du Tour de France sont séparés par un point-virgule.

Des P qui présentent une opposition, une addition, une ressemblance ou un parallèle sont souvent séparées par un point-virgule plutôt que par un point pour souligner leurs liens de sens :

> *Les régimes populaires exigent de nous l'oubli, et par conséquent ils traitent les livres de luxe superflu ; les régimes totalitaires exigent que nous ne pensions pas, et par conséquent ils bannissent, menacent et censurent ; les uns et les autres, d'une manière générale, ont besoin que nous devenions stupides et que nous acceptions avec docilité notre dégradation, et par conséquent ils encouragent la consommation de bouillie. Dans de telles circonstances, les lecteurs ne peuvent être que subversifs.*
>
> <div align="right">Alberto MANGUEL, <i>Une histoire de la lecture</i>, Paris/Montréal,
Actes Sud/Leméac, 1997, p. 37.</div>

Le premier point-virgule sépare deux P qui mettent en parallèle le traitement accordé aux livres dans les régimes populaires et dans les régimes totalitaires. Le deuxième point-virgule sert à séparer une troisième P qui indique la volonté commune des deux types de régimes d'abêtir les citoyens. La dernière P du passage cité est séparée par un point, car elle conclut l'ensemble du passage.

2. Le point-virgule est utilisé dans une énumération présentée sous forme de liste :

> *Chaque équipe devra accomplir les tâches suivantes :*
> – *nettoyer son campement ;*
> – *collaborer à la préparation des repas ;*
> – *ramasser du bois pour le feu de camp ;*
> – *préparer une activité récréative un soir par semaine.*

Chaque élément est précédé d'un tiret, commence par une minuscule et est suivi d'un point-virgule. La liste se termine par un point.

2.2.3 Les deux points (:)

1. Les deux points introduisent une explication. Ils équivalent à *parce que* ou à *car* :

> *Le coureur est disqualifié : il a fait un deuxième faux départ.*

2. Les deux points introduisent une énumération:

> *Le pentathlon moderne comprend cinq épreuves: tir, équitation, escrime, course à pied, natation.*

REM. Dans une énumération annoncée par le verbe *être*, il est préférable que ce verbe ne soit pas séparé de ses expansions par les deux points, sauf si cette énumération est sous forme de liste. Plutôt que d'utiliser la construction de phrase suivante:

> *Les qualités d'un bon athlète **sont**: l'endurance, la persévérance et la confiance.*

il est préférable d'écrire:

> *Les qualités d'un bon athlète **sont les suivantes**: l'endurance, la persévérance et la confiance.*

3. Les deux points introduisent un discours rapporté direct:

> *La médaillée de bronze a émis ce commentaire: «Je respecte mes adversaires, mais je n'admets pas la défaite. »*

Ce discours rapporté direct est encadré par des guillemets et introduit par les deux points.

2.2.4 Les parenthèses ( )

Les parenthèses encadrent une explication ou une information complémentaire:

> *Le biathlon **(ski de fond et tir à la carabine)** est une discipline olympique très difficile.*

DE PLUS

2.2.5 Les crochets [ ]

1. Les crochets encadrent une information non incluse dans une citation ou signalent une omission:

> *«En demi-finale, il **[le cycliste français]** s'est fait doubler par le détenteur du record mondial. »*

> *«En demi-finale, le cycliste français s'est fait doubler par le détenteur du record mondial. [...] L'ex-champion ne s'est pas encore remis de sa défaite. »*

2. Les crochets peuvent aussi encadrer une transcription phonologique: [wazijɔ̃]

2.2.6 Les tirets — —

Les tirets mettent en relief un groupe ou une phrase incidente d'une manière plus marquée que les virgules encadrantes:

> *Les grands alpinistes — **qui l'ignore?** — rêvent tous de conquérir l'Everest.*

Certains signes de ponctuation jouent un rôle qui n'est pas relié à l'organisation syntaxique de la phrase. Ils relèvent de la mise en pages ou de la typographie.

3.1 La ponctuation du texte

3.1.1 Les marques du discours direct

Il y a deux façons d'insérer un dialogue dans un texte :

1. Les guillemets et le tiret :

> *Le chevalier hoche la tête [...].*
>
> *« Tu es vraiment du XXe siècle ?*
>
> *— Mais oui, mon vieux. Il se passe des choses extraordinaires dans ce siècle. La liberté des mœurs. Je viens de vivre, je le répète, une nuit formidable.*
>
> *— Moi aussi », dit encore une fois le chevalier, et il s'apprête à lui raconter la sienne.*
>
> Milan KUNDERA, *La lenteur*, Paris, Gallimard, 1995, p. 150.

Dans cet échange de propos entre deux personnages, la première réplique est signalée par un guillemet ouvrant. Le tiret annonce un changement d'interlocuteur. Un guillemet fermant signale la fin du dialogue.

2. Le tiret :

Dans le dialogue qui suit, seul le tiret placé devant chaque réplique signale la prise de parole de chacun des personnages :

> *Il poussa la porte de la boutique et entra.*
>
> *— Je voudrais des masses de fleurs pour Chloé, dit-il.*
>
> *— Quand doit-on les lui porter ? demanda la fleuriste.*
>
> *Elle était jeune et frêle, et ses mains rouges. Elle aimait beaucoup les fleurs.*
>
> *— Portez-les demain matin, et puis portez-en chez moi. Qu'il y en ait plein notre chambre, des lys, des glaïeuls blancs, des roses, et des tas d'autres fleurs blanches, et mettez aussi, surtout, un gros bouquet de roses rouges...*
>
> Boris VIAN, *L'écume des jours*, Paris, J.-J. Pauvert, 1963, p. 50.

REM. 1. Pour les autres formes de discours direct rapportant les paroles d'un seul énonciateur, et non de plusieurs comme dans le dialogue, on utilise les guillemets :

> *Le juge a rendu son verdict :* « **Je disqualifie cette athlète puisqu'elle a absorbé une substance interdite.** »

2. Les guillemets signalent parfois une expression ou un mot par rapport auquel l'énonciateur se distancie soit parce qu'il provient d'autres émetteurs, soit parce qu'il correspond à une autre variété de langue :

> *Cet escrimeur est un* « **virtuose** » *de sa discipline.*
>
> *Voici le redoutable joueur de football surnommé* « **le bouledogue** ».
>
> *L'arbitre l'a fait* « **niaiser** » *sur le banc.*

3.1.2 La marque du paragraphe

L'**alinéa** indique le début d'un paragraphe. Il correspond à un certain nombre d'espaces placées au début de la première ligne du paragraphe :

> *L'homme, qui se tenait à l'orée du bois, était vieux et très maigre. Il portait un fusil sur la hanche. Il avait des lunettes. Il ne faisait aucun mouvement.*
>
> *Le traducteur réussit à s'approcher du vieil homme. Quand il fut tout près, il se mit debout et lui toucha doucement le visage. Le vieux n'était pas vivant : il avait la peau dure comme la pierre.*
>
> Jacques POULIN, *Les grandes marées*, Montréal, Leméac, 1986, p. 201.

Quand il n'y a pas d'alinéa, le changement de paragraphe est indiqué par un blanc.

3.2 La ponctuation du mot

3.2.1 Le point abréviatif (.)

Le point abréviatif est utilisé lorsqu'on supprime les dernières lettres d'un mot :

> *etc.* (du latin *et cœtera*)
>
> *p.* (page)

! On ne met pas de point abréviatif dans les cas suivants :
- les abréviations terminées par la dernière lettre du mot :

> *1er* (premier)
>
> *ltée* (limitée)
>
> *no* (numéro)

- les symboles :

> *25* **kg** (25 kilogrammes)
>
> **O** (oxygène)

Le plus souvent, les sigles et les acronymes sont écrits sans les points abréviatifs [35, p. 335].

REM. Lorsqu'une abréviation termine la phrase graphique, le point abréviatif sert de point de fin de phrase.

3.2.2 La barre oblique (/)

Dans les textes techniques, la barre oblique sépare :
- des termes mis en rapport :

> *La relation* **parents/enfants** *change constamment.*

- des éléments d'un ensemble :

> *Les pronoms* **le/la/les** *sont des compléments directs du verbe.*

LES EMPLOIS DES SIGNES DE PONCTUATION DE LA PHRASE

SIGNES	EMPLOIS	EXEMPLES
.	Marque la fin : • d'une phrase déclarative • d'une phrase impérative	*L'équipe part pour la patinoire.* *Attrapez-les.*
?	Marque la fin : • d'une phrase interrogative • d'une tournure interrogative	*Qui a gagné?* *Mireille viendra demain?*
!	Marque la fin : • d'une phrase exclamative • d'une tournure exclamative	*Que c'est beau!* *C'est magnifique!*
...	Signalent une interruption	*Diego est peut-être le favori, mais...*
,	1. Marque le **détachement** : • d'un complément de P • d'un complément du nom ou du pronom • d'un groupe mis en emphase • d'une phrase incise ou incidente • d'une apostrophe	*<u>Depuis hier</u>, Julie collabore avec eux.* *Ève, <u>furieuse</u>, répliqua aussitôt.* *<u>Le ski</u>, j'adore ça.* *« Après tout, <u>dit-il</u>, cela en valait la peine. »* *« <u>Rose</u>, le match commence. »*
	2. Marque la **juxtaposition** : • de groupes • de P et de subordonnées	*Ces jeunes sont <u>bavards</u>, <u>bruyants</u>, <u>excités</u>.* *<u>On a parlé</u>, <u>on a ri</u>, <u>on a chanté toute la nuit</u>.*
	3. Marque la **coordination** : • de groupes • de P et de subordonnées	*Le match se termine <u>à 16 heures</u>, <u>soit dans 22 minutes</u>.* *<u>Je fais ce que je peux</u>, <u>mais ce n'est jamais assez</u>!*
	4. Marque l'**effacement**	*Je suis arrivé hier et <u>lui</u>, samedi.*

SIGNES	EMPLOIS	EXEMPLES
;	Sépare : • des phrases étroitement liées par le sens • les éléments d'une liste	*Va à gauche ; je vais aller à droite.* *Apportez les objets suivants :* *– un sac de couchage ;* *– une gamelle ;* *– un imperméable ;* *– des bottes de pluie.*
:	Introduisent : • une explication • une énumération • un discours rapporté direct	*Samir a perdu : son entraînement était déficient.* *Voici ce que je veux : un bon entraîneur, une bonne équipe et le championnat.* *Je lui ai demandé : « Reviendras-tu ? »*
« »	Encadrent : • un discours rapporté direct • une expression, un mot rapportés	*Je lui ai dit : « Suivez-moi. »* *Ce redoutable joueur de football est surnommé « le bouledogue ».*
( )	Encadrent une information complémentaire	*Je m'intéresse au triathlon (natation, vélo, course à pied).*
[ ]	Encadrent un ajout dans une citation	*« C'est un vendredi [le 6 mars 1998] que le drame s'est produit. »*
— —	Mettent en relief un groupe, une phrase incidente	*Pour les jeunes, le sport — nous en sommes persuadés — est essentiel.*

Le lexique

CHAPITRE 29   L'origine et l'évolution des mots français

CHAPITRE 30   La variation géographique et sociale des mots

CHAPITRE 31   Les particularités du vocabulaire québécois

CHAPITRE 32   La formation des mots par dérivation

CHAPITRE 33   La formation des mots par composition

CHAPITRE 34   La formation des mots par composition savante

CHAPITRE 35   La formation des mots par télescopage, abrègement et emprunt

CHAPITRE 36   Les familles de mots

CHAPITRE 37   Le sens des mots

CHAPITRE 38   Le langage figuré

CHAPITRE 39   Les relations de sens

CHAPITRE 40   La combinatoire lexicale

L'origine et l'évolution des mots français

Objectifs du chapitre

- Constater que les mots évoluent avec le temps.
- Connaître les principales origines du lexique français.
- Se familiariser avec les notions d'archaïsme et de néologisme.

Plan du chapitre

1. L'histoire des mots et l'étymologie
2. Les principales sources du lexique français
3. Les mots disparus et les archaïsmes
4. Les néologismes

Observons un texte en ancien français et sa traduction en français moderne.

Ce chant d'amour a été écrit par la poétesse Marie de France. Il date du Moyen Âge, plus précisément du XIIᵉ siècle, et relate les amours de Tristan et d'Iseut.

FRANÇAIS DU XIIᵉ SIÈCLE	FRANÇAIS DU XXᵉ SIÈCLE
Ne pooit vivre sanz li.	*Il ne pouvait vivre sans elle.*
D'eus deus fu il tot autresi	*Il en était d'eux tout pareil*
Comme du chievrefueil estoit	*Au chèvrefeuille s'étant lié*
Qui a la coudre se prenoit :	*À la branche du coudrier :*
Quant il s'i est laciez et pris	*Quand il est enlacé et pris,*
Et tot entor le fust s'est mis,	*Qu'autour de la tige il s'est mis,*
Ensemble pueent bien durer,	*Ensemble ils peuvent bien durer,*
Mes qui puis les velt dessevrer,	*Mais si on veut les séparer,*
Li coudres muert hastivement	*Le coudrier meurt promptement*
Et li chievrefueil ensement.	*Le chèvrefeuille également.*
« Bele amie, si est de nos :	*« Belle amie, ainsi est de nous :*
Ne vos sanz moi, ne moi sanz vos ! »	*Ni vous sans moi, ni moi sans vous ! »*

En comparant le texte original et sa traduction en français moderne, on constate que la langue française a subi beaucoup de changements au fil des siècles. La forme des mots s'est modifiée (*chievrefueil* est devenu *chèvrefeuille*) et certains termes sont disparus (*dessevrer* se dit maintenant *séparer* ; *ensement* a été remplacé par *ainsi, également*). Avec le temps, le lexique change en abandonnant des mots et en en créant de nouveaux.

1 L'HISTOIRE DES MOTS ET L'ÉTYMOLOGIE

1.1 L'étymologie

DÉFINITION : L'**étymologie** est l'étude de l'origine et de l'évolution des mots.

Ainsi, sur le plan de l'étymologie, le mot *chandail* est issu d'une abréviation de *marchand d'ail*, nom qu'au XIXe siècle on donnait à Paris aux vendeurs de légumes qui portaient de gros tricots de laine. Le mot *prélart* utilisé au Québec au sens de « revêtement pour planchers » vient d'un ancien terme de marine qui signifiait « grosse toile imperméable servant à protéger les marchandises ou à recouvrir les ponts de bateaux ».

 Certains dictionnaires généraux comme *Le Nouveau Petit Robert* fournissent des renseignements étymologiques. On trouve ces renseignements au début de l'article. Leur lecture peut être difficile, car ils se présentent sous une forme très succincte.

Voici comment *Le Nouveau Petit Robert* signale l'étymologie de HOCKEY :

[...] — 1876 ; mot angl., de l'a. fr. *hoquet*
« crochet, bâton crochu », frq. $^\circ$*hōk* ^{1} [...]

Nouveau Petit Robert de la langue française, Paris, Le Robert, 1996.

Ces renseignements doivent se lire ainsi : la première apparition écrite du mot date de 1876 ; *hockey* est un mot emprunté à l'anglais qui vient de l'ancien français *hoquet* signifiant « crochet, bâton crochu », qui vient lui-même du francique *hok*.

Pour en savoir plus sur l'histoire des mots, on doit consulter un dictionnaire étymologique.

1.2 Les familles étymologiques

DÉFINITION : Une **famille étymologique** est un ensemble de mots ayant un ancêtre commun.

Forêt, forestier, foresterie, déforestation et *reforestation* forment une famille étymologique dont l'ancêtre est le mot latin *forestis*. Certaines familles étymologiques réunissent des mots qui se ressemblent peu dans la langue d'aujourd'hui. Ainsi le nom *cœur*, du mot

---

1. Le petit cercle (°) devant un mot indique que celui-ci est simplement supposé, étant donné qu'il n'a jamais été trouvé à l'écrit.

latin *cor*, est apparenté à *écœurer, écœurement, crève-cœur*, etc., mais il est aussi relié historiquement à une autre série de mots moins prévisible : *courage, courageux, encourager*.

2 LES PRINCIPALES SOURCES DU LEXIQUE FRANÇAIS

À sa manière, le lexique d'une langue témoigne de l'histoire des gens qui l'ont formé. L'exploration de contrées nouvelles, les guerres, les invasions, les échanges commerciaux et culturels entre les peuples, les découvertes techniques et scientifiques, tous ces évènements façonnent et transforment les mots.

Le vocabulaire français a trois sources principales : 1) la partie la plus ancienne appelée «fonds primitif»; 2) les apports étrangers; 3) les créations proprement françaises.

2.1 Le fonds primitif

Très ancien, cet ensemble de mots s'est constitué durant le premier millénaire de notre ère, avant même que le français ne commence à être écrit. Son origine est triple : gauloise, latine et francique.

2.1.1 Le gaulois

Les habitants de la Gaule (territoire incluant la France actuelle) ont laissé au français une centaine de mots, surtout des noms concrets relatifs à la nature et à l'agriculture, tels que :

mouton < °*multo*[2]   *souche* < °*tsukka*   *suie* < °*sudia*

2.1.2 Le latin

La plus grande partie du fonds primitif vient du latin, devenu la langue de la Gaule après la conquête romaine au Ier siècle avant Jésus-Christ. En Gaule, le peuple parlait un latin dit «vulgaire», assez différent du latin classique des élites de Rome. Par exemple, pour désigner un cheval, les soldats, au lieu de dire «*equus*», disaient «*caballus*», mot qui a donné le nom *cheval*. Les mots hérités du latin parlé en Gaule sont très nombreux. En voici quelques-uns :

aimer	< *amare*	*eau*	< *aqua*	*manger*	< *manducare*
avoir	< *habere*	*grand*	< *grandis*	*père*	< *pater*
dos	< *dorsum*	*jambe*	< *gamba*	*tête*	< *testa*

---

2. Le signe < signifie «vient de».

2.1.3 Le francique

La dernière source du fonds primitif est la langue des Francs, peuple germanique qui s'empara de la Gaule au Vᵉ siècle. Dans le français actuel, on compte environ 500 mots d'origine francique. Le français s'appelle ainsi parce que le mot *France* dont dérive *français* signifiait à l'époque «pays des Francs». Voici quelques mots d'origine francique:

blanc < °*blank*	*haïr* < °*hatjan*	*riche* < °*riki*
guerre < °*werra*	*honte* < °*haunitha*	*saule* < °*salha*

2.2 Les apports étrangers

Au cours de sa longue histoire, le français a incorporé à son lexique une foule de mots d'autres langues dont l'arabe, l'italien, l'espagnol et l'anglais, mais surtout le latin et le grec. La majorité des mots ont été parfaitement assimilés, si bien qu'on ne perçoit plus leur origine étrangère. Qui sait en effet qu'*oculaire* a été emprunté au latin *ocularis* et que *paquebot* provient de l'anglais *packet-boat*?

2.2.1 Le latin

Bien après la période de la Gaule romaine, le français a continué à emprunter des mots au latin. Les mots très vieux du fonds primitif ont été formés oralement par le peuple et ont subi de grands changements phonétiques. Par contre, les emprunts plus tardifs au latin ont été introduits à l'écrit par l'élite intellectuelle et ont conservé une forme beaucoup plus proche des mots latins. Ainsi, la ressemblance avec le latin se voit mieux dans l'adjectif *capillaire* (de *capillaris*) que dans le nom plus ancien *cheveu* (de *capillus*).

C'est ce qui explique que le français compte beaucoup de doublets, c'est-à-dire deux mots de même origine latine dont l'un, de formation populaire, appartient au fonds primitif et ressemble peu au mot souche latin, alors que l'autre, de formation savante, lui ressemble davantage. Voici quelques exemples de doublets d'origine latine:

Latin		Forme populaire	Forme savante
auscultare	> [3]	*écouter*	*ausculter*
integer	>	*entier*	*intègre*
fragilis	>	*frêle*	*fragile*
masticare	>	*mâcher*	*mastiquer*
nativus	>	*naïf*	*natif*
navigare	>	*nager*	*naviguer*

---

3. Le signe > signifie « a donné ».

L'existence de formes à la fois savantes et populaires explique bien des irrégularités qui compliquent beaucoup de familles de mots [36, p. 341] dans le français d'aujourd'hui. Il arrive souvent en effet qu'une famille soit complétée par un mot d'aspect très différent. Par exemple, une activité qui se déroule la *nuit* (mot de formation populaire hérité du latin *nox, noctis*) est une activité *nocturne* (mot de formation savante emprunté au latin *nocturnus*).

2.2.2 Le grec

Le grec est une autre langue de l'Antiquité qui a beaucoup contribué à enrichir le vocabulaire français. L'apport grec comprend des mots complets, souvent passés au français par l'intermédiaire du latin, comme *théâtre* et *philosophie*, ou encore des éléments entrant dans la formation de mots, comme *téléphone* (de *têlê* qui veut dire «loin» et *phônê* qui signifie «voix, son») [34]. Les termes d'origine grecque se retrouvent surtout dans le vocabulaire des arts et des sciences. À l'écrit, ils sont assez faciles à reconnaître à cause des lettres dites «grecques» *ch, ph, rh, th* et *y*: *chronologie, phase, rhizome, synthèse*. Voici quelques mots d'origine grecque:

athée   <   *atheos* «qui ne croit pas aux dieux»

chronomètre   <   *chronos* «temps» et *metron* «mesure»

ophtalmologie <   *ophtalmos* «œil» et *logos* «parole, discours»

polyglotte   <   *poluglôttos* «qui parle plusieurs langues»

Comme dans le cas du latin, les mots savants tirés du grec viennent souvent compléter les familles de mots. Par exemple, la famille de *cheval* (*chevalier, chevaleresque, chevalin*, etc.) est complétée par le mot d'origine grecque *hippique*, de *hippikos* «qui a rapport au cheval».

2.2.3 L'arabe

Durant le Moyen Âge, à l'époque des croisades (du XIe au XIIIe siècle), les contacts du monde chrétien d'Europe avec la riche civilisation musulmane ont laissé au français environ 300 mots provenant de l'arabe; une bonne partie de ces mots a été transmise au français par le biais du latin des savants du Moyen Âge, de l'italien et de l'espagnol. Aux XIXe et XXe siècles, d'autres mots arabes d'un registre souvent plus familier ont été intégrés au français, comme *kif-kif* et *maboul*. Voici des mots qui ont été empruntés directement à l'arabe:

calife < khalifa   *couscous < kuskus*   *sofa < soffah*

Voici des mots qui sont aussi d'origine arabe, mais qui sont passés au français par l'intermédiaire d'autres langues:

algèbre   <   du latin médiéval *algebra*, d'après l'arabe *al-djabr*

assassin   <   de l'italien *assassino* emprunté lui-même de l'arabe *assasin*

fanfaron   <   de l'espagnol *fanfarrón* emprunté lui-même de l'arabe *farfâr*

2.2.4 L'italien

L'apport de l'italien date principalement de la Renaissance (XVIe siècle). L'italien a fourni au français près d'un millier de mots comme ceux-ci :

balcon	< *balcone*	*canon*	< *cannone*	*pittoresque*	< *pittoresco*
banque	< *banca*	*concert*	< *concerto*	*soldat*	< *soldato*

De l'Italie contemporaine, le français a adopté beaucoup de termes de cuisine, tels que *pizza* et *spaghetti*.

2.2.5 L'espagnol

L'espagnol a donné au français environ 300 mots. Au cours des XVIe et XVIIe siècles, où l'Espagne possédait un vaste empire colonial en Amérique, l'espagnol a servi d'intermédiaire pour plusieurs mots d'origine amérindienne du Sud. Voici des mots d'origine espagnole :

boléro	< *bolero*		*guérilla*	< *guerilla*
camarade	< *camarada*		*sieste*	< *siesta*

Voici des mots d'origine amérindienne ayant transité par l'espagnol :

chocolat   <   *chocolate*, de l'aztèque *chocolatl*

cigare   <   *cigarro*, peut-être du maya *zicar* « fumer »

maïs   <   *maíz*, de l'arawak haïtien *mahiz*

patate   <   *patata*, de l'arawak haïtien *batata*

2.2.6 L'anglais

Commencée vers le XVIIIe siècle, la pénétration de l'anglais dans le vocabulaire français s'est intensifiée au cours du XIXe et du XXe siècle alors que l'anglais devenait la plus importante langue internationale. L'influence de l'anglais est devenue telle qu'on essaie de plus en plus de freiner son invasion et de promouvoir l'usage de termes français. Les mots suivants sont d'origine anglaise :

blazer	< *blazer*	*conteneur*	< *container*	*rail*	< *rail*
camping	< *camping*	*football*	< *foot-ball*	*tourisme*	< *tourism*
comité	< *committee*	*melting-pot*	< *melting-pot*	*tunnel*	< *tunnel*

2.3 Les créations proprement françaises

Ce répertoire de mots correspond à l'ensemble des mots créés par les francophones eux-mêmes. Les deux procédés de création les plus utilisés sont la dérivation [32, p. 310] et la composition [33, p. 320].

Le français s'est aussi enrichi de l'apport des parlers régionaux [30, p. 299] des diverses parties de la francophonie, comme la Suisse romande (*chalet*, *glacier*, *gruyère*) et le Québec (*érablière*, *huard*, *souffleuse*).

3 LES MOTS DISPARUS ET LES ARCHAÏSMES

À mesure que les sociétés changent, bien des coutumes, bien des idées et bien des objets sont abandonnés, et avec eux disparaissent les mots qui les désignaient. Jadis, les hommes qui portaient une moustache se mettaient, avant de se coucher, une *bigotelle*, morceau de tissu ou de cuir servant à tenir la moustache relevée durant la nuit. L'expression *marcher au catéchisme* s'employait autrefois au Québec à propos des enfants d'environ douze ans qui, au printemps, se préparaient à leur communion solennelle.

Les mots ne tombent pas dans l'oubli seulement parce que les choses vieillies sont délaissées. Ils peuvent être remplacés par d'autres mots avec lesquels ils entrent en concurrence. Aux siècles passés, le nom *remembrance* (d'après le latin *rememorare*) était en usage; le français moderne lui a préféré *mémoire* ou *souvenir*, mais l'anglais, qui a subi pendant le Moyen Âge une forte influence du français, l'a conservé tel quel sous la forme *remembrance*.

DÉFINITION : Un mot, une expression ou un sens devenu vieilli dans la langue contemporaine s'appelle un **archaïsme**.

Voici quelques exemples d'archaïsmes :

marri	pour	*triste, contrarié*		*moult*	pour	*beaucoup*
occire	pour	*tuer*		*ouïr*	pour	*entendre*

Les archaïsmes se rencontrent surtout dans les textes littéraires ou dans le langage des personnes plus âgées. La présence d'archaïsmes dans un texte peut lui donner un air ancien, un caractère recherché ou gracieux, parfois même une note d'humour.

 Dans les dictionnaires, les archaïsmes sont habituellement signalés par les mentions *vx* (vieux) ou *vieilli* :

MARAUD, E n. (n. du matou, dans l'ouest de la France). Vx. Coquin, drôle.

Petit Larousse Illustré 1998, Paris, © Larousse – Bordas, 1997.

4 LES NÉOLOGISMES

Constamment, dans la langue, des mots nouveaux apparaissent ou des mots existants changent de sens.

DÉFINITION : Un **néologisme** est un mot, une expression ou un sens nouvellement créés.

Les néologismes servent à exprimer des réalités ou des idées nouvelles. Ils abondent donc dans les domaines techniques : *cédérom, courriel, disquette, internaute, télécopieur*. Ils peuvent aussi venir remplacer des mots existants jugés désuets ou perçus négativement.

Par exemple, *infirme* s'entend beaucoup moins aujourd'hui ; on lui préfère le mot plus récent *handicapé*, qui est senti comme moins discriminatoire.

Les néologismes ne s'imposent pas nécessairement dans l'usage. Durant les années 1960, au Québec, l'expression *à gogo* était très employée pour qualifier ce qui était populaire : c'était le temps des danses à gogo, des vêtements à gogo, des messes à gogo, etc. Cette expression est disparue depuis.

> L'usage de néologismes peut traduire certaines intentions particulières comme marquer son appartenance à un groupe, se montrer d'avant-garde ou rendre un produit plus attrayant.

 Dans les dictionnaires, l'abréviation *néol.* renvoie aux néologismes. La plupart du temps cependant, les dictionnaires ne signalent pas les néologismes comme tels ou se limitent à mentionner leur date récente d'apparition. Par exemple, dans *Le Nouveau Petit Robert*, la date 1983 figurant au début de l'article consacré au nom *skinhead* indique qu'il s'agit d'un mot utilisé depuis peu de temps en français :

> **SKINHEAD** [skinɛd] n. — 1983 ; mot angl. « crâne rasé »
> ♦ Garçon ou fille au crâne rasé portant des vêtements de style militaire, partisan d'une idéologie d'agressivité et de violence. «*Au nom d'un nationalisme raciste, les "skinheads" frappent dur* » (Le Point, 1987). — ABRÉV. FAM. SKIN [skin]. *Une bande de skins.*
>
> *Nouveau Petit Robert de la langue française*, Paris, Le Robert, 1996.

La variation géographique et sociale des mots

Objectifs du chapitre

- Prendre conscience de la diversité du lexique dans la francophonie.
- Constater que l'emploi des mots varie selon les situations de communication et selon les groupes sociaux.
- Se sensibiliser aux diverses variétés de langue.

Plan du chapitre

1 La variation géographique

2 La variation sociale

Observons ce dialogue humoristique.

Une Québécoise en voyage à Paris, dans les années 1970, essaie d'obtenir une *débarbouillette* de la patronne de l'hôtel. La Parisienne n'a jamais entendu ce mot, d'où certains problèmes de compréhension entre les deux personnages...

> — *Madame, pardon, est-ce que ce serait possible d'avoir une débarbouillette pour se laver?*
>
> — *Madame veut dire?*
>
> — *Je veux dire un genre de petit torchon...*
>
> — *Un torchon? Madame veut peut-être essuyer la vaisselle? Il est interdit de faire la cuisine dans les chambres.*
>
> — *Non, pas un linge à vaisselle. Une guénille...*
>
> — *Une guenille? Madame veut rire. La femme de chambre fournit ses guenilles, ne vous inquiétez pas.*

— *Non, non, pas un linge à épousseter. Un petit carré...*

— *Un carré de soie? Madame en trouvera aux galeries Lafayette ou...*

— *Non, pas un foulard, pas un mouchoir de tête. Comme un petit morceau d'une grande serviette...*

— *Des serviettes-éponges? Mais il y en a deux dans votre chambre. Une par personne. [...]*

— *Pour en revenir à... l'objet dont j'ai besoin, je suis descendue de ma chambre au sixième dans les combles, sans ascenseur, pour vous demander un morceau de tissu carré, qu'on mouille dans l'eau chaude... quand il y en a. Ensuite, on frotte le savon sur ce... morceau de tissu éponge mouillé. On forme ainsi une mousse qu'on se passe sur le corps.*

— *Ah! Madame veut dire un gant! Fallait l'dire! Un gant, c'est simple.*

— *C'est ça! Un gant, une mitaine!*

— *La maison ne fournit pas le gant. C'est un objet personnel que le client apporte lui-même.*

Clémence DESROCHERS, *Tout Clémence. Tome I: 1957-1974*, Montréal,
© VLB Éditeur et Clémence DesRochers, 1993, p. 348-349.

Quand des francophones de pays différents parlent entre eux, ils s'aperçoivent qu'ils n'emploient pas toujours les mêmes mots pour désigner les mêmes réalités. Le lexique du français présente en effet des variations importantes d'une région à l'autre. Nous verrons également dans ce chapitre que, à l'intérieur d'une même région, le vocabulaire change en fonction des groupes sociaux et des situations de communication.

 LA VARIATION GÉOGRAPHIQUE

Le français est une langue parlée dans divers pays d'Europe, d'Amérique, d'Afrique et d'Asie. Son lexique s'est diversifié et s'est enrichi de milliers de mots traduisant l'originalité de chaque communauté francophone.

DÉFINITION : On appelle **régionalismes** les mots ou expressions qui sont caractéristiques du français d'une région donnée, mais qui ne sont pas employés partout dans la francophonie.

Il existe un bon nombre de mots limités au territoire de la France; ce sont des francismes. La Belgique wallonne et la Suisse romande possèdent leurs particularités lexicales qu'on appelle respectivement des belgicismes et des helvétismes (de *helvète*, nom latin du peuple habitant la Suisse). Les régionalismes en usage au Canada français sont des canadianismes, qui comprennent les québécismes des Québécois et les acadianismes des Acadiens. Les régionalismes du lexique français s'étendent à tous les autres territoires francophones, dont l'Afrique noire qui a donné au français une foule d'africanismes.

FRANCE FRANCISMES	BELGIQUE BELGICISMES	SUISSE HELVÉTISMES
aoûtien «personne qui prend ses vacances en août»	*aubette* «abri d'autobus»	*fendant* «vin blanc de la région du Valais, de consommation courante»
mitraille «petite monnaie de métal»	*légumier* «marchand de légumes»	*roiller* «pleuvoir à verse»
papillon «avis de contravention»	*taiseux* «personne qui parle peu»	*se royaumer* «se prélasser, se promener en prenant du bon temps»
QUÉBEC QUÉBÉCISMES	ACADIE ACADIANISMES	AFRIQUE AFRICANISMES
amiantose «maladie professionnelle causée par la poussière d'amiante»	*barachois* «anse abritée par un banc de sable»	*alphabète* «personne qui sait lire»
berçante «chaise à bascule»	*coquemar* «bouilloire»	*griot* «poète-conteur»
magasiner «faire des courses»	*ça me fait zire* «ça me dégoûte»	*vélo poum-poum* «vélomoteur»

 Les dictionnaires signalent les régionalismes par l'abréviation *rég.* ou *région.* et par l'indication du nom de la région concernée :

CRAMIQUE [kʀamik] n. m. — 1831; *cramiche* 1380; moy. néerl. *cramicke*, de l'a. fr. *crammiche* ♦ RÉGION. (Belgique) Pain au lait et au beurre, garni de raisins de Corinthe.

Nouveau Petit Robert de la langue française, Paris, Le Robert, 1996.

2 **LA VARIATION SOCIALE**

Au sein d'une même communauté, le vocabulaire varie en fonction du milieu auquel les gens appartiennent. Par exemple, un spécialiste des mathématiques n'aura pas le même vocabulaire qu'un ouvrier. Le vocabulaire peut également varier chez la même personne selon les situations et selon les interlocuteurs auxquels elle s'adresse. Ainsi, à un ami, on dit *salut*; mais à un étranger ou à un supérieur, on dit plutôt *bonjour*.

2.1 **Les variétés de langue**

Les mots relèvent de différentes **variétés de langue**, aussi appelées registres ou niveaux de langue. On distingue quatre variétés de langue:

1. la variété standard;
2. la variété soignée;
3. la variété familière;
4. la variété populaire.

Les variétés de langue touchent toutes les dimensions de la langue, mais particulièrement le vocabulaire. Elles ne sont pas séparées pas des cloisons étanches, un mot pouvant appartenir à deux variétés à la fois ou pouvant passer d'un registre à l'autre. De plus, le rattachement d'un mot à une variété de langue n'est pas toujours évident. Certains en effet pourront trouver familier un terme que d'autres jugeront populaire. Ainsi, pour une bonne partie des Québécois, le mot *bouquin* est senti comme standard ou même soigné, tandis qu'en France il est nettement perçu comme familier.

2.1.1 **Le vocabulaire standard**

Le vocabulaire appartenant à la variété standard est celui qui est conforme à la norme linguistique, c'est-à-dire à ce qui est considéré comme correct. Il convient à toutes sortes de circonstances, particulièrement aux situations d'écrit et aux situations d'oral en présence d'un grand groupe ou de personnes qu'on ne connaît pas bien ou pas du tout.

Dans un contrat, par exemple, on emploiera le mot standard *colocataire* plutôt que l'abréviation familière *coloc*. L'expression standard *avoir l'air mécontent* ou *avoir l'air de mauvaise humeur* peut s'employer n'importe quand, contrairement à *faire la baboune*, qui ne s'entend que dans des situations familières.

2.1.2 **Le vocabulaire soigné**

Le vocabulaire soigné, ou soutenu, révèle une certaine recherche ou un souci de correction. Il se rencontre surtout à l'écrit.

Télécopie au lieu de *fax* et *addition* au lieu de *facture de restaurant* sont du registre soigné.

2.1.3 Le vocabulaire familier

Le vocabulaire familier apparaît dans les situations de communication quotidiennes où les interlocuteurs sont liés par un certain degré d'intimité. Il présente des écarts par rapport à la norme. Il convient, par exemple, à une conversation entre amis, à un échange très détendu.

Un médecin dans son cabinet surprendrait un patient adulte s'il lui demandait d'examiner son *bedon*; par contre, avec un jeune enfant, il pourrait très bien employer le mot familier *bedon* sur un ton plaisant. Dans l'expression *un élève placoteux*, l'adjectif *placoteux* est l'équivalent familier de *bavard*.

2.1.4 Le vocabulaire populaire

À la différence du vocabulaire familier, qui est lié à la situation de communication, le vocabulaire populaire concerne l'origine sociale. En effet, il s'agit de mots ou d'expressions employés dans les milieux peu scolarisés. *Crever* pour *mourir* ou *pissou* pour *peureux* relèvent de la langue populaire.

L'emploi de mots populaires s'observe aussi chez des gens instruits; il traduit alors une volonté de paraître simple ou non conformiste.

2.1.5 Le vocabulaire vulgaire

Le vocabulaire vulgaire, ou grossier, est perçu comme choquant. Il comprend les jurons et les expressions injurieuses et offensantes, et il concerne les sujets tabous comme la sexualité. C'est le registre du défoulement, des «gros mots». Son emploi ne dépend pas de l'appartenance des gens à un milieu particulier, mais du désir du locuteur de transgresser les normes socioculturelles.

Le sacre *hostie*, l'expression *ferme ta gueule*, le nom *couilles* relèvent du registre vulgaire.

2.2 La prise en compte de la valeur sociale des mots

La lecture des textes littéraires demande que l'on soit particulièrement attentif à la valeur sociale des mots. Dans les dialogues d'un roman, par exemple, le jeu des variétés de langue contribue à dépeindre les personnages.

Lorsqu'on écrit un texte, il faut éviter les maladresses provenant d'une incompatibilité de variétés de langue. Ainsi, dans un livre documentaire, le mot familier *bibite* détonnerait, car seul le terme *insecte* est admis en zoologie pour désigner cette classe d'animaux.

Dans les dictionnaires, les renseignements concernant les variétés de langue sont indiqués habituellement par les marques d'usage suivantes : *fam.* (familier), *pop.* (populaire), *vulg.* (vulgaire), *litt.* (littéraire, pour des mots de la langue écrite recherchée), *critiqué* (emploi non encore accepté dans la norme). Un mot qui n'est précédé d'aucune de ces indications est considéré comme neutre ou standard et peut convenir à la plupart des situations de communication. Voici un exemple d'article :

> **ZIGOUILLER** [ziguje] v. tr. ⟨1⟩ — 1895 ; o. i. ; p.-ê. d'un dér. dial.
> du lat. *secare* « couper » ♦ FAM. Tuer. *« me voir poursuivi par des
> monstres, zigouillé, coupé en morceaux »* (Gide).

Nouveau Petit Robert de la langue française, Paris, Le Robert, 1996.

Les marques d'usage peuvent varier d'un dictionnaire à l'autre du fait que les variétés de langue ne sont pas perçues de la même façon par tout le monde. Pour savoir bien interpréter les marques d'usage dans un dictionnaire, il convient de lire son introduction.

Les particularités du vocabulaire québécois

Objectifs du chapitre

- S'initier à l'histoire du vocabulaire québécois.
- Connaître les particularités du vocabulaire québécois.
- Se sensibiliser au jeu des variétés de langue dans le vocabulaire québécois.

Plan du chapitre

1. Petit historique
2. Les sources des québécismes
3. Les catégories de québécismes
4. La variation sociale dans le vocabulaire québécois

Observons les mots surlignés dans ces phrases.

> *C'est* fin *d'être venu.*
>
> *Il y a* épais d'*eau ici.*
>
> *Quelle bande de* nonos *!*
>
> *Hier je suis allé au* ciné-parc.
>
> *Nous prendrons le* traversier *à Tadoussac.*

Répandus au Québec, ces emplois ne s'entendent guère ailleurs dans la francophonie, car il s'agit de mots ou de sens particuliers au vocabulaire québécois. En France, le mot *fin* n'a plus le sens de « gentil », et la locution *épais de* a été remplacée par *beaucoup de* pour marquer la profondeur. Héritage d'anciennes provinces françaises, l'adjectif familier *nono*, encore très vivant au Québec, est presque disparu du français parlé en Europe ; on ne le trouve même pas dans le *Petit Larousse*. Quant aux noms *ciné-parc* et *traversier*, ils remplacent ici les anglicismes *drive-in* et *ferry-boat*, utilisés dans d'autres régions de la francophonie.

1 **PETIT HISTORIQUE**

Aux XVIIe et XVIIIe siècles, les colons français qui vinrent s'établir en Amérique s'exprimaient dans un français marqué par les parlers de leur région d'origine ; ces colons venaient surtout de la Normandie, de l'Île-de-France, de la Saintonge et du Poitou.

Après la Conquête de la Nouvelle-France par l'Angleterre, dans les années 1760, le Canada français se trouva séparé de la France. Sans contact avec le français de France, le français du Québec évolua autrement, et les différences entre les deux variétés s'accentuèrent au fil du temps. Les Québécois créèrent des mots nouveaux et conservèrent des mots anciens, qui disparurent en France.

La Conquête eut également pour effet d'imposer l'anglais comme langue concurrente du français sur le territoire québécois. De nombreux mots anglais s'intégrèrent ainsi au parler des Québécois, surtout pendant l'industrialisation que le Québec a connue à la fin du XIXe siècle et durant la première moitié du XXe siècle.

2 **LES SOURCES DES QUÉBÉCISMES**

Le vocabulaire québécois s'est formé à partir de quatre sources d'inégale importance :

1. le fonds hérité de France ;

2. l'apport amérindien ;

3. l'apport anglo-saxon ;

4. les créations québécoises proprement dites.

Il faut noter que bien des mots du vocabulaire québécois sont également en usage dans d'autres variétés du français. Par exemple, en Belgique, en Suisse et dans certaines régions de France, le mot *souper* désigne, comme ici, le repas du soir, alors que dans l'ensemble de la France on emploie plutôt le mot *dîner*.

2.1 **Le fonds hérité de France**

Très étendu, ce répertoire de mots provient du vocabulaire apporté par les premiers colons. Il s'agit de mots qui étaient employés en France aux XVIIe et XVIIIe siècles dans la langue générale ou dans les parlers régionaux, mais qui ne le sont plus de nos jours. Voici des mots encore courants au Québec, mais devenus désuets en France :

abrier	« recouvrir quelqu'un d'une couverture »
achaler	« contrarier, importuner »
adonner	« arriver, se présenter à propos »
bibite	« insecte »
blonde	« jeune fille que l'on fréquente »

Les particularités du vocabulaire québécois   305

écornifleur	« personne qui cherche à savoir ce qui se passe chez le voisin, fouineur »
étriver	« taquiner »
gosser	« tailler un morceau de bois »
s'enfarger	« s'empêtrer, trébucher »
tanner	« importuner, agacer »
traîne	« traîneau »

2.2 L'apport amérindien

Le français du Québec a intégré un petit nombre de noms communs issus des langues amérindiennes. Ces **amérindianismes** désignent généralement des réalités de la faune et de la flore propres à l'Amérique du Nord, ainsi que l'illustrent les exemples suivants :

achigan	« poisson d'eau douce »
atoca	« canneberge »
babiche	« peau découpée en lanières utilisées pour tresser des objets »
canot	« embarcation mue à l'aviron »
caribou	« renne du Canada »
ouananiche	« saumon d'eau douce »

Les langues autochtones ont en revanche laissé beaucoup plus de traces dans la désignation des lieux. En effet, plusieurs centaines de noms de villes, de rivières et de régions sont d'origine indigène. La liste qui suit en présente quelques-uns avec le sens qu'ils avaient dans les langues amérindiennes.

Noms de lieux empruntés aux langues amérindiennes

Abitibi : d'origine algonquine, signifiant « eau mitoyenne »

Canada : d'origine iroquoise, signifiant « village »

Chicoutimi : d'origine montagnaise, signifiant « jusqu'où c'est profond »

Gaspé : d'origine micmaque, signifiant « fin, extrémité »

Hochelaga : d'origine iroquoise, signifiant « grands rapides » ou « barrage de castors »

Manicouagan : d'origine montagnaise, signifiant « là où l'on donne à boire »

Matane : d'origine algonquine, signifiant « confluent de rivières »

Québec : d'origine algonquine, signifiant « passage étroit »

Saguenay : d'origine montagnaise ou iroquoise, signifiant « d'où sort l'eau »

Shawinigan : d'origine algonquine, signifiant « portage sur la crête »

Le vocabulaire usuel des Québécois a intégré un bon nombre d'**anglicismes** [35, p. 338].
Voici quelques anglicismes du vocabulaire québécois familier :

bine	de *bean*, « haricot »
chum	de *chum*, « ami »
fun	de *fun*, « plaisir »
lousse	de *loose*, « desserré, lâche »
smatte	de *smart*, « gentil, intelligent »
pinotte	de *peanut*, « arachide »

L'anglicisation a été plus forte dans l'industrie, très longtemps dominée par les anglophones. Jusqu'aux années 1970, les vocabulaires techniques (de l'automobile, du bois, de l'électricité, de la métallurgie, du textile, etc.) étaient presque entièrement anglais. Depuis, différentes mesures ont été prises pour franciser ces vocabulaires spécialisés. Voici des anglicismes appartenant à des vocabulaires plus techniques :

booster	de *to boost*, « survolter »
bumper	de *bumper*, « pare-chocs »
chiffre	de *shift*, « équipe, quart de travail »
clabord	de *clapboard*, « revêtement à déclin »
clutch	de *clutch*, « pédale d'embrayage »
fuse	de *fuse*, « fusible »
ready-mix	de *ready-mix*, « bétonnière »
switch	de *switch*, « interrupteur »

2.4 Les créations québécoises proprement dites

Cette autre part importante du vocabulaire québécois comprend les mots, sens et expressions qui sont apparus au Québec même. Les innovations québécoises peuvent doubler d'autres mots en usage dans la francophonie : *bleuet* pour *myrtille*, *banc de neige* pour *congère*, *fin de semaine* pour *week-end*, *magasiner* pour *faire des courses*. Elles peuvent aussi renvoyer à des réalités nord-américaines pour lesquelles le français général n'a pas d'équivalent, comme l'illustrent les mots suivants :

cantine mobile	« camionnette assurant un service de restauration rapide aux endroits de travail »
cégep	« collège d'enseignement général et professionnel »
coureur de bois	« chasseur et trappeur vivant à l'indienne au début de la Colonie »

dépanneur	« petite épicerie du coin ouverte tard le soir, sept jours par semaine »
épluchette	« fête où l'on épluche des épis de maïs qu'on déguste ensuite »
érablière	« peuplement d'érables à sucre »
poudrerie	« neige légère et sèche soulevée par le vent »
suisse	« tamia rayé »

3 LES CATÉGORIES DE QUÉBÉCISMES

Du point de vue de leur nature et non plus de leur origine, les particularités du vocabulaire québécois se classent en trois catégories :
1. les québécismes de forme ;
2. les québécismes de sens ;
3. les québécismes phraséologiques (locutions ou expressions).

3.1 Les québécismes de forme

Les québécismes de forme sont des mots propres au Québec, qui n'ont pas cours ailleurs dans la francophonie, par exemple :

aréna
autobus scolaire
beignerie
blé d'Inde
portageur
souffleuse

3.2 Les québécismes de sens

Les québécismes de sens concernent des mots qui existent dans le français général, mais qui présentent un ou des sens particuliers au français du Québec, par exemple :

abreuvoir	« fontaine, appareil débitant de l'eau pour des personnes »
claque	« couvre-chaussures en caoutchouc »
fléché	« procédé de tissage en forme de flèche »
noirceur	« obscurité, nuit »
patiner	« tergiverser, user de détours »
raquette	« sorte de large semelle qu'on adapte aux chaussures pour marcher sur la neige »
s'accoter	« vivre ensemble sans être mariés »

3.3 Les québécismes phraséologiques

Cette catégorie regroupe les locutions ou expressions typiquement québécoises. Très nombreuses dans la langue familière, ces expressions constituent un des principaux traits qui font l'originalité et l'expressivité du français québécois. En voici quelques-unes :

avoir les baguettes en l'air	« avoir les bras levés, gesticuler de colère, d'énervement »
coucher, dormir sur la corde à linge	« passer la nuit debout à fêter »
être comme une queue de veau	« ne pas tenir en place »
ne pas être la tête à Papineau	« ne pas être brillant »
péter plus haut que le trou	« se donner des airs, se croire supérieur aux autres »

4 LA VARIATION SOCIALE DANS LE VOCABULAIRE QUÉBÉCOIS

Le vocabulaire québécois, comme n'importe quel usage linguistique, possède différentes variétés [30]. Certains québécismes familiers conviennent plutôt aux conversations détendues entre amis. D'autres, au contraire, sont acceptables sans restriction et se retrouvent dans les textes soignés comme dans les émissions télévisées les plus sérieuses.

VALEURS D'EMPLOI DE QUÉBÉCISMES [1]

VARIÉTÉ POPULAIRE	VARIÉTÉ FAMILIÈRE	VARIÉTÉ STANDARD
drop-out « élève qui abandonne l'école »	*décrocheur*	
paqueté ***chaud***		*ivre* *soûl*
se faire fourrer	***se faire passer un sapin*** *se faire avoir*	*se faire rouler*
skidoo		*motoneige*

 Les dictionnaires faits en France, comme le *Petit Larousse* ou le *Petit Robert*, contiennent un certain nombre de mots et de sens propres au vocabulaire québécois ; ces emplois y sont signalés par la mention *Canada*. Les dictionnaires faits au Québec, comme le *Dictionnaire du français plus* ou le *Dictionnaire québécois d'aujourd'hui*, recensent évidemment encore plus de québécismes, mais ils ne les signalent pas comme tels.

---

1. Les québécismes sont en gras dans le tableau.

La formation des mots par dérivation

Objectifs du chapitre

• Connaître les procédés de construction des mots dérivés.

• Connaître le fonctionnement des préfixes et des suffixes.

Plan du chapitre

1 La dérivation

2 Les préfixes

3 Tableau des principaux préfixes

4 Les suffixes

5 Tableau des principaux suffixes

Observons, dans ce texte, la façon dont les mots surlignés sont construits.

> La municipalité de Montréal met les arbres en cage. L'été, la municipalité de Montréal
> les aligne le long des trottoirs [...]. L'hiver, elle les met dans un hangar pour ne pas
> qu'ils aient froid. C'est la dévirilisation des arbres! Pourquoi met-elle des arbres ado-
> lescents dans des boîtes de sable et les poste-t-elle le long des trottoirs? Est-ce pour
> qu'ils fassent de l'ombre aux gratte-ciel, ou est-ce pour qu'ils aient l'air fou dans leurs
> habits de roi déteints et éclaboussés? [...] Quand les arbres n'ont pas les pieds dans
> l'herbe, ils font pitié, ils sont horribles d'indignité [...]. Les arbres sont faits pour être
> grands, inébranlables; [...] pour que, la nuit, les étoiles se prennent dans leurs
> branches; pour que l'hiver des serpents de neige dorment le long de leurs branches.
> La municipalité de Montréal trouve peut-être que des arbres dénaturés s'harmonisent
> bien avec des hommes dénaturés.

Réjean DUCHARME, *Le nez qui voque*, Paris, © Éditions GALLIMARD, 1967, p. 100.

Le lexique est constitué de **mots simples** et de **mots complexes**. Les mots simples sont
indécomposables: *cage, hiver, roi, homme*. Les mots complexes sont, eux, divisibles en
parties distinctes: *gratte-ciel = gratte + ciel*; *déteint = dé + teint*. Ils comprennent les mots
composés: *gratte-ciel* [33], et les dérivés: *déteint*.

Les mots surlignés dans le texte sont des mots dérivés, car ils dérivent d'autres mots. Par exemple, dans le nom *indignité*, on reconnaît l'adjectif *digne* précédé de *in-*[1], qui exprime la négation, et suivi de *-ité*, qui indique un nom signifiant un état.

LA DÉRIVATION

Les **mots dérivés** constituent la majorité des mots de la langue française. Leur mode de construction s'appelle la dérivation.

DÉFINITION : La **dérivation** consiste à former un mot à partir d'un autre mot qui sert de base et auquel on ajoute des éléments non autonomes appelés préfixes ou suffixes.

Ainsi, le mot *insuccès* est un mot dérivé, car il est formé de la base *succès* à laquelle est ajouté le préfixe *in-*. De même, le mot *sportif* est un mot dérivé formé à partir de la base *sport* à laquelle est joint le suffixe *-if*.

On dit que les préfixes et les suffixes sont non autonomes parce qu'ils ne peuvent généralement pas s'employer seuls dans une phrase. Ils doivent être joints à une base.

Un mot dérivé peut être formé à l'aide :
– d'un préfixe : *dé-faire* ;
– d'un suffixe : *social-iste* ;
– d'un préfixe et d'un suffixe : *anti-alcool-ique*.

Un mot dérivé peut aussi donner naissance à un autre dérivé : *en-cadrer → dés-en-cadrer* ; *sentiment-ale → sentiment-ale-ment*.

! • Un mot dérivé présente souvent de légères modifications par rapport au mot de base : *acheter → achat* ; *Canada → canadien* ; *majeur → majorité*.
  • Dans le cas d'un dérivé ayant un verbe comme base, celle-ci correspond au radical du verbe [20] : *illustration* < *illustr*(*er*).
  • Le lien entre un mot dérivé et son mot de base peut s'être perdu dans la langue actuelle ; on considère alors qu'il ne s'agit plus d'un mot dérivé, mais d'un mot simple. Par exemple, le mot *trottoir* vient du verbe *trotter* et désignait, à l'origine, une piste où l'on faisait trotter les chevaux. Les deux mots se sont tellement éloignés l'un de l'autre sur le plan du sens qu'on ne perçoit plus maintenant *trottoir* comme un dérivé de *trotter*.

La connaissance des préfixes et des suffixes assure une meilleure compréhension des mots dérivés et est très utile pour découvrir le sens d'un mot inconnu. Ainsi, quand on sait que *-iste* signifie souvent « partisan de », on peut déduire que le nom *esclavagiste* désigne une personne en faveur de l'esclavage.

De plus, la connaissance des préfixes et des suffixes aide à orthographier les mots dérivés. Par exemple, le scripteur qui sait que le suffixe *-eau* sert à désigner le petit d'un animal transcrira sans hésiter par *eau* le son final [o] dans *éléphanteau*, *baleineau*, *renardeau*, etc.

---

1. Par convention, les éléments entrant dans la formation d'un mot sont signalés par un tiret (–).

La plupart des dictionnaires donnent des renseignements sur les préfixes et les suffixes, soit dans le corps de l'ouvrage, soit dans des tableaux placés au début ou à la fin. Pour décrire le sens des préfixes et des suffixes, les dictionnaires utilisent les termes suivants :

– **diminutif / intensif** : se dit d'un élément servant à diminuer ou à renforcer le sens de la base : *cloch**ette***, ***archi**fou* ;

– **collectif** : se dit d'un élément exprimant un ensemble, une collection : *cent**aine*** ;

– **péjoratif** : se dit d'un élément dépréciant une chose ou une personne : *cri**ard***.

2 LES PRÉFIXES

DÉFINITION : Un **préfixe** est un élément qui est placé devant la base d'un mot dérivé : ***a**normal*, ***para**chute*, ***re**présenter*.

2.1 Les caractéristiques des préfixes

1. La plupart des préfixes (*dé-*, *in-*, *mé-*, etc.) ne peuvent pas apparaître seuls dans une phrase. Plusieurs cependant peuvent s'employer de façon autonome comme prépositions ou comme adverbes. Les formes *sur-* dans *surpeuplé* et *contre-* dans *contrepoison* sont considérées comme des préfixes ; mais, dans des énoncés comme *sur la table* ou *contre la peine de mort*, *sur* et *contre* sont des prépositions.

2. Les préfixes ne changent généralement pas la classe grammaticale de la base : *défaire* est un verbe comme *faire*.

   ! Exceptionnellement, certains préfixes comme *inter-* ou *anti-* peuvent entraîner un changement de classe de la base. Par exemple, l'adjectif dérivé *antichar* (*une fusée antichar*) est construit sur le nom *char*.

3. Un même préfixe peut se présenter sous des formes différentes selon le contexte. Par exemple, le préfixe *in-* compte quatre variantes :

   – *in-* : ***in**exact*, ***in**certain* ;

   – *im-* devant *p*, *b* et *m* : ***im**prudent*, ***im**buvable*, ***im**moral* ;

   – *il-* devant *l* : ***il**logique* ;

   – *ir-* devant *r* : ***ir**réel*.

4. Une forme peut tantôt être un préfixe, tantôt ne pas en être un. Ainsi, dans *dérouler*, *dé-* est un élément isolable désignant l'action inverse de *rouler*, c'est un préfixe ; par contre, dans *décider*, *dé* ne signifie rien en lui-même et ne peut pas être détaché du reste du mot, ce n'est pas un préfixe.

5. Un même préfixe peut avoir des sens différents. Par exemple, *extra-* signifie « en dehors de » dans *extraterrestre*, mais il veut dire « extrêmement » dans *extrafort*.

6. Certains préfixes forment des paires de mots exprimant le contraire [39, p. 371] :

> « avant ≠ après » : **antérieur** ≠ **postérieur**
>
> « dans ≠ en dehors » : **im**porter ≠ **ex**porter
>
> « peu ≠ trop » : **sous**-estimer ≠ **sur**estimer

2.2 L'orthographe des préfixes

Les préfixes s'écrivent généralement sans trait d'union. Mais il existe des cas particuliers illustrés dans le tableau suivant.

PARTICULARITÉS ORTHOGRAPHIQUES DE CERTAINS PRÉFIXES

1. Préfixes s'écrivant toujours avec un trait d'union

ex- au sens d'« antérieurement » : **ex**-maire, **ex**-mari, **ex**-ministre

demi-, mi-, semi- : **demi**-heure, **mi**-ouvert, **mi**-temps, **semi**-aride, **semi**-conducteur

sous- : **sous**-alimenté, **sous**-bois, **sous**-entendre (sauf **sous**signé)

vice- : **vice**-amiral, **vice**-consul, **vice**-président

2. Préfixes avec ou sans trait d'union selon certaines règles

non(-) :   – avec trait d'union devant un nom : **non**-agression, **non**-fumeur, **non**-violence

         – sans trait d'union devant un adjectif ou un adjectif participe : **non** inscrit, **non** négligeable, **non** terminé

pro(-) :   – en général, sans trait d'union : **pro**américain, **pro**communiste

         – mais avec trait d'union devant un sigle : **pro**-OLP

3. Préfixes n'obéissant à aucune règle précise

Tantôt avec trait d'union, tantôt en un mot ; à vérifier dans le dictionnaire en cas d'hésitation.

contre(-) : **contre**dire, **contre**partie, **contre**poids ; mais **contre**-espionnage, **contre**-indiqué, **contre**-manisfestation

extra(-) : **extra**ordinaire, **extra**conjugal ; mais **extra**-dry, **extra**-utérin

3 TABLEAU DES PRINCIPAUX PRÉFIXES

1. Préfixes marquant la négation, la privation, la séparation ou le défaut

a-, an-	**a**pesanteur, **an**allergique
dé-, dés-, des-	**dé**cousu , **dés**espoir, **des**serrer
dis-, di-	**dis**joindre, **di**fforme
in-, im-, ir-, il-	**in**justice, **im**pur, **ir**respect, **il**légal
mé-, més-	**mé**content, **més**aventure
non(-)	**non** coupable, **non**-sens

2. Préfixes marquant une position ou un mouvement dans l'espace ou le temps

Dans, entre

en-, em-	**en**cercler, **em**prisonner
entre-, entr-	**entre**larder, **entr**acte
inter-	**inter**ligne

En dehors, au-delà

ex-	**ex**porter
extra-	**extra**terrestre

Avant

anté-, anti-	**anté**position, **anti**dater
ex-	**ex**-conjoint
pré-	**pré**nom

Après

post-	**post**opératoire

Au-dessus

super-	**super**poser
sur-	**sur**vêtement

Au-dessous

infra-	**infra**rouge
sous-, sou-	**sous**-sol, **sou**ligner
sub-, su-	**sub**conscient, **su**pporter

À travers

trans-	**trans**percer

En arrière

rétro-	**rétro**fusée

Au loin, à distance

télé-	**télé**commande

3. Préfixes marquant l'intensité ou la quantité

Intensité forte

archi-	**archi**plein
extra-	**extra**fin (**extra**-fin)
hyper-	**hyper**nerveux
super-	**super**puissance
sur-	**sur**alimenter
ultra-	**ultra**moderne

Intensité faible

hypo-	**hypo**tension
sous-	**sous**-payé

Quantité

demi-, mi-, semi- : «moitié»	**demi**-tasse, **mi**-temps, **semi**-automatique
mono-, uni- : «un»	**mono**place, **uni**familial
bi-, bis-, di-, dis- : «deux»	**bi**moteur, **bis**annuel, **di**pétale, **dis**syllabique
tri-, tris- : «trois»	**tri**dimensionnel, **tris**aïeul
multi-, pluri-, poly- : «plusieurs»	**multi**forme, **pluri**disciplinaire, **poly**copie

4. Préfixes marquant l'opposition ou l'association

Contre

anti-	**anti**gel
contre-, contr-	**contre**-révolutionnaire, **contr**avis
para-	**para**pluie

Pour, avec

pro-	**pro**vie
co-, con-, com-	**co**auteur, **con**citoyen, **com**patriote

5. Sens divers

Réciprocité

entre-, entr-	s'**entre**-tuer, **entr**aide
inter-	**inter**dépendant

Répétition

re-, r-, ré-	**re**chute, **r**attacher, **ré**apparaître

Hiérarchie

sous-	**sous**-chef
vice-	**vice**-président

 LES SUFFIXES

DÉFINITION : Un **suffixe** est un élément qui est placé après la base d'un mot dérivé : *beauté, idéalisme, matinal*.

4.1 Les caractéristiques des suffixes

1. Contrairement aux préfixes, les suffixes changent souvent la classe grammaticale de la base : le mot *naturel* est un adjectif dérivé du nom *nature*.

> Cette propriété des suffixes de faire passer d'une classe de mots à une autre permet de formuler les phrases autrement [36, p. 342]. Ainsi, deux phrases peuvent être combinées en une seule par la transformation d'un verbe en un nom :
>
> *Les spectateurs **sortent**. Cela indique la fin du film.* → *La **sortie** des spectateurs indique la fin du film.*

Quand ils ne modifient pas la classe grammaticale de la base, les suffixes ajoutent une nuance de sens. Ils peuvent, entre autres :

– exprimer une idée de petitesse : *statue* → *statu**ette*** ;

– avoir une valeur péjorative : *bon* → *bon**asse*** ;

– signaler un ensemble : *sapin* → *sapin**ière*** ;

– désigner une personne : *dent* → *dent**iste***.

2. Une forme peut être tantôt un suffixe, tantôt ne pas en être un. Ainsi, dans *hachette*, la forme *-ette* est un suffixe qui signifie « petit » ; mais, dans *crevette*, cette forme n'est pas un suffixe, puisqu'elle n'a pas de signification propre et qu'elle ne peut pas être isolée du mot.

3. La forme des suffixes signale souvent la classe du mot. Il y a :

– des suffixes de noms : *-ade (baignade)*, *-age (élevage)*, *-isme (journalisme)*, *-té (fermeté)*, *-tion (évolution)*, etc. ;

– des suffixes d'adjectifs : *-able (lavable)*, *-eux (peureux)*, *-ique (chimique)*, *-al (automnal)*, etc. ;

– des suffixes de verbes : *-fier (momifier)*, *-iller (sautiller)*, *-iser (égaliser)*, etc. ;

– des suffixes d'adverbes : *-ment (fermement)*.

4. La plupart des suffixes de noms indiquent leur genre :

– suffixes du masculin : *-age (chauffage)*, *-ain (africain)*, *-eau (traîneau)*, *-isme (alcoolisme)*, etc. ;

– suffixes du féminin : *-ade (noyade)*, *-aine (dizaine)*, *-esse (tigresse)*, *-ère (boulangère)*, *-erie (infirmerie)*, *-tion (attribution)*, *-trice (correctrice)*, etc.

4.2 Le sens des suffixes

Les suffixes ont des sens très variés.

Les suffixes de noms peuvent exprimer :

– une action : *déménag**ement**, diminu**tion**, promen**ade*** ;

– le résultat d'une action : *bless**ure** épuis**ement**, hach**is*** ;

– l'agent d'une action : *admir**atrice**, sign**ataire**, vol**eur*** ;

– une personne exerçant un métier, une profession : *chirurg**ien**, cuisin**ier**, garag**iste*** ;

– une qualité, un état : *bon**té**, esclav**age**, jeun**esse*** ;

– une opinion, une doctrine : *catholic**isme**, capital**isme*** ;

– un instrument, un objet fonctionnel : *arros**oir**, cafe**tière**, tond**euse*** ;

– un lieu : *croissan**terie**, abatt**oir*** ;

– un ensemble, une collection d'objets : *érabl**ière**, plum**age**, rose**raie*** ;

– une quantité, une mesure : *cent**aine**, pinc**ée***.

Les suffixes d'adjectifs peuvent exprimer :
- une qualité, une propriété : *chanceux*, *génial*, *naturel* ;
- l'appartenance à un peuple, à un lieu : *japonais*, *montagnard*, *romain* ;
- la possibilité, la capacité : *lavable*, *lisible* ;
- la dépréciation : *blanchâtre*, *molasse*, *vantard*.

Les suffixes de verbes peuvent exprimer :
- une action : *moderniser*, *solidifier*, *verdoyer* ;
- la répétition avec une valeur diminutive : *mâchonner*, *mordiller*, *trembloter* ;
- la dépréciation : *criailler*, *traînasser*.

Le suffixe d'adverbes *-ment* exprime la manière : *rapidement*.

! Un même suffixe peut avoir plusieurs sens. Par exemple, le suffixe *-ade* peut désigner une action : *glissade*, une substance : *orangeade*, ou un ensemble : *colonnade*.

 TABLEAU DES PRINCIPAUX SUFFIXES

1. Suffixes de noms [2]

-ade	*promen**ade***
-age	*chauff**age***
-aie, -eraie	*céd**raie**, ros**eraie***
-aine	*douz**aine***
-aire, -iaire, -ataire	*questionn**aire**, stag**iaire**, protest**ataire***
-ance	*élég**ance***
-at, -ariat, -orat	*résult**at**, secrét**ariat**, profess**orat***
-eau	*saumon**eau***
-ée	*travers**ée***
-ence	*néglig**ence***
-er, -ère, -ier, -ière	*un horlog**er** / une horlog**ère**, un pomm**ier**, une barr**ière***
-et, -ette	*un coffr**et**, une statu**ette***
-eur, -euse	*un nag**eur** / une nag**euse**, un démarr**eur**, une sent**eur**, une tond**euse***
-ie, -erie	*malad**ie**, boulang**erie***

---

2. Plusieurs suffixes peuvent former aussi bien des noms que des adjectifs. Par exemple, *-iste* peut se retrouver dans un nom : *un violon**iste***, ou dans un adjectif : *une idée fantais**iste***.

-ien, -ienne	un comé**dien** / une comé**dienne**
-ique, -tique	techn**ique**, bureau**tique**
-ise	franch**ise**
-isme	romant**isme**
-iste	chim**iste**
-ment, -ement	blanchi**ment**, consent**ement**
-oir, -oire	un arros**oir**, une patin**oire**
-on, -ion	plonge**on**, édit**ion**
-son, -aison	guéri**son**, compar**aison**
-té, -ité	propre**té**, absurd**ité**
-teur, -trice, -ateur, -atrice	un bienfai**teur** / une bienfai**trice**, un anim**ateur** / une anim**atrice**
-tion, -ation, -ition	évolu**tion**, observa**tion**, supposi**tion**
-tude, -itude	inquié**tude**, exact**itude**
-ure	ouvert**ure**

2. Suffixes d'adjectifs [2]

-able	habit**able**
-ain, -aine	maroc**ain** / maroc**aine**
-aire, -iaire	autorit**aire**, glac**iaire**
-ais, -aise	portug**ais** / portug**aise**
-al, -ale, -ial, -iale	norm**al** / norm**ale**, proverb**ial** / proverb**iale**
-an, -ane	pers**an** / pers**ane**
-ant, -ante	charm**ant** / charm**ante**
-ard, -arde	campagn**ard** / campagn**arde**
-asse	blond**asse**
-âtre	jaun**âtre**
-é, -ée	imag**é** / imag**ée**
-éen, -éenne, -ien, -ienne	europ**éen** / europ**éenne**, ital**ien** / ital**ienne**
-el, -elle, -iel, -ielle, -uel, -uelle	mort**el** / mort**elle**, confident**iel** / confident**ielle**, sex**uel** / sex**uelle**
-er, -ère, -ier, ière	mensong**er** / mensong**ère**, dépens**ier** / dépens**ière**
-eux, -euse, -ieux, -ieuse	peur**eux** / peur**euse**, silenc**ieux** / silenc**ieuse**
-ible	corrig**ible**
-if, -ive	intuit**if** / intuit**ive**

---

2. Plusieurs suffixes peuvent former aussi bien des noms que des adjectifs. Par exemple, -iste peut se retrouver dans un nom : un violon**iste**, ou dans un adjectif : une idée fantais**iste**.

-in, -ine	enfant**in** / enfant**ine**
-ique, -tique, -atique	atom**ique**, chao**tique**, asi**atique**
-oire, -atoire	illus**oire**, oblig**atoire**
-ois, -oise	hongr**ois** / hongr**oise**
-u, -ue	poil**u** / poil**ue**

3. Suffixes de verbes [3]

-aill(er)	rim**aill**er
-ass(er)	pleuv**ass**er
-fi(er)	momi**fi**er
-ifi(er)	solid**ifi**er
-ill(er)	saut**ill**er
-is(er)	égal**is**er
-onn(er)	chant**onn**er
-ot(er)	touss**ot**er
-ouill(er)	gratt**ouill**er
-oy(er)	foudr**oy**er

4. Suffixes d'adverbes

-ment	grande**ment**
-amment	cour**amment**
-ément	énorm**ément**
-emment	prud**emment**

---

3. Dans les verbes, la terminaison de l'infinitif -er n'est pas vraiment un suffixe. Elle ne relève pas du lexique, mais de la grammaire, étant donné qu'elle appartient à la conjugaison. Aussi la met-on entre parenthèses dans le tableau.

La formation des mots par composition

Objectifs du chapitre

- Reconnaître les mots composés.
- Connaître les procédés de construction des mots composés.
- Se familiariser avec l'orthographe des mots composés.

Plan du chapitre

1. La composition
2. La construction des mots composés
3. Comment reconnaître les mots composés
4. Le pluriel des noms et des adjectifs composés

Observons les mots surlignés dans ce texte.

> *Les enfants, on est connus pour ça, on a des pouvoirs.* Par exemple *dans mon assiette, un brocoli c'est un orme, les* patates pilées *font un château et la sauce c'est l'eau des fossés, et les haricots dans la sauce sont des crocodiles qui* font peur *aux ennemis. Dans le château,* il y a *un radis qui règne sur le royaume, et une tour qui emprisonne une petite carotte marinée avec laquelle je suis en amour. Moi je suis juste et je veux tuer le radis* parce qu' *il a* beaucoup d' *écus et que les paysans* ont faim. *Alors, je le bombarde avec les* petits pois *et une* cuillère-catapulte. *Quand ça ne suffit pas, je prends la poivrière et je la fais neiger sur le château.* Ensuite, *je fais tomber la* fourchette-grille, *je mange un crocodile en passant, puis je tue le radis qui éternue. Je monte alors dans la tour pour délivrer la carotte marinée que j'aime plus que tout au monde.*

Sylvain TRUDEL, *Le souffle de l'harmattan*, Montréal, Éditions Typo, 1993, p. 9.

Pour mieux refléter l'univers imaginaire de son jeune personnage, l'auteur a inventé les mots *cuillère-catapulte* et *fourchette-grille* en unissant deux mots existants. Ces combinaisons de mots et toutes les autres qui sont surlignées dans le texte fonctionnent comme des mots uniques, même si elles comprennent plusieurs mots. Il s'agit de mots composés et de locutions.

1 LA COMPOSITION

1.1 L'union de plusieurs mots

DÉFINITION : Procédé de formation des mots composés et des locutions, la **composition** consiste à créer un mot en unissant deux mots existants : un *homme-grenouille*, ou en faisant d'un groupe de mots un seul mot : *tout à coup*.

À la différence des mots dérivés [32, p. 310], où les préfixes et les suffixes ne peuvent généralement pas apparaître seuls, chacun des éléments formant un mot composé ou une locution peut être employé séparément dans une phrase : *homme* et *grenouille* s'utilisent indépendamment du mot composé *homme-grenouille*.

L'identification des éléments formant un mot composé permet de comprendre certaines de ses particularités orthographiques. Par exemple, l'orthographe de *longtemps* s'explique par la fusion de *long* et de *temps* ; si dans *vraisemblable* la lettre *s* ne se prononce pas [z], même si elle est entre deux voyelles, c'est que le mot est issu de la combinaison de *vrai* et de *semblable*.

1.2 Les diverses formes écrites des mots composés

Les mots composés se présentent sous trois formes écrites différentes, ce qui rend leur orthographe difficile :

1. Certains s'écrivent en un seul mot : *portefeuille, clairvoyant*.
2. D'autres prennent un trait d'union : *porte-savon, vol-au-vent* ; parfois une apostrophe : *presqu'île*.
3. D'autres enfin sont formés de mots séparés par un blanc : *chaise longue, machine à coudre*.

Les mots composés ne sont pas tous facilement repérables dans les dictionnaires, car ce sont presque seulement les composés soudés ou liés par un trait d'union qui ont une entrée spécifique. La plupart des composés dont les éléments sont écrits séparément, comme *boîte de nuit, vert forêt* ou *prendre feu*, sont mentionnés indirectement dans l'article du mot considéré comme le principal ; par exemple, *boîte de nuit* sera traité sous *boîte*.

2   LA CONSTRUCTION DES MOTS COMPOSÉS

Très nombreux en français, les mots composés appartiennent à plusieurs classes grammaticales et sont construits de différentes façons. Les mots composés de la classe du verbe, de l'adverbe, de la préposition et de la conjonction sont appelés des **locutions** : locutions verbales, locutions adverbiales, locutions prépositives, locutions conjonctives.

 Dans les dictionnaires, les locutions sont signalées par les abréviations suivantes : *loc.* pour locution ; *loc. conj.* pour locution conjonctive ; *loc. adv.* pour locution adverbiale ; *loc. prép.* pour locution prépositive :

> **FUR** [fyʀ] n. m. — XVIᵉ ; *feur* XIIᵉ ; lat. *forum* «marché» **1.** (vx depuis XVIIIᵉ) Taux. — (XVIᵉ) *Au fur :* à proportion, à mesure. **2.** (XVIIᵉ) MOD. LOC. (où *mesure* reprend le sens de *fur* devenu obscur) AU FUR ET À MESURE [ɔfyʀeam(ə)zyʀ] : en même temps et proportionnellement ou successivement. — LOC. CONJ. *Au fur et à mesure que...* : à mesure que. *S'apercevoir des difficultés au fur et à mesure qu'on avance.* — LOC. ADV. *Regardez ces photos et passez-les nous au fur et à mesure.* — LOC. PRÉP. (1835) «*Je vous le remettrai au fur et à mesure de vos besoins*» (Romains).

Nouveau Petit Robert de la langue française, Paris, Le Robert, 1996.

LES PRINCIPAUX TYPES DE COMPOSITION

TYPES DE COMPOSITION	EXEMPLES
1. Noms composés	
• nom + nom	*papier journal, porte-fenêtre*
• nom + prép. + nom ou infinitif	*arc-en-ciel, machine à écrire*
• nom + adjectif	*disque dur, sang-froid*
• adjectif + nom	*belle-sœur, tiers-monde*
• verbe + nom	*attrape-nigaud, chasse-neige*
• verbe + verbe	*laissez-passer, savoir-faire*
• verbe + adverbe	*lève-tôt, passe-partout*
• phrase	*(un) je ne sais quoi, (un) qu'en-dira-t-on*
2. Adjectifs composés	
• adjectif + adjectif	*aigre-doux, franco-américain*
• adverbe + adjectif ou adjectif participe	*bienheureux, court-vêtu*
• adjectif + nom	*rouge vin, bleu ciel*
3. Locutions verbales	
• verbe + nom (avec ou sans déterminant)	*rendre l'âme, avoir lieu*

TYPES DE COMPOSITION (suite)	EXEMPLES
4. Locutions adverbiales	
• adverbe + adverbe	*là-bas, bientôt*
• préposition + adverbe	*à jamais, d'ailleurs*
5. Locutions prépositives	
• préposition + préposition ou adverbe	*autour de, par-dessus*
• préposition + nom (avec ou sans déterminant) + préposition	*à l'égard de, par rapport à*
• nom + préposition	*face à, grâce à*
• adverbe + préposition	*contrairement à, indépendamment de*
6. Locutions conjonctives	
• préposition + *que*	*avant que, pour que*
• adverbe + *que*	*aussitôt que, bien que*
• préposition + nom + *que*	*à condition que, de crainte que*

REM. Les locutions adverbiales et prépositives sont aussi appelées adverbes complexes et prépositions complexes.

3   COMMENT RECONNAÎTRE LES MOTS COMPOSÉS

3.1   Une unité de sens

Un mot composé renvoie à une réalité unique. Ainsi, le mot composé *chou-fleur* désigne une sorte de légume différent du *chou*.

L'unité de sens d'un mot composé se vérifie par le fait qu'il peut faire l'objet d'une définition. Le nom composé *ver de terre* sera défini dans un dictionnaire comme « un petit animal allongé vivant dans la terre », mais une suite de mots ne formant pas un mot composé, telle que *sac de terre*, ne sera pas définie dans un dictionnaire.

3.2   Un ensemble inséparable

En général, il est impossible d'insérer un mot entre les éléments d'un mot composé. On dit : *C'est un gros ver de terre*, et non ** C'est un ver gros de terre*.

! Ce critère s'applique surtout aux noms et aux adjectifs composés, mais moins aux locutions, dont beaucoup peuvent être séparées par d'autres mots : *avant même de*; *avoir très faim*.

3.3 La substitution en bloc

Il est rare qu'un synonyme ou un antonyme puisse se substituer à un seul des éléments d'un mot composé.

Dans *des skis bon marché*, l'adjectif composé *bon marché* peut être remplacé en entier par l'antonyme *cher* : *des skis chers* ; on ne pourrait pas remplacer un de ses éléments séparément et dire : **des skis mauvais marché*.

4 LE PLURIEL DES NOMS ET DES ADJECTIFS COMPOSÉS

Le pluriel des noms et des adjectifs composés pose d'épineux problèmes orthographiques. Plusieurs grammairiens le déplorent :

> « *Le pluriel des noms composés est sans doute le domaine le plus difficile de toute la grammaire française. [...] Nous [...] souhait[ons] que l'on simplifie ces questions inutilement compliquées.* »

Maurice GREVISSE et André GOOSSE, *Le Bon usage*, Paris-Gembloux, Duculot, 1986, p. 851.

Voici les règles traditionnelles concernant le pluriel des noms et des adjectifs composés.

LE PLURIEL DES NOMS ET DES ADJECTIFS COMPOSÉS

RÈGLES	NOMS ET ADJECTIFS COMPOSÉS	EXEMPLES
A. Invariable + invariable	**1. Noms composés** • verbe + verbe	*des pousse-pousse* *des laissez-passer*
	• verbe + nom complément évoquant l'idée de singulier	*des réveille-matin* *des brise-glace*
	• phrase	*des on-dit, des m'as-tu-vu*
	2. Adjectifs composés • adjectifs de couleur	*des robes brun foncé* *des yeux bleu-vert*
B. Variable + invariable	**Noms composés** • nom + nom en position de complément prépositionnel	*des arcs-en-ciel* *des chefs-d'œuvre*

RÈGLES (suite)	NOMS ET ADJECTIFS COMPOSÉS	EXEMPLES
C. Invariable **+ variable**	**1. Noms composés** • verbe + nom complément évoquant l'idée de pluriel • préposition ou adverbe + nom **2. Adjectifs composés** • forme en *-i* ou en *-o* + adjectif	*des tire-bouchons* *des essuie-mains* *des en-têtes* *des haut-parleurs* *des films tragi-comiques* *des accords italo-canadiens*
D. Variable **+ variable**	**1. Noms composés** • nom + nom complément • adjectif + nom • nom + adjectif **2. Adjectifs composés** • adjectif + adjectif	*des oiseaux-mouches* *des idées-forces* *des grands-parents* *des coffres-forts* *des sauces aigres-douces*

REM. Les *Rectifications de l'orthographe* adoptées par le Conseil supérieur de la langue française en 1990 ont simplifié l'orthographe des noms composés formés d'un verbe et d'un nom complément, en permettant :

– que le nom complément reste au singulier si le nom composé est au singulier ; on peut écrire maintenant : *un porte-avion* au lieu d'*un porte-avions*, *un sèche-cheveu* au lieu d'*un sèche-cheveux*, *un chasse-mouche* au lieu d'*un chasse-mouches* ;

– que le nom complément prenne toujours la marque du pluriel si le nom composé est au pluriel : *des porte-avions, des couvre-lits, des sèche-cheveux, des gratte-ciels, des abat-jours.*

La formation des mots par composition savante

Objectifs du chapitre

- Savoir comment sont construits les mots composés savants.
- Connaître les principaux éléments d'origine latine et grecque.

Plan du chapitre

1 Les caractéristiques de la composition savante

2 Tableau des principaux éléments d'origine latine et grecque

Observons les termes surlignés dans ce texte de vulgarisation scientifique.

> *Les plantes vertes fabriquent elles-mêmes leur nourriture par* photosynthèse*, grâce à l'énergie que leur fournit le rayonnement solaire. Ces plantes servent à leur tour d'aliment à de nombreux animaux : les* herbivores*. Et ceux-ci sont pareillement la proie d'autres animaux : les* carnivores*. Certaines espèces (l'homme, l'ours, le raton laveur) sont à la fois* herbivores *et* carnivores *: ce sont des* omnivores*.*

> *Mémo Junior*, Paris, © Librairie Larousse, 1990, p. 182.

Pour créer des mots dans le domaine des sciences et des techniques, souvent le français combine des éléments empruntés au latin et au grec. Par exemple, *carnivore* est formé de deux éléments d'origine latine : *carni-* (de *carnis* « chair ») et *-vore* (de *vorare* « manger »). Ces mots sont appelés des **composés savants**. Ils sont très courants dans les ouvrages scientifiques.

1 LES CARACTÉRISTIQUES DE LA COMPOSITION SAVANTE

1.1 L'emprunt d'éléments au latin et au grec

DÉFINITION : La **composition savante** consiste à former un mot en réunissant des éléments provenant du latin ou, plus souvent, du grec.

Le premier élément des formations latines se termine généralement par la voyelle *i* : *omnivore* (de *omnis* « tout » et *vorare* « manger ») ; celui des formations grecques, par la voyelle *o* : *bibliophile* (de *biblion* « livre » et *philos* « ami »).

1.2 Les différences entre la composition savante, la composition proprement dite et la dérivation

La composition savante se distingue de la composition ordinaire [33] en ce que les éléments grecs ou latins ne peuvent pas former isolément un mot (sauf en cas d'abréviation). Pour apparaître dans une phrase, ils doivent se combiner entre eux, comme *carni-* et *-vore* dans *carnivore*.

Contrairement aux préfixes et aux suffixes des mots dérivés [32], qui se placent obligatoirement au début ou à la fin d'un mot, beaucoup d'éléments savants peuvent occuper l'une ou l'autre position. Par exemple, l'élément *-graph-*, du grec *graphein* « écrire », peut se trouver au début d'un mot sous la forme *grapho-* : **grapho**logie, ou à la fin sous la forme *-graphe* : ortho**graphe**.

REM. La composition savante peut s'associer à la dérivation. En effet, il arrive souvent que les éléments savants se combinent avec des suffixes comme *-eur*, *-ie*, *-ique*, *-iste* : api+cult+**eur**, biblio+graph+**ie**, bio+log+**ique**, télé+phon+**iste**.

L'analyse des composés savants en leurs éléments permet de déchiffrer le sens de mots inconnus. Soit le mot *zoothérapie* dans la phrase *On recourt de plus en plus à la zoothérapie dans les foyers pour personnes âgées*. En s'appuyant sur le contexte et en identifiant *-thérapie*, comme dans *psychothérapie*, et *zoo-*, comme dans *zoologique*, on comprend que ce mot signifie « traitement par les animaux ».

De plus, la connaissance des éléments savants donne la possibilité de créer des mots pour désigner des réalités nouvelles ou tout simplement pour s'amuser. Ainsi, un pays sous le pouvoir des enfants serait une *pédocratie* (*pédo-*, du grec *paidos* « enfant », et *-cratie*, du grec *cratos* « force, pouvoir »). Dans un récit fantastique, les mangeurs de têtes pourraient s'appeler des *céphalophages* (*céphalo-*, du grec *kephalè* « tête », et *-phage*, du grec *phagein* « manger »).

Enfin, la connaissance des éléments latins ou grecs est une aide à l'orthographe. Si l'on sait que l'élément grec *chrono-*, qui signifie « temps », s'écrit avec un *ch*, on pourra orthographier plus facilement des mots comme *chronique*, *chronologie* ou *chronomètre*.

Les dictionnaires expliquent les éléments savants dans des tableaux placés au début ou à la fin, ou leur consacrent des articles spécifiques dans le corps de l'ouvrage :

ORTH(O)- Élément, du gr. *orthos* «droit», et FIG. «correct».

Nouveau Petit Robert de la langue française, Paris, Le Robert, 1996.

2 TABLEAU DES PRINCIPAUX ÉLÉMENTS D'ORIGINE LATINE ET GRECQUE

1. ÉLÉMENTS D'ORIGINE LATINE

ÉLÉMENTS	SENS	EXEMPLES
Quantité		
quadra- *quadri-* *quadru-*	quatre	**quadra**génaire «qui a entre 40 et 49 ans» **quadri**latère «polygone à quatre côtés» **quadru**pède «qui a quatre pattes»
quinqu- *quinqua-*	cinq	**quinqu**ennal «qui a lieu tous les cinq ans» **quinqua**génaire «qui a entre 50 et 59 ans»
oct-	huit	**oct**ane «composé chimique formé de huit molécules de carbone»
octa- *octo-*		**octa**èdre «volume à huit faces» **octo**génaire «qui a entre 80 et 89 ans»
nona-	neuf	**nona**génaire «qui a entre 90 et 99 ans»
déci-	dixième partie	**déci**mètre «dixième partie du mètre»
centi-	centième partie	**centi**litre «centième partie du litre»
milli-	millième partie	**milli**gramme «millième partie du gramme»
Sens divers		
-cide	tuer	homi**cide** «action de tuer un être humain»
-cole	cultiver, élever	horti**cole** «relatif à la culture des jardins»
-cult(eur)[1] *-cult(ure)*	cultiver, élever	api**cult**eur «éleveur d'abeilles» pisci**cult**ure «élevage des poissons»
-fère	porter, contenir	mammi**fère** «qui a des mamelles»
-fuge	fuir	centri**fuge** «qui pousse loin du centre»
-vore	manger	grani**vore** «qui se nourrit de grains»

———————————

1. Un suffixe ajouté à un élément savant est placé entre parenthèses dans le tableau.

ÉLÉMENTS	SENS	EXEMPLES
Quantité		
hémi-	demi	*hémi*sphère « moitié d'une sphère »
macro-	grand	*macro*céphale « qui a une tête anormalement grosse »
méga- *mégalo-*	très grand	*méga*pole « très grande ville » *mégalo*mane « qui est atteint de la folie des grandeurs »
micro-	petit	*micro*scope « instrument permettant de voir des objets invisibles à l'œil nu »
tétra-	quatre	*tétra*logie « ensemble de quatre œuvres »
penta-	cinq	*penta*gone « polygone à cinq angles »
hexa-	six	*hexa*mètre « vers de six syllabes »
hepta-	sept	*hepta*gone « polygone à sept angles »
déca-	dix	*déca*thlon « compétition sportive de dix épreuves »
hecto-	cent	*hecto*litre « cent litres »
kilo-	mille	*kilo*mètre « mille mètres »
Corps, vie et santé		
bio-	vie	*bio*logie « étude des êtres vivants »
cardio- *-carde* *-card(ie)*	cœur	*cardio*logue « médecin spécialiste du cœur » péri*carde* « membrane qui enveloppe le cœur » tachy*cardie* « rythme accéléré des battements du cœur »
céphalo- *-céphale*	tête	encéphalogramme « enregistrement de l'activité du cerveau » micro*céphale* « qui a une petite tête »
dermato- *-derme*	peau	*dermato*logue « médecin spécialiste de la peau » épi*derme* « couche superficielle de la peau »
gastéro- *gastro-*	ventre, estomac	*gastéro*pode « animal marchant sur le ventre » *gastro*-entérite « inflammation affectant l'estomac et l'intestin »
hémato- *hémo-*	sang	*hémato*logie « étude du sang » *hémo*phile « qui a des problèmes de coagulation du sang »
-iatre *-iatr(ie)*	soigner	psych*iatre* « médecin qui soigne les maladies mentales » gér*iatrie* « médecine de la vieillesse »

ÉLÉMENTS	SENS	EXEMPLES
Corps, vie et santé		
-mane *-man(ie)*	aimer, être obsédé	*py**romane*** « qui a un désir obsessif d'allumer des incendies » *toxico**manie*** « dépendance vis-à-vis des drogues »
myo-	muscle	*my**o**carde* « muscle formant la partie contractile du cœur »
odonto- *-odont(ie)*	dent	*odonto**logie*** « médecine des dents » *ortho**dont**ie* « correction de la dentition »
ophtalmo-	œil	*ophtalmo**logue*** « médecin spécialiste de l'œil »
ostéo-	os	*ostéo**porose*** « fragilité des os »
oto-	oreille	*oto-rhino-laryngologiste* « médecin spécialiste de l'oreille, du nez et de la gorge »
patho- *-pathe* *-path(ie)*	maladie	*patho**gène*** « qui peut causer une maladie » *psycho**pathe*** « malade mental » *myo**path**ie* « maladie des muscles qui s'atrophient »
-plég(ie)	paralysie	*para**plég**ie* « paralysie des membres inférieurs »
psycho-	esprit	*psycho**logie*** « étude des phénomènes de l'esprit »
rhino-	nez	*rhino**plastie*** « chirurgie corrigeant la forme du nez »
-thérap(ie)	soigner	*hydro**thérap**ie* « traitement par l'eau »
Homme, société et langage		
anthropo- *-anthrope* *-anthrop(ie)*	homme	*anthropo**phage*** « qui mange de la chair humaine » *mis**anthrope*** « personne qui déteste ses semblables » *phil**anthrop**ie* « amour de l'humanité »
-arch(ie) *-arque*	gouverner	*hiér**arch**ie* « organisation suivant un ordre ascendant de pouvoir ou d'importance » *mon**arque*** « qui exerce seul le pouvoir, roi »
-crate *-crat(ie)*	pouvoir	*phallo**crate*** « partisan de la domination des hommes sur les femmes » *démo**crat**ie* « organisation sociale fondée sur la souveraineté du peuple »
démo-	peuple, groupe humain	*démo**graphe*** « spécialiste qui étudie les populations »
ethno-	peuple, groupe humain	*ethno**logie*** « étude des groupes humains »

Homme, société et langage

ÉLÉMENTS	SENS	EXEMPLES
grapho- *-graphe* *-graph(ie)*	écrire	*grapho*logie « étude des écritures individuelles » ortho*graphe* « manière correcte d'écrire les mots » bio*graph*ie « écrit racontant l'histoire d'une vie »
gynéco- *-gyne*	femme	*gynéco*logue « médecin qui soigne les femmes » andro*gyne* « individu tenant de l'homme et de la femme »
-log(ie) *-log(ue)*	parole, science	cancéro*log*ie « étude du cancer » mono*log*ue « discours d'une personne parlant seule »
miso-	haïr	*miso*gyne « qui méprise les femmes »
-onyme *-onym(ie)*	nom, appellation, mot	ant*onyme* « mot qui s'oppose à un autre mot par le sens » syn*onym*ie « relation entre deux mots de sens voisin »
péd- *pédo-*	enfant	*péd*agogie « science de l'éducation des enfants » *pédo*philie « attirance sexuelle d'un adulte pour les enfants »
phil- *philo-* *-phile* *-phil(ie)*	aimer	*phil*anthrope « personne qui aime le genre humain » *philo*sophe « littéralement, celui qui aime la sagesse » ciné*phile* « qui aime le cinéma » xéno*phil*ie « sympathie pour les étrangers »
-phobe *-phob(ie)*	détester, avoir peur de	xéno*phobe* « qui n'aime pas les étrangers » agora*phob*ie « peur des foules »
sémio- *-sém(ie)*	sens, signe	*sémio*logie « étude des systèmes de signes » poly*sém*ie « se dit d'un mot qui a plusieurs sens »
théo- *-thé(isme)*	dieu	*théo*logie « étude des questions religieuses » mono*thé*isme « doctrine religieuse qui n'admet qu'un seul Dieu »
-thèque	lieu où l'on conserve des objets, collection d'objets	ciné*mathèque* « lieu où l'on conserve des films de cinéma »

Univers, temps et espace

ÉLÉMENTS	SENS	EXEMPLES
aéro-	air	*aéro*dynamique « conçu pour offrir peu de résistance à l'air »
archéo-	ancien	*archéo*logie « étude des civilisations anciennes »
-chrome *-chrom(ie)*	couleur	mono*chrome* « d'une seule couleur » poly*chrom*ie « état de ce qui est de plusieurs couleurs »
chrono- *-chrone*	temps	*chrono*logique « relatif au temps » syn*chrone* « qui se fait dans le même temps »

ÉLÉMENTS	SENS	EXEMPLES
Univers, temps et espace		
cosmo- *-cosme*	monde, univers	*cosmonaute* « voyageur de l'espace » *microcosme* « petit univers »
-èdre	face	*pentaèdre* « volume à cinq faces »
géo-	Terre	*géographie* « étude des aspects naturels et humains à la surface de la Terre »
-gone	angle	*octogone* « polygone à huit angles et huit côtés »
hydro-	eau	*hydrophobe* « qui a peur de l'eau »
-mètre *-métr(ie)*	mesure	*baromètre* « appareil mesurant la pression atmosphérique » *hygrométrie* « mesure du degré d'humidité de l'atmosphère »
morpho- *-morphe*	forme	*morphologie* « étude de la forme des mots » *polymorphe* « qui peut se présenter sous plusieurs formes »
néo-	nouveau	*néologisme* « mot nouveau »
ortho-	droit, correct	*orthodoxe* « conforme au dogme »
para-	à côté de	*parapsychique* « relatif aux phénomènes psychiques anormaux »
péri-	autour	*périphérie* « ligne autour d'une figure courbe »
photo-	lumière	*photographie* « procédé permettant de fixer les images par l'action de la lumière »
télé-	au loin, à distance	*télépathie* « communication à distance par la pensée »
topo-	lieu	*topographie* « technique de représentation d'un terrain sur un plan, relief d'un lieu »
zoo-	animal	*zoologique* « qui concerne les animaux«

La formation des mots par télescopage, abrègement et emprunt

Objectifs du chapitre

- Connaître le procédé de construction des mots-valises.
- Connaître les procédés d'abrègement.
- Comprendre le rôle de l'emprunt.
- Distinguer les sortes d'anglicismes.

Plan du chapitre

1 Le télescopage

2 L'abrègement

3 L'emprunt

Observons ce monologue de Marc Favreau, créateur du personnage de Sol.

> J'a pas choisi
> j'a pris la poubelle
> Je t'a trouvée dans la cruelle,
> pôvre petite,
> tu désespérouillais sous la pluie
> avec ton impermouillable en dedans.
>
> Je te garde, je t'adoptionne,
> je m'occupassionne de toi ;
> pas question de retourner dans la cruelle
> où c'est plein d'affreux,
> plein de chatpardeurs et de ratgrettables,
> plein de camionstres très énormes [...]
>
> D'accord tu aimes la vidangereuse,
> mais réflexionne un peu ;

si tu restes là sans bouger dans la cruelle

tu peux te faire arrêter pour vagabonding

par le premier polisson venu

et te retrouver en tôle !

Non, oublie la cruelle, je te garde ;

après tout,

c'est toi la poubelle que j'a rencontrée.

Marc FAVREAU, Rien détonnant avec Sol !, Montréal, © Éditions internationales
Alain Stanké, 1978, p. 35.

Sol joue avec la langue et fait s'entrecroiser le sens des mots en les fusionnant : la poubelle souffre de désespoir en même temps qu'elle rouille : elle *désespérouille* ; elle vit une vie dangereuse dans les vidanges et aime cette *vidangereuse*. Cette sorte de mots s'appelle des **mots-valises**.

En plus des mots-valises, nous étudions, dans ce chapitre, deux autres mécanismes de formation de mots : l'abrègement et l'emprunt.

 ## LE TÉLESCOPAGE

DÉFINITION : Le **télescopage** est le procédé de construction des mots-valises. Il consiste à fusionner le début d'un mot et la fin d'un autre :

> *franglais   < fran(çais) + (an)glais*

Souvent les deux parties d'un mot-valise sont réunies autour d'un son commun :

> *bibliobus   < bibliOthèque + autObus*
>
> *camionstre < camiON + mONstre*

Les mots-valises s'appellent ainsi du fait que les mots dont ils sont formés sont repliés l'un sur l'autre, un peu comme des vêtements pliés dans une valise. Ils se rencontrent dans des vocabulaires techniques :

> *héliport (hélicoptère + aéroport)*
>
> *photocopillage (photocopie + pillage)*
>
> *progiciel (produit + logiciel)*

Mais ils sont beaucoup plus utilisés dans les textes littéraires ou publicitaires. Voici quelques exemples de mots-valises créés par des écrivains du XXe siècle :

cordoléances (cordial + condoléances)	Eugène Ionesco
crinolune (crinoline + lune)	Max Jacob
enfantôme (enfant + fantôme)	Réjean Ducharme
explosition (explosion + exposition)	Jacques Prévert
parlementeur (parlement + menteur)	Boris Vian

tranquillitude (tranquillité + quiétude)	Francis Jammes
vertigénial (vertigineux + génial)	Raymond Queneau

Les mots-valises produisent des effets humoristiques ou poétiques. Ils constituent une précieuse source de création verbale. En mélangeant les mots, ils font advenir de nouvelles idées, des sentiments étranges, des animaux fantastiques, des objets incongrus ; en somme, ils permettent à l'imaginaire d'animer la langue.

2 L'ABRÈGEMENT

Pour augmenter son répertoire de mots ainsi que pour gagner du temps et de l'espace, le français utilise deux procédés d'abrègement : la troncation et les sigles.

2.1 La troncation

DÉFINITION : La **troncation** consiste à réduire un mot en l'amputant d'une ou de plusieurs de ses syllabes :

ciné	pour *cinéma*
manif	pour *manifestation*
ordi	pour *ordinateur*
télé	pour *télévision*

Ce procédé a habituellement un caractère familier et sert à marquer l'appartenance à un groupe, par exemple le monde scolaire :

bibli	pour *bibliothèque*
bus	pour *autobus*
éduc	pour *éducation physique*
gym	pour *gymnase*
prof	pour *professeur*

2.2 Les sigles et les acronymes

2.2.1 Les sigles

DÉFINITION : Un **sigle** est une abréviation qui fonctionne comme un mot et qui est formée par les lettres initiales de plusieurs mots désignant généralement une réalité sociale :

HLM	(**h**abitation à **l**oyer **m**odique)
TPS	(**t**axe sur les **p**roduits et **s**ervices)

Les sigles sont très répandus dans la langue contemporaine. Ils se prononcent lettre par lettre. Ils sont du genre et du nombre du mot principal de la désignation abrégée : *la RRQ* (*la Régie des rentes du Québec*).

2.2.2 Les acronymes

DÉFINITION : Le sigle devient **acronyme** quand, au lieu d'être prononcé lettre par lettre, il est prononcé par syllabe, comme un mot ordinaire :

> *ONU*   (**O**rganisation des **N**ations **U**nies)
>
> *SIDA* ou *sida*   (*syndrome **i**mmuno**d**éficitaire **a**cquis*)

2.2.3 L'écriture des sigles et des acronymes

La tendance actuelle est d'omettre les points abréviatifs. Cependant la forme avec points est également acceptée. On écrit donc plus souvent *CLSC* (*centre local de services communautaires*), mais on peut voir aussi *C.L.S.C.*

En général, on ne met pas d'accent sur les sigles : *HEC* (*École des Hautes Études Commerciales*).

Si l'acronyme équivaut à un nom commun, on l'écrit généralement en minuscules : *un ovni* (*objet volant non identifié*).

Les sigles et les acronymes sont invariables lorsqu'ils sont en lettres majuscules : *des CLSC, des COFI*. Mais ils prennent la marque du pluriel comme des noms communs lorsqu'ils sont écrits en lettres minuscules : *des cégeps, des ovnis*.

2.2.4 Tableau de sigles et d'acronymes courants

CEE	Communauté économique européenne
cégep	collège d'enseignement général et professionnel
CEQ	Centrale de l'enseignement du Québec
CIA	Central Intelligence Agency
CLSC	Centre local de services communautaires
COFI	Centre d'orientation et de formation des immigrants
CSN	Confédération des syndicats nationaux
DEC	diplôme d'études collégiales
DES	diplôme d'études secondaires
FMI	Fonds monétaire international
FTQ	Fédération des travailleurs et travailleuses du Québec
GRC	Gendarmerie royale du Canada

HLM	habitation à loyer modique (ou modéré)
NAS	numéro d'assurance sociale
NASA	National Aeronautics and Space Administration
NPD	Nouveau parti démocratique
ONU	Organisation des Nations Unies
OTAN	Organisation du traité de l'Atlantique Nord
ovni	objet volant non identifié
PC	Parti conservateur
PDG ou P.-D.G.	président-directeur général
PIB	produit intérieur brut
PLQ	Parti libéral du Québec
PME	petites et moyennes entreprises
PNB	produit national brut
PQ	Parti québécois
SI	Système international d'unités
SIDA ou sida	syndrome immunodéficitaire acquis
SQ	Sûreté du Québec
TGV	train à grande vitesse
TPS	taxe sur les produits et services
TVQ	taxe de vente du Québec
UNESCO	Organisation des Nations Unies pour l'éducation, la science et la culture (traduction de : United Nations Educational, Scientific and Cultural Organization)
USA	United States of America
ZEC ou zec	zone d'exploitation contrôlée (pour la conservation de la faune)

DE PLUS

 **3** **L'EMPRUNT**

3.1 **Le phénomène de l'emprunt**

DÉFINITION : Il y a **emprunt** lorsqu'une langue intègre un mot, une expression ou un sens qui lui vient d'une autre langue.

Au cours de son histoire, le français a emprunté de nombreux mots à des langues étrangères. L'emprunt est un phénomène qui provient des contacts entre les populations [29].

Les emprunts font l'objet d'une assimilation plus ou moins poussée.

1. Certains ont été complètement francisés, dans la prononciation comme dans l'orthographe :

> *choucroute* (de l'allemand alsacien *sûrkrût*)
>
> *redingote* (de l'anglais *riding-coat*)

2. D'autres ont conservé la graphie d'origine :

> *allegro* (de l'italien *allegro*)
>
> *scooter* (de l'anglais *scooter*)

3.2 Le pluriel des mots empruntés

Traditionnellement, l'usage soigné a maintenu les pluriels étrangers : *des duplicata* (pluriel latin en *-a*), *des confetti* (pluriel italien en *-i*), *des matches* (pluriel anglais en *-es*), *des barmen* (pluriel anglais *men*), *des lieder* (pluriel allemand en *-er*).

REM. Les *Rectifications de l'orthographe* proposées par le Conseil supérieur de la langue française en 1990 ont renforcé l'usage courant qui consiste à intégrer les mots étrangers en leur appliquant les règles du français :

> *un duplicata / des duplicatas*
>
> *un confetti / des confettis*
>
> *un match / des matchs*
>
> *un barman / des barmans*
>
> *un lied / des lieds*

3.3 Les anglicismes

DÉFINITION : Un **anglicisme** est un mot, une expression ou un sens provenant de la langue anglaise.

L'anglais est actuellement la langue qui influence le plus le français du fait qu'il est devenu la langue internationale à cause de l'importance économique et politique des États-Unis.

On distingue trois sortes d'anglicismes d'après leur nature : les anglicismes de mots, de sens et les calques.

1. Les anglicismes de mots sont des emprunts directs de mots : *cheddar, base-ball, shampooing*.

2. Les anglicismes de sens consistent à ajouter un sens nouveau à un mot français sous l'influence de l'anglais : *sous-marin* au sens de « sandwich », d'après *submarine* ; *réaliser* au sens de « prendre conscience de ».

3. Les calques sont des traductions littérales d'une expression ou d'un mot anglais : *gratte-ciel*, d'après *sky-scraper* ; *personne-ressource*, d'après *resource person*.

Sur le plan de la norme, on distingue les anglicismes acceptés et les anglicismes critiqués. Les anglicismes acceptés font partie intégrante du vocabulaire français ; tous les exemples fournis ci-dessus sont des anglicismes acceptés. Quant aux anglicismes critiqués, ils sont considérés comme incorrects ; c'est pourquoi ils doivent être remplacés par des termes français. Voici une liste d'anglicismes critiqués avec leurs équivalents français.

ANGLICISMES CRITIQUÉS

ANGLICISMES	MOTS FRANÇAIS
L'année **académique**	L'année **scolaire**
À date	**Jusqu'ici** **Jusqu'à présent**
Faire une **application**	Faire une **demande d'emploi**
Une **balloune**	Un **ballon**
Le **bumper** d'une voiture	Le **pare-chocs** d'une voiture
Une **can** de conserve	Une **boîte** de conserve
Canceller un rendez-vous	**Annuler** un rendez-vous
La **cédule** des cours	L'**horaire** des cours
La **cédule** de hockey	Le **calendrier** de hockey
Checker l'huile dans le moteur	**Vérifier** l'huile dans le moteur
Une tarte au **coconut**	Une tarte à la **noix de coco**
Un **contracteur** (en construction)	Un **entrepreneur**
Il a **définitivement** raison.	Il a **parfaitement** raison.
Avoir un **flat**	Avoir une **crevaison**
Manquer de **gaz**	Manquer d'**essence**
Boire une **liqueur douce**	Boire une **boisson gazeuse**
Maller une lettre	**Poster** une lettre
Faire griller des **marshmallows**	Faire griller des **guimauves**
Le **muffler** d'une voiture	Le **silencieux** d'une voiture
Mettre en **nomination**	Mettre en **candidature**
Un **pamphlet** publicitaire	Un **dépliant** publicitaire

 Pour en savoir plus sur les anglicismes, il convient de consulter un dictionnaire d'anglicismes.

Les familles de mots

Objectifs du chapitre

- Distinguer les familles étymologiques et les familles de mots.
- Reconnaître les mots de même famille.
- Comprendre les liens sémantiques et syntaxiques entre les mots d'une famille.
- Connaître les moyens de combler les lacunes des familles de mots.

Plan du chapitre

1. La notion de famille de mots
2. La notion de famille étymologique
3. Des formulations variées grâce aux familles de mots
4. Les liens de sens entre les mots d'une famille
5. Les mots suppléants de sens voisin

Observons cet article de dictionnaire.

COFFRE [kɔfʀ] *n. m.* ★ **I.** ● **1°** Meuble en forme de caisse qu'on ouvre en soulevant le couvercle et destiné le plus souvent au rangement. V. **Cantine, malle.** *Coffre Renaissance. Coffre à outils, à linge. Coffre à pain, à pétrir le pain,* V. **Huche, pétrin.** ● **2°** Caisse où l'on range de l'argent, des choses précieuses. V. **Coffre-fort.** *Les coffres des banques.* – (Abstrait) *Les coffres de l'État,* le Trésor public. ● **3°** Dans une voiture, Espace aménagé pour le rangement des bagages par l'extérieur, souvent à l'arrière. V. **Malle.** ★ **II.** *Fam.* Poitrine. V. **Caisse.** *Avoir du coffre,* du souffle, de la résistance. ▼ **COFFRE-FORT** [kɔfʀəfɔʀ] *n. m.* ▽ → FORT 1 ● Coffre blindé à fermeture de sûreté destiné à garder de l'argent, des objets précieux à l'abri du vol, du feu (Abrév. cour. *coffre). Chiffre, combinaison d'un coffre-fort. Des coffres-forts.* ▼ **COF-FRET** [kɔfʀɛ] *n. m.* ● Petit coffre ; boîte. V. **Boîtier, cassette, écrin.** *Coffret à bijoux.* ▼ **COFFRAGE** [kɔfʀaʒ] *n. m.* ● Dispositif qui moule et maintient le béton que l'on coule jusqu'à ce qu'il soit pris. *Ensemble de coffrages.* ▼ **COFFRER** [kɔfʀe] *v. tr.* (1) ● *Fam.* Emprisonner, arrêter (Cf. Mettre à l'ombre*). *Il s'est fait coffrer.*

Robert Méthodique, 1989, Paris, © Dictionnaires LE ROBERT, 1994.

Cet article présente sous l'entrée *coffre* quatre mots qui lui ressemblent : *coffre-fort*, *coffret*, *coffrage* et *coffrer*. Même s'ils ne se suivent pas dans l'ordre alphabétique, ces mots sont traités ensemble parce qu'ils appartiennent à la même famille. Les familles de mots sont des structures importantes, car les relations de forme et de sens qu'elles permettent d'établir facilitent l'apprentissage du vocabulaire et de l'orthographe.

 ## LA NOTION DE FAMILLE DE MOTS

DÉFINITION : Une **famille de mots** est l'ensemble des mots dérivés et des mots composés construits à partir d'un mot de base.

Les dérivés [32] *coffret*, *coffrage* et *coffrer* ainsi que le composé [33] *coffre-fort* se rattachent à la même famille, car tous les quatre sont formés à partir du mot de base *coffre*.

Les mots constituant une famille doivent être apparentés à la fois par le sens et par la forme. Par exemple, le mot *vol* au sens de « déplacement dans l'air » donne naissance à la famille de mots suivante :

> *voler, volant, volée, voleter, envol, envolée, s'envoler, survol, survoler, volière*

Le mot *vol* au sens de « s'emparer du bien d'autrui » donne naissance à une seconde famille :

> *voler, volable, voleur, voleuse, antivol, revoler*

- Dans certaines familles de mots, le mot de base peut changer légèrement de forme dans le mot dérivé : *clair / clarté, crème / crémier, fondre / fonte*.
- Beaucoup de mots n'ont pas de famille : *avoine, fauteuil, gamme, sein*, etc.

L'existence des familles de mots facilite l'apprentissage de l'orthographe, car en général une famille conserve la même base écrite d'un mot à l'autre :

> *œuvre, œuvrer, désœuvré, désœuvrement*
>
> *tranquille, tranquillement, tranquillité, tranquilliser, tranquillisant*

De plus, en recourant aux mots d'une même famille, on peut découvrir par quelle lettre muette finit un mot. Ainsi, *chant* au sens de « mélodie » prend un *t*, comme les autres mots de sa famille : *chanter, chanteur, chantonner* ; par contre *champ* au sens de « pré » s'écrit avec un *p*, comme son dérivé *champêtre*.

 La plupart des dictionnaires classent les mots alphabétiquement, ce qui disperse les familles de mots : *invisible* se trouvera à des centaines de pages de *visible*. Pour remédier aux inconvénients de l'ordre alphabétique, quelques dictionnaires regroupent les mots de même famille dans le même article sous le mot de base, ainsi que l'illustre, au début de ce chapitre, l'exemple tiré du *Robert méthodique*. Cette méthode de regroupement favorise une meilleure connaissance des familles de mots.

2 LA NOTION DE FAMILLE ÉTYMOLOGIQUE

DÉFINITION : Une **famille étymologique** regroupe les mots ayant la même origine historique.

Chef, achever, chapitre, capital, décapiter, etc., forment une famille étymologique, car ils se rattachent tous au mot latin *caput*, qui signifie « tête ».

Si une famille de mots montre des liens de sens et de forme qu'on peut percevoir dans la langue actuelle, une famille étymologique réunit des mots qui sont apparentés sur le plan historique, mais qui ne se ressemblent plus forcément dans le français d'aujourd'hui.

Sans connaissance de l'histoire de la langue, aucun francophone ne reliera spontanément *sel, salade, salaire, sauce* et *saupoudrer* ; pourtant, ces noms relèvent de la même famille étymologique, puisque les cinq remontent au même ancêtre latin *sal*, qui signifiait « sel ».

3 DES FORMULATIONS VARIÉES GRÂCE AUX FAMILLES DE MOTS

En général, lorsque l'on remplace un mot par un autre mot de même famille, cela entraîne un changement dans la construction de la phrase, sans cependant modifier profondément le sens. Les phrases *Maryse a la grippe* et *Maryse est grippée* comprennent chacune un mot de même famille : le nom *grippe* et son dérivé *grippée*. Dans la première phrase, le GV est formé du verbe *avoir* suivi du GN *la grippe* ; dans la seconde, le GV est formé du verbe *être* suivi de l'adjectif *grippée*. Malgré ces différences de construction, les deux phrases signifient à peu près la même chose.

Le tableau suivant illustre des expressions équivalentes produites à partir de mots de même famille.

CORRESPONDANCES ENTRE MOTS DE MÊME FAMILLE

A. LA NOMINALISATION

1. Passage d'un adjectif à un nom

*Kornélia est **courageuse**.*	→ *Kornélia a du **courage**.*
*J'ai remarqué que tu étais **nerveux**.*	→ *J'ai remarqué ta **nervosité**.*
*Jean a manqué son rendez-vous parce qu'il est **distrait**.*	→ *Jean a manqué son rendez-vous à cause de sa **distraction**.*
*Ce suspect est **innocent**. Son attitude le prouve.*	→ *L'attitude de ce suspect prouve son **innocence**.*

2. Passage d'un verbe à un nom

Le bébé *sourit*.   →   Le bébé *fait un **sourire***.

Cette triste nouvelle nous ***désespère***.   →   Cette triste nouvelle nous *met au **désespoir***.

Les touristes admirent *le soleil qui se **couche***.   →   Les touristes admirent *le **coucher** du soleil*.

Tous se réjouissent *que tu aies **changé** d'opinion*.   →   Tous se réjouissent *de ton **changement** d'opinion*.

*Quand il **démarre**, ce camion fait un bruit d'enfer.*   →   *Au **démarrage**, ce camion fait un bruit d'enfer.*

*Son mari **ronfle**. Ça l'énerve.*   →   *Le **ronflement** de son mari l'énerve.*

1. Passage d'un nom à un adjectif

La vie *de **famille***   →   La vie ***familiale***

Les villes *du **Québec***   →   Les villes ***québécoises***

2. Passage d'un verbe à un adjectif

Il a tenu des propos *qui **encourageront** ses élèves.*   →   Il a tenu des propos ***encourageants** pour ses élèves.*

C'est un tissu *qui peut être **lavé**.*   →   C'est un tissu ***lavable***.

La préposition est un mot *qui ne peut pas **varier**.*   →   La préposition est un mot ***invariable***.

1. Passage d'un adjectif à un adverbe

Le musicien joue *de façon **passionnée**.*   →   Le musicien joue ***passionnément***.

2. Passage d'un nom à un adverbe

Elle a répondu *avec **précision** à la question.*   →   Elle a répondu ***précisément** à la question.*

❗ • La formulation obtenue avec un dérivé peut apporter un changement de sens appréciable : *Jacques ment* exprime une action momentanée, tandis que *Jacques est un menteur* renvoie à un trait de caractère permanent. Dans certains cas, la transposition est carrément impossible, sauf si l'on veut plaisanter ou créer un effet de style. Par exemple, la phrase *Il tempête* n'équivaut pas à la phrase *Il fait tempête*, car le verbe *tempêter* ne s'emploie pas à propos du mauvais temps, mais se dit seulement d'une personne qui est en colère.

• Transformer une tournure à l'aide des dérivés d'une même famille suppose, en plus du changement de la forme du dérivé, des modifications syntaxiques importantes, tel le remplacement d'une subordonnée complétive par un GN :

> J'ai remarqué **que tu étais nerveux** → J'ai remarqué **ta nervosité**.

En utilisant les mots dérivés d'une même famille, on peut formuler un message de diverses façons, sans généralement en changer beaucoup le sens. C'est une source de variation des structures de phrases. Par exemple, ces deux phrases :

> La **construction** de notre maison a été **rapide**.
>
> Notre maison a été **construite rapidement**.

disent à peu près la même chose. Cependant, la première paraît plus abstraite. On la préférera à la seconde phrase si, dans un texte, on veut insister sur la construction plutôt que sur la maison.

4 LES LIENS DE SENS ENTRE LES MOTS D'UNE FAMILLE

Un dérivé retient seulement un ou quelques-uns des divers sens du mot de base. Par exemple, *verdure* et *verdeur* dérivent tous les deux de *vert*. Mais *verdure* renvoie au sens premier de *vert* et signifie « couleur verte de la végétation », tandis que *verdeur* renvoie à son sens figuré et désigne la vigueur d'une personne : *Ce vieillard a gardé toute sa verdeur.* Voici d'autres exemples de dérivés qui correspondent à des sens différents du mot de base :

incliner

– sens concret de « rendre oblique, pencher » → **inclinaison** : *l'inclinaison du toit* ;

– sens abstrait d'« avoir un intérêt pour » → **inclination** : *avoir une inclination pour la poésie.*

large

– « dimension opposée à *longueur* » → **largeur** : *la largeur de la table* ;

– « tolérance, ouverture » → **largeur** : *largeur d'esprit* ;

– « générosité » → **largesse** : *faire des largesses.*

Les dérivés appartenant à une même famille de mots sont à l'origine de méprises. Par exemple, les adjectifs *pluvial* et *pluvieux*, tous les deux apparentés au nom *pluie*, sont parfois pris l'un pour l'autre. Or *pluvial* signifie « qui provient de la pluie », alors que *pluvieux* veut dire « abondant en pluie ». On doit donc dire *des eaux pluviales*, mais *un climat pluvieux*.

5 LES MOTS SUPPLÉANTS DE SENS VOISIN

Certaines familles de mots présentent des lacunes. Elles n'ont pas, par exemple, d'adjectif ou de verbe, comme le montre ce tableau portant sur les cinq sens :

NOM	VERBE	ADJECTIF
goût	*goûter*	–
odorat	–	–
ouïe	*ouïr* (désuet)	–
toucher	*toucher*	–
vue	*voir*	–

Pour la vue, il existe deux mots de même famille : on peut ainsi dire qu'*une personne a une bonne* **vue** ou qu'*elle* **voit** *bien*. La même variété de formulation est impossible pour le sens de l'odorat : le nom *odorat* est bien apparenté aux adjectifs *odorant* et *odoriférant*, mais ceux-ci renvoient davantage aux odeurs qu'au sens de l'odorat comme tel. On ne dispose pas plus de mots de même famille pour parler du sens de l'ouïe, puisque le verbe *ouïr* est un archaïsme qui n'est plus guère employé.

La langue comble ce genre de lacunes en recourant à des mots qui, en dépit de leur forme différente, ont un sens proche. Souvent ces mots suppléants sont des termes savants d'origine latine ou grecque qui appartiennent à la même famille étymologique [34]. Voici comment sont complétées les familles relatives aux cinq sens :

NOM	VERBE	ADJECTIF
goût	*goûter*	**gustatif**
odorat	**sentir**	**olfactif**
ouïe	**entendre**	**auditif**
toucher	*toucher*	**tactile**
vue	*voir*	**visuel**

Les mots suppléants des familles de mots donnent les mêmes possibilités de reformulation que les dérivés : on a ainsi le choix de dire qu'*une personne a une bonne* **ouïe**, qu'*elle* **entend** *bien* ou qu'*elle a une bonne capacité* **auditive**.

> Les mots de même famille ainsi que les mots qui les complètent servent souvent de moyens de reprise dans un texte [4, p. 31] :
>
> *Dans son article, le journaliste* **explique** *la situation politique en Extrême-Orient. Ses* **explications** *sont très bien documentées.*

Les mots de même famille contribuent également à l'unité des paragraphes en fournissant tout un réseau de mots gravitant autour de l'idée principale :

> La **vue** est un sens essentiel. Perdre la capacité de **voir** est un drame, car cela nous coupe des images du monde qui nous entoure. Sans perceptions **visuelles**, la personne est condamnée à vivre dans l'obscurité et souvent dans la solitude.

Le sens des mots

Objectifs du chapitre

- Comprendre la notion de trait sémantique.
- Constater que le sens d'un mot varie selon le contexte.
- Distinguer la polysémie, l'homonymie et la paronymie.
- Connaître les procédés de découverte du sens.

Plan du chapitre

1. De quoi dépend le sens des mots ?
2. L'analyse du sens en traits sémantiques
3. La polysémie
4. L'homonymie
5. La paronymie
6. Les moyens pour découvrir le sens d'un mot nouveau à partir du contexte

Observons ces deux comptines traditionnelles.

Un pou et une puce	*Il était une fois*
Un pou et une puce	*Il était une fois*
Sur un tabouret	*Une marchande de foie*
Qui jouaient aux cartes	*Qui vendait du foie*
Au jeu de piquet.	*Dans la ville de Foix.*
Le pou a triché,	*Elle se dit : Ma foi*
La puce en colère	*C'est la dernière fois*
Lui a dit : Mon vieux,	*Que je vends du foie*
T'es qu'un vieux pouilleux !	*Dans la ville de Foix.*

Simonne CHARPENTREAU, « Un pou et une puce » et « Il était une fois »
dans *Le livre d'or de la chanson enfantine*, Paris, Les Éditions Ouvrières, 1976, p. 37 et 43.

Ces deux comptines jouent avec les mots. Dans la première, le jeu consiste à qualifier le pou de *pouilleux* en glissant du sens de « couvert de poux »[1] à celui de « misérable, malhonnête ». Le caractère amusant de la seconde comptine vient de la multiplication de

---

1. Par convention, on indique le sens d'un mot entre guillemets (« »).

mots qui, sous une même prononciation, ont des sens totalement différents. Ces jeux de mots relèvent de deux phénomènes : la polysémie et l'homonymie.

① DE QUOI DÉPEND LE SENS DES MOTS ?

DÉFINITIONS : Le **sens** est l'idée ou l'ensemble des idées qu'un mot peut évoquer. Le sens d'un mot est aussi appelé sa **valeur**. L'étude du sens des mots est l'objet de la **sémantique**.

Le sens d'un mot dépend de quatre facteurs : la manière de voir le monde à travers la langue, les relations entre les mots, le contexte et la situation de communication.

1.1 La manière de voir le monde à travers la langue

Apprendre le vocabulaire d'une langue étrangère ne se réduit pas à nommer une réalité d'une autre façon, par exemple à dire en anglais *river* à la place du mot français *rivière*. Cela implique aussi de s'initier à une nouvelle manière de voir le monde. Devant un cours d'eau d'une certaine importance, un anglophone emploiera le mot *river*, là où un francophone distinguera une *rivière* ou un *fleuve*, selon que le cours d'eau en question se jette dans un autre cours d'eau (*rivière*) ou dans la mer (*fleuve*). D'une langue à l'autre, les mots n'ont pas de correspondants exacts sur le plan du sens, parce que les langues n'analysent pas la réalité de la même manière.

1.2 Les relations entre les mots

À l'intérieur d'une même langue, le sens d'un mot dépend beaucoup des relations qu'il entretient avec les autres mots de la langue. Ainsi, les noms *colline* et *montagne* se définissent l'un par rapport à l'autre : ils ont en commun l'idée d'élévation du sol, mais se distinguent d'après la hauteur, une *colline* désignant une élévation moyenne et une *montagne*, une élévation importante.

1.3 Le contexte

Le sens d'un mot varie aussi selon les mots avec lesquels il se combine dans la phrase. Le mot *montagne* prend trois sens différents dans les phrases suivantes :
– « mont » dans *L'alpiniste a escaladé la montagne.*
– « amoncellement » dans *Son bureau est recouvert d'une montagne de livres.*
– « grande difficulté » dans *Pour lui, ce travail est une montagne !*

1.4 La situation de communication

Le sens d'un mot dépend enfin de la situation de communication dans laquelle il est employé. Ainsi, la phrase *As-tu fini ton roman ?* sera comprise différemment selon que la question s'adresse à un écrivain sur le point d'achever la rédaction d'un livre ou à un élève qui doit terminer la lecture d'un roman pour son cours de français.

2 — L'ANALYSE DU SENS EN TRAITS SÉMANTIQUES

2.1 — Les traits sémantiques

DÉFINITION : On nomme **traits sémantiques** les éléments essentiels qui composent le sens d'un mot.

Les noms, les adjectifs et les verbes possèdent certains traits sémantiques de portée générale (abstrait / concret, animé / non animé, humain / non humain, etc.) [14, p.124] . Leurs autres traits sémantiques concernent les aspects particuliers des êtres ou des choses qu'ils désignent. Par exemple, le nom *motocyclette* comporte les traits généraux de « réalité concrète non animée » ; ses traits sémantiques particuliers indiquent qu'il s'agit d'un « véhicule à deux roues, actionné par un moteur relativement puissant ».

Définir un mot consiste à déterminer ses principaux traits sémantiques. Ainsi, l'examen du mot *amour* dans des phrases comme celles-ci :

> *Il voudrait toujours être dans ses bras tellement il est fou d'amour pour elle.*
>
> *Mes parents ont fait un mariage d'amour.*
>
> *Maryse n'arrive pas à se remettre de son chagrin d'amour.*

permet de définir le mot *amour* par les traits sémantiques suivants :

– nom abstrait ;
– désignant un sentiment favorable envers une autre personne ;
– qui n'est pas forcément partagé ;
– à caractère intense, même passionnel ;
– impliquant une attirance physique.

2.2 — Les traits sémantiques communs ou distinctifs

DÉFINITIONS : Les mots qui sont proches par le sens partagent un ou des traits sémantiques, qu'on appelle des **traits communs**. Ils se distinguent les uns des autres par d'autres traits, qu'on appelle des **traits distinctifs**.

Ainsi en est-il des noms abstraits *amour* et *amitié*.

TRAITS SÉMANTIQUES DES NOMS *AMOUR* ET *AMITIÉ*

NOM	TRAIT COMMUN	TRAITS DISTINCTIFS	
amour	« sentiment favorable »	« pas toujours partagé »	« impliquant une attirance physique »
amitié		« toujours partagé »	« n'impliquant pas d'attirance physique »

Pour bien comprendre et bien employer un mot, il faut saisir précisément ses traits sémantiques distinctifs. Quelqu'un qui dirait ⊗ *La gestation des œufs de perdrix* au lieu de *L'incubation des œufs de perdrix* confondrait deux mots et commettrait ainsi une **impropriété** [40, p. 379]. En effet, pour parler de la période de formation d'un fœtus, le nom *gestation* s'applique aux mammifères, tandis que le nom *incubation* concerne les oiseaux.

 Les dictionnaires expliquent les traits sémantiques des mots à l'aide de définitions présentées en caractères romains. Les définitions sont souvent suivies d'exemples en caractères italiques :

MAMMOUTH [mamut] *n. m.* ● Gigantesque élé- ◄— définition en romain
phant fossile du quaternaire. *Os de mammouth retrouvé* ◄— exemple en italique
dans les glaces.

Le Robert Méthodique, Paris, © 1989 Dictionnaires LE ROBERT, 1994.

3 · LA POLYSÉMIE

3.1 · Les caractéristiques générales de la polysémie

Les mots *flacon, ozone, rectangulaire* et *zézayer* comportent un seul sens. Les mots à un seul sens se rencontrent surtout dans les vocabulaires techniques ou spécialisés. Dans la langue courante, la plupart des mots possèdent plus d'un sens.

DÉFINITION : Il y a **polysémie** lorsqu'un mot a plusieurs sens.

Par exemple, le nom *verre* est un mot polysémique qui a quatre sens principaux :

POLYSÉMIE DE *VERRE*

sens 1	sens 2	sens 3	sens 4
un pot en verre :	*le verre d'une montre :*	*un verre à vin :*	*boire un verre d'eau :*
« substance dure et cassante »	« objet de verre »	« récipient à boire »	« contenu d'un verre »

 Dans les dictionnaires, les différents emplois d'un mot sont distingués les uns des autres par des numéros (I, II... ; 1, 2, 3...) et des signes typographiques (◆ ● I —) :

EMPÊTRER v.t. (du bas lat. *pastoria*, entrave). **1.** Embarrasser par qqch qui retient, entrave. *La mariée était empêtrée dans sa traîne. Être empêtré dans les convenances.* **2.** Engager dans une situation malheureuse, sans issue. *Empêtrer qqn dans une vilaine affaire. Il était empêtré dans son mensonge.* ◆**s'empêtrer** v.pr. (dans). **1.** S'embarrasser, s'entraver. *S'empêtrer les pieds dans des ronces.* **2.** S'embrouiller. *S'empêtrer dans des explications confuses.*

Petit Larousse Illustré 1998, Paris, © Larousse-Bordas, 1997.

3.2 Comment décrire un sens

Les qualificatifs présentés dans le tableau suivant servent à décrire les divers sens des mots.

PRINCIPAUX TERMES EMPLOYÉS POUR QUALIFIER UN SENS

Sens concret *Un pot de* **peinture** : sens concret de «matière colorante liquide».	**Sens abstrait** *L'histoire de la* **peinture** *italienne* : sens abstrait d'«art».
Sens propre (sens le plus courant, souvent concret) **Fouetter** *un cheval* : sens propre de «frapper avec un fouet».	**Sens figuré** (issu d'une image [38]) **Fouetter** *son orgueil* : sens figuré de «stimuler, exciter».
Sens étroit (à portée restreinte) Au sens étroit, le nom *année* désigne le temps de révolution de la Terre autour du Soleil (365 jours).	**Sens large** (à portée plus étendue) Au sens large, le nom *année* désigne le temps de révolution de n'importe quel corps céleste autour d'un astre : *l'année lunaire* (27 jours), *l'année de Mars* (687 jours).
Sens faible (à valeur expressive moindre) *Avoir froid* a un sens plus faible qu'*être gelé*.	**Sens fort** (à valeur expressive plus grande) *Anéantir* a un sens plus fort que *détruire*.
Sens dénoté (qui renvoie spécifiquement à la réalité que le mot désigne) Du point de vue de la dénotation, le verbe *mouiller*, dans l'expression *il mouille*, concerne l'action de la pluie qui tombe.	**Sens connoté** (valeur qui s'ajoute au sens dénoté d'un mot et qui concerne son caractère ancien ou moderne, sa variété de langue ou son caractère mélioratif ou péjoratif) Du point de vue de la connotation, le verbe *mouiller* est senti comme familier ou populaire par rapport au verbe *pleuvoir*.
Sens mélioratif (sens connoté qui présente un être ou une chose en bien) L'adjectif *grand* a le sens mélioratif de «célèbre, illustre» dans *un grand homme*.	**Sens péjoratif** (sens connoté qui présente un être ou une chose en mal) Le verbe *accoutrer* a le sens péjoratif d'«habiller de façon ridicule» : *Il est accoutré comme s'il allait au carnaval*.

Dans les dictionnaires, les sens sont caractérisés à l'aide de ces indications :

- *abstrait* : signale un sens abstrait ;
- *concret* : signale un sens concret ;
- *au pr.* (au propre) : signale le sens propre ;
- *fig.* ① (figuré) : signale un sens figuré ;
- *ext.* ou *par ext.* (par extension) : signale un sens plus large que celui qui précède ;
- *spécialt* (spécialement) : signale un sens plus étroit que celui qui précède ;
- *péj.* ou *péjor.* ② (péjoratif) : signale un sens péjoratif ;
- ↑ signale un sens plus fort ;
- ↓ signale un sens plus faible.

> **ENGRENAGE** n.m. **1.** Mécanisme formé de roues dentées en contact, se transmettant un mouvement de rotation, dans un rapport de
> ①— vitesses rigoureux. **2.** *Fig.* Concours de circonstances, enchaînement inéluctable de faits dont on ne peut se dégager. ◇ *Mettre le doigt dans l'engrenage* : s'engager imprudemment dans une affaire dont les éléments s'enchaînent d'une manière irréversible.

Petit Larousse Illustré 1998, © Larousse-Bordas, 1997.

> **POPULACE** [pɔpylas] n. f. — 1572 ; n. m. 1555 ; it. *populaccio,*
> ②— péj. de *popolo* ◆ PÉJ. Bas peuple. ⇒ 1. **masse, plèbe,** FAM. **populo.**
> *«Par derrière se pressait une populace en haillons»* (Flaub.).
> ◊ CONTR. Élite, gratin.

Nouveau Petit Robert de la langue française, Paris, Le Robert, 1996.

DE PLUS

....

3.3 Les sources de la polysémie

La polysémie a trois sources principales : le contexte, la construction syntaxique et le déplacement de sens.

3.3.1 Le contexte

Le sens d'un mot se modifie selon les mots qui l'entourent dans une phrase.

L'adjectif *épais* peut signifier :
- « gros », en combinaison avec *livre* ou *planche* : *un livre épais, une planche épaisse* ;
- « consistant », en combinaison avec *sauce* ou *sirop* : *une sauce épaisse, un sirop épais.*

3.3.2 La construction syntaxique

En entrant dans une construction grammaticale différente, un mot change de sens.

L'adjectif *consécutif* n'a pas le même sens selon qu'il est suivi ou non d'un com~~plément~~ ~~ent~~:

– Sans complément, il veut dire «qui se suit dans le temps»:

> *Nous avons perdu l'électricité pendant six jours **consécutifs**.*

– Suivi d'un complément introduit par la préposition *à*, *consécutif* signifie «q~~ui~~ résulte de»:

> *Il a fait une dépression **consécutive à un surmenage**.*

3.3.3 Le déplacement de sens

Enfin, le sens d'un mot varie quand il passe d'un domaine à un autre, du concret à l'abstrait, du général au particulier, etc. Ces transferts de sens relèvent du langage figuré [38]. *Lise dévore livre après livre* est un emploi figuré de *dévorer*, qui repose sur la ressemblance entre la passion de lire et le fait de manger avec avidité.

3.4 La polysémie et l'humour

La polysémie est à l'origine de nombreux jeux de mots appelés calembours. L'effet comique du calembour est produit par la rencontre de deux sens d'un mot polysémique dans un même contexte, comme l'illustre ce petit dialogue où le mot *nouille* passe abruptement du sens de «pâte alimentaire» à celui de «stupide»:

> *Au restaurant, un client demande:*
> *— Servez-vous des nouilles ici?*
> *Le serveur de répondre:*
> *— On sert tout le monde, Monsieur.*

4 L'HOMONYMIE

DÉFINITION: Il y a **homonymie** lorsque des mots de sens différent ont la même forme orale ou écrite.

La forme *neuf* correspond à deux homonymes:
– *neuf* 1, qui renvoie à un nombre, comme dans *neuf heures*;
– *neuf* 2, qui signifie «nouveau», comme dans *un gilet neuf*.

Les dictionnaires consacrent aux homonymes des articles séparés. Des numéros sont placés devant pour les distinguer:

> **1. PIF** interj. (onomat.). [Souvent répété ou suivi de *paf.*] Exprime un bruit sec, un claquement, une détonation. *Pif! paf! Ça a claqué.*
>
> **2. PIF** n.m. *Fam.* Nez. ◇ *Fam. Au pif*: au pifomètre.
>
> *Petit Larousse Illustré 1998*, Paris, © Larousse-Bordas, 1997.

Comme il n'est pas toujours facile de distinguer la polysémie de l'homonymie, il peut exister des différences entre les dictionnaires quant à la description des homonymes. Ainsi, pour *pavé*, le *Petit Larousse* fournit un seul article ; par contre, le *Nouveau Petit Robert* traite, dans deux articles séparés, d'abord le nom pour des cas comme *le pavé d'une église, jeter sur le pavé*, ensuite l'adjectif pour des emplois comme *route, rue pavée*.

2. Selon qu'il s'agit de formes orales ou écrites, on distingue trois sortes d'homonymes, ainsi que l'illustre le tableau qui suit.

LES TROIS SORTES D'HOMONYMES

SORTES D'HOMONYMES	LANGUE ORALE	LANGUE ÉCRITE	EXEMPLES
Homophones	Prononciation identique	Orthographe différente	*Voter pour le* **maire** *Naviguer sur la* **mer** *Une* **mère** *de deux enfants*
Homographes	Prononciation différente	Orthographe identique	*Les poules* **couvent** *Entrer au* **couvent**
Homophones-homographes	Prononciation identique	Orthographe identique	*Manger une* **pêche** *Aller à la* **pêche**

Les homophones sont la cause de nombreuses erreurs d'orthographe. Il faut toujours vérifier si on a bien choisi la forme écrite convenant au contexte. Par exemple, dans *Le renard est caché dans son repaire*, on ne peut pas écrire *repère*, car la phrase suggère l'idée de « refuge » et non de « signe pour se guider ».

3. L'homonymie sert à produire des jeux de mots, des calembours. Le jeu peut consister entre autres à substituer, dans un contexte équivoque, un homonyme au mot normalement attendu :

> *Les bons* **contes** *font les bons amis,*

par allusion au proverbe :

> *Les bons* **comptes** *font les bons amis.*

LA PARONYMIE

DÉFINITION : La **paronymie** concerne les mots qui, sans être identiques, se ressemb
beaucoup par la forme.

Compréhensible et *compréhensif* sont des paronymes. Le premier se dit de quelque chose
que l'on peut comprendre : *un texte compréhensible*, tandis que le second s'applique à une
« personne disposée à comprendre les autres » : *des parents compréhensifs*.

À cause de leur grande ressemblance de forme, les paronymes sont faciles à
confondre. Le sens change du tout au tout lorsqu'on prend un paronyme pour un
autre : *une usine désinfectée*, c'est-à-dire « où on a détruit les microbes », ce n'est pas
une usine désaffectée, c'est-à-dire « qui ne sert plus ».

Voici quelques paronymes courants à distinguer.

PARONYMES

conjecture « probabilité, supposition » *Se perdre en conjectures*	*conjoncture* « ensemble de circonstances » *La conjoncture économique*
consommer « manger, utiliser » *Consommer du pain, de l'essence*	*consumer* « épuiser », « détruire par le feu » *Le chagrin le consume* *Du bois à demi consumé*
contacter « entrer en contact » *Contacter un client*	*contracter* « prendre, attraper » *Contracter une habitude, une maladie*
écaille « une des parties de la coquille des mollusques », « petite plaque sur la peau des poissons ou des reptiles » *Écailles d'huîtres* *Écailles de saumon, écailles de serpent*	*écale* « enveloppe des noix » *Arachides en écales*
écharde « éclat de bois dans la chair » *Avoir une écharde dans le doigt*	*écharpe* « bande d'étoffe » *Une écharpe bleue autour du cou* *Avoir un bras en écharpe*

6 LES MOYENS POUR DÉCOUVRIR LE SENS D'UN MOT NOUVEAU À PARTIR DU CONTEXTE

Le contexte offre différents moyens pour avoir un aperçu du sens d'un mot inconnu ; ils relèvent de la construction grammaticale, de la définition ou des indices sémantiques.

6.1 Le recours à la construction grammaticale

La construction de la phrase permet de savoir si le mot est un nom, un adjectif, un verbe ou un adverbe :

> **L'harmattan** s'était levé et avait chassé l'humidité.

Le fait que le mot *harmattan* soit précédé d'un déterminant révèle qu'il s'agit d'un nom.

6.2 Le recours à une définition explicite

Le contexte peut contenir une définition annoncée par une expression comme *qui est, qui consiste à, appelé* ou *c'est-à-dire*. La définition peut correspondre aussi à un groupe de mots séparé par une virgule ou placé entre parenthèses :

> Les hommes préhistoriques construisirent des **dolmens, énormes tables de pierres à fonction religieuse.**

6.3 Le recours aux indices sémantiques fournis par les mots environnants

1. La présence d'un mot générique ou d'un ou de plusieurs mots spécifiques [39, p. 367] :

> *Angelo courut et prit un **coupe-chou**. L'**arme** était plus courte de moitié que celle de son adversaire.*
>
> D'après Jean GIONO, *Le hussard sur le toit*, Paris, Folio Gallimard, 1995, p. 72.

Le générique *arme* indique ici le type d'objet que représente un *coupe-chou*.

> *Autour de la maison poussent des **bouleaux**, des **érables** et des **amélanchiers**.*

Les mots spécifiques *bouleaux* et *érables* dans l'énumération laissent entendre que le mot *amélanchiers* désigne aussi une espèce d'arbres.

2. La présence d'un synonyme ou d'un antonyme [39, p. 368] :

> *Une belle pêche. Les **pieuvres** transpercées sont admirées un instant, puis jetées au loin, aux applaudissements sympathiques des autres vacanciers. Qui aurait pris le parti des **poulpes**?*
>
> Hubert REEVES, *L'heure de s'enivrer*, Paris, Seuil, 1986, p. 222.

On devine ici que *poulpe* est synonyme de *pieuvre*.

*Le gouvernement est devant ce choix : **punir** les révoltés ou les **amnistier**.*

La phrase laisse supposer qu'il faut choisir entre deux choses opposées ; par conséquent, le verbe *amnistier* doit être ici l'antonyme de *punir* et signifier quelque chose comme « pardonner ».

3. La présence de mots analogiques [39, p. 376] évoquant le domaine dont il est question :

> *J'avais fait de la maison de Pierre Blaudelle une maison de **musique**. [...] Au milieu du salon, comme un vrai bolide, un immense **Steinway**, cadeau de Blaudelle père, attendait chaque jour qu'on donne le signal de départ. Dès que Pierre partait travailler, je me jetais sur le **clavier** [...].*
>
> Jacques SAVOIE, *Les portes tournantes*, Lausanne, L'Aire/Boréal Express, 1986, p. 113.

En associant *musique* et *clavier*, on peut déduire que le mot *Steinway* désigne un piano.

Quand ces moyens ne suffisent pas pour comprendre le sens d'un mot nouveau, il faut consulter un dictionnaire.

Le langage figuré

Objectifs du chapitre

- Reconnaître les principales figures de style : la métonymie, la comparaison, la métaphore, l'antithèse, l'ironie, la litote, l'euphémisme et l'hyperbole.
- Percevoir le rôle des figures dans un texte.

Plan du chapitre

1 Qu'est-ce qu'une figure de style ?
2 Les principales figures de style

Observons le style du texte qui suit.

Pour aller voir leurs amies en ville, des bûcherons ont conclu un pacte avec le diable et les voici qui s'envolent en canot d'écorce...

> *Nous partons comme une flèche, nous volons sur le faîte des arbres, nous montons des centaines de pieds dans les airs. J'en restai pâmé ! Tout au-dessous était noirceur ; c'est à peine si nous pouvions apercevoir la Gatineau. Sur nos têtes, plus rien que le firmament bleu sombre, percé de pointes d'épingles. Légers comme la plume, nous filions vers Montréal plus vite que le vent.*
>
> *« Acabri, acabra ! » que répétait Boyd, le sorcier qu'il était, et chaque fois le canot frémissait et se précipitait en bas de rapides épouvantables.*
>
> Marius BARBEAU, extrait de « Chasse Gallery », dans *Que le diable l'emporte !*, contes réunis par Charlotte Guérette, Collection Atout, Montréal, Éditions Hurtubise HMH, 1997, p. 82-83.

Ce texte comprend des images, des comparaisons, des formules frappantes qui traduisent de façon sensible le caractère fantastique du voyage en canot volant. Les voyageurs *partent comme une flèche* et, *légers comme la plume, filent vers Montréal plus vite que le vent*. Ils voguent dans un ciel où les étoiles se sont transformées en *pointes d'épingles*. Le canot semble vivant, comme possédé : *il frémit et se précipite en bas de rapides épouvantables*. De telles formulations relèvent du langage figuré, dont on peut tirer un grand pouvoir d'expression et de création.

1 QU'EST-CE QU'UNE FIGURE DE STYLE?

DÉFINITION : Une **figure de style** est une forme de langage qui fait appel à l'imagination et à l'affectivité, et qui contribue à rendre un message plus expressif.

Il existe une grande variété de figures. Elles abondent dans la langue courante : *blanc comme neige* et *perdre la tête* sont des expressions figurées qu'utilise régulièrement l'ensemble des francophones.

Les figures peuvent aussi être le fruit d'une création personnelle, comme cette comparaison tirée d'un poème d'Anne Hébert :

> *Des chants de coq trouent la nuit comme des lueurs.*
>
> «La sagesse m'a rompu les bras», *Poèmes*, Paris, Seuil, 1960, p. 93.

Les figures sont particulièrement exploitées dans les textes littéraires et les messages publicitaires.

2 LES PRINCIPALES FIGURES DE STYLE

2.1 La métonymie

DÉFINITION : La **métonymie** est une figure qui consiste à désigner une réalité par le nom d'une autre réalité qui lui est habituellement associée.

2.1.1 Les divers rapports métonymiques

Les métonymies les plus courantes se fondent sur les liens suivants.

1. La partie pour le tout :
   > *Cette ville compte vingt mille **têtes**.* (pour *vingt mille **habitants***)

2. Le contenant pour le contenu :
   > *Le directeur a parlé à toute l'**école**.* (pour *tous les **élèves***)

3. L'effet pour la cause :
   > *Les jeunes soldats s'en vont à la **mort**.* (pour *la **guerre***)

4. Le lieu pour l'organisme :
   > ***Ottawa** a haussé les impôts.* (pour *le **gouvernement fédéral***)

5. Le créateur pour l'œuvre produite :
   > *On a écouté les **Beatles**.* (pour *des **chansons** des Beatles*)

2.1.2 Les valeurs de la métonymie

La métonymie est à l'origine d'un grand nombre d'emplois figurés dans la langue courante, tels que *boire un verre* et *terminer son assiette*.

La métonymie peut produire des expressions plus concises : le GN *le second violon de l'orchestre* est plus court que le GN *le second joueur de violon de l'orchestre*.

Elle permet aussi des formulations plus suggestives. La phrase *Les soldats s'en vont à la mort* dit plus que la phrase *Les soldats s'en vont à la guerre*, car elle sous-entend que la guerre est une tuerie.

2.2 La comparaison

DÉFINITION : La **comparaison** est une figure qui, à l'aide du mot *comme* ou d'une expression équivalente, rapproche deux mots désignant des réalités qui se ressemblent.

2.2.1 Les éléments d'une comparaison

Une comparaison comprend quatre éléments :
1. le terme comparé (T_1) : c'est la réalité dont on parle et qui est mise en relief par la comparaison ;
2. le terme comparant (T_2) : c'est la réalité à laquelle on compare le terme comparé ;
3. le terme comparatif, qui sert à introduire la comparaison : en général, c'est *comme* ;
4. un point de comparaison : c'est l'aspect commun à T_1 et à T_2.

Voici deux exemples montrant comment s'analyse une comparaison.

LES ÉLÉMENTS D'UNE COMPARAISON

TERME COMPARÉ (T_1)	POINT DE COMPARAISON	TERME COMPARATIF	TERME COMPARANT (T_2)
1. *Ce coureur*	*est rapide*	*comme*	*l'éclair.*
2. *Les étincelles*	*qui brillent dans la nuit*	*font penser à*	*des étoiles.*

2.2.2 Les outils de la comparaison

En plus du terme comparatif *comme*, on trouve :

a) les locutions *ainsi que, de même que, aussi… que, plus… que, moins… que* :

> *J'aurais voulu pleurer, mais je sentais mon cœur **plus** aride **que** le désert.*
>
> André GIDE, *La symphonie pastorale*, Paris, Gallimard , 1925, Le livre de poche, 1971, p. 157.

b) les adjectifs *tel, pareil, semblable* :

> *Le jour approchait où l'image même de Mademoiselle, dans la mémoire de Clara, deviendrait **semblable** à une pièce de monnaie qui s'use et s'efface, jusqu'à ne plus avoir cours.*
>
> Anne HÉBERT, *Aurélien, Clara, Mademoiselle et le Lieutenant anglais*, Paris, Seuil, 1995, p. 34.

c) les verbes *ressembler, paraître, sembler* :

> *John, harmonisé avec la tempête, **semblait** la folle apparition du dieu des neiges [...].*
>
> Félix LECLERC, *Carcajou*, Montréal et Paris, Éditions du jour et Robert Laffont, 1973, p. 97.

2.2.3 Les valeurs de la comparaison

Un grand nombre de comparaisons sont entrées dans la langue courante au point de devenir des clichés : *dormir comme une bûche, bête comme ses pieds, muet comme une carpe.*

Mais une comparaison peut être originale et produire une véritable image. Chez les romanciers et les poètes, les comparaisons laissent découvrir des correspondances inattendues entre les choses :

> *les larmes poussent comme de l'herbe dans mes yeux*
>
> Gaston MIRON, « Monologues de l'aliénation délirante », dans *l'Homme rapaillé*,
> Montréal, l'Hexagone, 1994, p. 78.

2.3 La métaphore

DÉFINITION : La **métaphore** est une figure qui, sur la base d'une ressemblance proche ou lointaine, associe implicitement deux termes sans l'intermédiaire de *comme* ou de toute autre expression comparative.

La passion est comme un volcan est une comparaison, mais *La passion est un volcan* est une métaphore.

Dans une comparaison, les deux termes mis en relation restent séparés à cause du mot comparatif placé entre les deux. Dans une métaphore, les deux termes sont assimilés l'un à l'autre, de sorte que le sens de l'un est, d'une certaine façon, fusionné avec le sens de l'autre. La métaphore en retire un plus grand pouvoir de suggestion.

En général, la métaphore provient du passage d'un sens abstrait à un sens concret :

> *Le bonheur est dans le pré. Cours-y vite, cours-y vite. Le bonheur est dans le pré, cours-y vite. Il va filer.*
>
> Paul FORT, « Le bonheur », dans *Demain dès l'aube... Les cent plus beaux poèmes*,
> Paris, Hachette Jeunesse, Le livre de poche, 1990, p. 123.

Dans cette strophe, le sentiment du bonheur est représenté sous la forme concrète d'un être vivant qui risque de se dérober à tout moment.

2.3.1 Les éléments d'une métaphore

La métaphore comprend trois éléments :

1. le terme comparé (T_1) ;
2. le terme comparant (T_2) ;
3. le caractère commun reliant les deux termes.

Les éléments d'une métaphore ne sont pas toujours exprimés ; il faut souvent les reconstituer. Voici deux exemples qui montrent comment s'analyse une métaphore :

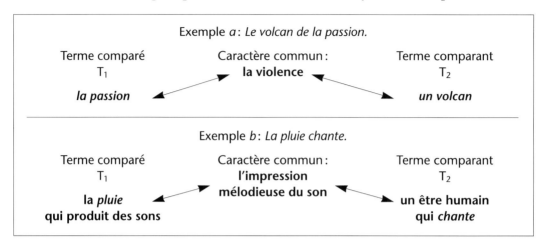

Exemple *a* : *Le volcan de la passion.*

Terme comparé T₁	Caractère commun : **la violence**	Terme comparant T₂
la passion		*un volcan*

Exemple *b* : *La pluie chante.*

Terme comparé T₁	Caractère commun : **l'impression mélodieuse du son**	Terme comparant T₂
la *pluie* **qui produit des sons**		**un être humain qui** *chante*

2.3.2 Les constructions grammaticales de la métaphore

La métaphore utilise notamment :

a) le GN :

> Le temps, **vieillard souffrant de multiples entorses**
>
> Robert DESNOS, «Demain», dans Jacques Charpentreau,
Trésor de la poésie française, 3 : XXᵉ siècle, Paris, Hachette Jeunesse, 1993, p. 153.

b) le GPrép :

> Dans l'oasis **du souvenir**
> une source vient de jaillir
>
> Jacques PRÉVERT, «Arbres», dans *Histoires*, collection Folio, Paris, Gallimard, 1963, p. 205.

c) le GAdj :

> Il y a dans les bois des arbres **fous d'oiseaux**
>
> Paul ÉLUARD, «Printemps», dans *Le phénix*, Paris, Éditions G.L.M., 1952, p. 37.

d) le GV :

> La mort **n'est qu'une petite fille à soulever de terre**
>
> Jacques BRAULT, «Suite fraternelle», dans *Poèmes I*, Saint-Lambert et Cesson,
Éditions du Noroît et La table rase, 1986, p. 54.

2.3.3 Les valeurs de la métaphore

La métaphore donne naissance à une foule de sens figurés dans la langue quotidienne. On parle alors de métaphores figées, qui passent la plupart du temps inaperçues tellement elles sont utilisées. Par exemple, à la suite d'une bonne nouvelle, on dira *avoir le cœur en fête*.

À côté de ces métaphores courantes, la langue permet d'associer une infinité de mots, ce qui garantit à la métaphore un pouvoir créateur inépuisable. Elle constitue le mode d'expression par excellence de l'imaginaire, particulièrement en littérature. En faisant apparaître toutes sortes d'associations nouvelles, tantôt simples, tantôt étranges, elle permet de réinventer le monde.

2.4 L'antithèse

DÉFINITION : L'antithèse est une figure qui oppose deux contraires dans un même énoncé.

> *Léger, je suis léger sous cette tête lourde*
>
> Jean COCTEAU, « Je n'aime pas dormir... », dans Jacques Charpentreau,
> *Trésor de la poésie française, 3 : XXe siècle*, Paris, Hachette Jeunesse, 1993, p. 122.

2.4.1 Les constructions grammaticales de l'antithèse

Dans l'antithèse, les contraires sont souvent mis en valeur à l'aide de constructions grammaticales symétriques :

> *Les notes s'élevaient régulièrement, **mélodieuses et hardies sous les doigts du professionnel, malhabiles et tâtonnantes sous ceux de l'amateur.***
>
> Romain GARY, *Les oiseaux vont mourir au Pérou*, collection Folio, Paris, Gallimard, 1962, p. 60.

Dans cette phrase, l'antithèse apparaît dans deux groupes adjectivaux construits de façon identique : Adj + *et* + Adj + GPrép.

2.4.2 Les valeurs de l'antithèse

L'antithèse frappe l'esprit à cause de l'effet de contraste qu'elle produit. Elle s'emploie particulièrement dans les proverbes :

> *Après la pluie, le beau temps.*
> *Qui aime bien châtie bien.*
> *Un de perdu, dix de retrouvés.*

On la rencontre aussi dans les textes qui mettent en parallèle des choses ou des personnes opposées :

> *Autour de nous des objets. **Les uns solides, stables, immuables, montagnes de granit ou blocs de marbre, rassurants dans leur définitive solidité. D'autres souples, changeants, impalpables, eau du torrent ou souffle du vent, inquiétants dans leur perpétuelle transformation.***
>
> Albert JACQUARD, *Voici le temps du monde fini*, collection Points, Paris, Seuil, 1991, p. 36.

2.5 **L'ironie**

DÉFINITION : L'**ironie** est une figure qui consiste à faire entendre le contraire de ce que l'on dit.

À un retardataire qui se présente à une réunion bien après l'heure, on dira ironiquement : *Bravo ! toujours aussi ponctuel !*

L'ironie se reconnaît à certains indices : le ton moqueur de la voix, la ponctuation (guillemets, point d'exclamation, points de suspension), l'illogisme du message par rapport à la situation (on fait semblant de louer ce qu'on devrait blâmer). Si on n'y prend pas garde, on peut mal interpréter un message ironique en lui attribuant son sens apparent au lieu de son sens caché.

L'ironie est employée dans les textes argumentatifs pour déconsidérer des idées ou des comportements jugés inacceptables :

> *Au moment de partir, Marc Lalonde nous prévient que plusieurs journalistes nous attendent à la porte, et, au nom de la discrétion sur les libres échanges que nous venons d'avoir, il nous prie de ne pas accorder d'entrevue. Acquiesçant, nous refusons de répondre aux représentants de la presse. Nous avions à peine parcouru la moitié du corridor qu'en nous retournant nous pouvons voir M. Trudeau parler aux journalistes. Il leur confie sans doute qu'il vient de s'entretenir avec de « bonnes âmes », des « cœurs sensibles », comme il aime à dire en ces temps troublés. **Nous n'avons qu'à admirer de loin cette marque de loyauté de la part du grand homme qui préside aux destinées du Canada démocratique.***

> Fernand DUMONT, *Récit d'une émigration*, Montréal, Les Éditions du Boréal, 1997, p. 174.

L'auteur parle de la « loyauté » du premier ministre, alors que celui-ci s'est en fait montré déloyal en manquant à son engagement de ne pas parler aux journalistes.

2.6 **La litote**

DÉFINITION : La **litote** est une figure qui consiste à dire moins tout en faisant entendre plus.

La litote se décèle par le ton de la voix ou par le contexte. Le procédé le plus couramment employé pour la produire est la négation du contraire :

> *Il ne fait pas chaud. = Il fait froid.*
> *Ça ne sent pas la rose. = Ça sent mauvais.*

2.7 **L'euphémisme**

DÉFINITION : L'**euphémisme** est une figure qui consiste à exprimer de façon plus douce une réalité jugée pénible ou choquante.

L'euphémisme se réalise souvent à l'aide d'une périphrase [40, p. 386] : le terme senti comme désagréable est remplacé par une suite de mots moins directe. Ainsi, au lieu de dire d'une personne qu'*elle est une ivrogne*, on dira euphémiquement qu'*elle a un goût marqué pour l'alcool*.

L'euphémisme est employé dans des situations où le sujet est délicat :

– Par pudeur, au lieu de dire : *Il est mort*, on préférera dire : *Il nous a quittés*.
– De façon détournée, une compagnie parlera de *rationalisation du personnel* plutôt que de *congédiements*.

2.8 L'hyperbole

DÉFINITION : À l'opposé de l'euphémisme, l'**hyperbole** est une figure qui consiste à exprimer une idée de façon exagérée.

> *Je suis mort de fatigue !*
> *Je t'aime à la folie !*

2.8.1 Les modes d'expression de l'hyperbole

Parmi les diverses manières de marquer l'hyperbole, mentionnons :

a) l'emploi de noms ou d'adjectifs de sens fort :

> *C'est un géant* pour *C'est un homme très grand*.

b) l'emploi de préfixes ou de suffixes intensifs, tels que *hyper-, super-, -issime*, etc. :

> *C'est superintéressant !*
> *Ce cas est rarissime !*

2.8.2 Les valeurs de l'hyperbole

L'hyperbole abonde dans la langue courante : on entend régulièrement des expressions comme :

> *Je te l'ai dit mille fois !*
> *C'est une histoire à dormir debout !*
> *Cette boîte pèse une tonne !*

L'hyperbole se rencontre également dans les textes politiques où l'on vante les réalisations d'un parti ou d'un gouvernement, dans les textes humoristiques où l'auteur tente de faire rire en exagérant, ainsi que dans les textes publicitaires où l'on essaie de convaincre le consommateur de la qualité exceptionnelle d'un produit :

> *Le rouge à lèvre* L'Oréal : *la plus grande invention depuis le baiser.*

Voici un exemple littéraire célèbre qui illustre l'effet à la fois théâtral et comique de l'hyperbole. Pour décrire son énorme nez, Cyrano clame :

> *C'est un roc !... c'est un pic !... c'est un cap !*
> *Que dis-je !, c'est un cap ?... c'est une péninsule !*

Edmond ROSTAND, *Cyrano de Bergerac*, Paris, Flammarion, 1989, p. 72.

Les relations de sens

Objectifs du chapitre

- Distinguer l'inclusion, la synonymie, l'antonymie et l'analogie.
- Tenir compte du contexte dans l'emploi des synonymes et des antonymes.
- Constater le rôle des mots génériques, des synonymes et des mots analogiques pour la cohérence du texte.

Plan du chapitre

1. L'inclusion : les mots génériques et les mots spécifiques
2. La synonymie
3. L'antonymie
4. L'analogie et les champs lexicaux

Observons les trois textes qui suivent.

Texte original	Texte reformulé I	Texte reformulé II
Pas d'imagination c'est achalant	*Sans imagination c'est agaçant*	*De l'imagination c'est plaisant*
Pas d'imagination c'est fatigant	*Sans imagination c'est épuisant*	*De l'imagination c'est stimulant*
Pas d'imagination c'est écœurant	*Sans imagination c'est dégoûtant*	*De l'imagination c'est exaltant*
Pas d'imagination c'est pas possible [...]	*Sans imagination c'est impossible*	*De l'imagination c'est possible*

Claude PÉLOQUIN, *Dans les griffes du Messie. Œuvres 1970-1979*. Avec un prologue inédit de l'auteur. Préface et bibliographie de Roger Chamberland. Montréal, Les Éditions Varia, 1998, p. 388-389.

Ces trois textes disent que l'imagination est essentielle. Mais ils le disent avec des mots différents. Le texte reformulé I reprend le texte original du poète Péloquin avec des mots synonymes ; par exemple, *fatigant* est remplacé par *épuisant*. Par contre, le texte reformulé II reprend le texte de Péloquin avec des mots de sens contraire ; cette fois, *stimulant* est employé au lieu de *fatigant*. Les mots que l'on peut ainsi substituer l'un à l'autre entretiennent des relations de sens.

Essayons de voir quels types de relations de sens existent entre les mots, comment ces relations se manifestent et quels rôles elles jouent.

1 L'INCLUSION : LES MOTS GÉNÉRIQUES ET LES MOTS SPÉCIFIQUES

1.1 Aperçu général

DÉFINITIONS : On appelle **générique** le mot servant à désigner une catégorie entière d'êtres ou de choses, et **spécifiques** les mots représentant les êtres ou les choses qui entrent dans cette catégorie.

Par exemple, *hockey*, *natation* et *tennis* sont des mots spécifiques qui ont comme générique le mot *sport* :

La relation de sens qui unit un mot générique à ses mots spécifiques est une relation d'inclusion ; le mot générique représente un ensemble dont font partie les mots spécifiques. Le sens du mot générique *sport* est inclus dans le sens de *hockey*, de *natation* et de *tennis*, car ces mots spécifiques désignent tous les trois des sports.

La relation d'inclusion forme des ensembles de mots hiérarchisés qui vont de l'englobant à l'englobé et qui s'emboîtent les uns dans les autres. Selon la place qu'un mot occupe dans cette hiérarchie, il peut être tantôt spécifique s'il se situe à un niveau inférieur dans tel ensemble, tantôt générique s'il arrive à un niveau supérieur dans tel autre ensemble. Par exemple, le nom *siège* est un mot spécifique par rapport à *meuble*, mais par rapport aux noms *chaise*, *divan* et *tabouret*, c'est un mot générique :

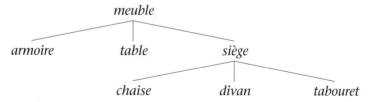

Les mots *chaise*, *divan* et *tabouret* sont donc chapeautés par deux génériques : *siège* et *meuble*.

! La relation d'inclusion ne doit pas être confondue avec la relation du tout à la partie (*voiture* par rapport à *moteur*), ni avec la notion de nom collectif (*foule*, *verger*, etc.). Pour reconnaître un générique et un spécifique, il convient d'appliquer le test de la définition. En effet, un mot générique peut toujours servir à définir un mot spécifique à l'aide de l'expression *être une sorte de*. On peut dire : *La table est une sorte de meuble*, ce qui est impossible dans le cas de la relation du tout à la partie : ⊗ *Un moteur est une sorte de voiture*, ou dans le cas des noms collectifs : ⊗ *Un pommier est une sorte de verger*.

REM. Les génériques et les spécifiques sont surtout des noms. On en trouve moins parmi les adjectifs :

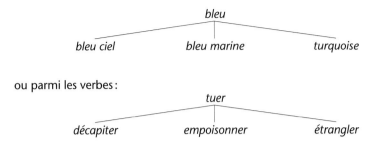

bleu

bleu ciel · · · · · bleu marine · · · · · turquoise

ou parmi les verbes :

tuer

décapiter · · · · · empoisonner · · · · · étrangler

1.2 Les génériques comme moyens de définition et de reprise

Les génériques s'emploient dans les définitions parce qu'ils désignent des catégories dans lesquelles se répartissent les autres mots du lexique. On les rencontre particulièrement dans les classifications scientifiques, par exemple la classification des êtres vivants :

> *Les baleines sont des mammifères marins.*

Le mot *mammifères* est le générique et *baleines*, le spécifique.

Pour reprendre un mot spécifique dans un texte sans le répéter, on peut recourir à un générique. Tout en permettant d'éviter la répétition, ce procédé de reprise [4] apporte des renseignements additionnels :

> *La **potasse**, dont le Canada est le premier producteur mondial, provient presque exclusivement du sud de la Saskatchewan. Ce **minéral** sert surtout à la fabrication d'engrais pour la fertilisation des terres agricoles.*
>
> Jean-Luc PICARD, *Images du Canada*, Montréal, CEC, 1992, p. 124.

2 LA SYNONYMIE

2.1 Aperçu général

DÉFINITION : Deux mots appartenant à la même classe grammaticale sont **synonymes** si, en les substituant l'un à l'autre dans un contexte donné, le sens reste à peu près le même.

Les adjectifs *sûr* et *certain* sont synonymes dans des phrases comme :

> *Il est **sûr** de gagner. = Il est **certain** de gagner*[1].
>
> *C'est une information **sûre**. = C'est une information **certaine**.*

---

1. Par convention, on signale la relation de synonymie par le symbole =.

2.2 L'influence du contexte sur la synonymie

La synonymie dépend de la polysémie [37, p. 350]. Un mot qui a plusieurs sens possède en effet plusieurs synonymes.

Ainsi, le verbe polysémique *élever* a plusieurs synonymes pour ses différents sens :

LES DIVERS SYNONYMES DU VERBE *ÉLEVER*

Élever les bras	=	*lever*
Élever un édifice	=	*bâtir, construire*
Élever une maison d'un étage	=	*surélever, exhausser*
Élever l'esprit	=	*cultiver, grandir*
Élever le niveau de vie	=	*hausser, relever, augmenter*
Élever une protestation	=	*formuler, soulever*
Être élevé à un grade	=	*être promu*
Élever un enfant	=	*éduquer, former*
Élever un animal	=	*soigner, dresser*

2.3 Les différences entre les synonymes

Il n'existe pratiquement pas de synonymes parfaits. Même s'ils ont beaucoup en commun, les synonymes sont dotés de certaines particularités qui les distinguent les uns des autres. Ces particularités tiennent à au moins trois facteurs : le sens, la variété de langue et la construction grammaticale.

1. Il peut exister une différence de sens entre deux synonymes.

   Les noms *fureur* et *colère* se distinguent par l'intensité, *fureur* ayant un sens plus fort que *colère*.

   Les adjectifs *déloyal* et *infidèle* n'ont pas la même extension : *déloyal* se dit de quelqu'un qui ne respecte pas ses engagements en général, tandis qu'*infidèle* se dit plus précisément de quelqu'un qui ne respecte pas ses engagements d'amour ou d'amitié.

2. Deux synonymes peuvent ne pas appartenir à la même variété de langue.

   Au Québec, le nom *char* est familier ou populaire par rapport à *automobile* ou *voiture*, qui sont les termes standards.

   Le verbe *heurter* fait plus soutenu que *choquer* dans une phrase comme *Votre remarque me heurte*.

3. Deux synonymes peuvent demander des constructions grammaticales différentes.

   Le verbe *choisir* commande un complément direct : *choisir une solution*, alors que le verbe *opter* se construit avec un complément indirect introduit par *pour* : *opter pour une solution*.

   La préposition à employer varie : on dit *habile **à** mentir*, mais *capable **de** mentir*.

Les rôles des synonymes dans un texte

Comme les génériques, les synonymes constituent de précieux moyens de reprise permettant d'éviter de répéter un mot dans un court intervalle [4] :

> Debout sous les veilleuses, j'apercevais dans ce wagon sans divisions [...] toute une **population** confuse et barattée par les mouvements du rapide. Tout un **peuple** enfoncé dans les mauvais songes et qui regagnait sa misère.

Antoine de SAINT-EXUPÉRY, *Terre des hommes*, Paris,
Gallimard, 1966, p. 210.

Les synonymes ne servent pas seulement à assurer la continuité du texte et à prévenir les répétitions. Leur cumul permet aussi de nuancer l'idée que l'on veut exprimer :

> Que peut-elle redouter ? [...] rien ne peut arriver de pire que cette **indifférence**, que ce **détachement** total qui la sépare du monde et de son être même.

François MAURIAC, *Thérèse Desqueyroux*, Paris, Bernard Grasset, 1927,
Le livre de poche, p. 119.

 Les dictionnaires généraux signalent les synonymes d'un mot dans le corps de l'article, après chaque emploi correspondant. Ils peuvent être présentés en gras ou entre parenthèses, avec le symbole = ou avec l'abréviation *syn.* (pour synonyme). Ils sont éventuellement accompagnés d'une indication de variété de langue (familier, littéraire, etc.) et d'une notation d'intensité (par exemple une flèche montante [↑] pour un sens plus fort, une flèche descendante [↓] pour un sens plus faible).

Synonymes avec indications d'intensité et de variété de langue

> **SÉVÈRE** [sevɛr] adj. (lat. *severus*; v. 1100). **1.** Se dit d'une personne sans indulgence : *Un magistrat sévère* (syn. ↑IMPITOYABLE, ↑IMPLACABLE). *Un père sévère envers ses enfants* (syn. AUTORITAIRE, DUR). *Un professeur sévère* (syn. STRICT, fam. ↑VACHE). *On est porté à être sévère pour les autres et indulgent pour soi-même* (syn. INTRANSIGEANT, RIGOUREUX). — **2.** Se dit d'une personne dont l'attitude exprime la rigueur : *Un regard, un ton, un visage sévère.* — **3.** Qui juge, blâme durement, qui condamne sans indulgence : *Un verdict sévère* (syn. fam. SALÉ). *La critique de ce film est un peu sévère.*

Dictionnaire de la langue française Lexis, Paris, © Librairie Larousse, 1989.

Il y a deux types de dictionnaires de synonymes : 1) ceux qui se contentent de donner sans commentaire des listes de synonymes ; 2) ceux qui expliquent les conditions d'emploi des synonymes en précisant leur différence de sens, leur variété de langue ou leur construction particulière. C'est ce deuxième type de dictionnaires qui est le plus utile pour perfectionner son vocabulaire.

L'ANTONYMIE

3.1 **Aperçu général**

DÉFINITION : Deux mots appartenant à la même classe grammaticale sont **antonymes** lorsqu'ils s'opposent par le sens.

Avant ≠ après, naître ≠ mourir, long ≠ court, acceptation ≠ refus sont des antonymes[2].

Paradoxalement, pour que deux termes soient antonymes, ils doivent avoir quelque chose en commun. Les antonymes ne s'opposent en effet que par une partie de leur signification. Ainsi, les verbes antonymes *aimer* et *haïr* expriment tous les deux le fait d'éprouver un sentiment pour quelqu'un ; la différence entre les deux porte seulement sur le type de sentiment en cause, c'est-à-dire l'affection pour le premier et l'hostilité pour le second.

3.2 **Les sortes d'antonymes**

Les antonymes se répartissent en trois sortes : les complémentaires, les réciproques et les contraires.

1. Les **complémentaires** nous placent devant un choix obligé entre deux possibilités : c'est soit l'un, soit l'autre, aucune solution intermédiaire n'étant envisageable.

EXEMPLES DE COMPLÉMENTAIRES

COMPLÉMENTAIRES	TRAIT COMMUN	TRAITS DISTINCTIFS
monter ≠ *descendre*	« mouvement vertical »	« allant du bas vers le haut »
		« allant du haut vers le bas »
pair ≠ *impair*	« nombre »	« divisible par deux »
		« non divisible par deux »
présent ≠ *absent*	« position par rapport à un lieu donné »	« qui est dans tel lieu »
		« qui n'est pas dans tel lieu »

---

2. Par convention, on signale la relation d'antonymie par le symbole ≠.

2. Les **réciproques** expriment une même relation, mais en l'inversant :

EXEMPLES DE RÉCIPROQUES

RÉCIPROQUES	TRAIT COMMUN	TRAITS DISTINCTIFS
vendre ≠ *acheter*	« échanger un bien contre un paiement »	« céder le bien »
		« acquérir le bien »
prêteur ≠ *emprunteur*	« personne qui conclut un prêt »	« celle qui accorde le prêt »
		« celle qui obtient le prêt »
mère ≠ *fille*	« lien de parenté directe »	« parent »
		« enfant »
oncle ≠ *neveu*	« lien de parenté collatérale »	« le frère de la mère ou du père »
		« le fils du frère ou de la sœur »

Le remplacement d'un mot par son réciproque entraîne une permutation dans la phrase, le sujet devenant un complément, et vice versa :

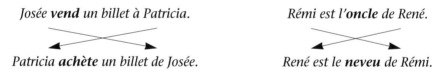

Josée **vend** un billet à Patricia.

Patricia **achète** un billet de Josée.

Rémi est l'**oncle** de René.

René est le **neveu** de Rémi.

Les réciproques touchent surtout les termes désignant des échanges ainsi que le vocabulaire de la parenté.

3. Les **contraires** sont des antonymes qui s'ordonnent selon une échelle graduée, car leur opposition admet des intermédiaires. Les schémas qui suivent présentent des exemples de contraires. Le trait commun apparaît entre guillemets, au-dessus de la ligne, et les contraires sont disposés de part et d'autre du terme intermédiaire.

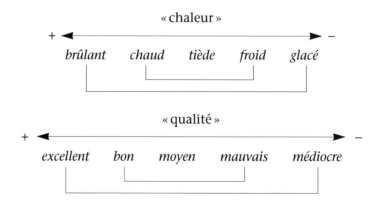

« chaleur »

+ ◄──────────────────► −

brûlant   *chaud*   *tiède*   *froid*   *glacé*

« qualité »

+ ◄──────────────────► −

excellent   *bon*   *moyen*   *mauvais*   *médiocre*

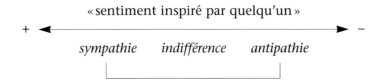

« sentiment inspiré par quelqu'un »

$$+ \longleftarrow \hspace{5cm} \longrightarrow -$$

sympathie   *indifférence*   *antipathie*

Les contraires sont de loin les antonymes les plus fréquents. Comme ils sont gradués, les contraires peuvent entrer dans des structures exprimant l'intensité ou la comparaison, ce qui est impossible avec les complémentaires et les réciproques. On ne peut pas dire :

> ⊗ *Beethoven est très mort.* (complémentaire)

> * *Rémi est plus l'oncle de René.* (réciproque)

Mais on peut très bien dire avec des contraires :

> *Cette limonade est très froide.*

> *Ton ordinateur est plus puissant que le mien.*

L'utilisation de contraires dans une structure comparative entraîne une permutation, le sujet devenant un complément, et vice versa :

> *L'ardoise est plus **foncée** que le quartz.*

> *Le quartz est plus **pâle** que l'ardoise.*

3.3 L'influence du contexte sur l'antonymie

Comme la synonymie, l'antonymie dépend de la polysémie [37, p. 350]. Un mot qui a plusieurs sens possède en effet plusieurs antonymes.

L'adjectif *tranquille* a plusieurs antonymes selon les divers sens qu'il prend en changeant de contexte :

LES DIVERS ANTONYMES DE L'ADJECTIF *TRANQUILLE*

un quartier tranquille	≠	*un quartier **agité, bruyant***
une mer tranquille	≠	*une mer **agitée, houleuse, déchaînée***
une vie tranquille	≠	*une vie **mouvementée, trépidante***
avoir l'esprit tranquille	≠	*avoir l'esprit **inquiet, tourmenté, troublé***
un enfant tranquille	≠	*un enfant **agité, nerveux, turbulent***
un voisin tranquille	≠	*un voisin **bruyant, dérangeant***

Certains antonymes ont une forme complètement différente : *épais ≠ mince*. D'autres se distinguent seulement par une de leurs parties, soit par l'ajout d'un préfixe : *capable ≠ incapable*, soit par l'alternance d'éléments de sens opposés : *inspiration ≠ expiration*.

Le tableau suivant résume les différentes façons d'exprimer l'antonymie.

MODES DE FORMATION DES ANTONYMES

1. CHANGEMENT DE MOT

augmenter ≠ diminuer	*riche ≠ pauvre*
beauté ≠ laideur	*toujours ≠ jamais*
pour ≠ contre	

2. ADDITION D'UN PRÉFIXE NÉGATIF

a-, an-	*pesanteur ≠ **a**pesanteur* *allergique ≠ **an**allergique*	mal-	*adroit ≠ **mal**adroit* *aise ≠ **mal**aise*
dé-, dés-	*boiser ≠ **dé**boiser* *ordre ≠ **dés**ordre*	mé-, més-	*content ≠ **mé**content* *entente ≠ **més**entente*
dis-	*continu ≠ **dis**continu*	non(-)	*agression ≠ **non**-agression* *violent ≠ **non** violent*
in-, im-, il-, ir-	*correct ≠ **in**correct* *patient ≠ **im**patient* *limité ≠ **il**limité* *réel ≠ **ir**réel*		

3. ALTERNANCE D'ÉLÉMENTS DE SENS OPPOSÉS

Opposition de degré	***hypo**tension* « peu » ≠ ***hyper**tension* « beaucoup » ***micro**cosme* « petit » ≠ ***macro**cosme* « grand » ***sous**-estimer ≠ **sur**estimer*
Opposition dans l'espace	***ex**porter ≠ **im**porter*
Opposition idéologique	***phil**anthrope ≠ **mis**anthrope* *anglo**phile*** « qui aime » ≠ *anglo**phobe*** « qui déteste » ***pro**nucléaire ≠ **anti**nucléaire*
Opposition de nombre	***mono**culture* « un » ≠ ***poly**culture* « plusieurs » ***uni**lingue ≠ **pluri**lingue*
Opposition dans le temps	***avant**-guerre ≠ **après**-guerre* ***pré**secondaire ≠ **post**secondaire*

REM. En recourant à des préfixes, comme dans l'opposition *capable ≠ incapable*, l'antonymie met en œuvre la dérivation [32] ; en utilisant des éléments d'origine grecque ou latine, comme dans l'opposition ***phil**anthrope ≠ **mis**anthrope*, elle fait appel à la composition savante [34].

3.5 Les rôles des antonymes dans un texte

1. La rencontre d'antonymes dans un texte crée un effet de contraste saisissant [38, p. 363] :

> *Alors jaillit dans cette fin de jour [...] la claire voix rayonnante de Nil. [...] Je ne reconnaissais plus les vieillards.* **Au soir sombre de leur vie** *les atteignait* **cette clarté du matin***.*
>
> Gabrielle ROY, *Ces enfants de ma vie*, Montréal, Stanké, 1977, p. 53.

2. Pour éliminer une répétition, on peut formuler une phrase qui dit la même chose en niant un antonyme :

> *Je serai présent demain.* = *Je ne serai pas absent demain.*

3. Le procédé de négation d'un antonyme est utilisé notamment dans la litote [38, p. 364] quand on veut atténuer ses propos :

> *Mon voisin n'est guère brillant.* = *Il est idiot.*

ou encore lorsqu'on veut plaisanter :

> *Après tout, ma chérie, tu n'es pas si laide que ça !*

 Dans les dictionnaires généraux, les antonymes sont regroupés à la fin de l'article ou distribués dans le corps de celui-ci après chaque emploi correspondant. Ils sont signalés par les abréviations *ant.* (pour antonyme) ou *contr.* (pour contraire).

Contraires signalés par l'abréviation *contr.*

> **MODESTE** [mɔdɛst] *adj.* ▽ → MOD- ● **1°** Qui est simple, sans faste ou sans éclat. *Mise, tenue modeste. Maison modeste.* || Contr. **Fastueux.** || – *Il est d'une origine très modeste.* V. **Humble.** ● **2°** Peu important. *Salaire très modeste.* V. **Médiocre, modique.** *De modestes revenus.* ● **3°** *(Personnes)* Qui a une opinion modérée, réservée, de son propre mérite, se comporte avec modestie. V. **Effacé, humble.** *Un homme simple et modeste. Vous êtes trop modeste. Air, mine modeste.* V. **Discret, réservé.** || Contr. **Orgueilleux, prétentieux, vaniteux.** ||

Le Robert Méthodique, Paris, © 1989 Dictionnaires LE ROBERT, 1994.

4 L'ANALOGIE ET LES CHAMPS LEXICAUX

4.1 L'analogie

DÉFINITION : Toute relation de sens pouvant exister entre les mots concerne l'**analogie**.

L'analogie est fondée sur l'association d'idées et rapproche des mots liés par un rapport de générique à spécifique, par un rapport de synonymie, par un rapport du tout à la partie, par l'appartenance à un même domaine, par la parenté lexicale (famille de mots), etc.

Ainsi, le nom *jardin* fait penser aux mots analogiques suivants :

- *parc, potager, jardin botanique, jardin japonais*, etc.
  (rapport de synonymie ou rapport de générique à spécifique) ;

- *allée, fontaine, pelouse, plate-bande, haie*, etc. (rapport du tout à la partie) ;

- *cultiver, labourer, ratisser, sarcler, semer*, etc. (travaux propres au domaine du jardinage) ;

- *arrosoir, bêche, pot, râteau, sécateur*, etc. (instruments propres au domaine du jardinage) ;

- *jardiner, jardinier, jardinage*, etc. (mots de même famille).

4.2 Les champs lexicaux

DÉFINITION : Un **champ lexical** est un ensemble de mots analogiques qui s'appellent mutuellement à partir d'un mot thème.

Par exemple, le mot *livre* possède un champ lexical très riche :

CHAMP LEXICAL DU MOT *LIVRE*

Aspect matériel	Divisions
feuille	*préface*
page	*partie*
dos	*chapitre*
reliure	*annexe*
tranche, etc.	*index*, etc.

Lieux de diffusion	Production
bibliothèque	*imprimer, impression*
librairie	*publier, publication*
bibliobus, etc.	*éditer, édition*
	traduire, traduction, etc.

Personnes	Publications
éditeur	*annuaire*
correcteur	*anthologie*
imprimeur	*guide*
auteur	*dictionnaire*
lecteur	*atlas*
critique	*manuel*
bibliothécaire, etc.	*roman*, etc.

> La capacité de mobiliser un grand nombre de mots analogiques permet de disposer d'un large éventail de moyens d'expression pour parler d'un thème donné.

4.3 Le rôle de l'analogie : contribuer à la cohérence du texte

Au fil d'un texte, le lien d'une phrase à une autre peut se faire grâce à un rapport analogique du tout à la partie ou du contenant au contenu [4] :

> *La **galerie** vitrée, au premier étage, était la pièce de la vieille maison que je préférais. Tout en longueur, elle comptait une dizaine de **fenêtres**. Elle était inondée de lumière durant le jour [...]. Les **chaises** étaient confortables et on pouvait reposer ses pieds sur l'appui de la fenêtre qui était devant soi. Il y avait une petite **bibliothèque** à chaque bout de la pièce, et, dans un coin, un **secrétaire** en noyer qui renfermait quelques papiers et un vieil album de photographies.*

> Jacques POULIN, *Le vieux chagrin*, Montréal/Paris, Leméac/Actes Sud, 1989, p. 11-12.

Pour décrire la galerie, sa pièce préférée, le narrateur emploie des mots désignant différents éléments qu'on y trouve : *fenêtre*, *chaise*, *bibliothèque* et *secrétaire*.

 Certains dictionnaires généraux indiquent les réseaux analogiques dans lesquels s'insèrent les mots. Les mots analogiques sont indiqués en gras au fil de l'article, précédés d'une flèche ou de l'abréviation *V.* (pour *voir*).

Renvois analogiques

> **RÉCOLTE** [Rekɔlt] n. f. — 1558 ; it. *ricolta*, de *ricogliere* « recueillir » **1.** Action de recueillir (les produits de la terre). ⇒ **arrachage, cueillette, ramassage.** *Récolte des pommes de terre, des olives. Faire sa récolte. La saison des récoltes* (⇒**fenaison, moisson, vendange**). ◊ PAR ANAL. *La récolte du miel, de la soie. Récolte des perles.* **2.** Les produits recueillis. *La récolte est bonne cette année.* « *prophétiser l'abondance ou la pénurie des récoltes* » (Balz.). **3.** FIG. Ce qu'on recueille à la suite d'une quête, d'une recherche. ⇒ **collecte, moisson, profit.** « *nous remettions à midi notre récolte* [de quêtes] *à la dame patronnesse* » (Radiguet). *Faire une ample récolte d'observations.*

> *Nouveau Petit Robert de la langue française*, Paris, Le Robert, 1996.

Les renvois analogiques dans un dictionnaire permettent de trouver un mot qu'on ne connaît pas au départ. Ainsi, si on cherche *érable* dans le *Dictionnaire québécois d'aujourd'hui*, un renvoi analogique nous apprend que la culture de l'érable s'appelle *acériculture*.

Il existe des dictionnaires consacrés spécifiquement à l'analogie. Ces ouvrages regroupent autour de mots thèmes les mots qui ont entre eux des rapports de sens. Quand on écrit un texte, il est utile de consulter un dictionnaire analogique pour avoir un inventaire de mots relatifs au thème ou au domaine dont on traite.

La combinatoire lexicale

Objectifs du chapitre

- Tenir compte de la compatibilité de sens entre les mots.
- Tenir compte des contraintes syntaxiques rattachées à l'emploi d'un mot.
- Comprendre la notion de suite lexicale.
- Se familiariser avec le fonctionnement des expressions figées.

Plan du chapitre

1 La compatibilité sémantique entre les mots

2 Les constructions d'un mot

3 Les suites lexicales

4 Les expressions figées

Observons cette curieuse recette de salade.

> *Pelez cinq tranches de laitue et versez-les dans un grand bol. Ajoutez une pomme de concombre garnie de zeste de radis. Assaisonnez d'une pincée d'huile d'olive et de poivre fraîchement découpé.*

Tous les mots de ce texte appartiennent au vocabulaire de la cuisine. Pourtant, la recette est insolite parce que les mots n'y sont pas combinés convenablement. La laitue ne *se pèle* pas. On ne parle pas de *tranches de laitue*, mais de *feuilles de laitue*; et on ne peut parler davantage d'*une pomme de concombre*. On ne peut pas *verser de la laitue*, parce que la laitue n'est pas un liquide. Le mot *zeste* se dit de l'orange ou du citron, mais pas des radis. L'huile d'olive se mesure en *cuillerée* et non en *pincée*. Enfin, on *moud* le poivre, on ne le *découpe* pas.

Pour bien utiliser un mot, il ne suffit pas de le connaître isolément. Il faut aussi savoir comment l'associer avec d'autres mots dans toutes sortes d'énoncés.

1 **LA COMPATIBILITÉ SÉMANTIQUE ENTRE LES MOTS**

1.1 **Une notion variable**

Les mots peuvent se combiner dans la mesure où leur sens est compatible. La compatibilité sémantique entre les mots s'évalue cependant différemment selon le genre de texte où ils sont employés.

Une des caractéristiques du langage poétique est de renouveler la manière de combiner les mots. En effet, les images [38] qu'on trouve en poésie résultent souvent de la rencontre inattendue de mots qu'on n'associerait pas dans le langage ordinaire. Ainsi dans cette phrase du poète Jacques Prévert :

> *Tout autour de la terre*
> *nous avons rencontré*
> *la mer qui se promenait*
> *avec tous ses coquillages*

Jacques PRÉVERT, « En sortant de l'école », dans *Demain dès l'aube... Les cent plus beaux poèmes*, Paris, Hachette Jeunesse, Le livre de poche, 1990, p. 21.

l'expression *la mer qui se promenait* forme une image prêtant vie à la mer. Cette image diffère de l'emploi habituel du verbe *se promener*, qui commande en principe un sujet animé (une personne ou un animal).

Dans cette section, nous ne tenons pas compte du langage poétique ; nous étudions la compatibilité sémantique entre les mots, seulement en fonction du sens courant que les mots ont dans le langage ordinaire.

1.2 Compatibilité sémantique et syntaxe

La compatibilité sémantique se manifeste entre les mots qui sont liés par une relation syntaxique : entre le sujet et le prédicat, entre un nom et son complément, entre un verbe et son complément ou entre un adjectif et son complément.

Un mot impose à son complément un certain nombre de traits sémantiques [14, p. 124]. Le verbe *verser* se construit avec un GN complément direct. Mais ce n'est pas n'importe quel GN qui peut convenir. Dans son sens courant, *verser* renvoie à l'action de faire couler un liquide, de sorte que son complément doit désigner un liquide ou quelque chose qui ressemble à un liquide. Des noms comme *lait*, *café* et *vin* sont donc compatibles avec *verser*. On peut dire :

> *Le serveur verse du lait, du café ou du vin dans les verres.*

Mais la combinaison suivante est inappropriée :

> ⊗ *La cuisinière verse un gigot d'agneau dans la rôtissoire.*

1.3 L'impropriété

DÉFINITION : On appelle **impropriété** une erreur causée par la rencontre de mots qui sont incompatibles sur le plan du sens ou qui ne conviennent pas au contexte.

Voici les cas les plus fréquents d'impropriété dans l'usage courant de la langue.

1. Un mot qui ne s'emploie qu'à propos d'une chose est utilisé avec un mot désignant un être animé :

> ⊗ *apporter son chien*

Ce groupe verbal est incorrect, car le verbe *apporter* demande un complément désignant une chose. C'est le verbe *amener* qui suppose le trait animé :

> on **amène** son chien, on **amène** une amie,

mais : on **apporte** un livre ou un cadeau.

2. Un mot qui n'a pas le trait humain est associé à un mot qui ne s'emploie qu'à propos des humains :

> ⊗ l'**accouchement** d'une chatte

Ce groupe nominal ne convient pas, car le nom *accouchement* concerne les femmes et non les animaux femelles ; il faut dire plutôt :

> la **mise bas** d'une chatte

3. Un mot entre en contradiction avec un autre mot :

> ⊗ Les **animaux aperçus** sont **inexistants**.

Cette phrase contient une contradiction car, pour que des animaux puissent être aperçus il faut qu'ils existent ! La phrase pourrait être reformulée ainsi :

> Aucun animal n'a été aperçu.

4. Un mot ajoute une nuance positive ou négative qui ne convient pas au contexte :

> ⊗ Monsieur le Maire a envoyé une lettre à la Ministre pour lui **soutirer** une subvention.

Le verbe *soutirer* comporte l'idée d'obtenir quelque chose de quelqu'un par ruse et tricherie. Cette phrase laisse entendre que les intentions du maire ne sont pas honnêtes. Si on ne veut pas diffamer le maire, il vaudrait mieux écrire :

> Monsieur le Maire a envoyé une lettre à la Ministre pour lui **demander** une subvention.

5. L'omission d'un ou de plusieurs mots provoque une rencontre de mots saugrenue :

> ⊗ Les **voitures accidentées** ont été rapidement **hospitalisées**.

Cette phrase est absurde, car on n'hospitalise pas des voitures, mais des personnes. Il faut dire plutôt :

> Les **passagers** des voitures accidentées ont été rapidement **hospitalisés**.

En cas de doute, le meilleur moyen pour éviter l'impropriété est de vérifier le sens et l'emploi du mot dans un dictionnaire.

2 LES CONSTRUCTIONS D'UN MOT

L'emploi d'un nom, d'un adjectif ou encore plus d'un verbe est soumis à certaines contraintes syntaxiques. Un mot peut entrer dans certaines constructions syntaxiques et ne pas convenir dans d'autres. Son sens peut aussi varier selon les constructions où il est employé.

Les contraintes syntaxiques particulières à l'emploi d'un mot concernent surtout la présence ou non d'un complément, le type de complément et le choix de la préposition.

REM. La place est un autre facteur syntaxique qui joue sur l'emploi des adjectifs [18]. En effet, un adjectif peut changer de sens selon qu'il vient avant ou après le nom :
– *un ancien ministre* = « un ex-ministre »
– *un ministre ancien* = « un ministre rétrograde »

2.1 La présence ou non d'un complément

Un bon nombre d'adjectifs et de verbes changent de sens selon qu'ils sont suivis ou non d'un complément.

Employé sans complément, l'adjectif *susceptible* signifie « qui se vexe facilement » :

> *un patron susceptible*

Mais suivi d'un complément introduit par la préposition *de*, il veut dire « capable éventuellement de » :

> *une athlète susceptible de gagner aux Olympiques*

Certains verbes peuvent s'employer avec ou sans complément direct en conservant à peu près le même sens. C'est le cas de *lire* qui désigne une activité de lecture dans *Jean lit un roman*, comme dans *Jean lit*. D'autres verbes cependant ont un sens différent selon qu'ils sont suivis ou non d'un complément direct. Ainsi, *pleurer* sans complément a le sens concret de « verser des larmes » :

> *Le bébé pleure.*

Lorsqu'il régit un complément direct, il prend le sens figuré de « regretter » :

> *Mon grand-père pleure sa jeunesse.*

2.2 Le type de complément

Un mot admet certains compléments.

1. Un complément introduit ou non par une préposition.

Certains verbes admettent un complément direct, c'est-à-dire construit sans préposition :

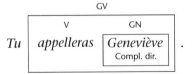

D'autres verbes demandent un complément indirect construit avec une préposition :

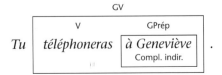

2. Un complément contenant un nom ou un infinitif.

Certains noms peuvent avoir comme complément un groupe prépositionnel contenant un nom ou un infinitif :

ou

Pour d'autres noms, le complément peut seulement être un GPrép contenant un nom ; on dit :

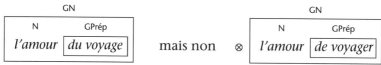

mais non ⊗

3. Un complément réalisé par une subordonnée complétive.

Certains verbes peuvent commander une subordonnée complétive :

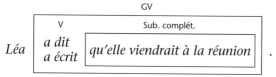

Par contre, d'autres verbes refusent cette construction :

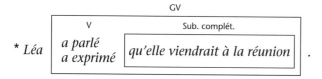

Il existe des mots, par exemple l'adjectif *fier*, qui peuvent admettre une large gamme de constructions. D'autres mots, comme les adjectifs *fidèle* et *facile*, se limitent à un seul type de complément.

DIFFÉRENCE DE CONSTRUCTION ENTRE QUELQUES ADJECTIFS

ADJECTIF	PRÉPOSITION	COMPLÉMENT AVEC UN NOM	COMPLÉMENT AVEC UN INFINITIF	SUBORDONNÉE COMPLÉTIVE
fier	*de*	*Il est fier* **de son travail.**	*Il est fier* **d'apprendre** *le violon.*	*Il est fier* **que** **tu aies réussi.**
fidèle	*à*	*J'ai été fidèle* **à ma promesse.**	—	—
facile	*à*	—	*Cette notion est facile* **à comprendre.**	—

Le choix de la préposition est souvent déterminé par le mot qui la commande. Deux mots de sens voisin peuvent se construire avec des prépositions différentes.

On dit *différent de :*   *Ton opinion est **différente de** la mienne,*

mais on dit *contraire à :*   *Ton opinion est **contraire à** la mienne.*

Dans le cas des mots qui admettent diverses prépositions, l'emploi d'une préposition ou d'une autre peut traduire une différence de sens appréciable. Ainsi, un verbe peut changer de sens en changeant de préposition :

> – *se fâcher avec quelqu'un* = « se brouiller »
> – *se fâcher contre quelqu'un* = « se mettre en colère »

 C'est surtout à l'aide des exemples en italique que les dictionnaires donnent des renseignements sur les constructions possibles des mots (emploi de telle préposition, type de complément, etc.). Pour le verbe [19], on recourt à des mentions particulières qui servent à diviser l'article :

- *v. tr. dir.* ① (verbe transitif direct) : verbe demandant un complément direct, du type *manger quelque chose*
- *v. tr. ind.* (verbe transitif indirect) : verbe demandant un complément indirect, du type *rêver à quelque chose*
- *v. intr.* (verbe intransitif) : verbe s'employant sans complément, du type *dormir*
- *absolt.* ② (absolument) : verbe transitif employé sans le complément attendu
- *sans compl.* : sans complément
- *suj. chose* : sujet non animé représentant une chose
- *suj. pers.* : sujet animé représentant une personne
- *qqch.* (quelque chose) : indique le trait non animé du sujet ou du complément
- *qqn* (quelqu'un) : indique le trait humain du sujet ou du complément
- *suiv. d'un inf.* : suivi d'un infinitif
- *suivi de* que : suivi d'une complétive introduite par *que*
- *v. pr.* ou *pron.* ③ : verbe à la forme pronominale, comme *s'aimer*

① **DÉLASSER** [delase] v. tr. ⟨1⟩ — XIVᵉ, rare av. XVIᵉ; de dé- et *las*; cf. *lasser* ◆ Tirer (qqn) de l'état de lassitude, de fatigue. ⇒ **défatiguer, détendre,** 2. **relaxer,** 1. **reposer.** *«Semblable au voyageur délassé par un bain»* (Balz.). *Écouter de la musique délasse l'esprit. Sa gaieté nous délasse.* ⇒ **changer, distraire, divertir.** *«La rêverie me délasse et m'amuse, la réflexion me fatigue et m'attriste»* (Rouss.). — ABSOLT *La lecture délasse.* ② *« Quand on arrivait du dehors, la fraîcheur de l'escalier délassait »* (Flaub.). ◊ SE DÉLASSER v. pron. *Se reposer en se* ③ *distrayant.* ◊ CONTR. Fatiguer, lasser. — HOM. poss. Délacer.

Nouveau Petit Robert de la langue française, Paris, Le Robert, 1996.

Les articles de dictionnaires portant sur les verbes, à cause des nombreux renseignements syntaxiques qu'ils contiennent, constituent une source essentielle d'information pour savoir comment construire des groupes verbaux.

3 LES SUITES LEXICALES

Certains mots sont souvent employés ensemble. Par exemple, le mot *pluie* suscite les combinaisons suivantes :

– avec un nom : *une goutte de pluie, des bottes de pluie, un manteau de pluie, un jour de pluie* ;

– avec un adjectif : *une pluie intense, une pluie abondante, une pluie fine, une pluie brève* ;

– avec un verbe : *la pluie tombe, la pluie se calme, la pluie augmente, la pluie cesse*.

DÉFINITION : Les **suites lexicales** d'un mot sont constituées de celui-ci et des mots qui apparaissent fréquemment à sa gauche ou à sa droite dans une phrase.

Certains mots ont des suites lexicales très limitées. Ainsi, le verbe *cligner* ne se rencontre qu'avec *œil* ou *yeux*. Par contre, d'autres mots possèdent un très large éventail de suites lexicales. C'est le cas du nom *vitesse*.

SUITES LEXICALES DU NOM *VITESSE*

AVEC UN NOM	AVEC UN ADJECTIF	AVEC UN VERBE
la vitesse du moteur	*une petite vitesse*	*diminuer la vitesse*
la vitesse de la voiture	*une faible vitesse*	*réduire la vitesse*
la vitesse de la lumière	*une vitesse réduite*	*augmenter la vitesse*
la vitesse du son	*une vitesse élevée*	*accroître la vitesse*
une limite de vitesse	*une vitesse importante*	*filer à toute vitesse*
un indicateur de vitesse	*une grande vitesse*	*rouler à toute vitesse*
un excès de vitesse	*une vitesse excessive*	*gagner de la vitesse*
une vitesse de croisière	*une vitesse croissante*	*atteindre telle vitesse*
une épreuve de vitesse	*une vitesse constante*	*dépasser telle vitesse*
le patinage de vitesse	*une vitesse variable*	*maintenir telle vitesse*
	la vitesse permise	*mesurer la vitesse*
	à pleine vitesse	*passer en quatrième vitesse*

Des impropriétés peuvent naître de la déformation des combinaisons de mots imposées par l'usage. Ainsi, parmi les nombreux verbes qui signifient « faire quelque chose », le verbe *effectuer* s'emploie avec des noms comme *travail, tâche* ou *enquête*, mais pas avec des noms désignant des productions écrites. On ne peut donc pas dire : ⊗ *Loïc **effectue** un conte*. On dira plutôt : *Loïc **écrit** / **rédige** / **compose** un conte*.

Les dictionnaires signalent les principales suites lexicales d'un mot dans les exemples en italique :

> **CONVOQUER** [kɔ̃vɔke] v. tr. ⟨1⟩ — 1355 ; lat. *convocare*, rac. *vox* « voix » **1.** Appeler à se réunir, de manière impérative. ⇒ **assembler ; convocation.** *Convoquer une assemblée pour telle date. Convoquer les candidats à un examen. Convoquer les parties devant le juge, devant les tribunaux.* ⇒ **ajourner, assigner, citer.** *Convoquer le personnel par lettre, par téléphone.* **2.** Faire venir de manière impérative (une seule personne) auprès de soi. *Le directeur m'a convoqué dans son bureau.*

Nouveau Petit Robert de la langue française, Paris, Le Robert, 1996.

④ LES EXPRESSIONS FIGÉES

4.1 Les suites libres et les suites figées

On trouve deux catégories de suites lexicales : les suites libres et les suites figées.

DÉFINITION : Les **suites lexicales libres** sont composées d'un groupe de mots qu'on peut toujours modifier en ajoutant, en remplaçant ou en déplaçant des éléments.

Ainsi, la suite libre *abattre un mur* peut subir une addition : *abattre un mur de pierres*, ou une substitution : *détruire un mur*.

DÉFINITION : Les **suites lexicales figées**, appelées plus couramment **expressions**, correspondent à des séquences de mots toutes faites qu'on ne peut pas modifier.

L'expression *rester entre quatre murs* est une suite figée qui signifie « rester enfermé dans une maison ». Pour exprimer la même idée, on ne peut pas dire : ⊗ *rester entre les murs*.

Les suites figées ont souvent un sens figuré et sont de dimension variable. Il peut s'agir :
– d'un groupe de mots :

> *couper les ponts* = « cesser toute relation »

– d'une phrase complète :

> *Une hirondelle ne fait pas le printemps.* = « Un seul exemple n'autorise pas une conclusion générale. »

Les expressions figées doivent s'employer telles quelles, sans aucun changement. L'expression ⊗ **dès sa jeune enfance** est mal formée, car l'usage veut que ce soit l'adjectif *tendre* qui soit employé dans ce contexte. On doit donc dire : *Je lui ai lu des contes **dès sa tendre enfance**.*

4.2   Les proverbes et les périphrases

Il existe deux cas particuliers d'expressions figées : le proverbe et la périphrase.

DÉFINITION : Un **proverbe**, appelé aussi dicton, est une formule figée, généralement de la taille d'une phrase, qui suggère une manière de penser ou de se comporter.

Les proverbes sont souvent formulés dans un langage imagé :

> *L'habit ne fait pas le moine.* = « On ne doit pas juger les gens sur leur apparence. »
>
> *Un tiens vaut mieux que deux tu l'auras.* = « Il vaut mieux se contenter de ce qu'on a que de se fier à la promesse incertaine d'avoir plus. »

 Dans les dictionnaires, les proverbes sont souvent regroupés dans une section à part ou sont expliqués au mot principal après la mention *Prov.* (pour proverbe) :

> ① *caravane* [kaʀavan] n. f. **1.** Groupe de voyageurs réunis pour franchir une région désertique, peu sûre (avant les moyens de transport modernes ou quand ils ne sont pas utilisables). *Caravane de nomades.* — PROV. *Les chiens aboient, la caravane passe,* il faut laisser crier les envieux, les médisants. **2.** Groupe de personnes qui se déplacent. *La caravane publicitaire qui suit le Tour de France.* ▶ *caravanier* n. m. ■ Conducteur d'une caravane ①.

Robert Micro, Montréal, © DICOROBERT INC., 1994.

DÉFINITION : Une **périphrase** est un groupe de mots qui exprime de façon souvent imagée ce que l'on pourrait dire en plus court, ordinairement en un seul mot.

Une périphrase désigne souvent un lieu connu, une période de l'histoire, un personnage célèbre, etc.

EXEMPLES DE PÉRIPHRASES COURANTES

PÉRIPHRASE	TERME SYNONYME
La Ville lumière	*Paris*
L'empire du Soleil-Levant	*le Japon*
Le souverain pontife	*le pape*
Les forces de l'ordre	*la police*
Le septième art	*le cinéma*

Les périphrases sont souvent employées comme moyens de reprise dans les textes [4] :

> *Le **pétrole** se trouve principalement dans les pays d'Arabie. L'abondance de l'**or noir** dans cette région du monde y a causé de nombreux conflits.*

Bibliographie sélective

ADAM, Jean-Michel (1994). *Les textes : types et prototypes. Récit, description, argumentation, explication et dialogue.* Paris, Nathan, 223 p.

ARRIVÉ, Michel, GADET, Françoise, GALMICHE, Michel (1986). *La grammaire d'aujourd'hui : guide alphabétique de linguistique française.* Paris, Flammarion, 720 p.

CATACH, Nina (1994). *La ponctuation.* Paris, Presses universitaires de France, coll. « Que sais-je ? » (n° 2818), 128 p.

CATACH, Nina (1980). *L'orthographe française. Traité théorique et pratique.* Paris, Nathan, 334 p.

CHARTRAND, Suzanne-G. (dir.) (1996). *Pour un nouvel enseignement de la grammaire.* Montréal, les Éditions Logiques, 447 p.

GENEVAY, Éric (1994). *Ouvrir la grammaire.* Lausanne, Éditions L.E.P., 274 p.

COMBETTES, Bernard, TOMASSONE, Roberte (1988). *Le texte informatif, aspects linguistiques.* Bruxelles, De Boeck, 140 p.

GREVISSE, Maurice (1986, 12e édition refondue par André GOOSSE). *Le bon usage. Grammaire française.* Paris-Gembloux, Duculot, 1768 p.

GOBBE, Roger, TORDOIR, Michel (1986). *Grammaire française.* Saint-Laurent (Québec), Éditions du Trécarré, 440 p.

IMBS, Paul (1968). *L'emploi des temps verbaux en français moderne.* Paris, Librairie Klincksieck, 272 p.

LE GOFFIC, Pierre (1993). *Grammaire de la phrase française.* Paris, Hachette, 591 p.

MOIGNET, Gérard (1981). *Systématique de la langue française.* Paris, Éditions Klincksieck, 346 p.

NIKLAS-SALMINEN, Aïno (1997). *La lexicologie.* Paris, Armand Colin, 188 p.

PICOCHE, Jacqueline (1993). *Didactique du vocabulaire français.* Paris, Nathan, 206 p.

PICOCHE, Jacqueline (1992, 2e édition). *Précis de lexicologie française.* Paris, Nathan, 181 p.

PINCHON, Jacqueline, COUTE, Bernard (1981). *Le système verbal français. Description et applications pédagogiques.* Paris, Nathan, 255 p.

RIEGEL, Martin, PELLAT, Jean-Christophe, RIOUL, René (1994). *Grammaire méthodique du français.* Paris, Presses universitaires de France, 646 p.

ROY, Gérard-Raymond, BIRON, Hélène (1991). *S'approprier l'orthographe grammaticale par l'approche « donneur »* → *« receveur ».* Sherbrooke, Éditions du CRP, 156 p.

TOMASSONE, Roberte (1996). *Pour enseigner la grammaire.* Paris, Delagrave, 317 p.

TOURATIER, Christian (1996). *Le système verbal français. Description morphologique et morphématique.* Paris, Armand Colin, 253 p.

VANDENDORPE, Christian (1997). *Communication écrite.* Cédérom version 3.1, Montréal, Logisdisque.

WILMET, Marc (1997). *Grammaire critique du français.* Paris — Louvain-la-Neuve, Hachette-Duculot, 670 p.

Index

LÉGENDE	**Chiffres en gras**	Renvoi à une définition
	Italique	Terme qui présente une difficulté
	Magenta	Orthographe
	!	Rubrique *Attention!*
	REM.	Rubrique *Remarque*

A

A / À, 13
À
 marque de l'infinitif, 108 **!**, 187 REM. 2
 répétition de, 235
Abrègement, 335-337
Abréviation, 286 **!**
Accent, 13-14
 aigu, 13
 circonflexe, 13-14
 grave, 13
Accords
 dans le GN, 265-267
 de l'adjectif, 265-267
  noyau du GAdj attribut du complément
   direct, 272
  noyau du GAdj attribut du sujet, 267
 du déterminant, 265
 du participe passé
  d'un verbe occasionnellement
   pronominal, 267 **!**
  d'un verbe impersonnel, 271
  dans les formes verbales surcomposées, 271
  employé avec l'auxiliaire *avoir*, 270-272
  employé avec l'auxiliaire *être*, 267-268
  employé avec le pronom *en*, 271
  employé sans auxiliaire, 167
  suivi de l'infinitif, 272
 du verbe, 267
 régis par le complément direct, 270-272
 régis par le sujet, 267-269
Acronyme, **336**-337
Addition (manipulation), **70**
Adjectif, 163-169, *voir aussi* **GAdj**
 accords, *voir* **Accords**
 classifiant, 70, **164**, 171, 231 **!**
  place, 171
 comparatif, 169
 complexe, 167
 composé, 167, 322
  pluriel, 324-325
 de couleur, 167

et participe présent, 167 REM., 168 REM.
féminin (formation du)
 règle générale, 164
 règles particulières, 165
ordinal, 146 REM. 2
participe, **167**, 171 REM.
pluriel (formation du)
 adjectifs composés, 324-325
 règle générale, 166
 règles particulières, 166
qualifiant, 70, 163-**164**, 170, 231
 mise en degré, 168-169
 place, 171
receveur, 169
simple, 167
superlatif, 169
Adverbe, 220-223, *voir aussi* **GAdv**
 complexe, 222, 323
 coordonnant, 225
 corrélatif, 222 **!**, 259
 en *–ment* (formation)
  règle générale, 223
  règles particulières, 223
 exclamatif, 225
 interrogatif, 159 **!**, 225
 marque de modalité, 45, 226
 modificateur, 223, 226 **!**
 organisateur textuel, 226
 simple, 222
Alinéa, 286
Aller + infinitif, 211 REM.
Alphabet, 11
Alphabet phonétique international (API), 9-10
Analogie, **375**-377
 et contexte, 357
Anglicisme, 307, **338**-339
Antécédent, **149**
 du pronom relatif, 157
Antithèse, **363**
Antonymes, **371**-375
Apostrophe (mot hors phrase), 101 **!**, 281
Apostrophe (signe), 14
Appeler, 199 REM. 2

Après-midi, 128 REM. 1
Archaïsme, 296
Arrêté Haby, 266
Aspect
    accompli, **195**
    auxiliaire d', **178**, 187, 195 REM.
    non accompli, **195**
Attendu, 166 REM. 2
Attribut
    du complément direct du verbe, 114-115
    du sujet, 112-114
Attributif (verbe), **177**
Aucun, 91 **!**
Auditeur, 6
Auteur, 6
Auxiliaire
    d'aspect, **178**, 187, 195 REM.
    de conjugaison, 176, 178, **201**-202
    de modalité, 44, **178**, 187, 196 REM.
    factitif, 178

B

Barre oblique, 286
But d'un texte, 19

C

C'est, 100-101
Ça, 156 REM.
Cadre (de la communication)
    social et culturel, **5**
    spatio-temporel, **5**
Calembours, 353, 354
Canal (de la communication), **5**
Caractéristiques morphologiques
    adjectif, 164-168
    adverbe, 222-223
    déterminant, 140-141
    nom, 126-129
    préposition, 214
    pronom, 150
    verbe, 174-176
Caractéristiques sémantiques
    adjectif, 163-164
    adverbe, 221-222
    déterminant, 140
    nom, 123-126
    préposition, 213-214
    pronom, 148-149
    verbe, 174
Caractéristiques syntaxiques
    adjectif, 168-169
    adverbe, 223
    déterminant, 141-142
    nom, 130-131

préposition, 215-216
    pronom, 150-151
    verbe, 176-179
Ce (c'), 156 REM.
Ceci, 26 REM., 156 REM.
Cédille, 14
Cela, 26 REM., 156 REM.
Cent, 146 **!**
Champ lexical, 376-377
Chaque, 141
Ci (avec déterminant démonstratif), 143 REM.
Ci-annexé, 166 REM. 2
Ci-inclus, 166 REM. 2
Ci-joint, 166 REM. 2
Circonstancielle, 251
Classes de mots
    adjectif, 163-169
    adverbe, 220-223, 231
    conjonction, 75 **!**, 231, 232 REM.
    déterminant, 75 **!**, 139-147
    invariables, 262
    nom, 123-131
    préposition, 213-216
    pronom, 75 **!**, 148-162
    verbe, 173-191
    variables, 263
Code (de la communication), **4**
Cohérence du texte, 20-22, 377
Cohésion temporelle, 22, **203**
Combien de, 144, 145
Communication langagière, 2, **3**-8
    écrite, 5-7
    orale, 5-7, 91 REM.
Comparaison, 360-361
Comparatif, 169
Complément
    de l'adjectif, 119-120
    de l'infinitif, 121
    de P (de phrase), 83, 104-105
        constituant facultatif et mobile, 64
        subordonnée, **252**-258
    direct du verbe, 69, 107-109
    du nom, 68, 115-117, 135-137, 240
    du présentatif, 121
    du pronom, 117-119, 151, 240
    du verbe impersonnel, 97 REM. 2, 121
    indirect du verbe, 69, 109-111
Complétive, 246-250, *voir aussi* **Subordonnées**
Composition (procédé de), **321**
    savante, **327**
Concession, 258
Concordance des temps, 203
Conditionnel
    passé, 206 REM. 4, 212
    présent, 212
Conjonction, 75 **!**, 231, 232 REM., 246

Conjugaison, **174**, 196-203
    auxiliaire de, 176, 178, **201**-202
    deuxième conjugaison, 202-203
    orale / écrite, 196
    première conjugaison, 202
Consonne, **11**
    semi-consonne, 11 REM.
Constituants de P
    facultatifs et mobiles, 63-65, 66-67
    obligatoires, 63-65, 66
Contexte, **19**, 352
    et sens d'un mot nouveau, 356-357
Coordination, **229**-231, 234-235
    de groupes, 230-231, 282
    de P, 230, 282
    de phrases subordonnées, 230-231, 282
Coordonnant, **229**, 231-233
    place, 233
Corrélative, **259**-261, *voir aussi* **Subordonnées**
Courir (complément), 271
Coûter (complément), 271
Crochets, 284
Cru / Crû, 13

D

D'autres, 217 **!**
De
    marque de l'infinitif, 108, 187
    répétition de, 235
De / de la, 145 **!**
De / des, 91 **!**
Déclarative (phrase), 78-80
Demi, 167 REM. 3
Déplacement (manipulation), **67**-68
    de sens, 353
Dérivation, **311**-312,
Destinataire, **6**
Déterminant, 68, 75 **!**, 139, 147
    accord, 265
    complexe, 141
    contracté, 142 **!**, 143 **!**, 145 **!**, 214 **!**
    de reprise, 28, **140**
    défini, 142
    démonstratif, 143
    exclamatif, 145
    indéfini, 143
    interrogatif, 144
    numéral, 126 REM. 2, 146
    partitif, 126 REM. 2, 145-146
    place, 141
    possessif, 144
    quantitatif, 146-147
    receveur, 142
    relatif, 147
    simple, 141
    variation en genre, 140-141
    variation en nombre, 140-141
    variation en personne, 144 **!**
Deux points, 229, 283-284
Dialogue, 285
Diminutif / intensif, **312**
Discours rapporté, 8, **40**-41
    direct, **40**, 284, 285
    indirect, **41**
    indirect libre, **41**, 212
Donneur, 263-**264**
Dont / que, 244-245
Doublets, 293
Du, 145 **!**
Du / Dû, 13
Durer (complément), 271

E

E caduque, 10 REM. 2
E muet, 10 REM. 2
Effacement (manipulation), **66**-67
Élision, **14**
Émetteur, **4**
Emphatique (phrase), **94**-97
Emprunt, **337**-339
En
    et participe présent, 190
    pronominalisation, 108, 110, 113
    répétition de, 235
Encadrement (manipulation), **70**
Enchaînement de reprises, 36
Énonciation, **7**
    énoncé, **7**
    énonciateur, **7**-8
Énumération, 283
Etc., 280 REM. 2
Étymologie, **291**
Euphémisme, **364**-365
Excepté, 166 REM. 2
Exclamative (phrase), **87**-89
Expansions, **72**
    du nom, 134, 135-137
    du pronom, 151
Explétif
    ne, 91, 255 **!**, 260 **!**
Expression (figée), 130, 385-386

F

Famille
de mots, **341**-346, 376
étymologique, **291**, **342**, 345
Féminin (formation du)
des adjectifs
règle générale, 164
règles particulières, 165
des noms
règle générale, 127
règles particulières, 127
Figures de style, 359-365
antithèse, **363**
comparaison, **360**-361
euphémisme, **364**-365
hyperbole, **365**
ironie, **364**
litote, **364**, 375
métaphore, **361**-363
métonymie, 131, **359**-360
Fonctions syntaxiques, 102-122
attribut
du complément direct, 114-115
du sujet, 69, 112-114
complément, 70
de l'adjectif, 119-120
de P, 104-105
direct du verbe, 69, 107-109
du nom, 67, 115-117, 137
du présentatif, 121
du pronom, 117-119, 151, 240
du verbe impersonnel, 97 REM. 2, 121
indirect du verbe, 69, 109-111
du GAdj, 172
du GAdv, 224-225
du GInf, 188
du GN, 138
du GPart, 191
du GPrép, 218
du GV, 186
modificateur, 120-121
prédicat de P, 106
sujet de P, 103-104
Formation des mots
par abrègement, 335-336
acronymes, **336**-337
sigles, **335**-336
par composition, **321**-325
par composition savante, **327**-332
éléments d'origine grecque, 328
éléments d'origine latine, 329-332
par emprunt, **337**-339
par télescopage, **334**-335

Formes de phrases
active, 65, 78-80
emphatique, **94**-97
impersonnelle, **97**-98
négative, **89**-92, 143 **!**, 146 **!**
neutre, 65, 78-80
passive, **92**-94
personnelle, 65, 78-80
positive, 65, 78-80
Futur
antérieur, 211
d'anticipation, 211
éloigné, 208
historique, 211
hypothétique, 212
proche, 207, 208 REM.
simple, 211

G

GAdj (groupe adjectival), **169**-172, *voir aussi* **Adjectif**
construction, 170
fonctions, 172
place, 171
GAdv (groupe adverbial), **224**-227, *voir aussi* **Adverbe**
construction, 224
fonctions, 224-225
rôles, 225-226
Générique, 356, **367**-368, 376
Genre (de texte), **6**, 19
Gérondif, 190
GInf (groupe infinitif), 176 **!**, **186**-188
construction, 186-188
fonctions, 188
GN (groupe nominal), **133**-138, *voir aussi* **Nom**
accords dans le GN, 265-267
constructions, 133-137
fonctions, 138
noyau du GN, 133
GNs, 61 **!**, 64
GPart (groupe participe présent), 176 **!**, **188**-191
constructions, 189-190
fonctions, 191
GPrép (groupe prépositionnel), **216**-218, *voir aussi* **Préposition**
constructions, 217-218
fonctions, 218
Grammaire de la phrase, 60
Grammaire du texte, 20-22
Graphème, 12, 16
Groupe, 72-74
délimitation, 67
détachement, 280
expansions, **72**
noyau, **72**
sortes, 74

Guillemets, 40, 285, 364
GV (groupe verbal), **179**-186, *voir aussi* **Verbe**
  avec attribut, 182-184
  avec complément, 179-180
  constructions, 179-185
  fonction, 186
  sans complément, 179

H dit aspiré, 15 **!**
H dit muet, 15 **!**
Homonymie, **353**-354
Homophones, 13, **354**
  de conjugaison, 196
Homographes, 354
Hyperbole, **365**

Il y a (présentatif), 100
Imparfait
  d'habitude, 209
  de l'indicatif, 209-210
  du subjonctif, 206 REM. 3
Impératif, 206-207
Impérative (phrase), **85**-87
Impersonnelle (phrase), **97**-98
Impropriété, **379**-380, 384
Incidente, **238**
Incise, **238**, 279 **!**
Indicatif, 207-212
Infinitif, 203-204
  composé, 186 **!**
  de narration, 204 REM.
  simple, 186 **!**
Insertion, **238**
Interjection, 101 **!**, 279 **!**
Interlocuteurs, 6
Interrogation
  partielle, **81**, 83-84
  rhétorique, 45 REM.
  totale, **81**, 82-83
Interrogative (phrase), **81**-84
Intertitre, 47
Inversion du sujet, 104 **!**, 233 REM., 238 REM.
Ironie, **364**

Jeter, 199 REM. 2
Juxtaposition, **229**-231, 234-235
  de groupes, 230-231, 281-282
  de P, 230, 281-282

de phrases subordonnées, 230-231, 281-282

Là, 143 REM.
La / Là, 13
La plupart, 161 **!**
Langage figuré, 353, 358-365, *voir aussi* **Figures de style**
Langue, **3**
Lecteur, **6**
Leur / Leurs, 144, 152, 155
Lexique, **3**
  sources, 292-295
Litote, **364**, 375
Locuteur, **6**
Locution, 322
  adverbiale, **222**, 322-323
  conjonctive, 322-323
  prépositive, **214**, 322-323
  verbale, **176**, 322
Lorsque, 15 REM.

Majuscule, 123, 278 REM. 1
Manipulations, 66-70, 81 **!**, 102
  addition, **70**
  déplacement, **67**-68
  effacement, **66**-67
  encadrement, **70**
  remplacement, **68**-69
Marques
  de l'infinitif, 108, 187
  de modalité, 22, **43**-45, 226
  énonciative, **43**-44
  grammaticale, **263**
  graphique, 47
  typographique, 48
Marqueurs
  de relation, 232, 252
  emphatique, 95
  exclamatif, 88
  interrogatif, 84, 159
  négatif, 90
Meilleur, 169 **!**
Message, **4**
Mesurer (complément), 271
Métaphore, **361**-363
Métonymie, 131, **359**-360
Mi, 167 REM. 3
Mille, 146
Modalisation, **43**-45, 195, 238

Modalité
   auxiliaires de , **44**, 178, 196 REM.
   marques de, 22, **43**-45, 226
   verbale, 195-196
MODÈLE DE BASE, 63-65
Modes, 175, **194**, 197
   impératif, 206-207
   impersonnel, 194, 203-204
   indicatif, 207-212
   infinitif, 203-204
   non temporel, 194
   participe, 204
   personnel, 194
   subjonctif, 204-206
   temporel, 194
Modificateur, 120-121, 260
   de l'adjectif, 120, 170
   de l'adverbe, 120
   de la préposition, 121
   du déterminant, 121
   du pronom, 121
   du verbe, 120, 185 **!**
Morphologie, 3
Mot
   complexe, 310
   composé, 321-325, 341
      pluriel, 338
   dérivé, **311**, 341
   emprunté, 337-338
   évolution des mots, 290-297
   famille de mots, **341**-346
   hors phrase, 101 **!**
   mot-valise, **334**-335
   origine des mots, 290-297
   simple, 310
   suppléant de sens voisin, 345-346

N

N'est-ce pas, 279 **!**
Narrateur, 7
Nature de mots, *voir* **Classes de mots**
Ne + aucun, ni, personne, rien, 91 **!**
Ne explétif, 91, 255 **!**, 260 **!**
Néologisme, **296**-297
Ni, 91 **!**
Nom, 123-131, *voir aussi* **GN**
   commun, 123
      employé sans déterminant, 130
   complexe, 129
   composé, 129, **322**, 324-325
   dérivé, 129
   donneur, 131
   féminin (formation du)
      règle générale, 127
      règles particulières, 127

   genre, 126-128
   nombre, 128-129
   personne, 129
   pluriel (formation du)
      noms composés, 324-325
      noms précédés de *à, de, en, sans*, 217 **!**
      règle générale, 128
      règles particulières, 129
   propre, 123, 125-126
   simple, 129
   trait sémantique, 124-125
Nominalisation, **31**, 342-343
Nous
   de majesté et de modestie, 153 REM. 2, 193 REM. 1
Noyau, **72**-73
Nu, 167 REM. 3

O

On, 154, 193 REM. 2, 269
Onomatopée, 101 **!**
Opération langagière, 81 **!**
Organisateur textuel, **51**, 218, 226
Organisation textuelle, 50
Orthographe, 3
   grammaticale, **62**-63
Où, 159 REM.
Ou / Où, 13

P

P (symbole), **72**
Paragraphe, **51**, 286
Parenthèses, 284
Paronymie, **355**
Participe
   adjectif, 167
   passé, 176, 201, **204**
      accord, *voir* **Accords**
      composé, 197 REM.
   présent, 188, 190, **204**
Passé
   antérieur, 209
   composé, 208-209
   proche, 207
   simple, 209
Passé, 166 REM. 2
Passive (phrase), **92**-94
Périphrase, 31, 364, **386**
Personne, 91 **!**, 149, 161 **!**
Personne grammaticale, 175, 193
Peser (complément), 271
Phonème, **9**-11
Phonologie, 3
Phrase, 60, **72**-77
   à construction particulière, **77**, **99**-101

à présentatif, 100-101
constituants de P, 63-64, 66
de base, **76**, 98 **!**
de forme
    active, 65, 78-80
    emphatique, **94**-97
    impersonnelle, **97**, 98
    négative, **89**, 92, 143 **!**, 146 **!**
    neutre, 65, 78-80
    passive, **92**-94
    personnelle, 65, 78-80
    positive, 65, 78-80
de type
    déclaratif, 65, 78-80
    exclamatif, **87**-89
    impératif, **85**-87
    interrogatif, **81**-84
détachée, 280
enchâssante, 235-237
enchâssée, 235-237
graphique, 72, **277**-278, 286 REM.
incidente, **238**, 281, 284
incise, 104 **!**, **238**, 279 **!**, 281
infinitive, **99**-100, 188 **!**
matrice, **236**
non verbale, 92, **101**, 227 REM., 278, 279 **!**
représentation schématique, 75
subordonnée, *voir* **Subordonnées**
transformée, **76**, 77 **!**, 79-98
Pire, 169 **!**
Pluriel
des adjectifs
    composés, 324-325
    de couleur, 167 **!**
    règle générale, 166
    règles particulières, 166
des mots empruntés, 338
des noms
    composés, 324-325
    précédés de *à, de, en, sans*, 217 **!**
    règle générale, 128
    règles particulières, 129
Plus d'un, 269
Plus-que-parfait
de l'indicatif, 209-210
du subjonctif, 206 REM. 3, REM. 4
Plusieurs, 141
Point, 229, 249 **!**, 278
Point abréviatif, 286
Point d'exclamation, 278 REM. 2, 279, 364
Point d'interrogation, 278 REM. 2, 278-279
Points de suspension, 278 REM. 2, 279-280, 364

Point de vue, 22, 43, 163
Point-virgule, 229, 283
Polysémie, **350**-353, 369, 373
Ponctuation, 3, 276, **277**-288
alinéa, 286
barre oblique, 286
crochets, 284
deux points, 229, 283-284
du dialogue, 285
du discours direct, 285
du mot, 286
du texte, 285-286
guillemets, 43, 285, 364
majuscule, 123, 278 REM. 1
parenthèses, 284
point, 229, 249 **!**, 278
point abréviatif, 286
point d'exclamation, 278 REM. 2, 279, 364
point d'interrogation, 278 REM. 2, 278-279
points de suspension, 278 REM. 2, 279-280, 364
point-virgule, 229, 283
tirets, 284
tirets de dialogue, 40, 238, 285
virgule, 250, 280-283, 287
Prédicat de P, 106
constituant obligatoire de P, 64
Préfixe, 311, **312**-315, 365, 374
particularités orthographiques, 313
Préposition, 213-216, *voir aussi* **GPrép**
choix, 215-216, 383
complexe, 214, 323
simple, 214
Présent
de l'indicatif, 207-208
de l'infinitif, 203
de narration, 207
du participe, 204
du subjonctif, 204
étendu, 208
historique, 207
permanent, 208
Présentatif
il y a, 100
c'est, 100-101
voici et *voilà*, 100
Presque, 15
Procédés de reprise, 37-38
Progression de l'information, 21
Pronom, 74 **!**, 148-162
adverbial, 64
    y, 64, 105
complexe, 150, 156-157, 159

composé, 150
contracté, 150
de conjugaison, 152, 193
de reprise, 24, **149**
démonstratif, 155-156
donneur, 151
expansions, 151
indéfini, 160-161
    invariable, 161, 162 **!**
    variable, 161
interrogatif, 159-160
nominal, **149**, 152, 160
numéral, 162
personnel, 151-154
    de reprise, 151
    formes conjointes, 152-154
    formes disjointes, 152
    nominal, 152
possessif, 154-155, 193 REM. 3
relatif, 156-158
    choix, 243-245
simple, 150
Pronominalisation, 68, **150**
Propos, **21**
Prosodie, **3**
Proverbe, 130, 363, **386**
Puisque, 15 REM.

Q

Que de, 145
Que / dont, 244-245
Québécisme, **304**-309
Quel, 144-145
Quelqu'un, 149
Quelque, 15
Qui, 124 **!**, 158 REM.
Qui / lequel, 124
Quoi, 124 **!**
Quoique, 14 REM.
Quoique / Quoi que, 259 **!**

R

Radical, 175, **198**-199
Récepteur, **4**
Receveur, **264**-265
Rectifications de l'orthographe, 14, 146 REM. 1,
    199 REM. 2, 325 REM., 338 REM.
Réduction, 242, 253
Référent (de la communication), 4
Régionalisme, **299**-300
Règles d'accord, *voir* Accords
Relative, 239-245, *voir aussi* **Subordonnées**
Remplacement (manipulation), **68**-69
  pronominalisation, 68, **150**

Reprise de l'information, 20-21, **24**-38
enchaînement de reprises, 36
par des mots de même famille, 345
par un GAdv, 33, 226
par un GN, 28-32
par un pronom, 24-27
Résumés
adjectif, 172
adverbe, 227
déterminant, 147
nom, 131
phrase, 77
préposition, 219
pronom, 162
verbe, 191
Rien, 91 **!**, 149

S

Sémantique, **348**
traits sémantiques, 124-125, **349**-350, 379
Semi, 167 REM. 3
Semi-consonne, 11 REM.
Semi-voyelle, 11 REM.
Sens (des mots), 347, **348**-357
abstrait, 351
concret, 351
connoté, 43, 351
dénoté, 351
et contexte, 348, 356-357
et synonyme, 369-370
étroit, 351
faible, 351
figuré, 351
fort, 351
large, 351
mélioratif, 351
péjoratif, 351
propre, 351
Séquences textuelles, 21, **50**
argumentative, 56-58
descriptive, 52-54
dialogale, 50 REM.
explicative, 54-55.
narrative, 52
Sigle, 286 **!**, **335**-336
Signes auxiliaires, 13-15
Signes de la langue, 6
Situation de communication, **4**-5
Spécifique, 356, **367**, 376
Subjonctif, 204-206
Subordination, **235**
Subordonnant, 156, 159, **235**
conjonction *que*, 246
marquant l'hypothèse, 257
marquant l'opposition, 258

marquant la cause, 256
marquant la comparaison, 260
marquant la concession, 258-259
marquant la condition, 258
marquant la conséquence, 256
marquant la justification, 257
marquant la manière, 255
marquant le but, 255
marquant le temps, 254
relatif, 241
Subordonnées, **235**-237
circonstancielle, 251
complément de P, **252**-258
exprimant l'hypothèse, 257
exprimant l'opposition, 258
exprimant la cause, 255
exprimant la comparaison, 255
exprimant la concession, 258-259
exprimant la condition, 257
exprimant la conséquence, 256
exprimant la justification, 256
exprimant la manière, 255
exprimant le but, 254-255
exprimant le temps, 253-254
mode du verbe, 252
complétive, **246**-250
complément d'un présentatif, 250
complément d'un verbe impersonnel, 250
complément de l'adjectif, 249
complément direct du verbe, 247-248
complément du nom, 250
complément indirect du verbe, 248
exclamative, 249
interrogative, 248-249
mode du verbe, 248, 249, 250
sujet, 250
corrélative, **259**-261
exprimant la comparaison, 260-261
exprimant la conséquence, 261
enchâssée dans un groupe, 237-238
interrogative indirecte, 248
relative, 157, 239-245
complément du nom, 240
complément du pronom, 240
construction, 241-243
déterminative, 241
valeurs sémantiques, 241
Substitut, **24**, 149, 226
Suffixe, 311, **315**-319, 365
Suite lexicale, **384**-385
figée, **385**
libre, **385**
Sujet (du texte), 19

unité du sujet, 20
Sujet de P, 103-104
constituant obligatoire de P, 64, 69, 70
inversion, 104 **!**, 233 REM., 238 REM.
Superlatif, 169
Supposé, 166 REM. 2
Syllabe graphique, 10
Syllabe orale, 10
Symboles (ponctuation), 286 **!**
Synonymes, **368**-370
et analogie, 376
et contexte, 356, 369
et reprise de l'information, 28, 370
Syntaxe, 3, **60**-62
Système verbal, 192, **193**-212

Tableaux synthèses
fonctions syntaxiques, 122
ponctuation, 287-288
procédés de reprise, 37-38
règles générales d'accord, 273-274
Télescopage, **334**-335
Temps
composés, 179 **!**, 197, 201, 202
concordance des, 203
et modalisation, 44
formes surcomposées, 197 REM., 271
simples, 197, 198-201
Temps chronologique, 194
Temps verbaux, 175, **194**-195, 197
conditionnel passé, 212
conditionnel présent, 212
futur antérieur, 211
futur simple, 211
imparfait de l'indicatif, 209-210
impératif passé, 207
impératif présent, 207
infinitif passé, 203
infinitif présent, 203
participe passé, 204
participe présent, 204
passé antérieur, 209
passé composé, 208-209
passé simple, 209
plus-que-parfait de l'indicatif, 210
présent de l'indicatif, 207-208
subjonctif imparfait, 206 REM. 3
subjonctif passé, 204
subjonctif plus-que-parfait, 206 REM. 3, REM. 4
subjonctif présent, 204

Terminaison écrite du verbe, 175, **199**-201
Texte, 19
    absence de contradiction, 22
    cohérence, **20**
    grammaire du texte, **20**-22
    types, *voir* **Séquences textuelles**
Thème de la phrase, 21
Tiret, 238, 284
    de dialogue, 40, 238, 285
Titre, **47**, 130, 278 REM. 2
Tournures
    exclamative, 89
    impérative, 87
    impersonnelle, 250
    interrogative, 84
Tout, 147, 161, 222 **!**
Trait d'union, 15, 313
Traits grammaticaux, 263
Traits sémantiques, 124-125, **349**-350, 379
    abstrait, **125**, 250
    animé, **124**, 157 **!**, 160, 244-245
    collectif, **125**
    commun, 349-350
    comptable, **124**
    concret, **125**
    distinctif, 349-350
    humain, **124**, 157, 160
    individuel, **125**
    non animé, **124**, 157 **!**, 160, 244-245
    non comptable, **124**, 145
    non humain, **124**, 157, 160
Transformation de P
    de forme, **80**, 89-98
    de type, **80**, 81-89
    par déplacement, 76
    par enchâssement, 76
Tréma, 14
Troncation, 335
Types de phrases, 81-89
    déclaratif, 65, 78-80
    exclamatif, **87**-89
    impératif, **85**-87
    interrogatif, **81**-84
Types de textes, *voir* **Séquences textuelles**

Valeur, 348
    aspectuelle, **195**
    modale, **196**
    temporelle, **195**
Valoir (complément), 271
Variété de langue, **301**-303, 369
    familière, 91 REM., 154, **302**, 309
    populaire, **302**, 309
    soignée, 91, **301**

    standard, **301**, 309
Verbe, 173-179, *voir aussi* **GV**
    accord, 267
    aspect, 175, 195
    attributif, **177**, 182-184
        autre que *être*, 113 REM.
    auxiliaire, 176, 178, **201**
        choix, 202
    conjugaison, **174**-175, 196-203
        deuxième conjugaison, 202-203
        première conjugaison, 202
        formes verbales surcomposées, 197 REM., 271
    impersonnel, **178**
    intransitif, **176**
    mode, *voir* **Modes**
    nombre, 175
    personne, 175, 193
    principal, **236**
    pronominal, **177**
        réciproque, **177**
        réfléchi, **177**
    radical, 175, **198**-199
    receveur, 179
    temps, 175, **194**-195, 197
        composés, 197, 201, 202
        concordance, 203
        simples, 197, 198-201
        verbal, *voir* **Temps verbaux**
    terminaison, 175, **199**-201
    transitif, 108 **!**, **176**
    voix
        active, 175 **!**
        passive, 175 **!**
Vingt, 146 **!**
Virgule, **280**-283, 287
Vocabulaire connotatif, 43-45
Vocabulaire québécois, 304-309
Voici et *voilà* (présentatifs), 100
Voix
    active, 175 **!**
    passive, 175 **!**
Voyelle, **10**, 141
    semi-voyelle, 11 REM.
Vu, 166 REM. 2

Y, 64, 105 REM., 226